자연과 인간의 위기, 기후위기, 삶의 질이라는 시대적 주제를 담은 이 책은 매력적이다. 오늘날 우리 지구와 인류가 직면한 거시적 문제를 파헤쳤다. 동시에 미시적 해결책도 제시한다. 바로 산림, 물, 도시, 농업 그리고 해양 분야에서 우리가 추진해야 할 자연기반해법이다.

이 책은 매우 잘 쓰였다. 읽기 쉽다. 다양한 독자들이 접근하기 편한 책이다. 과학적 연구 결과뿐 아니라 실제 응용 사례로 뒷받침되는 통찰력과 아이디어로 가득 차 있다. 전문가는 물론 일반 독자에게도 귀한 지식의 원천이 될 것이다. 나는 이 책을 다섯 가지 측면에서 높이 평가한다. 우선 이 책은 단편적 접근이 아니라 우리가 직면한 도전을 상호연결된 방식으로 조명한다. 예를 들어 저자들은 지구의 건강과 사회의 건강은 밀접하게 연결되어 있으며 이 두 가지를 모두 고려한 솔루션을 찾아야 한다고 강조한다. 인간과 자연을 동격으로 바라보는 이 책의 시선에 감탄했다. 한걸음 더 나아가 저자들은 인간이 자연의 일부임을 분명히 한다. 보다 지속가능한 지구를 만들려면 인간이 자연 세계와 조화롭게 사는 방법을 찾아야 한다고 말한다. 또한 지구에 미치는 영향에 대한 책임을 져야 한다고 강조한다. 셋째, 문제 해결에 접근하는 통찰력이 놀랍다. 자연에 대항할 것이 아니라 자연과 협력해야 한다는 것, 자연을 도시와 지역 사회에 통합하자는 제안이 무척 신선하다. 넷째, 전 지구 차원의 문제 해법에 관한 역사적 맥락과 국제 정치의 흐름을 충분히 소화하여 녹여냈다. 환경 분야의 큰 국제 협약인 생물다양성협약과 기후변화협약의 논의 흐름을 꿰뚫어 보고 세계자연보전연맹의 핵심 의제와 연계하여 자연기반해법의 중요성과 방향과 전략까지 설명하고 있다. 마지막으로 위기만을 강조하는 다른 책과 달리 이 책의 관점은 희망적이고 낙관적이다. 저자들은 지구가 직면한 도전에도 불구하고 이를 극복할 수 있는 인간의 의지와 창의성을 높이 평가한다. 책이 전하는 메시지는 분명하다. 우리 개개인 누구나 지속가능한 미래를 만드는 데 큰 역할을 감당할 수 있다는 것이다. 지구의 미래에 관심이 있는 이라면 반드시 읽어야 할 흥미롭고 유익한 책이다. 기후변화와 자연기반해법이라는 중요한 주제에 관심이 있는 모든 사람에게 이 책을 적극적으로 추천한다. 귀중한 지식의 보고를 만들어 준 저자들에게 축하와 감사를 전한다. 여러분은 지구의 미래를 위해 중요한 이바지를 했다고 자부심을 느끼기에 충분하다.

유영숙 (재)기후변화센터 이사장, 제14대 환경부 장관

오늘날 기후변화로 대변되는 환경위기는 지구의 생태환경이 스스로 순환하고 정화하는 힘을 잃은 결과다. 이렇게 된 까닭은 인간이 지구의 자연을 과도하게 착취하고 교란했기 때문이다. 탄소 순배출을 '0'으로 하는net-zero '탄소중립'이 기후변화에 대한 글로벌 대응으로 대두하고 있다. 하지만 이러한 인위적 노력만으로는 한계가 있다. 지구의 생태환경 스스로가 이른바 '기후탄력성climate resilience'을 갖도록 하는 게 더 중요하다. 자연기반해법은 자연이나 생태계의 보호, 보전, 복원, 관리를 통해 기후변화를 일으키는 온실가스를 흡수·정화하고, 나아가 기후변화에 따른 각종 자연재난 등을 사전 예방 및 사후 극복을 가능케 하는 '자연에 의한 자연의 문제 해결 방법'을 뜻한다. 이 책은 근자에 들어 유엔을 중심으로 활발하게 논의되고 확산되는 자연기반해법의 개념, 사회경제적 의미, 실제 적용 사례, 향후 과제 등을 일목요연하게 정리하고 있다. 자연기반해법으로 글로벌 탄소 배출의 1/4 정도 줄일 수 있다. 자연기반해법을 빼놓고 '2050 탄소중립 방법론'을 말할 수 없을 정도다.

환경부의 정책 담당자들이 중심이 되어 집필했다는 점은 이 책의 중요성뿐만 아니라 내용의 충실성을 특별히 북돋워준다. 읽을수록 자연에 대해 더 많은 것을 생각하게 하고, 또한 자연을 통해 생명 미래를 열 방도를 더 많이 시사한다는 것이 이 책의 매력이다.

조명래 단국대 석좌 교수, 제18대 환경부 장관

2021년 기후변화와 보호지역이라는 주제로 열린 웨비나에서 스미스 리사 박사(세계자연보전연맹 보호지역 기후변화 전문가 그룹의 리더)는 만화를 한 컷 보여 주었다. 그 만화는 '코로나'라는 파도 뒤에 '경제위기'라는 더 큰 파도, 그리고 그 뒤에는 '기후변화'라는 더 큰 파도가 있는 그림이었다. 그리고 그 뒤에는 '생물다양성 손실'이라는 더 큰 파도가 있었다.

지금 우리는 코로나 이후 경제위기를 넘어 기후위기의 시대에 살고 있다. 지금 이 상태로 사회가 지속된다면 2100년에는 지구 평균 온도가 5℃까지 상승할 수도 있다고 한다. 그래서 전 세계 전문가들은 위기의 해답으로 '탄소중립'을 내놓았다. 나아가 생물다양성 손실이라는 파도를 넘기 위한 답으로 '자연기반해법'을 찾았다. 국제사회에서 주류가 된 자연기반해법이 체계적으로 정리되어 많은 이들이 공감할 수 있는 책이 나온 것은 매우 감사한 일이다.

기후위기와 생물다양성 손실이라는 큰 파도를 넘는 해법의 중심에 보호지역이 있다. 우리나라는 육상 면적의 17%가 보호지역으로, 이 중 약 1/3이 국립공원이다. 면적은 적지만 우리나라 생물종의 43%, 멸종위기종이 66%를 차지할 정도로 국립공원은 생물다양성의 보고이다. 나는 이 자연기반해법을 통해 우리의 미래가 지속할 수 있음을 국립공원에서 먼저 알 수 있다고 생각한다. 자연기반해법으로 탈탄소 사회를 시작하는 곳, 사람과 자연이 함께 공생하며 미래를 시작하는 곳, 바로 국립공원이다. 국립공원에서 답을 찾았으면 한다. 이 책이 '교과서'가 될 것이다. 새로운 시대로 나아가는 리더의 길에 이 책이 함께 하기를 기대한다.

송형근 국립공원공단 이사장

초등학교 2학년 때였다. 〈국어〉, 〈산수〉, 〈사회 생활〉과 함께 〈자연〉 교과서와
학습 시간이 있었다. 어렴풋이 개구리와 작은 곤충의 먹이사슬 관계,
자연보호를 위한 포스터를 그린 기억이 난다. 40년이 지난 지금, 우리는 전에는
상상할 수도 없었던 생태계위기를 직면하고 있다. 멸종위기 여부를 분석한
세계자연보전연맹IUCN의 적색 목록Red List에 따르면 14만여 생물종 가운데
28%가 멸종위기 수준에 이르렀다. 이는 산업화 전보다 100배, 지역에 따라
1,000배 이상의 속도로 자연이 훼손되고 있음을 보여주는 단면일 뿐이다.
세계적으로 기후변화에 대한 관심과 노력이 확대되면서 기후변화, 생물다양성
손실, 자연자원 비상 상태natural resource emergencies가 별개의 문제가 아니라 같은
위기의 다른 측면이라는 인식이 넓혀지고 있다. 그러면서 자연을 피해자로
인식하기보다는 해결책을 제공하는 인간의 가장 큰 협력자로 보는 전환도
이루어지고 있다.

어느 개인도, 기업도, 사회도, 국가도 죽어가는 자연 환경 안에서 번영할
수는 없다. 우리의 의식주, 우리를 치료하는 약품, 우리가 숨 쉬는 것 모두가
자연에서 나온다. 세계 경제의 반 이상이 자연과 생태계에 의존하고 있다.
자연은 인간이 없어도 번영할 수 있지만 인간은 자연 없이는 한순간도 살아갈
수 없다. 이런 면에서 이 책은 자연기반해법이라는 새로운 잣대를 세계적인
흐름과 국제사회의 협약들, 기후변화, 그리고 우리 사회와 경제 문제들과
밀접하게 연관 지으면서 자연을 활용한 실질적인 방안들을 제시하고 있다.
자연을 보호, 복원하고 이 책에서 설명하듯이 자연기반해법을 실행하는 것은
국제기구와 정부, 특정 전문가들만의 몫이 아니다. 기업과 지자체, 교육기관과
시민단체 그리고 사회 구성원 모두가 함께 해야 할 과제이다.

지금 자연환경을 생각해 보면 부정적인 소식들뿐이다. 하지만 아직
희망을 버릴 단계는 아니다. 이 책은 자연을 보호만 하는 차원에서 벗어나
자연기반해법을 확산함으로써 진정한 네이처 포지티브Nature-Positive한 세상을
만들 수 있다는 희망의 열쇠를 제안한다. 이 책을 토대로 많은 독자가 지금
상황의 심각성, 대응의 시급성, 그리고 우리 모두가 사회의 구성원으로서
자연기반해법을 실행할 때 할 수 있는 역할에 대해 고민하고 논의하며 실천할
수 있기를 기대한다.

이성아 세계자연보전연맹 사무차장

위기에서 살아남는 현명한 방법

자연기반해법

일러두기

1. 맞춤법과 외래어 표기법은 국립국어원의 용례를 따랐다. 다만, 전문용어와
   고유명사(기관명, 보고서명 등)의 경우 연구서나 논문에서 통용되는 방식을 따랐다.
   또한 출처와 자료의 외국 인명과 외국 지명은 국문을 병기하지 않고 원어 그대로 썼다.
2. 본문에서 단행본은 겹화살괄호(《 》)를, 보고서와 논문, 선언문, 법은 홑화살괄호(〈 〉)를
   썼다. 프로젝트와 사업명 등은 작은따옴표(' ')를 썼다.
3. 국제기구와 협약은 가능한 국문으로 풀어쓰되, 가독성이 떨어지는 경우에는 약어로
   표기했다. 영문 공식 명칭은 처음 언급됐을 때 표기했다.
4. 본문에서 언급되는 달러는 미국 달러이다. 그렇지 않은 경우는 별도로 표시했다.
5. 본문에서 언급되는 당사국총회는 기후변화협약 당사국총회이다. 그렇지 않은 경우는
   별도로 표시했다.
6. 자주 언급되는 국제기구와 협약, 단위는 따로 정리해 책날개 안쪽 면에 실었다.
7. 한 문단 안에 언급된 여러 사실과 인용에 대한 출처는 주석 번호를 문단 끝에 두었다.
   주석 내용에서는 문단에 언급되는 순서대로 출처를 기재하고, 예외가 있는 경우는 별도로
   표시했다. 이는 본문의 가독성을 살리고, 주석 번호의 수를 최대한 줄이기 위함이다.
   키워드 검색으로 확인할 수 있는 사실과 널리 알려진 사건은 출처를 밝히지 않았다.

위기에서
살아남는
현명한 방법

자연기반해법

이우균 황석태 오일영 류필무 강부영

Nature-
based
Solutions

차례

2부. 자연기반해법과 기후위기

3부. 자연기반해법과 세상

4부. 자연기반해법과 삶의 질

5부. 자연기반해법 확산 과제

지속가능발전 해법을 찾는 여정

1992년, 세계는 유엔환경개발회의UNCED에서 현 세대와 미래 세대의 공통 이익을 위해 지속가능한 발전을 목표로 하자고 약속했다. 이어 1993년과 1994년에 기후변화협약UNFCCC과 생물다양성협약 CBD을, 1996년에 사막화방지협약UNCCD을 차례로 발효시켰다. 개별 국가 차원에서 해결하기 어려운 환경문제를 함께 풀어나가기 위해 공동의 목표와 규제 체계를 정한 것이다.

　　나란히 출범한 각 협약의 관심도와 영향력은 명백하게 차이 난다. 각국 대표가 모이는 당사국총회COP 개최 차수가 이를 단적으로 드러낸다. 2022년에는 3개 협약의 당사국총회가 모두 열렸는데 기후변화협약은 27차, 생물다양성협약과 사막화방지협약은 15차 총회가 진행되었다. 기후변화협약은 매년 총회를 진행하는 반면, 생물다양성협약과 사막화방지협약은 격년으로 개최하기 때문이다. 과학적 사실을 바탕으로 기후변화의 근거와 전략을 제시하는 기후변화에 관한 정부간 협의체IPCC는 1988년에 설립되어 2023년에 여섯 번째 종합보고서가 발표된 반면, 생물다양성 분야에서 같은 역할을 하는 생물다양성 과학기구IPBES는 2012년에 설립되어 2019년 처음으로 세계평가보고서를 발표했다. 환경문제의 핵심 이해관계자인 국제기구, 국가, 국제금융기관, 민간기업 등이 자연과 생물다양성 문제에 투입하는 노력과 재원은 기후변화 문제에 비해 상당히 부족하다. 유엔환경계획의 〈자연관련 재원 투자 현황 보고서State of Finance for Nature〉(2021)에 따르면 2019년 전 세계에서 기후변화 분야에 약 5,800억 달러를 투입했으며 재원의 44%를 공공 부문에서, 56%를 민간 부문에서 담당했다. 같은 시기 자연 분야에는 1,300억 달러 정도 투자되었는데 공공 부문에서 86%, 민간 부문에서 14%를 투자했다. 자연에 대한 투자는 기후변화의 23%에 불과한데다 민간 부문의 관심 또한 매우 낮다.

이는 각 협약이 중점적으로 다루는 문제를 일상에서 체감하는 정도 차이에서 비롯되는 듯하다. 폭염, 가뭄, 홍수 등은 직접 체감하는 기후변화 현상이다. 에너지 사용, 교통, 제조업, 농업 등은 온실가스 배출원인 동시에 일상생활과 경제의 핵심 요소이다. 이들 분야에서 펼치는 온실가스 감축 정책이나 수단은 우리의 생활양식을 바꿀 수 있다. 경제와 시장의 흐름을 좌우하거나, 기업에 직접적인 영향을 미칠 수도 있다. 하지만 자연이나 생물다양성 분야는 다르다. 수십 종의 생물이 멸종되고 보호지역이 훼손되어도 도시 거주 비율이 높은 현대인이 이를 체감하기는 어렵다. 원료 공급에 영향을 미치지 않는 한 생물다양성 감소가 기업 활동에 지장을 준다고 판단할 가능성도 낮다. 환경문제가 생활과 경제에 미치는 영향력의 차이가 국제적인 규제와 정책 방향, 투자 규모 차이에도 영향을 미치는 것이다.

변화는 코로나19 바이러스와 함께 찾아왔다. 세계 경제가 멈춰버린 봉쇄lock-down 기간 동안 역설적으로 자연생태계가 되살아났다. 이 경험은 화석연료와 대량 생산, 대량 소비에 의존하던 성장 방식의 문제를 직시하게 했으며, 팬데믹에 따른 경기 침체를 회복하는 과정에서 이전과는 다른 방법을 모색하는 계기가 되었다. 기존 체계에 머물 것인지, 지구 차원에서 환경문제를 극복하고 지속 가능한 발전 목표를 향해 나아갈 것인지 진지하게 고민했고 결과가 도출되었다. 미국, 중국, 일본, 한국, 유럽연합, 캐나다, 인도, 브라질 등에서 탄소중립을 선언하고 법제화했다. 또한 경제 재건을 위한 핵심 전략으로 경제와 사회 전반의 지속가능성을 높이고 탈탄소 사회로 전환하는 것을 목표로 하는 그린딜Green Deal을 설정하고 상당한 규모의 재정을 투자하기 시작했다. 민간 부문의 움직임도 뚜렷했다. 금융사, 투자기관, 기업들도 온실가스 순 배출량을 2050년까지 또는 조속히 0으로 만들기 위한 '레이스 투 제로Race to Zero 캠페인'에 동참하며 탄소중립을 투자와 비즈니스의 핵심으로 설정했으며, ESG 경영에 열정을 보이기 시작했다. 민간의 변화는 2021년 'G20 지속가능금융 로드맵Sustainable Finance Roadmap' 전략 수립으로 이어졌다. 또한 2017년에 만들어진 '기후관련 재무정보공개 협의체TCFD: Taskforce on Climate-related Financial Disclosures'를 국가의 제도로 만들려는 움직임에 힘을 싣고 있다.

최근에는 기후변화 대응과 생물다양성 파괴, 자연의 위기를 동시에 해결하려는 움직임이 국제협약에서 뚜렷하게 나타나고 있다. 제26차 기후변화협약 당사국총회(2021)에서는 2015년 합의된 파리협정의 세부 이행규정이 확정되었다. 이 총회의 결정문에는 기후위기와 생물다양성위기는 상호연결되어 있으며, 자연과 생태계를 보호protect, 보전conserve, 복원restore하는 것이 온실가스 감축과 기후변화 적응adaptation에 매우 중요한 요소라는 것이 포함되었다. 동시에 주요 선진국과 기업은 기후위기와 생물다양성위기를 동시에 극복하기 위해 산림에 대한 투자 강화를 발표했다. G20 지속가능금융 로드맵에 따라 전 세계는 기후변화 다음 단계로 자연과 생물다양성 관련 국제금융, 기업 정보공개 관련 규정을 만들기 위해 '자연관련 재무정보공개 협의체TNFD: Taskforce on Nature-related Financial Disclosures'(2021. 6)를 발족시켰으며, 2023년 9월 가이드라인이 완성될 예정이다. 제15차 생물다양성협약 당사국총회 (2022.12)에서는 2020년 이후의 자연과 생물다양성 분야의 목표를 정한 쿤밍-몬트리올 세계생물다양성체계Kunming-Montreal Global Biodiversity Framework가 채택되었다. 이 협약은 생물다양성 분야의 파리협정이라 할 수 있다.

자연기반해법Nature-based Solutions은 이런 국제적 흐름과 맞물려 주목받고 있다. 자연기반해법은 자연이나 생태계를 보호, 보전, 복원, 지속가능하게 관리하여 기후변화와 빈번하고 가혹해지는 자연재난, 물 부족을 비롯해 삶의 질을 낮추는 여러 문제, 자연생태계와 생물다양성 파괴 등 주요 환경문제를 해결하는데 기여하며,

기후변화 대응을 넘어 다양한 편익을 제공한다는 장점이 있다. 자연기반해법은 낯선 방식이 아니다. 우리나라를 비롯한 여러 나라에서 이미 오래전부터 국립공원, 그린벨트, 습지와 갯벌 복원, 도시숲, 자연형 하천, 옥상정원, 도시 소생태계 사업 등 다양한 자연기반해법을 시행하고 있다.

자연생태계를 활용해 기후변화의 부정적 영향을 완화하고 생물다양성 및 생태계 훼손을 방지하는 방안에 대한 국제의 관심은 이미 보편적이다. 이 시점에 국제사회가 자연기반해법에 주목하는 이유는 명확하다. 환경문제를 해결할 때조차 자연을 활용하기보다 콘크리트 구조물 위주의 회색 인프라에 우선 투자하거나, 짧은 기간에 성과를 얻을 수 있거나 효과가 단편적인 수단을 선호하는 경우가 앞서기 때문이다. 지역생태계에 악영향을 주는 방식으로 자연을 활용하는 경우도 적지 않다. 탄소흡수원을 늘리려고 나무를 심으면서 단일 품종을 대규모로 심거나, 토종식물이 아닌 외래종을 활용해 생태계와 생물다양성이 파괴되는 경우가 대표적이다.

세계자연보전연맹IUCN의 핵심 의제는 팬데믹 극복을 위해 재정을 투자할 때 자연기반해법에 대한 투자를 늘리고Nature based recovery, 자연을 위한 재원을 확대하는 체계를 만들며Finance for Nature, 2020년 이후 세계생물다양성체계 이행에 필요한 핵심 전략을 만들자Post-2020 Global Biodiversity Framework Strategic Initiative는 것이다. 유엔환경계획UNEP, 유엔식량농업기구FAO, 유엔개발계획UNDP, 국제금융기구, 자연관련 재무정보공개 협의체TNFD 등도 각 영역에서 자연기반해법과 관련된 사업을 다양하게 진행하고 있다. 미국은 국가 차원의 자연기반해법 국가 로드맵을 백악관 주도로 발표했으며, 유럽연합도 그린딜 정책의 일환으로 자연기반해법에 공공투자를 확대하고, 자연복원법 제정을 준비하고 있다.

여러 국제기구와 선진국에서 다가오는 위기를 해결하는 주요 수단으로 자연기반해법에 주목하고 있지만, 자연기반해법은 국제적으로 아직 완전히 정립되지 않았다. 그래서 이 책은 해외의 여러 논의를 참고하여 자연기반해법의 개념과 사회·경제적 의미, 실제 적용 사례와 앞으로 해결해야 할 숙제 등을 정리하는 것을 목적으로 했다.

1부는 자연기반해법의 개념과 발전 과정, 원칙 등을 국제사회의 논의 과정을 중심으로 정리하였다. 2부에서는 기후변화라는 큰 틀, 그리고 기후변화협약체제에서 자연기반해법의 맥락을 살펴보았다. 또한 기후변화 완화와 적응 측면에서 국제사회의 대응과 자연기반해법 적용에 앞서 고려해야 하는 것은 무엇인지 정리했다. 3부는 5개(산림, 물, 도시, 농업, 해양) 분야로 나누어 자연기반해법의 방법과 사례, 과제 등을 상세하게 살펴보았다. 자연기반해법은 상당한 비용을 투자해 신속히 실행되어야 하는데, 성과는 몇 년에 걸쳐 서서히 확인할 수 있다. 이런 특징이 자연기반해법 확산의 걸림돌이 될 수 있다. 그래서 분야별 자연기반해법의 방법과 가이드, 사례를 가능한 상세히 소개하려 했다. 4부에서는 자연기반해법의 사회·경제적 의미를 집중적으로 다뤘다. 건강과 인권, 성평등, 기업의 경영과 미래 세대의 관점에서 자연기반해법이 우리의 삶의 질에 미치는 영향을 분석했다. 마지막으로 5부에서 자연기반 해법 확산을 위한 과제를 정리했다. 자연기반해법의 목표는 훼손된 자연 복원을 넘어서야 한다. 지역사회의 건강, 생활, 일자리, 의사결정 체계 등에 미치는 긍정적 영향까지 목표로 설정할 필요가 있다.

심화되는 기후위기, 자연위기에 대한 해결책으로 고려되는 자연기반해법도 풀어야 할 과제가 많다. 우선, 사업의 성과가 복합적으로 드러나는 대신 성과를 정량 분석하기 어렵다는 문제가 있다. 사업의 장기적인 효과가 불확실한 경우도 있고, 사업관련 부서와 이해관계자가 다수라서 치밀한 조정과 협업이 필요한 경우도 있다. 민간기업의 관심과 투자는 여전히 부족하다. 그러나 재생에너지, 전기차 등 어느덧 익숙해진 저탄소 수단도 많은 과제를 점진적으로 해소하면서 현재 수준까지 발전해왔다. 그러므로 기후변화, 물, 식량 등 각종 사회적 이슈를 해결하면서 자연과 생물다양성 문제 또한 동시에 해결해야 한다는 지구적 과제를 생각한다면 자연기반해법의 한계 또한 극복해야 하고, 극복할 수 있을 것이다. 이 지점이 자연기반해법과 관련한 국제 논의를 가능한 상세히 소개하려 노력한 이 책의 효용이자 한계가 될 것이다.

우리나라는 이미 자연기반해법에 대해 경험이 있다. 다만 정부 계획 내 반영 수준, 투자 규모, 관심 등은 지구의 위기를 해결해야 하는 인류의 도전 앞에서 매우 부족하다. 이제는 큰 규모의 실천으로 나아가야 한다. 국내 사례를 과학적으로 분석하면서 앞서 언급한 과제들도 극복해 나가기를 기대한다. 이를 통해 미래 세대가 자연의 혜택을 마음껏 누리면서도 각종 환경문제를 해결할 수 있는 세상을 만들어 갈 수 있기를 간절히 바란다.

마지막으로 이 의미 있는 작업을 같이 해 온 고려대학교 이우균 교수님, 황석태 교수님, 환경부 류필무, 강부영 후배님 그리고 출판사 지을에 감사의 뜻을 전한다.

2023년 5월

대표 저자 오일영

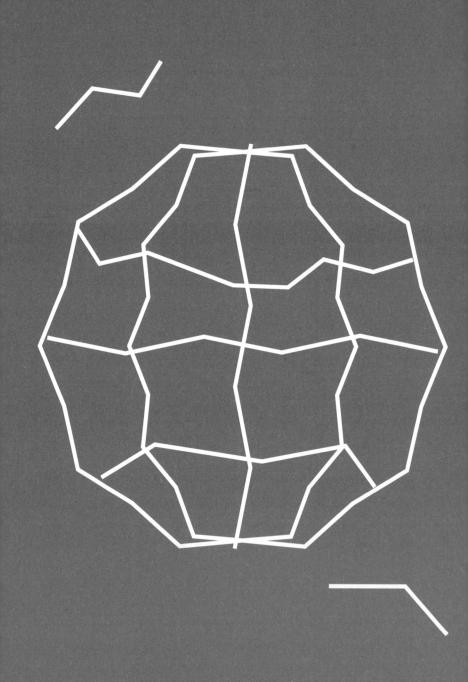

1

자연의 위기,
인간의 위기

1장 사용하는 인간과 베푸는 자연

글. 오일영(세계자연보전연맹 한국협력관)

〈2023 세계 위기 보고서Global Risk Report〉가 선정한 향후 10년간의 가장 큰 위기는 기후변화 완화와 적응 실패, 생물다양성 손실과 생태계 파괴이다. 산업화 이후, 인간의 활동으로 자연은 심각하게 변형되었고 생물종은 빠르게 사라지고 있다. 이는 기후변화와 그로 인한 자연재난 등 다양한 위기의 원인이 되고 있다. 인간은 GDP의 절반 이상을 자연에 의존할 뿐 아니라 생태계 서비스도 누려왔다. 이제 인류의 삶의 질에 기여해온 자연을 바라보는 시각을 달리해야 한다. 자연을 개발 또는 보호의 대상으로만 바라볼 것이 아니라 자연이 다양한 사회 문제 해결에 도움이 된다는 점에 주목해야 한다. 자연을 보전하고 되살려 환경문제와 자연재난, 경제와 사회문제 해결을 도모하는 적극적인 실행이 필요하다.

1. 심각한 경고

눈앞에 닥친 위기

〈2023 세계 위기 보고서〉는 향후 5~10년간 전 세계가 겪을 10대 위기 중 6개를 환경 부문에서 꼽았다. 온실가스 감축 실패, 기후변화 적응 실패가 선두로 꼽혔으며 기상 이변(3위), 생물다양성 손실과 생태계 파괴(4위), 자연자원 감소(6위), 인간에 의한 환경오염(10위)이 나란히 이어졌다. 10년 전에는 재정 불균형 등 금융과 경제에 대한 위기 인식이 높았다면, 그 이후부터는 환경위기가 계

그림 1-1. 인류가 직면한 10대 위기(세계경제포럼, 2023)

	향후 2년	향후 10년
1	● 생활 물가 위기	● 온실가스 감축 실패
2	● 자연재해와 이상기후	● 기후변화 적응 실패
3	● 지정경제학적 분쟁	● 자연재해와 이상기후
4	● 온실가스 감축 실패	● 생물다양성 손실과 생태계 파괴
5	● 사회적 유대감 훼손과 사회적 극단화	● 대규모 비자발적 이주
6	● 대규모 환경오염 사건	● 자연 자원 위기
7	● 기후변화 적응 실패	● 사회적 유대감 훼손과 사회적 극단화
8	● 사이버 범죄와 불안 확산	● 사이버 범죄와 불안 확산
9	● 자연 자원 위기	● 지정경제학적 분쟁
10	● 대규모 비자발적 이주	● 대규모 환경오염 사건

위기 분류   ● 환경   ● 지정학   ● 사회   ● 기술

속 5대 위험으로 지목되고 있다. 러시아와 우크라이나의 전쟁, 에너지 가격 및 물가 상승 등의 어려움을 겪기 직전에 조사된 2022년 보고서와 비교해도 10대 위기에 환경 부문이 절대적 위치를 차지한다는 점은 변하지 않는다. 세계의 주요 경제계, 학계 인사들이 2022년에 이어 2023년 보고서에서도 기후변화와 생물다양성 파괴 대응 실패를 지적한 것은 환경위기의 현재성에 대한 경고인 셈이다.

여섯 번째 대멸종

땅 위의 3/4, 바다의 2/3가 심각하게 변형되었다. 도시를 만들고, 도로를 건설하고, 농지로 전환하는 각종 활동이 자연과 생태계를 되돌릴 수 없는 수준으로 만들었다. 인간은 식량 확보, 경제활동이라는 이름으로 멸종위기종을 포함한 무수한 생물을 남획하며 생태계를 파괴해왔다. 그 결과 문명화 이후 산림과 산호초의 50% 이상, 습지의 70%가 없어졌고, 전 세계 주요 강의 2/3가 댐으로 막혔다. 1970년 이후 이미 포유류, 조류, 파충류 등 야생동물 개체수의 60%가 줄어들었는데, 인간의 활동이 앞으로 약 1백만 종의 생물을 없어지게 할 것이라는 예측도 있다.[1]

인류의 개입이 없는 자연 상태에서 1년 동안 사라지는 생물종은 백만 종 중 한두개에 불과하다. 한데 지금은 자연 상태에 비해 적게는 10배, 많게는 1만 배 더 빠르게 생물종이 사라지고 있다. 과학자들은 이런 상태가 그대로 유지된다면 생물종의 75% 이상이 사라지는 대멸종이 올 것이라고 경고한다. 유성 충돌, 대규모 지각 활동 등으로 일어난 지난 다섯 번의 대멸종과 달리 여섯 번째 대멸종의 원인은 인간의 각종 활동이 되리라는 것이다.[2]

인간의 정주 여건 측면에서도 자연 파괴는 심각한 문제이다. 이미 20억 헥타르의 땅이 훼손되었음에도 불구하고 매년 우리나라 면적의 1.2배에 달하는 토지가 추가로 훼손되고 있다. 77억 세계 인구 중 13억 명은 열악한 땅에 의존해 살고 있다.[3]

인간은 자연 안에서 살아간다. 먹고 자고 입는 것부터 산업을 일으키고 새로운 세계로 나아가는 자원을 모두 자연에서 얻는다. 유엔환경계획에 의하면 전 세계 GDP의 절반 이상을 자연에 의존한다. 특히 일상생활과 밀접한 농업, 식음료, 건설업 등이 자연 의존도가 큰데, 이들 산업의 전체 부가가치만 8조 달러를 넘는다.

그런데 여전히 우리는 자연을 제대로 알지 못한다. 자연에 기대 살아가면서도 인류의 생활과 경제체계가 자연에 얼마나, 어떻게 의존하고 있는지, 자연이 파괴되면 인류에 어떤 영향을 미치는지 등에 대해 과학적으로 계량된 자료는 여전히 부족하다. 자연을 보호하고 보전하며 훼손된 자연을 복원하려는 노력도 턱없이 부족하다.

2. 인류에 기여하는 자연

자연에 대한 인식 변화

자연을 바라보는 관점은 지역과 문화에 따라 다르다. 자연을 개발 또는 보호 대상으로 여기는 곳이 있는가 하면 자연과 어우러져 공존하는 문화도 있다. 2000년대 후반부터 자연에 대한 관점은 하나의 공통된 패러다임으로 변하고 있다. 기후위기와 자연위기가 모두의 문제가 되면서 이를 해결하는 방편으로 자연을 적극적으로 보호하고, 복원하며, 지속가능하게 이용, 관리해야 한다는 포괄적 개념을 갈수록 강조하는 것. 자연을 대하는 관점과 방식이 자연과 인류를 동시에 고려하는 방향으로 발전하고 있다.

자연생태계는 수동적인 대상이 아니라 인간에게 물질적·사회적·문화적 측면에서 매우 다양한 서비스를 제공함으로써 인간의 복지에 기여하는 주체이다. 자연생태계가 인류에게 제공하는 혜택을 계속 활용하려면 자연이 잘 유지되어야 하기 때문이다.

생태계 서비스

인간이 자연에서 얻는 직간접적인 재화와 편익을 생태계 서비스라고 한다. 유엔의 〈새천년 생태계 평가Millenium Ecosystem Assessment 보고서〉(2005)에 의하면 생태계 악화는 생태계 서비스 악화를 유발하고 이는 결국 사람을 위한 복지 축소로 이어진다.

생물다양성 과학기구는 2017년, 자연이 긍정적 또는 부정적 측면에서 인류에 기여하는 생태계 서비스를 '인류에 대한 자연의 기여NCP: Nature's Contribution to People'라고 정식화했다. 이때 자연은 생명체·생태계·생태적 과정 등의 다양성을 포괄하는 개념이다. 생태계 서비스와 비슷한 개념으로 긍정적인 NCP를 제시하면서 자연을 사회적 문제 해결 수단으로 활용할 수 있는 사례를 물질적 기여Material NCP, 비물질적 기여Non-material NCP, 조절 능력 기여Regulating NCP의 3개 그룹으로 나누어 설명했다.[4]

그림 1-2. 인류에 대한 자연의 기여(S. Díaz 등., 2018)

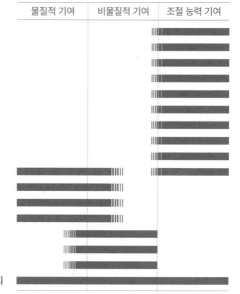

자연기반해법의 등장

자연기반해법은 이러한 흐름 속에서 생물다양성과 인류 복지의 관계를 설정하는 과정에서 만들어졌다. 자연기반해법은 자연을 보호 대상만으로 바라보지 않고, 자연과 생태계가 인류에게 주는 다양한 서비스가 여러 사회 문제 해결에 도움이 된다는 것에 주목하는 실용적이고 친환경적인 접근이다.

자연기반해법을 통해 자연생태계의 본질을 보전하고 되살리면서 기후변화 적응과 완화라는 두 가지 과제 해결에도 기여할 수 있다. 물·대기·토양의 환경문제, 지속가능한 발전, 재난 대응 등의 다양한 사회문제도 해결할 수 있다. 산림을 보호하고 복원하면 생태계와 생물다양성을 향상하면서 대기 중으로 배출된 이산화탄소는 흡수·저장하는 한편 깨끗한 물을 확보하고 토양 침식과 빗물 유출을 줄여 홍수 방지에도 도움이 된다. 도시에 식물을 심거나 숲을 만들면 대기오염은 줄고 주민의 휴식 공간은 늘어나 도시민의 건강 증진과 일자리 창출에 도움이 된다. 하천을 자연형으로 복원하면 생태계와 수질 개선은 물론 홍수 예방에도 효과적이다. 열섬현상 방지, 도심생태계 생물종 보호 등의 효과도 있다. 농작물 생산, 건물의 냉난방 등에서 필요한 물과 화석연료, 질소계 비료 등의 사용을 줄여 인위적인 온실가스 배출량을 감축할 수 있다. 때로는 하천 유역 전역이나 해안 전역의 자연생태계의 탄력성을 강화하는 것이 인공구조물인 방파제를 짓고 유지하는 것에 비해 비용 효과적인 대안이 되기도 한다.

녹색-회색 기반시설(Green-Grey Infrastructure)

필요하다면 자연기반해법을 주로 적용하는 녹색기반시설Green Infrastructure과 인공구조물 중심의 회색기반시설Grey Infrastructure을 함께 활용할 수 있다. 홍수 방지, 해안선 보호, 열섬현상 완화 등을 위해 배수 시스템, 방파제, 단열 지붕 등과 식생을 함께 활용하는 것이다. 예를 들어 햇빛을 반사하기 위한 지붕과 단열을 위한 녹색 지붕을 번갈아 가며 설치하여 극심한 열을 완화하도록 설계할 수 있다. 도로를 만들 때 투수성 포장을 하면서 빗물이 흐를 생태수로나 생태습지를 같이 설치하거나, 해안가에서는 방파제 앞뒤로 염습지나 맹그로브숲mangrove forest을 동시에 설치한다면 기반시설 설치 목적을 달성하면서 자연과 생태계도 보호할 수 있다. 이런 방식을 녹색-회색 기반시설이라고 한다.

녹색-회색 기반시설은 상호 배타적인 것이 아니라 연속선상에서 서로 기능을 강화하거나 추가 탄력성을 제공한다. 이처럼 융합 또는 하이브리드 방식의 기반시설을 적절하게 활용하면 상대적으로 초기 및 유지관리 비용은 낮아지고 기후변화 저감 효과가 뛰어나며 토착종 서식지와 생물다양성 보호에 용이한 자연기반해법의 장점을 유지할 수 있다. 또한 저감 효과가 발생할 때까지 오랜 시간이 소요되고 불확실성이 존재하는 단점도 보완할 수 있다. 특히 기후변화에 따른 이상기후 현상이 복잡하고 다양해지는 상황에서 융합적인 접근 방식을 고려할 필요가 있다.

2장 자연기반해법

감수 : 유병용(세계자연보전연맹 한국위원장)

자연기반해법의 주요 개념은 2000년대 초반에 처음 등장해
2010년대 중반 일부 학자를 중심으로 설정되었다.
2016년 세계자연보전연맹에서 처음으로 정의를 만들었으며,
2019년 기후변화정상회의Climate Action Summit에서
자연기반해법을 탄소중립 7대 해법에 포함시켰다. 2020년
G20과 유럽연합의 그린딜에서 중요성이 다시 부각되었으며,
세계자연보전연맹은 준수 기준을 제시했다. 2021년과
2022년에는 G7과 G20 회의, G20 지속가능금융 로드맵,
유엔환경계획, 기후변화협약, 생물다양성협약, 사막화방지협약
등 보다 다양한 분야에서 자연기반해법의 필요성에 대한 논의를
진전시켰다. 자연기반해법을 적용하고 이해하는 세부적인
방식은 국제기구마다 다르다. 그래서 세계자연보전연맹은 주요
원칙을 종합하고 이해관계자와 학계 등의 논의를 거쳐 2020년
자연기반해법에 대한 전 지구적 기준을 담은 8개 검토사항과
28개 지표로 구성된 가이드를 발표했다.

1. 국제사회의 접근 방식

세계자연보전연맹

2016년 9월 미국 하와이에서 열린 세계보전총회World Conservation Congress에서 처음으로 자연기반해법의 정의가 채택되었다.

> 사회 문제를 효과적이고 순응적으로 해결하는 동시에 인류의 복지와 생물다양성 편익을 제공하는 행동으로 자연과 변형된 생태계를 보호하고, 지속가능하게 관리하며, 복원하는 행동.
> — 세계자연보전연맹(2016)

당시 총회에서는 자연기반해법이 다룰 사회문제는 기후변화, 물 안보와 식량 안보, 인간의 건강, 재난위기, 사회경제적 발전 등 매우 광범위하다고 밝혔다. 또한 자연기반해법은 생태계 서비스 및 복원력 향상, 사회와 문화의 가치를 종합적으로 반영하는 방식으로 접근해야 한다며 8가지 기본 원칙을 제시했다. 이는 국제적으로 적용되는 의무 규정은 아니었지만, 180여 개국에서 온 1만여명이 참석한 총회에서 채택된 결과물이라는 점에서 의미가 있다.[5]

자연기반해법의 8가지 기본 원칙
1. 자연 보전에 대한 규범을 수용한다.

2. 사회문제를 해결하기 위해 자연기반해법만 사용할 수도 있고, 기술적 수단과 같은 다른 수단을 동시에 사용할 수도 있다.

3. 자연기반해법을 적용하는 지역의 특징적인 자연적, 문화적, 과학적 지식을 고려하여 결정된다.

4. 투명하고 광범위한 참여를 촉진해 형평성이 높고 공정한 방식으로 사회적 이익을 창출한다.

5. 생물학적, 문화적 다양성과 생태계의 장기적 진화 능력을 유지한다.

6. 소규모 지역이 아닌, 여러 생태계가 복합적으로 혼합된 광역적 경관 차원의 규모로 접근한다.

7. 단기적인 경제적 이익을 창출하는 개발 수단과 생태계 서비스의 향상을 통한 장기적 수단 사이의 거래관계trade off를 인식하고 관리한다.

8. 정책 설계와 실행 수단에 꼭 필요한 요소로 활용한다.

유럽연합

같은 시기 유럽연합도 자연기반해법 적용 기금과 정보 플랫폼 ThinkNature, Oppla 등을 구축하는 노력을 기울였다. 유럽연합은 자연기반해법을 세계자연보전연맹과는 조금 다르게 정의한다.

사회적 문제를 해결하기 위해 자연에서 영감을 얻고, 자연에 의지하는 해결책으로 비용 효과적인 동시에 환경·사회·경제적 이익을 창출하고, 사회의 복원력을 만드는 데 도움이 되는 방식.
— 유럽연합(2020)

세계자연보전연맹이 전 세계 차원에서 다양한 생태계를 염두에 두고 생태계를 보호, 관리하는 것에 집중한다면 유럽연합은 인구가 밀집된 도시에서 건강, 기후변화, 생태계 훼손과 같은 문제를 해결하는 수단으로서 도시 내 자연생태계를 보다 혁신적으로 조성하는 방향에 집중한다. 자연기반해법 활용 목적에 따라 정의도 차이 나는 셈이다.

국제연합

유엔 산하의 여러 협약과 기구에서도 자연기반해법과 관련한 논의와 활동을 활발하게 추진하고 있다.

유엔기후변화협약의 이행수단으로 2015년 채택된 파리협정은 기후변화 대응 과정에서 모든 생태계의 중요성과 생물다양성 보호를 동시에 고려해야 한다는 점을 명확히 했다. 같은 해 유엔 재난위험경감사무국UNDRR에서 정한 센다이 프레임워크The Sendai Framework for Disaster Risk Reduction도 재난경감 전략은 다양한 생태계 기반해법Ecosystem-based Solution을 고려해야 한다고 명시했다.

2018년 열린 제14차 생물다양성협약 당사국총회에서도 국가 생물다양성전략에 기후변화 이슈를 포함해 상호연관성을 높여야 한다고 정했다. 제8차 세계물포럼World Water Forum에서는 수량과 수질, 수생태계, 홍수 대응에 자연기반해법이 매우 중요한 수단이라는 것을 강조하는 특별 보고서를 발간했다.

2019년에는 〈생물다양성과 생태계 서비스에 대한 평가 보고서〉(IPBES), 〈기후변화 및 토지에 관한 특별 보고서〉(IPCC)가 기후변화 대응을 위해 자연기반해법을 활용해야 한다고 발표했다. 같은 해 9월, 안토니우 구테흐스 유엔 사무총장이 개최한 기후행동정상회의에서는 에너지 전환, 기후 재원, 탄소 가격제 등 7개의 핵심 이행 트랙에 자연기반해법을 포함해 국제적 주목을 받았다.

UNEP, UNFCCC, CBD

제5차 유엔환경총회(2022.3)

유엔환경계획은 190여 당사국이 참여한 총회에서 자연기반해법의 개념과 원칙, 정의를 새로 마련했다.

> 자연기반해법은 자연 또는 변형된 육상, 수상, 연안, 해양생태계를 보호, 보전, 복원, 지속가능하게 이용하고, 관리하는 행동이다. 이들 생태계는 사회, 경제, 환경문제를 효과적이고 순응적으로 처리하면서 동시에 인간의 웰빙, 생태계 서비스, 회복력, 생물다양성 등의 혜택을 제공한다.[6]
> — 유엔환경계획(2022)

'지속가능발전 목표를 달성하기 위해 자연에 대한 행동을 강화하자'는 주제로 열린 이 회의에서는 모든 국가가 동의하는 정의를 수립하고 자연기반해법 이행과 연관된 합의, 활성화를 위한 유엔환경계획 사무국의 과제를 결의문에 포함시켰다.* 이를 통해 자연기반해법이 불필요한 논쟁의 대상이 되는 것을 막고, 생물다양성 협약이 정한 생태계기반 접근방식 개념과 조화를 이루는 기반을 확보할 수 있게 되었다.

제27차 기후변화협약 당사국총회(2022. 11)

총회 결정문에 기후변화와 생물다양성위기에 공동으로 대처하기 위해 자연과 생태계를 보호, 보전, 복원, 지속가능하게 활용하는 것이 매우 중요하다는 점이 포함되었다. 기후변화협약 결정문에 자연기반해법이 직간접적으로 반영된 것은 전 세계가 이를 온실가스 감축과 기후변화 적응 수단이자 자연과 생태계를 동시에 보호할 수 있는 수단으로 주목하고 있다는 의미이다. 또한 관련 투자가 대폭 확대될 가능성이 높다는 것을 의미한다.

제15차 생물다양성협약 당사국총회(2022. 12)

2030년까지 전 세계가 생물다양성위기에 대응해 추구해야 할 목표인 쿤밍-몬트리올 세계생물다양성체계**가 채택되었다.[7] 기후위기에 대응하여 만든 2020년 이후 행동 목표가 파리협정이라면 쿤밍-몬트리올 세계생물다양성체계는 생물다양성위기에 대응하

• 결의문 중 자연기반해법 이행과 관련된 합의는 1) 지역사회와 원주민 보호 기준 존중, 2) 2030 지속가능발전 원칙 준수, 3) 기후변화 대응 수단으로 인식하되 온실가스 감축 활동 회피 수단에서 배제, 4) 지속가능한 생산과 소비 수단으로 활용가능성 인식, 5) 생태계기반접근(Ecosystem based Approach) 개념과 조화 등이다. 유엔환경계획 사무국의 과제로는 1) 우수 사례 정리, 2) 관련 기준 및 가이드라인 평가, 3) 개발도상국에 지원할 재원 정보 취합과 전파 등을 정하였다.

•• 이 체계는 전 세계 차원에서 3~4년간 논의한 끝에 2022년 12월 19일 새벽에 마무리되었다. 원래 2020년 중국 쿤밍에서 확정되었어야 했지만 코로나19 팬데믹 때문에 2년 늦어졌다.

기 위한 전 지구 차원의 구체적 목표이다. 2010년대에 적용되었던 아이치 생물다양성 목표Aichi Biodiversity Targets는 20개였지만 새로운 체계는 23개의 목표로 구성되었다.

새로운 체계는 이전에 비해 더 구체적이고 강한 목표를 설정하며 긍정적인 진전을 이뤘다는 평가를 받고 있다. 기존 목표가 전반적으로 우수한 자연, 생태계의 보존에 초점을 맞췄다면 신규 체계는 그 범위를 더 확대했다. 생물종과 생태계 보호 및 복원, 유전자원 정보의 새로운 영역 관리, 생태계에 큰 영향을 미치는 농업, 생산과 소비 및 기업의 활동 등에서 준수할 사항, 세계 차원의 재원 투자 확대, 인권 등까지 포함한 것이다. 이는 2010년대에 경험한 자연과 생물다양성 보호 실패에서 나온 반성의 산물이다.

새로운 체계의 목표는 매우 구체적이다. 우선 자연과 생물다양성을 유지하기 위해서 2030년까지 전 세계 면적의 30%까지 보호지역 지정 범위를 확대하고, 훼손된 육상·해양생태계의 30% 이상을 복원하기로 했다. 또한 농약 사용량과 음식 폐기물, 외래 침입종invasive alien species의 신규 유입을 각각 50% 감축하기로 했다. 이와 더불어 개발도상국이 새로운 목표를 잘 이행할 수 있도록 선진국, 국제금융기관, 민간 부문 등에서 매년 2천억 달러 규모의 재원을 자연과 생물다양성 분야에 투입하되, 자연에 부정적 영향을 미치는 각종 국가 정부 보조금은 매년 5천억 달러씩 줄이도록 각국의 보조금 체계를 개편하도록 했다. 또한 당사국들은 여러 이해관계자 중 글로벌 기업과 민간 금융기관의 활동이 자연과 생물다양성에 미치는 영향을 모니터링하고 이에 대응하는 활동을 의무적으로 공개하는 법안을 만들어야 한다. 생물다양성 관리에 중요한 역할을 하는 원주민과 지역사회 파괴, 성별gender 불균형 문제에 대한 정책을 보다 체계적으로 마련하고 교육 및 지원할 것도 촉구했다.

자연기반해법에 대해서도 큰 진전이 있었다. 목표 8과 목표 11은 온실가스 감축, 기후변화 적응, 공기, 물, 토양 등의 보호, 수분受粉, 자연재해 방지 등을 위해 자연기반해법과 생태계기반접근EbA을 적극 활용할 것을 정했다. 목표 12는 도시 지역에 녹색 공간, 물을 활용한 청색 공간에 대한 접근성을 높여야 한다는 내용이다. 보호지역과 복원 목표, 자연 친화적인 농업 활성화, 재원 투입 확대 결정과 기업에 대한 의무 강화 등도 모두 자연기반해법의 대규모 확대를 유도하는 결정사항이다. 원주민과 지역사회, 성별 불균형 문제는 자연기반해법 실행 원칙에 포함된다.

제15차 생물다양성협약 당사국총회의 결과는 향후 오랜 기간 동안 자연기반해법이 전 세계 환경 분야의 강력한 주류 의제로 자리매김하는 데 상당히 중요한 계기가 될 것이다.

2. 자연기반해법의 유형

첫 번째 이론적 분류

2015년 에거몽Hilde Eggermont 등은 보호, 지속가능한 관리, 창조의 3가지 자연기반해법 유형을 제안했다. 생물다양성과 생태계가 가진 공학적 요소를 얼마나 활용하는지를 가로축으로, 얼마나 많은 생태계 서비스와 이해관계자가 사업의 목적이 되는지를 세로축으로 나눈 결과였다. 이때 생태계 서비스와 이해관계자가 많을수록 성공적으로 전달할 수 있는 생태계 서비스의 수준은 낮아질 수밖에 없다고 가정했다.

그림 1-3. 자연기반해법의 3가지 유형(Eggermont 등., 2015)

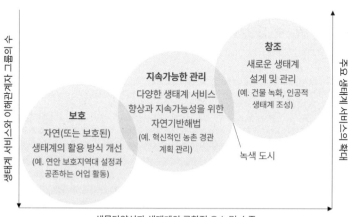

첫 번째 유형인 보호Protection는 생물다양성과 생태계의 공학적 요소를 거의 사용하지 않으며, 생태계 서비스의 종류와 이해관계자 그룹이 많다는 특징이 있다. 이는 생태계에 대한 인간의 개입을 최소화하는 방식으로 보호지역이나 완충지역을 정하는 유형이다. 해안 지역에서 맹그로브숲을 보호함으로써 이상기후에 대응하면서 일자리를 제공하거나, 해안가를 보호지역으로 관리함으로써 주변 지역 생태계까지 친환경적으로 유지할 수 있도록 도움을 주는 경우이다.

두 번째 유형인 지속가능한 관리Sustainability of Ecosystems는 생태계나 경관을 회복시켜 다양한 생태계 서비스 기능을 향상하는 방식이다. 특정 지역의 나무 종류나 유전적 다양성을 향상시켜 이상기후나 재해에 대한 산림의 적응력을 높이는 경우로 농업과 연계된 생태계 또는 산림관리와 연결되는 경우가 많다. 지속가능한 관리는 보호(유형1)에 비해 특정 목적의 생태계 서비스 전달 수준을 더욱 높일 수 있다.

마지막으로 창조Creation of New Ecosystem는 인간이 적극적으로 생태계 관리에 개입하는 것이다. 매우 심각하게 훼손된 지역에 새로운 생태계를 조성하는 경우가 대표적이다. 건물 지붕이나 벽면에 식물을 심거나 생태계를 인위적으로 조성하는 건축물 녹화 사업도 창조 유형에 속한다. 이 유형을 적용할 때는 기존 생태계와의 연결성을 주의 깊게 고려해야 한다. 주변의 생태 분포를 고려하지 않고 어울리지 않은 식물종으로 건축물을 녹화한다면 이상기후에 대한 적응력이 떨어져 사업 목적을 이루기도 어렵고 외래 침입종

문제를 야기할 수도 있다. 따라서 자연기반해법을 제대로 활용하려면 그 도시와 경관의 생태계 분포 현황과 연계해 고민해야 한다.

보호, 지속가능한 관리, 창조의 3가지 유형은 유럽연합과 세계자연보호연맹에서 자연기반해법을 분류하는 기준이 되었다. 유럽연합의 자연기반해법 정보 플랫폼인 씽크네이처는 이를 기반으로 유럽연합에서 시행된 자연기반해법 사례와 문헌조사를 분석해 2019년 《자연기반해법 핸드북Nature based Solution Handbook》을 발행했다. 이를 살펴보면 전반적으로 자연과 생물다양성을 보호, 보전하는 최소한의 개입 유형은 사례가 적은 반면, 적극적으로 사회 인프라를 개선하는 창조 유형이 다수라는 것을 알 수 있다. 주거환경

표 1-1. 씽크네이처의 자연기반해법 유형 분석(Somarakis 등. 2019에서 재구성)

(%, 157개 사례 분석)

분류	사례	비율(%)	
		사례별	유형별
유형 1. 보호	육상, 해양, 연안생태계 보호·보전 전략	5.0	5.0
유형 2. 지속가능한 관리	농업 경관 관리	6.9	31.4
	연안 경관 관리	0.6	
	광범위한 차원의 도시 녹지공간 관리	19.5	
	모니터링	4.4	
유형 3. 창조	집중적 차원의 도시 녹지공간 관리	29.0	63.5
	도시 계획 전략	17.0	
	도시 물 관리	9.1	
	심하게 훼손된 육상생태계의 생태적 복원	1.8	
	반자연적(semi-natural) 수계의 복원	4.8	
	심하게 훼손된 연안, 해양생태계의 생태적 복원	1.8	

을 개선하기 위해 자연을 활용하는 도시 녹지공간 관리나 도시계획 전략이 가장 많이 진행되었으며 물/수계 관리와 농업 경관 관리 유형도 적지 않았다. 이는 국제적으로 자연기반해법의 정의나 가이드라인이 제시되지 않은 상황에서도 이에 해당하는 사업이 지속되었다는 것을 알려준다.

문제 해결 방법에 따른 분류

세계자연보전연맹은 2016년 자연기반해법을 현실에 적용하는 것을 전제로 정의, 유형과 해결 대상, 사회 문제, 기존 접근방식의 관계, 현실 적용 사례 등을 정리했다. 이후 지속적인 연구와 전문가 검토, 의견수렴을 거쳐 2020년 자연기반해법을 현실에 적용할 때 점검해야 할 기준을 제시했다. 자연기반해법으로 해결하려는 사회 문제를 재확인하고, 문제 해결을 위해 생태계를 활용하고 관리하는 방법에 따라 보호, 특정 이슈 대응, 기반시설, 관리, 복원의 5개 유형으로 나눈 것이다. 이는 그간 학계, 정부, 국제기구 등이 자연과 생태계를 활용하여 사회 문제를 해결하기 위해 시도해 온 다양한 유형의 활동, 특히 생태계기반 적응EbA: Ecosystem-based Adaptation, 자연기반시설Nature Infrastructure 등 비슷하게 사용되어 온 여러 접근방법을 포괄하는 우산과 같은 개념이다.

그림 1-4. 자연기반해법 프레임워크와 유형(세계자연보전연맹, 2020; Cohen-Shacham, 2016; 최은호 등., 2021)

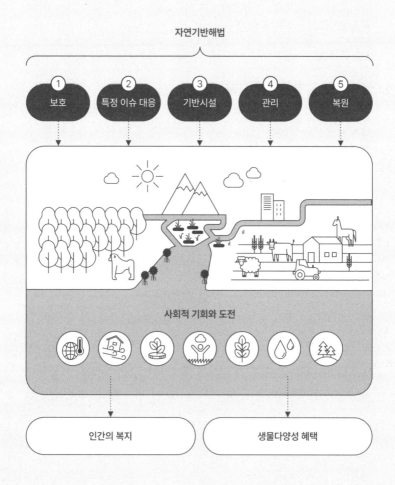

① 보호

인간의 생태계 개입을 최소화하기 위해 생태적으로 중요한 곳을 보호지역이나 완충지역으로 지정하는 것.

접근방법 1: 지역기반 보전 접근법(Area-based Conservation approaches)
보호지역과 기타 효과적인 지역기반 보전 수단을 포괄하는 개념. 보호지역의 목적이 멸종위기종 및 자연경관 보호인 반면, 지역기반 보전 수단은 목적에 관계없이 생물다양성을 현장에서 보호하는 효과가 있는 관리 지역이다.

② 특정 이슈 대응

온실가스 감축이나 기후변화 적응을 위해 생태계를 활용하는 활동. 기후변화는 물론 물 관리, 식량 안보 등을 포함한다.

접근방법1: 생태계기반 적응(EbA)
생태계 서비스 활용에 주목한 개념. 생물다양성협약에서는 "기후변화를 적응 전략의 일부분으로 지역사회의 사회, 경제, 문화적 이익을 고려하여 생태계를 지속가능하게 관리, 보호 및 복원을 하는 것"이라고 정의한다.[8] 홍수 예방을 위해 하천을 재자연화하거나 기후변화 적응력이 더 좋은 나무로 다시 심는 등의 방법으로 주로 지자체 차원의 사업으로 적용될 가능성이 높고, 지역사회의 긴밀한 참여와 지원이 필요하다.

접근방법 2: 생태계기반 완화(Ecosystem-based Mitigation)
대기 중 온실가스 흡수원을 확대하여 기후변화를 완화하는 활동. 최근에는 산림생태계(조림, 재조림 등)와 해양 및 연안생태계(맹그로브, 이탄습지, 조석 염습지, 해초층 등)를 지속가능하게 관리는 것을 중요하게 여긴다. 유엔기후변화협약 차원에서 산림 훼손 등으로 발생하는 온실가스를 줄이는 것REDD이 주목받고 있다.

접근방법 3: 기후 적응 서비스(Climate adaptation Services)
생태계 스스로 변화해 기후변화의 직간접적인 영향에 맞추고 미래에 더 다양한 기능을 인류에게 제공할 수 있는 여러 방법까지 고려하는 것이다.[9] 생태계기반 적응보다 다루는 범위가 더 넓다.

접근방법 4: 생태계기반 재난위험 경감(Ecosystem-based Disaster Risk Reduction)

생태계를 지속가능하게 관리하고, 보호, 복원하여 재난을 줄이거나 지역의 재난에 대한 회복력을 높이는 방법.[10] 주로 쓰나미, 지진, 홍수, 태풍 등과 같은 재난에 주로 초점을 맞춘다. 허리케인에 의한 홍수에 대비하여 큰 습지대를 복원하는 경우, 연안지역에서 발생하는 재해를 줄이기 위해 보호지역을 설정하는 경우 등이 포함된다.[11]

③ 기반시설

다양한 사회 기반시설을 기획, 건설, 관리할 때 생태계의 기능을 활용하는 것. 자연기반시설과 녹색기반시설은 연결성, 다기능성, 현명한 보호 측면에서 원칙과 목적상의 공통점이 있다.

접근방법 1: 자연기반시설

인류에게 여러 혜택을 제공하는 자연지역(산림, 습지, 우수 경관 등)간 네트워크를 계획·관리하는 것.[12] 주로 생태계의 구조나 기능을 복원하는 것에 초점을 맞춘다.

접근방법 2: 녹색기반시설

생태계 서비스를 유지하기 위해 설계·관리되는 자연적, 반자연적, 인공적 네트워크로 도시 지역에 설정된 그린벨트, 녹지 등을 말한다.[13] 이와 반대되는 개념으로 회색기반시설이 있다.

④ 관리

생태계의 지속가능성을 확보하면서 수계나 해안지역을 관리함으로써 지역의 사회적·경제적 이익을 창출하고 적정 관리를 위한 거버넌스를 구축하는 것.

접근방법 1: 생태계기반 관리(EbM: Ecosystem-based management)

통합적이고 과학적인 사실에 기반해 자연을 관리하는 방식. 생태계의 건강, 적응력, 다양성을 유지하면서 동시에 생태계 서비스를 지속가능하게 활용하는 것이다.[14] 해안 지역의 생태계와 수자원 및 수생태계를 따로 관리하지 않고, 다양한 이해관계자의 활동과 관리 시 동원할 수 있는 각종 수단(법, 지역 계획, 예산 등), 관리 목표(환경, 경제, 사회적 목표) 등을 통합적으로 고려하는 통합적 해안지역 관리 또는 통합적 수계 관리가 이 개념을 활용하는 사례이다.

⑤ 복원

훼손된 생태계를 원상태에 최대한 가깝게 돌려놓는 것. 소규모 지역부터 광역적 규모까지 다양하게 설계·적용할 수 있다.

접근방법 1: 생태 복원(Ecological Restoration)

훼손되고 파괴되거나 저하된 생태계를 회복시키는 과정.[15] 생물다양성협약 등에서 중요성이 점점 강조되고 있다. 광산 활동으로 수준이 저하된 산림생태계를 회복시키거나 오염된 강 유역을 복원하는 경우 등이 해당된다.

접근방법 2: 생태 공학(Ecological Engineering)

생태 복원과 비슷한 접근방법으로 생태계의 공학적 특징을 발굴해 환경문제 해결에 적용하는 것이다. 갯벌의 특징을 파악해 갯벌을 직접 만들거나 염습지를 복원할 때 특정 식물종을 심는 경우 등이 있다.[16]

접근방법 3: 산림경관 복원(Forest Landscape Restoration)

훼손되거나 생태계 수준이 저하된 산림경관 지역의 생태계의 기능을 복원하고 인간의 생활도 향상시키는 접근방법. 목적은 보호지역 간의 연결성 향상, 물이나 토양의 보호, 생태계의 문화적 가치 향상 등 다양하다. 복원과정에서 자연생태계의 종 구성이나 전반적인 생태계 서비스까지 고려하는 추세이다.

접근방법의 차이와 오해

자연기반해법은 생태계 적응-Ecosystem Adaptation, 생태계기반 적응, 생태계기반 재난재해 저감, 생태 복원, 생태 공학 등과 나란히 발전했다. 비슷한 듯 다른 개념을 두고 때때로 논쟁이 벌어지기도 한다. 제15차 생물다양성협약 당사국총회(2022)를 앞두고 협상가들 사이에 자연기반해법과 생태계 접근Ecosystem Approach 또는 생태계기반 접근EbA 중 어떤 것을 지지해야 하는지 논쟁이 일었다. 때때로 지역사회와 원주민 이해관계자들이 자연기반해법을 인간과 자연을 분리하는 서양의 개념이라고 우려한 탓이다. 자연이 인간에게 해법을 제공한다고 여기는 것은 일방적인 관계이므로 자연과 인간의 상호연결을 반영하지 못한다는 것이 우려의 근거였다. 생태계 접근을 뒷받침할 기준과 원칙이 이미 생물다양성협약에서 정해졌으므로 자연기반해법보다는 생태계 접근 또는 생태계기반 접근 개념을 유지하자는 주장도 제기되었다.

1995년 생물다양성협약에서 채택된 생태계 접근은 '토지, 물, 생물 자원을 관리할 때 보전과 지속가능한 활용이 형평성 있게 이루어지도록 통합하는 전략'이다. 반면 여기에서 발전된 생태계기반 접근은 '모든 생물서식지와 생물다양성 보존을 향상시키기 위한 전략'이며 '기후변화에 대한 인간의 취약성을 줄이기 위해 기후변화 적응의 일부 개념으로 만들어진 것으로 생태계기반 적응, 기후변화 적응 서비스, 산림경관 복원, 자연 자본 등을 포괄하는 전략'으로 해석된다.[17] 생태계 접근의 목적은 생태계 서비스를 유지하기 위해 생태계의 구조와 기능을 보존하는 것이다. 이를 위해 자연과 외부와의 관계를 체계적으로 고려해야 하며 지역사회나 원주민 등의 참여를 이끌면서 전통 지식을 보전하고 활용하며, 중앙집권이 아닌 지역사회에 분산된 형태로 관리해야 한다는 점 등을 강조한다. 반면, 자연기반해법은 국가정책·경제의 주류화, 실용적인 실행 방안 등에 초점을 맞추고 있다. 더 큰 차이는 자연기반해법은 생물다양성 보존뿐 아니라 기후변화, 물, 건강, 위험 관리, 식량 안보 등의 매우 다양한 사회적 도전과제에 보다 실용적으로 대응한다는 점이다.

이 같은 차이를 이해하고 자연기반해법은 다양한 사회적 문제를 해결하기 위한 실용적인 개념으로, 생태계 접근과 생태계기반 접근은 특정 지역의 생물다양성을 보존하기 위한 개념으로 활용한다면 둘은 상호보완적으로 양립하는 개념이 될 수 있을 것이다. 2022년 채택된 기후변화협약, 생물다양성협약 당사국총회의 최종 결정문은 이런 차이를 하나의 개념으로 합의하지 못 하고 두가지 접근 방법을 병기하는 방식으로 최종 합의되었다.*

---

* 제27차 기후변화협약 당사국총회 결정문, 제15차 생물다양성협약 당사국총회 쿤밍-몬트리올 세계생물다양성체계는 "through nature-based solution and/or ecosystem-based approaches"라는 문구를 포함하는 방식으로 최종 확정되었다.

3. 자연기반해법 적용 방식

국제기구별 이행 단계 차이

자연기반해법을 현실에서 활용하려면 해결하려는 문제, 적용할 지리적 범위, 경제적 측면의 실현 가능성, 재원 조달 방법, 여러 이해관계자 그리고 사회 구성요소와의 균형 여부 등 고려할 것이 많다. 국제기구마다 이를 적용하는 방식이 조금씩 다르다.

유럽연합(씽크네이처)은 자연기반해법 이행시 검토사항을 3단계로 나눈다.

1	2	3
이행(Planning)	실행(Executing)	효과 창출(Delivery)

유엔식량농업기구가 자연기반해법을 정의하고 유형을 나누는 방식은 세계자연보전연맹과 비슷하다. 다만, 이행단계는 달라서 유엔식량농업기구의 로드맵은 물 관리를 중심으로 5단계이다.[18]

1	이해관계자의 관심사 목록화
2	목표 조율 및 이해관계자 참여
3	자연기반해법 사업 모델의 가치 설정과 자금 조달
4	작은 단위의 패키지 형태로 이행
5	모니터링, 성과 분석 및 관리 등

생물다양성협약은 자연기반해법의 일부 유형에 해당하는 생태계기반 적응, 생태계기반 재난재해 경감 실행 시 적용할 이행 과정의 순서를 6단계로 제시한다.[19]

1	사회생태 시스템 이해
2	취약점과 리스크 평가
3	사업 유형(안) 마련
4	우선순위 평가 및 선정
5	사업 계획
6	결과 평가 등

더불어 이 과정에 적용할 원칙으로 포괄성과 형평성 보장, 다양한 규모 활용, 효과와 효율성 추구 등 4개 분야, 10개 원칙을 함께 제안한다.

세계자연보전연맹의 가이드

세계자연보전연맹은 앞서 논의된 각종 절차에 적용할 주요 원칙을 종합하고, 이해관계자와 학계 등의 논의를 거쳐 2020년 자연기반해법 성공을 위한 8개 검토사항과 28개 지표를 발표했다. 자연기반해법 프로젝트를 보다 효과적이고, 지속가능하며, 수용가능하게 이행하도록 초기 설계 단계부터 운영, 모니터링, 유지 관리 단계까지 고려해야 할 사항을 정리한 것이다.

각각의 검토사항은 서로 연결된다. 가장 먼저 살펴야 하는 것은 당면과제를 정하고 그와 연관된 기회와 도전을 이해하는 것이다. 이때 사회적, 경제적, 생태적 측면을 고려해 자연기반해법을 설계해야 한다(①). 사업 규모가 클수록 실행가능성은 물론 장기적인 효과의 지속성까지 담보해야 한다(②). 자연기반해법이 만들어내는 긍정적 변화가 생물다양성(③), 경제(④), 사회(⑤)의 3가지 측면에서 확보되어야 하며 이를 달성하는 과정에서 상호거래와 균형점trade-off이 발생한다는 것을 인식해야 한다. 균형점을 만들어 가는 과정은 투명하고, 공정해야 하며 앞선 검토사항(③,④,⑤)을 종합적으로 고려하여 이루어져야 한다(⑥). 자연기반해법의 성공 가능성을 높이려면 변화과정을 관리하고 교육과정을 반복하면서 상황에 맞춰 관리해야 한다(⑦). 자연이 사회문제를 해결하는 궁극적인 수단이 되려면 자연기반해법을 프로젝트 수준에 한정 짓지 말고 시공간 측면에서 더 큰 규모로 주류화하는 과정이 필요하다(⑧).

그림 1-5. 자연기반해법 성공을 위한 8단계(세계자연보전연맹, 2020)

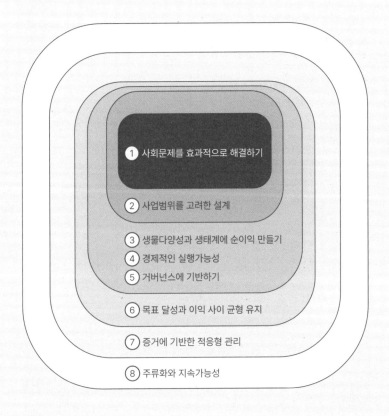

① 사회문제를 효과적으로 해결하기

② 사업범위를 고려한 설계

③ 생물다양성과 생태계에 순이익 만들기

④ 경제적인 실행가능성

⑤ 거버넌스에 기반하기

⑥ 목표 달성과 이익 사이 균형 유지

⑦ 증거에 기반한 적응형 관리

⑧ 주류화와 지속가능성

① 사회문제를 효과적으로 해결하기(Societal challenges)

이해관계자에게 직접적인 영향을 미치는 사회문제를 효과적으로 해결하기 위해 사업의 수혜자와 이해관계자가 사업 설계 단계에 참여할 필요가 있다.

1-1. 문제의 우선순위를 정한다.

사업 지역 안팎에서 이해관계자간 의견 차이가 생길 가능성이 높으므로 투명하고 포괄적인 의견수렴 과정을 거쳐 우선순위를 확인해야 한다.

1-2. 해결해야 할 문제를 명확히 이해하고 정리한다.

여러가지 이익을 동시에 창출할 수 있다는 점을 염두에 두고 사업이 인류 복지에 기여한다는 믿음을 주어야 한다.

1-3. 사업이 제공하는 효과를 확인하고 주기적으로 평가한다.

구체적이고, 측정할 수 있고, 달성할 수 있으며, 현실적이되, 시의적절한 목표를 설정하고 이에 맞추어 손에 잡힐 만한 이익을 창출해야 한다.

② 사업 범위를 고려한 설계(Design at scale)

사업지역과 경관은 언제라도 변할 수 있다는 것을 고려해 복잡성과 불확실성을 설계에 반영해야 한다. 또한 경관 자체와 안팎의 환경을 구분하고 이들의 상호작용을 고려해야 한다.

2-1. 생태계와 경제, 사회의 상호작용을 이해하고 반영하여 설계한다.

자연기반해법 사업이 성공하려면 기술 수준은 물론 사람과 경제, 생태계의 상호관계가 잘 형성되고 유지되어야 한다. 따라서 자연기반해법 설계는 생태계와 지리적 측면, 경제와 정책, 사회와 문화뿐 아니라 상호관계를 포괄하는 시스템으로 접근해야 하며 의사결정 과정에도 반영되어야 한다.

2-2. 다른 수단과 통합 설계하며 시너지를 추구한다.

자연기반해법 사업은 공학 프로젝트, 정보기술, 재정 등의 보완 수단과 통합해 설계해야 하며, 농업·산림·물 관리·건강 등 다른 분야와도 시너지를 추구해야 한다.

2-3. 사업 지역 밖에서 발생할 수 있는 위기도 확인하고 관리한다.

사업 영역 너머의 이해관계자 및 생태계와 긍정적, 부정적 영향을 주고받을 수 있다. 중앙정부와 지자체의 정책 차이, 토지 이용 관행 등이 사업 수행에 부정적 영향을 줄 수 있다. 외래 침입종을 사용하는 경우 생태계에 악영향을 줄 수도 있다.

③ 생물다양성과 생태계에 순이익 만들기(Biodiversity net-gain)

생태계의 완결성을 약화시키는 요소는 배제하고 생태계의 기능과 연결성을 향상시키는 요소를 적극적으로 강화하는 방향으로 설계하고 실행하면 사업 효과도 오래 지속되고 외부 충격에도 회복력을 높일 수 있다.

3-1. 증거를 바탕으로 평가하고 직접 대응한다.

관심 지역의 생태계 현황, 생태계 파괴 원인 등을 명확히 이해하고 생태계의 질을 향상시킬 수 있는 여러 수단을 종합적으로 평가해야 한다. 이때 생태계의 공간적 분포, 주요 생태계 형태와 기능 정보(생산율, 물과 영양소의 흐름), 수질, 수량, 토양 등 물리적 환경, 보호지역과 사업지역 사이의 생태적 연결성, 외부 위험 요인, 현행 보호 대책 등 포괄적인 정보를 확보해야 한다.

3-2. 명확하고 측정가능한 생물다양성 보전 효과를 선정하고 주기적으로 평가한다.

생태계 복원 면적 비율, 주요 생물종 복원 및 회귀 등 생물학적 다양성과 생태적 완결성 보전, 복원에 대한 명확하고 측정할 수 있는 목표를 포함해야 한다. 또한 사업 운영 측면에서 주요 조치 사항, 정량적 규모, 시한 등이 포함되어야 한다.

3-3. 사업이 의도하지 않은 부정적 효과까지 모니터링에 포함한다.

생태계는 근본적으로 복잡하다. 그래서 자연기반해법의 효과에는 불확실성이 존재한다. 예상치 못한 위험 요소를 최소화하기 위한 모니터링과 후속 조치는 필수이다.

3-4. 생태계의 완결성과 상호연결성을 향상할 기회를 확인하고 이를 사업 전략에 통합시켜야 한다.

사업지역이 자연보호지역이나 중요 생태계와 가깝다면 상호연결성을 높이기 위한 조치가 필요하다. 복원 활동을 한다면 해당 지역의 토종식물을 심도록 설계한다.

④ 경제적인 실행가능성(Economic feasibility)

투자 수익, 효과성과 효율성, 비용과 수익 배분의 형평성 등이 성공을 좌우한다. 따라서 설계와 실행단계에서 이를 분석하고 모니터링해야 한다. 장기간의 순이익과 단기간의 비용 사이에서 균형을 찾는 것도 중요하다. 경제적 타당성을 제대로 갖추지 않으면 사업 이전보다 더 악화될 수 있다. 경제적 타당성을 높이려면 자연의 가치를 혁신적이고 증거에 근거한 방식으로 평가하고, 시장 및 일자리 기여도, 창의적인 재원 조달 방식 등이 설계와 실행과정에 포함되어야 한다.

4-1. 직간접적인 비용과 이익, 수익자와 비용 부담자 등을 확인하고 문서화한다.

비용과 이익은 경제적 타당성을 평가하는 가장 중요한 요소로 비경제적 측면(공기 질 향상 등)과 경제적 측면(의료 비용 감소 등) 모두에서 평가할 수 있다. 한편, 비용과 이익은 ⑩을 분석하는 데 사용되기도 한다.

4-2. 비용-효과성, 비용-편익 연구 결과가 근거로 제시되어야 한다.

과도한 초기 비용투자는 사업의 경제적 타당성에 부정적 영향을 미친다. 따라서 비용-효과성 분석은 초기비용과 반복비용 조사, 중장기 기대 수익뿐 아니라 분석에 사용되는 기본 가정을 명확히 검증해야 한다.

4-3. 사업 관련 외부효과를 반영하고, 대안과 비교 검증해야 한다.

다른 유형의 자연기반해법 사업, 전통적 인프라 시공 사업과 자연기반해법 사업의 융합 형태 등과 비교 검증한다.

4-4. 민간·공공 재원, 자발적 기금 등 다양한 재원을 종합적으로 고려한다.

민간 투자자는 민간 재원이 공공의 이익 창출에 쓰이는 것을 선호하지 않아 자연기반해법 투자에 소극적일 수 있다. 이런 한계를 극복하려면 민간 대출과 주식, 공공 지원금이나 저리 융자, 민관 융합 재원 등 여러 재원을 종합적으로 고려해야 한다.

⑤ 거버넌스에 기반하기(Inclusive governance)

포용적이고 투명하며 권한을 부여하는 거버넌스와 절차에 기반해야 한다. 여러 이해관계자와 권한에 대해 법적인 근거나 책임 소재 등이 명확해야 한다. 자연자원은 지역사회에 생태계 서비스를 제공하는 특성이 있으므로 사업의 영향을 받는 지역사회와 주민 등을 적극 참여시키는 보조적인 거버넌스를 반드시 구성해야 한다.

5-1. 사업 시행 전 의견수렴 및 고충 해결 절차를 명확히 합의한다.

형식적, 법적 절차뿐 아니라 비형식적, 비법적 절차도 만들어야 한다. 투명성, 이해관계자의 접근성과 수용성, 예측 가능성, 충분한 대화 등이 사업 이행에 결정적인 역할을 한다.

5-2. 이해관계자는 성별, 연령, 사회적 지원에 관계없이 상호존중 하는 가운데 형평성에 기반해 사업에 참여할 수 있으며, 원주민의 권리에 대한 자유로운 사전통보승인 원칙*을 준수해야 한다.

거버넌스가 효과적으로 기능하려면 사업의 영향을 받는 이해관계자에게 적정한 시기에 적정한 정보를 제공해야 하며, 그들이 제시하는 의견을 적절히 처리해야 한다. 특히, 원주민 거주 지역에서 시행한다면 FPIC 원칙을 따라야 한다.

5-3. 이해관계자가 사업의 모든 절차에 관여하게 한다.

이해관계자에게 참여기회를 주는 것이자 그들의 권리와 이익을 명확히 하고, 소외되는 것을 방지한다.

* 사전통보승인(FPIC: Free, Prior and Informed Consent) 원칙: 원주민 인권을 위한 국제원칙. 원주민 거주지역을 개발하거나 토지를 이용하기 전 조작이나 강요 없이 사전에 정보를 충분히 설명하고 동의를 구해야 한다.

5-4. 의사결정 과정에서 이해관계자의 권리와 이익에 대한 자료를 준비한다.

어떤 이해관계자가 의사결정에 관련되어 있는지, 그들의 역할이 무엇인지에 관심을 기울여야 한다. 이런 노력은 사업의 신뢰성을 높여주며, 분쟁 해결 근거를 제공한다.

5-5. 각 행정구역의 이해관계자가 공동으로 참여하는 의사결정 체계를 만든다.

생태계는 정치적, 행정적 경계를 따르지 않는다. 사업 범위가 행정구역 경계를 벗어나는 경우 관련된 행정기관이 서로 협정을 맺는다면 자연기반해법의 계획과 실행 과정에서 사업 목표에 대한 일관성을 유지할 수 있다.

⑥ 목표 달성과 이익 사이 균형 유지(Balance trade-off)

생태계가 제공하는 혜택을 누구나 가치 있게 여기지는 않으므로 토지나 자연자원를 관리할 때 균형점을 찾는 것은 꼭 필요한 일이다. 시공간적 측면에서 여러 혜택 사이의 균형점을 찾고 관리하는 과정은 공평하고, 투명하며, 포용적이어야 한다. 이때 믿을만한 평가, 완전한 공개, 이해관계자 사이의 합의, 손해배상 체계 등이 수반되어야 균형점을 찾을 수 있다. 균형점은 사회적·생태적인 한계 안에서 관리되도록 보호장치를 마련해야 한다. 보호장치는 생물다양성 측면에서는 일부 지역을 보호지역으로 설정하는 것이 있을 수 있고, 사회적 측면에서는 고충 처리, 의견수렴 의무, 권리 존중, 법령 마련 등이 될 수도 있다. 온실가스 흡수원을 늘리기 위해 산림을 재조림할 때 지역의 생물다양성을 훼손하지 않고 지역의 원주민 권리를 존중하는 것 등을 예로 들 수 있다.

6-1. 균형점의 잠재 비용과 이익을 명확히 이해하고 보호장치와 적정 조정 과정을 공유한다.

보호장치의 역할은 균형점이 사회적으로 가장 혜택을 받지 못하는 이해관계자나 요소에 부정적 영향을 주지 않도록 하는 것이다. 비용과 이익이 달라져도 보호장치가 제 역할을 할 수 있도록 조정해야 하고 이 과정은 투명해야 한다.

6-2. 이해관계자에 따라 책임과 토지·자원에 대한 권리, 사용, 접근 등이 다름을 알려야 하고, 이 차이는 존중받아야 한다.

특히 이는 원주민 사회를 형평성 있게 다루는 데 있어 중요하다. 이를 위해 ⑤에서 언급된 이해관계자 분석이나 맵핑mapping을 토대로 하는 분석하는 것이 바람직하다.

6-3. 보호장치를 주기적으로 재검토하여 합의된 균형점의 한계가 제대로 지켜지는지, 사업 전반의 안정성을 훼손하지 않는지 확인한다.

균형점의 비형평성 측면은 시간에 따라 계속 변하므로 중요하게 관리해야 한다.

⑦ 증거에 기반한 적응형 관리(Adaptive management)

과학적 근거, 주기적인 모니터링과 평가, 원주민의 전통지식까지 포괄해 사업 과정에서 발생할 수 있는 불확실성과 생태계 회복에 효과적인 수단 변화 등을 상황에 맞추어 관리해야 한다.

7-1. 사업 전략이 모니터링과 평가의 근거로 활용되어야 한다.

자연기반해법 전략은 사업의 논리나 이유, 기대 효과, 주요 행동 계획, 경제적·사회적·생태적 현황과 주요 전제 등을 포괄해야 한다.

7-2. 사업의 모든 과정에서 모니터링과 평가 계획을 수립하고 실행해야 한다.

다른 사업이나 접근방식이 사업에 시너지를 낸다면 모니터링과 평가 계획에 이를 포함해야 한다. 초기 전략 변화가 발생하는 경우에도 이에 맞추어 관리 방식을 변화시켜야 한다.

7-3. 적응형 관리가 가능하도록 주기적 교육 체계를 도입해야 한다.

사업에 영향을 주는 요소에 적절하게 대응하려면 상황 변화에 맞춘 적응형 관리는 반드시 필요하다. 교육은 증거에 기반하여 이루어져야 한다.

⑧ 주류화와 지속가능성(Mainstreaming & Sustainability)

자연기반해법은 지속가능발전 원칙과 맞아야 하며, 사업 관할 행정기관의 다른 부문이나 정책에도 반영되어 주류화되어야 한다. 주류화 방법에는 여러 가지가 있는데 가장 중요한 것은 전략적 소통이 꾸준히 이루어져야 한다는 것이다. 소통 대상은 일반 국민, 학계, 지방 및 중앙정부, 공공기관, 기업 등까지 포괄하며 필요하다면 지속가능 발전목표SDGs나 기후변화 관련 국제기구까지도 포함해야 한다.

8-1. 사업 설계와 실행, 교훈점 등은 지역사회와 경제에 변화를 촉진하기 위해 공유해야 한다.
자연기반해법 관련 정책이나 프로그램의 규모를 지리적, 부문적으로 확대하거나 반복하면 변화를 촉진할 수 있다.

8-2. 필요한 정책이나 법령 체계를 향상시켜야 한다.
기존 정책이나 법령체계와 자연기반해법 사업이 상호 부합하지 않는다면 사업 효과가 제한될 수밖에 없다. 따라서 정책적, 법적 한계를 파악하고 지자체나 중앙정부의 의사결정자나 핵심 이해관계자와 협력하는 체계를 만드는 것이 필요하다.

8-3. 자연기반해법 사업은 인간의 웰빙, 기후변화, 생물다양성, 인권 등과 관련된 국내외적 목표에 기여해야 한다.
이런 목표와의 관련성을 사업 설계 및 실행 과정에서 명확히 제시하면 더 많은 사회적, 정치적 지지를 확보할 수 있으며 사업의 장기적 지속가능성을 향상시킬 수 있다.

2

자연기반해법과 기후위기

1장

기후변화협약체제 속의 자연기반해법

글·황석태(고려대학교 환경생태공학과 특임교수)

기후변화 대응을 위한 국제협력은 기후변화기본협약과 파리협정의 관할 아래 있다. 자연의 능력을 이용해서 온실가스를 흡수·제거하는 자연기반해법 역시 기후변화에 대응하는 방법의 하나이므로, 기후변화협약 및 파리협정과 어떻게 연계되는지 알아야 한다. 특별히 자연기반해법의 온실가스 흡수 잠재량은 얼마나 되고, 이를 국가의 감축실적으로 활용할 수 있는지 궁금하다. 그러려면 자연기반해법과 관련되는 기후변화기본협약 및 파리협정의 규정을 조항별로 알아야 한다. 기후변화협약과 그 실행체제인 파리협정이 정의하는 자연의 역할과 흡수원의 기능은 무엇인지, 협약이 정하는 당사국의 책무(공약)에는 어떤 것이 있고, 국가마다 어떻게 감축 의무를 부과하는지에 대해 이해해야 한다. 자연기반해법은 온실가스 감축은 물론 적응에 도움이 되기 때문에 유용하다. 따라서 파리협정에서 규정하는 적응의 의미와 위상에 대해 살펴볼 필요가 있다.

1. 경험한 적 없는 도전 과제

온실가스 감축

2019년 여름에 시작된 오스트레일리아의 산불은 6개월이나 이어지면서 대한민국 영토보다 넓은 12만4천km²를 불태웠다. 소방관을 포함한 33명이 사망했고, 동물도 30억 마리나 죽었다. 포유류와 파충류, 조류, 양서류 가릴 것 없이 모든 생명체가 다치고 죽었다.[1] 성층권까지 달궜다는 이 산불은 기후변화로 인한 기록적인 고온 현상과 유례를 찾기 어려운 가뭄 탓이었다. 2022년 8월 파키스탄은 몬순 폭우로 인해 국토의 1/3이 잠기고 인구의 1/7이 이재민이 되었다. 우리나라도 사정이 다르지 않아 중부지방에 쏟아진 역대급 폭우로 서울의 주요 도심이 물에 잠기고 인명피해까지 발생했다.

기후변화의 악영향이 산불, 폭염, 한파, 가뭄, 호우, 태풍 등 끔찍한 기상재해의 모습으로 드러나고 있다. 2021년 글라스고 기후합의Glasgow Climate Pact에서는 지구의 온도가 산업혁명 이전보다 1.1℃ 올라갔다고 확인했다. 지구의 평균 기온 상승을 산업화 이전과 비교해서 2℃보다 훨씬 낮은 수준, 가능하면 1.5℃으로 억제하자는 파리협정의 목표에 경고음이 울리고 있다.

국제사회는 '강하고 빠른' 온실가스 감축을 요구한다. 장기 목표는 2050년까지 온실가스 순 배출을 0으로 만드는 탄소중립의 달성이다. 그런데 실제로 온실가스 배출을 줄이는 일은 쉽지 않다. 화석연료가 연소되는 곳에서는 예외 없이 온실가스가 배출되기 때문이다. 산업혁명 이후 근대사회는 화석연료 즉 탄소를 에너지원으로 발전해왔다. 탄소중립과 탈탄소화decarbonization는 근대 이후 만들어진 산업과 경제 구조를 포함해 사회의 모든 분야에서 진행되어야 한다. 진정한 의미의 강한 감축은 경제 시스템부터 사회구조와 문화양식, 정치체제에 이르기까지 상상하는 것 이상의 근원적인 전환을 요구할지도 모른다.

탄소중립 실현에는 여러 문제가 예상된다. 경제 부문, 산업 업종, 사업 영역에 따라 감축의 난이도와 감축기술의 발전 정도에 상당한 차이가 있다. 재생에너지나 에너지 효율 개선처럼 상당한 진전을 이룬 부문도 있지만, 이산화탄소 포집·이용·저장CCUS: Carbon Capture, Utilization and Storage과 같이 겨우 상업화 초기 단계에 진입한 기술도 있다. 수소환원 제철기술과 같은 산업공정 기술의 상용화 가능성에는 상당수의 전문가가 의문을 제기하는 상황이다. 교통수단만 해도 승용차는 어렵지 않게 전기차로 전환되겠지만, 국제 해운이나 항공은 상황이 전혀 다르다.

사회 전 분야에서 온실가스를 줄여야 하는데, 분야마다 사정이 이렇게 다르니 정책결정자에게 국가적인 온실가스 감축은 어렵고 도전적인 과제일 수밖에 없다. 감축기술을 언제 도입할지, 부문간 감축의 강약은 어떻게 조절할지 결정해야 하고, 상황에 맞게 자원을 적절하게 배분하면서 전대미문의 투자 비용을 줄여야 한다. 동시에 공공과 민간의 역할을 나누고 피해 부문을 합리적이고 공정하게 배려해야 한다. 경험하지 못한 도전 과제를 눈앞에 둔 셈이다.

낯선 도전을 쉽게 받아들이는 나라는 없겠지만, 국제사회의 온실가스 감축요구와 탄소중립 목표의 파급효과는 유독 우리나라에 큰 영향을 미친다. 제조업 중심의 산업구조 때문이다. 우리나라의 제조업 비중은 미국의 2배를 훌쩍 넘어선다. 현실과 동떨어진 무리한 감축목표를 설정한다면 산업과 경제에 감당 못 할 부담을 줄 수 있다. 그렇다고 국제사회의 요구를 과소평가해서 탄소중립으로 나아가는 세계의 흐름과 변화에 뒤처져서도 안 된다. 국내외의 사정을 정확히 파악한 후에 관련된 기후협상에 현명하게 대응해야 한다.

이러한 맥락에서 자연기반해법의 중요성은 더욱 무겁게 와 닿는다. 자연기반해법은 기후변화 대응, 즉 온실가스 감축과 기후변화 적응의 핵심 요소로 대두하고 있다. 자연기반해법을 활용하지 않고서는 기후변화의 원인과 결과에 제대로 대처할 수 없다고까지 말하는 상황이다. 경제 여건상 다른 나라보다 온실가스 감축에 더 어려움을 겪게 될 우리나라의 입장에서 자연기반해법이 제공하는 기회를 정확하게 인식할 필요가 있다.

가장 확실한 탄소 제거원

지금 세계가 자연기반해법의 필요성을 강조하는 이유는 과감한 온실가스 감축과 탄소중립을 실행하고자 할 때 직면하게 되는 현실적 어려움을 감당하기 어렵기 때문이다. 온실가스 감축에 책임

감을 가지고 진지하게 접근하는 국가라면 마른 수건을 쥐어짜는 심정으로 가능한 모든 분야에서 온실가스를 줄이기 위해 노력해야 한다. 이는 당사국 스스로 달성할 수 있는 가장 높은 수준으로 감축목표(국가결정기여)를 정하도록 한 파리협정의 요구이기도 하다.

2018년 기후변화에 관한 정부간 협의체는 파리협정의 목표를 달성하려면 온실가스를 얼마나 줄여야 하는지, 어떤 수단을 활용해야 하는지를 종합한 〈지구온난화 1.5℃ 특별 보고서〉를 발표했다. 지구의 평균 기온 상승을 산업화 이전에 비해 1.5℃ 이내로 억제하려면 2030년에는 온실가스 배출량을 2010년 대비 45% 줄여야 하고 2050년에는 탄소중립을 달성해야 한다. 2℃ 이하로 억제하려면 2030년까지 25%의 온실가스를 감축하고 2070년경에 탄소중립을 이루어야 한다. 이를 배출량 기준으로 따져보자. 인류가 지금까지 배출한 이산화탄소의 양은 2,200±320기가톤이다. 남아있는 탄소 예산remaining carbon budget, 즉 인류가 앞으로 더 배출할 수 있는 탄소의 양으로 따지면 1.5℃까지 580기가톤(확률 50%)~420기가톤(확률 66%), 2℃까지는 770기가톤(확률 50%)~570기가톤(확률 66%)이다. 매년 줄어드는 탄소 예산이 42±3기가톤이라고 하니 66% 달성 가능성(확률)으로 따지면 1.5℃ 목표 달성을 위해 남은 시간은 고작 10년이다. 그 안에 온실가스 배출을 0으로 만들어야 한다는 계산이 나온다.

과감한 감축으로는 부족하다. 온실가스 배출량을 줄이는 방법도 있지만 흡수원을 보전하고 제거 능력을 강화하는 방법도 있다.

대기 중으로 이미 배출된 이산화탄소를 흡수해서 제거할 필요가 있다. 1.5℃ 목표 달성을 위해 21세기 중에 제거해야 할 이산화탄소의 양은 적게는 100기가톤, 많게는 1,000기가톤이다. 가장 확실한 이산화탄소 제거 방법CDR: Carbon Dioxide Removal은 다름 아닌 자연을 활용하는 것이다. 자연의 탄소흡수 능력을 높이거나 농업과 토지 관리를 잘하면 다른 부문에 비해 온실가스 감축 비용을 크게 낮출 수 있다. 자연기반해법이 중요해지는 이유이다. 더하여 자연기반해법은 생물다양성의 보전, 적응, 지속가능한 발전 목표 실현과 같은 추가 혜택(co-benefit, 공편익)까지 제공한다. 온실가스 감축을 위해 이보다 좋은 대안이 없다. 이 대안을 잘 활용하려면 자연기반해법을 기후변화협약체제와 연계해서 이해할 필요가 있다.

2. 기후변화협약과 자연기반해법

기후변화협약체제

기후변화협약체제는 기후변화기본협약(1992, 이하 '기본협약')과 이를 근거로 체결된 교토의정서(1997)와 파리협정(2015)을 지칭한다. 기본협약은 교토의정서와 파리협정의 모법母法 역할을 한다. 기본협약에서 국제 협력의 틀과 방향, 기본적인 합의사항을 정하면 의정서는 구체적인 실행 조치를 담는다. 이에 따라 교토의정서는 39개 선진국(부속서1 국가)의 온실가스 감축목표targets와 일정time tables을 정했다. 1차 공약기간(2008~2012) 안에 1990년 대비 5% 감축을 목표로 정하고 유럽연합 8%, 미국 7%, 일본과 캐나다 6% 등과 같이 선진국에 정량적인 감축목표를 부과했다. 그러나 공약은 지켜지지 않았고, 2차 공약기간도 제대로 정해지지 않았다.

　새로운 기후변화 대응체제로 체결된 파리협정의 성과이자 특징은 모든 당사국이 온실가스 감축 의무를 함께 지기로 한 데 있다. 기본협약과 교토의정서가 선진국과 개발도상국을 분명하게 구분 짓던 것과 다르다. 전 세계 온실가스 배출량의 55% 이상을 차지하는 55개국이 비준서를 기탁했고, 2023년 5월 현재 198개 당사국 중 195개국이 가입되어 있다.[2] 파리협정이 체결됨에 따라 교토의정서는 사실상 폐기되었다고 보아야 한다. 그러므로 현재 국제사회의 기후변화 대응은 파리협정의 실효적 지배를 받는다.

기후변화기본협약(UNFCCC)

 자연기반해법의 핵심 기능이자 편익인 '자연의 온전한 기능 유지'는 기본협약의 궁극적 목적과도 일치한다. 기본협약은 머리말에서부터 탄소흡수원이자 저장고로서 육상 및 해양생태계의 중요성을 강조한다. 이어지는 본문에서는 기후변화 대응에서 자연의 역할에 관심과 지지를 표명한다. 기후변화 대응의 적정 수준을 가늠하는 기준은 다름 아닌 자연생태계이기 때문이다.

제4조는 기본협약에서 가장 핵심이 되는 조항으로 1항에서는 모든 당사국에 공통으로 적용되는 책무를 정하고, 2항은 선진국의 책무를 추가해서 열거한다.

제4조 1항에 따라 모든 당사국은 온실가스 배출량 통계(인벤토리)를 작성하고 주기적으로 갱신해야 하는데, 여기에 배출량과 함께 온실가스 '제거량'을 담아야 한다(가목). 같은 맥락에서 기후변화를 완화하기 위해 국가가 수립하고 시행하는 조치에 온실가스 감축뿐 아니라 흡수원에 의한 제거를 포함해야 한다(나목). 온실가스 감축(가목)과 흡수원 강화(나목)는 동일한 결과를 낳는다. 과학적으로도 그렇고, 기본협약의 내용에서도 그렇다. 기본협약에서 말하는 '흡수원에 따른 제거' 조치에는 기후변화에 관한 정부간 협의체에서 열거하는 여러 이산화탄소 제거 기술CDR이 포함

될 수 있다. 이중 신규조림afforestation, 재조림reforestation, 토지 복원 land restoration, 토양 탄소 격리soil carbon sequestration 방법을 활용해서 대기 중의 이산화탄소를 토양과 나무에 저장할 수 있다.*

　　기본협약은 국제협력이 필요한 분야로 배출원(다목)과 흡수원 (라목)을 함께 규정한다. 우선 인위적anthropogenic 온실가스 배출원 으로 에너지, 수송, 산업, 농업, 임업, 폐기물을 열거한다. 농업·임 업 및 기타 토지이용 분야AFOLU: Agriculture, Forestry and Other Land Use를 배출원으로 간주하고 에너지, 산업, 수송 등과 함께 감축기술을 개 발하고 확산할 것을 요청한다. 이어 온실가스 흡수원이며 저장고 sinks and reservoirs**인 '생물자원, 산림, 해양과 그 밖의 육상, 연안 및 해양생태계'는 지속가능하도록 관리되고, 보전되어야 하며, 나아 가 그 기능이 향상되어야 한다고 명시한다. 이를 위해 국제사회가 배출원 관리와 흡수원·저장고의 관리·보전·기능을 향상시키는 일 에 협력하도록 요청한다. 기본협약은 흡수원을 활용해 온실가스를

---

* 이 밖에도 다음과 같은 방법들이 있다. 화강암을 잘게 부숴 풍화작용(enhanced weathering) 을 촉진시키면 빗물에 녹아 있던 이산화탄소가 암석에서 풍화된 칼슘, 규소와 반응을 일으키면 서 탄산칼슘이 되어 바다로 유입된다. 미네랄이 바다로 흘러가면 바닷물의 산도를 낮춰 이산화 탄소흡수 능력을 높인다. 이를 활용하는 기술이 해양 알칼리화(ocean alkalinization)이다. 또 한 대기 중의 탄소를 직접 포집해서 저장(DACCS: Direct Air Carbon Capture and Storage) 할 수도 있고, 작물을 대규모로 키워 바이오에너지로 사용하고 연소과정에서 나오는 이산화 탄소는 모아서 저장하는 '바이오에너지와 탄소 포집·저장(BECCS: Bioenergy with Carbon Capture and Storage)' 기술도 있다. 이 방법은 대규모로 실증된 적 없다는 것, 그리고 바이오 에너지는 다른 형태의 토지 이용과 경쟁관계에 있으며 생태계의 기능과 서비스에 부정적인 영 향을 미칠 수도 있다는 단점이 있다. 그럼에도 불구하고 기후변화를 막을 수 있는 핵심기술로 주목받고 있다.

** 흡수원과 저장고는 다르지 않다. 기본협약 제1조는 흡수원을 "대기에서 온실가스, 온실가스의 연무 또는 전구물질을 제거하는 모든 과정, 활동 또는 체계"로, 저장고를 "온실가스 또는 그 전 구물질이 저장되는 기후체계의 하나 또는 그 이상을 구성요소"로 각각 정의한다. 흡수원이 흡 수의 '활동과 과정'에 초점을 맞춘다면 저장고는 흡수의 결과물인 탄소가 저장되는 '장소'라는 의미이다.

제거·흡수함으로써 기후변화를 완화할 수 있음을 분명히 확인한다. 생태계를 보전하고 지속가능하게 관리, 복원하는 자연기반해법의 정의와 협약이 명시하는 온실가스 감축은 다르지 않다.

또 하나 눈 여겨 보아야 할 부분이 적응이다(마목). 이 부분은 기후변화의 영향에 적응하기 위해 협력해야 함을 분명히 하면서 협력 분야로 수자원, 농업과 연안 관리를 위한 통합 계획의 작성을 강조한다. 바로 위 항목에서 생물자원과 산림, 연안과 해양생태계가 온실가스 흡수원과 저장고 역할을 제대로 수행할 수 있도록 관리해야 한다고 요구한 데 이어 연안의 기능을 통합적으로 반영한 계획을 수립해야 할 필요성을 언급하고 있다.

자연기반해법이 제공하는 여러 편익 가운데 가장 중요한 것이 적응 기능이다. 자연기반해법은 자연생태계와 생물다양성이 제공하는 다양한 기능을 되살리는 것이다. 이는 곧 자연이 극한 기상과 급격한 기후변동에 대한 완충natural buffers 역할을 제대로 하게 하는 일이다. 단기적으로는 홍수와 같은 재난에서, 장기적으로는 사막화에서 인간과 자연을 보호함으로써 기후변화의 영향에서 인간과 자연을 보호하는 역할이 곧 적응이다. 상대적으로 자연환경에 더 의존해야 하는 집단과 기후변화 적응에 더 큰 어려움을 겪는 집단이 자연기반해법의 혜택을 더 크게 받기 마련이다. 남성보다는 여성, 젊은이보다는 노인, 부자보다는 가난한 사람, 건강한 사람보다는 병들고 장애가 있는 사람에게 더 큰 도움이 될 수 있다. 국가로 보면 선진국보다 개발도상국이 적응의 한계상황에 처해 있다. 협약의 마목에서 특별히 지명되는 아프리카는 바로 적응의 한계집단을 대표한다고 읽을 수 있다. 자연기반해법의 적응 기능을 이런 관점에서 바라볼 필요가 있다. 형평성equity의 시각이다.

제4조 책무(공약)

1항. 모든 당사국은 공통적이면서도 정도에 차이가 나는 책임과 자국의 특수한 국가적, 지역적 개발 우선순위, 목적 및 상황을 고려하여 다음 사항을 수행한다.

　가. 당사국총회가 합의하는 비교가능한 방법론을 사용하여, 몬트리올 의정서에 의하여 규제되지 않는 모든 온실가스의 배출원에 따른 인위적 배출과 **흡수원에 따른 제거**에 관한 **국가 통계**를 제12조에 따라 작성, 정기적으로 갱신 및 공표하고 당사국총회에 통보한다.

　나. 몬트리올의정서에 의하여 규제되지 않는 모든 온실가스의 배출원에 따른 인위적 배출과 **흡수원에 따른 제거**를 통하여 **기후변화를 완화하는 조치**와 기후변화에 충분한 적응을 용이하게 하는 조치를 포함한 **국가적** 및 적절한 경우 지역적 **계획**을 수립/실시/공표하고 정기적으로 갱신한다.

　다. 에너지, 수송, 산업, **농업, 임업** 그리고 폐기물 분야를 포함한 모든 관련 분야에서 몬트리올의정서에 의하여 규제되지 않는 온실가스의 인위적 배출을 규제, 감축 또는 방지하는 기술, 관행 및 공정을 개발, 적용하고, 이전을 포함하여 확산시키는 것을 촉진하고 협력한다.

　라. **생물자원, 산림, 해양과 그 밖의 육상, 연안 및 해양생태계** 등 몬트리올의정서에 의해 규제되지 않는 **온실가스의 흡수원과 저장소**의 지속가능한 관리를 촉진하고 또한 적절한 **보전 및 강화**를 촉진하며 이를 위해 협력한다.

　마. 기후변화의 영향에 대한 **적응을 준비**하는 데 협력한다. 즉 **연안 관리, 수자원 및 농업을 위한 계획** 그리고 특히 아프리카 등 가뭄, 사막화 및 홍수에 의하여 영향을 받는 지역의 보호와 복구를 위한 적절한 **통합 계획**을 개발하고 발전시킨다.

파리협정(Paris Agreement)

기온목표

파리협정의 기온목표는 생태계가 적응할 수 있는 수준에서 기후변화를 억제하라는 기본협약의 '궁극적 목적'이 구체화된 것이다. 기온목표는 2009년 제15차 코펜하겐 당사국총회에서 처음 등장했으며, 제16차 칸쿤 당사국총회에서 공식적으로 2℃ 목표가 채택되었다. 파리협정은 이보다 한 걸음 더 나아간다. 산업화 이전 수준과 비교해서 2℃보다 훨씬 낮은 수준, 가능하면 1.5℃까지 기온 상승을 억제하라는 것. 지구의 평균기온이 예상보다 빠르게 올라가고 있는 현재 상황에서 볼 때 매우 의욕적이고 도전적인 목표가 아닐 수 없다.

제4조 1항은 이를 달성하기 위해 당사국이 추구해야 할 배출 경로를 정한다. 빠른 시일 안에 배출 정점에 도달하고, 이후에는 급속한 감축을 시행하는 것을 목표로 한다는 내용이다. 또한 장기長期 목표로서 탄소중립 시점을 금세기 하반기로 정하고 있다. 여기서 탄소중립은 인위적 배출과 흡수원에 의한 제거가 균형을 이루는 상태를 말한다. 감축과 흡수·제거의 방법을 동시에 사용해서 탄소중립을 달성해야 함을 분명히 하는 것이다. 배출 정점에 가능한 빨리 도달하고, 이후 감축 속도를 가속하라는 파리협정의 요구를 반드시 기억해야 한다. 지구의 평균 온도 상승을 억제하기 위한 국제사회의 노력은 배출량 감축을 중심으로 과감하고 신속하게 이루어져야 한다.

> 제2조
>
> 1항. 가. 기후변화의 위험 및 영향을 상당히 감소시킬 것이라는 인식 하에, 산업화 전 수준 대비 지구 평균 기온 상승을 **섭씨 2도보다 현저히 낮은 수준**으로 유지하는 것 및 산업화 전 수준 대비 지구 평균 기온 상승을 **섭씨 1.5도로 제한하기 위한 노력**을 추구한다.

> 제4조
>
> 1항. 형평에 기초하고 지속가능한 발전과 빈곤 퇴치를 위한 노력의 맥락에서, 제2조에 규정된 장기 기온 목표를 달성하기 위하여, 개발도상국 당사국에게는 온실가스 배출 최대치 달성에 더욱 긴 시간이 걸릴 것임을 인식하면서, 당사국은 **전 지구적 온실가스 배출 최대치를 가능한 한 조속히 달성할 것**을 목표로 하고, 그 후에는 **이용 가능한 최선의 과학에 따라 급속한 감축을 실시하는 것을 목표**로 하여 금세기 하반기에 온실가스 배출원에 의한 인위적 배출과 흡수원에 의한 제거 간에 **균형을 달성**할 수 있도록 한다.

파리협정의 목표에 대해 기온보다 더 분명한 목표를 제시해야 한다고 주장할 수 있다. 지구 전체에서 배출할 수 있는 총배출량을 협정의 목표로 제시하는 것이 보다 확실하다. 그러면 각 당사국에 배출 가능한 온실가스 양을 할당하는 다음 단계로 쉽게 나갈 수 있다.

국가결정기여(NDC)

파리협정 제3조는 제2조의 목표를 달성하기 위해 당사국이 국가결정기여NDC: Nationally Determined Contribution를 작성한다고 명시한다.

국제협약의 목표는 당사국의 목표를 설정하는 기준이 되므로 중요하다. 교토의정서가 선진국과 개발도상국을 나누어 감축목표를 정량적으로 부과했다면 파리협정은 국가결정기여라는 애매한 표현으로 모든 당사국 스스로 자국의 목표를 제시하도록 했다. 국가결정기여는 말 그대로 개별 국가(당사국)가 '자기결정' 하에 온실가스 감축목표를 설정하여 제출하는 것이다. 의무 때문이 아니다. 국제사회의 기후변화 대응 노력에 '기여'하기 위해서이다.

국가결정기여라는 용어는 타협의 산물이다. 선진국은 공약·의무·책무commitment라는 용어를 쓰려 했지만, 온실가스 감축을 국가의 의무로 받아들이고 싶지 않았던 개발도상국은 행동action과 같이 법적 강제력이 없는 용어를 사용하자고 주장했다. 결과적으로 당사국이 제시하는 온실가스 감축목표는 말 그대로 지구적 대의에 기여하고자 하는 당사국의 자율적, 자발적 결정이 되었다.

자연기반해법에 의한 온실가스 감축과 흡수는 국가결정기여에 포함될 수 있다. 그중 토지 기반의 감축수단land-based mitigation

제3조
기후변화에 전 지구적으로 대응하기 위해 국가결정기여로서, 모든 당사국은 제2조에 규정된 이 협정의 목적을 달성하기 위하여 **제4조, 제7조, 제9조, 제10조, 제11조 및 제13조에 규정된 바와 같이 의욕적인 노력을 수행하고 통보해야 한다.** 이 협정의 효과적인 이행을 위해서는 개발도상국 당사국에 대한 지원이 필요함을 인식하며, 모든 당사자는 **시간의 경과에 따라 진전되는 노력**을 보여줄 것이다.

measures은 크게 4가지로 나눌 수 있다.[3]

1. 흡수 역량을 떨어뜨리고 배출을 조장하는 토지 이용을 줄인다. 예컨대 습지나 산림과 달리 도시공간은 배출원이 된다.
2. 토지의 탄소흡수능력을 높이는 이산화탄소 제거 기술CDR을 확대 적용한다.
3. 농업에서 배출되는 온실가스를 줄인다. 소와 양 같은 반추동물의 장내 발효과정에서 메탄CH_4, 비료에서 아산화질소N_2O, 농기구 운용 과정에서 이산화탄소CO_2가 배출된다.
4. 수요 변화를 통해 생산을 줄인다. 예컨대 소고기 수요를 줄여서 배출을 줄일 수 있다.

현재 국가결정기여를 보면 대다수의 나라들이 재조림과 산림관리를 통해 배출량은 줄이고 흡수량을 늘리겠다고 한다(1). 토양 탄소 격리나 농업 배출 온실가스를 줄이겠다는 나라도 일부 있다(2, 3).[4] 하지만 아직 국가결정기여 상의 온실가스 감축을 위해 일반인의 소비와 수요의 변화(4)까지 적극적으로 추진하는 국가는 없다.[5] 자연기반해법이 보다 다양하게 활용되어야 할 필요성을 알 수 있다.

진전의 원칙

국가결정기여를 당사국의 온실가스 감축목표라고 생각하기 쉬운데 실제 파리협정의 국가결정기여는 범위가 훨씬 넓다. 파리협정에 따라 모든 당사국은 제4조(감축), 제7조(적응), 제9조(재정 지원), 제10조(기술 이전), 제11조(역량 배양), 제13조(투명성)에 관한 국기결정기여를 제출해야 한다. 이를 파리협정을 지탱하는 6개의 기둥pillar이라고 부른다. 여기에는 정량적 목표뿐 아니라 시간에 따라 진전(강화)하는 내용까지 담아야 한다.* 이 조항에서 중요한 것이 이른바 진전progression의 원칙이다. 이 6개 요소를 담은 국가결정기여를 작성할 때 이전보다 낮은 수준으로 하면 안 된다는 의미이다. 후퇴는 없다(no backsliding). 파리협정 이행 메커니즘의 핵심이 여기에 있다.

각 당사국이 제출한 국가결정기여의 합계가 파리협정에서 정한 목표 달성에 합당할까? 별도의 지침guideline이 없는 상황에서 각국이 알아서 상향식bottom-up으로 제출하는 온실가스 감축목표가 파리협정의 기온목표를 달성하기에 충분하다면 그것이 오히려 이상할 것이다. 막대한 비용이 드는 온실가스 감축에 각국은 리더가 아니라 무임승차자free rider가 되려 하기 때문이다. 그리고 이러한 예상은 적중했다. 당사국의 예비 감축목표INDC를 더했더니 지구 평균 기온이 2100년까지 2.6~3.1℃ 상승하는 것으로 나타났다.[6] 유엔환경계획에서 매년 발간하는 〈배출량 격차 보고서 Emission Gap Report〉가 이를 분석한다. 파리협정 제1차 당사국총회 이후 당사국이 약속한 감축량을 기후변화협약 사무국에서 분석했더니 각국이 감축 약속pledge을 충실히 이행하더라도 지구의 평균 기

---

* 다만 감축과 재정지원을 제외한 다른 4개 부문에서는 진전 사항을 어떻게 담아야 하는지 불분명하다.

온이 2.7℃ 상승하는 것으로 나타난 것이다.[7]

그렇다면 기온 상승을 1.5℃까지 억제하라는 파리협정은 어떻게 작동하는 것일까? 온실가스 감축 노력을 강화하라는 국제사회의 압력이 우리나라에 어떤 방식으로 가시화될지 예측하려면 이에 대해 알아야 한다. 당사국은 5년 단위로 연속successive해서 국가결정기여를 당사국총회에 제출하고, 이를 이행하기 위해 필요한 국내 조치를 취해야 한다(제4조 2항). 새롭게 제출하는 국가결정기여는 이전보다 진전된 것이어야 한다(제3조, 제4조 3항). 정리하면, 파리협정은 진전의 원칙 하에 5년 주기로 강화되는 국가결정기여에 의해 운영된다. 국가결정기여 수준에 대해 파리협정은 단지 '최대한 높은 수준highest possible ambition'으로 제출하도록 요구할 뿐이다. 외부에서 강제하는 정량적인 요구나 기준이 아니다. 스스로 알아서 판단하라고 한다. 이마저 법적 의무는 아닌 규범적인 요구이다.* 법적 의무를 표시하는 shall도 아니고, 권유의 의미를 담는 should 보다 약하다. 기대를 뜻한다고 이해하는 게 정확하다.

한 방향으로 계속 돌아가는 톱니바퀴를 떠올려 보자(ratchet-up mechanism). 각국이 처음 제출한 국가결정기여가 미흡하다 해도 톱니바퀴가 제대로 돌아가는 한 시간이 지날수록 각국의 국가결정기여는 상향되어 결국 필요한 수준에 도달할 것이다. 톱니바퀴처럼 후퇴 없이 진전하는 과정이 당사국으로 하여금 자국의 기후행동을 상향하도록 만든다. 물론 기후변화가 그때까지 마냥 기다려주지 않는다는 문제가 있다. 다른 사회문제는 당장 대책을 만들지 못해도 다음 기회가 있다. 하지만 기후변화는 시한폭탄이다. 당장 대책을 마련해야 한다. 시간이 흘러 폭발 순간이 다가오면 돌이킬 수 없다. 시간을 끌수록 온실가스 배출량은 기하급수적으로 늘어나고, 늘어난 만큼 줄이려면 경제에 심각한 타격을 줄 수 있다. 진퇴양난이다. 그럼에도 어쨌든 국제적 압력 행사를 매개로 목표를 향해 지속적으로 전진하는 이행 메커니즘은 마련되었다.

> 제4조
>
> 2항. 각 당사국은 달성하고자 하는 차기 **국가결정기여를 준비하고, 통보하고, 유지한다.** 당사국은 그러한 국가결정기여의 목적을 달성하기 위해서 **국내적 완화 조치를 추구**한다.
>
> 3항. 각 당사국의 차기 국가결정기여는 상이한 국내 여건에 비추어 공통적이지만 그 정도에 차이가 나는 책임과 각자의 능력을 반영하고, **당사국의 현재 국가결정기여보다 진전되는 노력을 시현할 것이며 가능한 한 가장 높은 의욕 수준을 반영할 것이다.**

전 지구적 이행 점검(GST: Global Stocktake)

당사국은 국가결정기여와 관련된 정보도 함께 제출해야 한다. 국가결정기여 수준은 알아서 결정하면 되지만 제출하는 정보는 당사국의 의무사항이다.[**] 목표 수준은 자율적으로 정하지만, 평가

- 파리협정 제4조 3항의 문장에 쓰인 조동사는 will이다.
- 제4조8항에는 경성 의무의 의미를 가지는 shall이 쓰였다. 제4조2항과 마찬가지이다.

기준이 되는 정보는 명확하고 투명하게 제출해야 한다는 뜻이다.

당사국의 국가결정기여가 지구적 장기 감축목표와 비교해 어느 정도의 수준인지는 전 지구적 이행 점검을 통해 판단한다. 개별 당사국이 국가결정기여를 이행한 결과를 모두 합쳐 장기 목표 달성에 부합하는지 평가하겠다는 것이다. 다만 이는 강압적인 분위기에서 잘못을 지적하는 형태로 진행되지는 않는다. 종합적 comprehensive이면서 잘하도록 북돋우는facilitative 방식으로 이루어져야 함을 명시한다. 전 지구적 이행 점검은 2023년을 시작으로 5년 단위로 시행될 예정이다.

제4조

8항. 국가결정기여를 통보할 때 모든 당사국은 결정 1/CP.21과 이 협정의 당사국회의 역할을 하는 당사국총회의 모든 관련 결정에 따라 명확성, 투명성 및 이해를 위해 필요한 정보를 제공한다.

제14조

1항. 이 협정의 당사국회의 역할을 하는 당사국총회는 협정의 목적과 장기적 목표의 달성을 위한 **공동의 진전을 평가하기 위하여 협정의 이행을 정기적으로 점검(이하 "전 지구적 이행 점검"이라 한다)한다.** 이는 완화, 적응 및 이행 수단과 지원 수단을 고려하면서, 형평과 이용 가능한 최선의 과학에 비추어 **포괄적이고 촉진적인 방식**으로 행하여진다.

의욕 상향 주기(ambition cycle)

전 지구적 이행 점검의 결과는 각국이 차기 국가결정기여를 설정하는 데 활용된다. 즉 '1차 국가결정기여 → 전 지구적 이행 점검 → 2차 국가결정기여'로 진행되는 가운데 당사국이 자국의 감축 목표를 점차 높여가는 '의욕 상향 주기'가 작동하는 것이다. 이 주기에서는 당사국이 국가결정기여와 온실가스 감축 이행에 관한 정보를 투명하고 확실하게 제출하는 것transparency and accountability이 중요하다. 목표는 몰라도 평가는 정확하고 분명하게 이루어져야 한다. 각국이 제출한 정보를 분석하면, 국가결정기여의 합계가 기후체계의 안정에 필요한 감축량, 구체적으로 1.5~2℃ 목표 달성에 필요한 감축량과 비교해 얼마나 차이 나는지 드러날 것이다. 이제 이 차이를 어떻게 줄일지가 관건이 된다.

가만히 따져 보면 의욕 상향 주기의 성공을 가져오는 핵심 요소는 법적 강제력 행사가 아니라 투명하고 정확한 정보를 토대로 진행되는 객관적인 동료 평가, 이에 따라 국가간에 작용하는 국가결정기여 상향 압력이라는 것을 알 수 있다. 국제사회는 지구적 수준에서 필요한 온실가스 감축량에 미치는 못하는 분량을 차기 국가결정기여에 반영해 간극을 채우도록 각국에 요구할 것이다. 다른 나라와 비교해 감축 수준NDC이 상대적으로 미흡한 국가가 우선적이고 강력한 추가 감축 압력을 받을 것이다.

국가결정기여 상향 압력의 배경에 기후변화가 있다. 기후변화가 가시화되고 피해가 커지면 국제사회의 상향 압력 역시 힘을 받게 될 것이다. 국제 협력의 성공 사례로 꼽히는 오존협약은 남극

상공에 드러난 오존 구멍이 오존층 파괴 모습을 생생하게 보여준 덕에 문제 해결을 독려할 수 있었다. 이에 비해 수십 년, 수백 년 후에 발생할 기후변화의 피해를 막기 위해 지금 무언가를 하자고 설득하기는 결코 쉽지 않다. 하지만 지금은 실제 삶의 현장에서 기후변화로 인한 피해가 가시화되고 있다. 세계 곳곳이 기후변화의 피해를 겪을수록 말이 아니라 구체적인 행동에 나서라는 요구가 커질 것이다. 기후변화가 온실가스 감축을 요구하는 강력한 국제사회의 압력으로 전환되는 것은 시간 문제이다. 파리협정의 문구는 협상의 결과물인 까닭에 국가의 자발성을 강조하고, 강제보다는 협력에 방점을 두고 있다. 하지만 경제적으로 이미 선진국의 반열에 들어간 대한민국에 기후변화 대응이라는 대의와 국제사회의 책임 있는 일원이 되어야 한다는 명분 아래 가해지는 압력은 사실상 강제의 성격을 가질 것이다. 이 점을 꼭 명심해야 한다.

적응

기후변화 대응의 두 축은 적응과 감축이다. 하지만 당초 감축만을 기후변화 대응의 핵심 과제로 여겼다. 기후변화를 둘러싼 국제협력이 자국의 경제 발전을 위해 온실가스 감축은 최대한 미루고, 다른 나라의 감축 노력에 무임승차하려는 잘못된 유인을 해결하는 데서 시작했기 때문이다.

파리협정은 감축 못지않게 적응을 강조한다. 파리협정의 기온 목표와 감축 노력을 규정한 제2조 1항 가목에 이어 나목은 협약의 목표로서 적응을 언급한다. 당사국은 기후변화의 부정적 영향에 적응하고 기후회복력(기후탄력성resilience)을 높이기 위해 전 지구적 협력을 강화해야 한다. 개발도상국을 중심으로 적응의 중요성을 강조함에 따라, 감축과 거의 동등한 수준으로 적응에 관한 사항을 규정한 것이다. 파리협정의 마지막 목표는 재정 지원이다. 지원 대상은 온실가스 저배출(감축)과 기후탄력성을 향상시키는 발전(적응)이다(제2조 1항 다목). 개발도상국에 대한 선진국의 재정 지원과 기술 이전은 감축과 함께 적응을 대상으로 해야 한다는 것이다. 선진국은 개발도상국이 기후탄력성, 곧 적응 능력을 향상시킬 수 있도록 지원해야 한다.

이러한 변화의 배경을 생각해 보자. 적응은 개발도상국에 훨씬 더 절실하다.[*] 기후변화 적응에 필요한 자금과 역량이 절대 부족하기 때문이다. 선진국은 감축을 지원해서 온실가스 배출을 최대한 줄이고 싶겠지만, 개발도상국 입장에서 선진국의 돈과 기술이 더 필요한 분야는 적응이다. 더하여 산업화 이후 온실가스 배출은 선진국이 하고, 그로 인한 피해는 개발도상국이 입는다는 현실이 있다. 윤리적으로 선진국은 자신의 배출로 피해를 입은 개발도상국의 엄연한 현실을 외면할 수 없다. 개발도상국은 파리협정 아래 온실가스 감축에 동참하면서 그들이 어려움을 겪는 기후변화 적응의 중요성을 강조한다. 감축 노력과 마찬가지로 개발도상국의 부족한 적응 능력을 보완할 수 있도록 선진국의 지원(재정 지원, 기

---

[*] 냉정하게 말하면 적응은 개별 국가의 문제이지 국제협력의 과제가 아니다. 각국은 적응에 노력한 만큼 기후변화가 야기하는 위험에서 안전해질 것이다. 폭염 피해를 줄이기 위해 나무를 심고, 홍수를 막기 위해 방재시설을 만들면 그 나라의 폭염 사망자와 홍수로 인한 침수 피해가 줄어든다. 적응 노력의 혜택을 누리는 것은 국제사회가 아니라 노력을 기울인 국가이다.

술 이전, 능력 배양)을 요구하는 것이다. 적응의 중요성과 적응 노력 지원 강화에 관한 내용이 파리협정 곳곳에 담긴 이유이다.

제2조

1항. 나. 식량 생산을 위협하지 않는 방식으로, 기후변화의 부정적 영향에 **적응하는 능력과 기후회복력** 및 온실가스 저배출 발전을 **증진**하는 노력의 증대, 그리고

　다. 온실가스 저배출 및 **기후회복적 발전**이라는 방향에 부합하도록 하는 재정 흐름의 조성

적응을 강조하는 파리협정의 기조는 자연기반해법 확산에 긍정적으로 작용할 것이 분명하다. 자연기반해법은 감축뿐 아니라 적응에도 기여하므로 단순 감축사업에 비해 경쟁력이 있기 때문이다. 자연기반해법에 대한 선진국의 투자와 지원을 유치하는데 유리한 상황이 조성된다는 의미이다. 적응을 이유로 하는 지원사업에 자연기반해법을 활용할 수 있는 정치적 계기가 마련된 셈이다.

적응에 관한 자세한 규정이 담긴 제7조의 14개 항 중 자연기반해법과 관련해 눈여겨보아야 할 부분은 2항이다. 이 조항은 적응이 인간, 인간의 삶(생계), 그리고 생태계를 보호하기 위한 것임을 분명히 한다. 인간만이 아니라 생태계 역시 적응할 수 있도록 보호해야 하며, 생태계 자체가 적응에 기여한다고 적시한다.

비슷한 의미에서 5항과 9항 다목에서도 적응 행동에 나서도록 촉구한다.* 적응 정책과 행동, 계획과 기여 과정에 고려해야 할 주

요한 대상으로 생태계를 다시 지목한 것이다. 자연기반해법은 지역 공동체를 배려해야 한다. 환경적 건전성environmental integrity 확보 못지않게 중요한 것이 사회적 건전성social integrity을 보장하는 일이다. 예를 들어 산림관리를 이유로 산림 안에서 삶을 영위하는 원주민을 쫓아내거나, 지역 공동체의 공동 토지 소유권을 박탈해서는 안 된다. 자연기반해법을 적용해서 얻은 이익을 지역 주민과 공유하는 것도 사회적 건전성 확보 차원에서 필요하다. '취약계층과 지역 공동체를 고려'하라는 협정문이 뜻하는 바이다.

제7조

2항. 당사국은 기후변화의 부정적 영향에 특별히 취약한 개발도상국 당사국의 급박하고 즉각적인 요구를 고려하면서 적응이 현지적, 지방적, 국가적, 지역적 및 국제적 차원에서 모두가 직면한 전 지구적 과제라는 점과 적응이 **인간, 생계 및 생태계를 보호하기 위한** 장기적이며 전 지구적인 기후변화 대응의 핵심 요소이며 이에 기여한다는 점을 인식한다.

5항. 당사국은 적절한 경우 적응을 관련 **사회경제적 및 환경적 정책과 행동에 통합**하기 위하여, **취약계층, 지역 공동체 및 생태계**를 고려하면서 적응 행동이 국가주도적이고 성인지적이며 참여적이고 전적으로 투명한 접근을 따라야 한다는 점과, 이용가능한 최선의 과학, 그리고 적절히 전통 지식, 원주민 지식 및 지역 지식 체계에 기반을 두고 따라야 한다는 점을 확인한다.

- 5항: 취약계층, 지역 공동체 및 생태계를 고려하면서(taking into consideration vulnerable groups, communities, and ecosystems).
  9항 다목: 취약인구, 지역 및 생태계를 고려하면서(taking into account vulnerable people, places, and ecosystems).

산림파괴 방지를 통한 온실가스 감축(REDD+)

기후변화협약은 탄소흡수원이자 저장고로서 산림의 중요성을 분명히 인식하고 협약의 목적, 당사국의 책무 등에 관련 내용을 담았다. 그렇다면 실제 산림을 어떻게 보전하고 가꿀 것인가? 기후변화협약은 산림의 보전과 관리를 REDD+라는 주제 아래 상당 기간 당사국총회에서 다루어 왔다. 그 결과가 모여 파리협정 제5조가 탄생했다.

제5조

1항. 당사국은 협약 제4조 1항 라목에 언급된 바와 같이, 산림을 포함한 온실가스 흡수원 및 저장고를 적절히 보전하고 증진하는 조치를 하여야 한다.

2항. 당사국은, 협약하 이미 합의된 관련 지침과 결정에서 규정하고 있는 기존의 프레임워크인: 개발도상국에서의 **산림전용과 산림황폐화**로 인한 배출의 감축 관련 활동, 그리고 **산림의 보전, 지속가능한 관리** 및 **산림탄소 축적** 증진 역할에 관한 정책적 접근 및 긍정적 유인과; 산림의 통합적이고 지속가능한 관리를 위한 완화 및 적응 공동 접근과 같은 대안적 정책 접근을, 이러한 접근과 연계된 비탄소 편익에 대하여 적절히 긍정적인 유인을 제공하는 것의 중요성을 재확인하면서, 결과기반 지불 등의 방식을 통하여, 이행하고 지원하는 조치를 하도록 장려된다.

2항을 보자. 여기서 산림의 전용deforestation과 산림황폐화forest degradation가 유발하는 온실가스를 감축하고, 산림의 보전conservation of forest과 지속가능한 관리sustainable management를 추진하며, 산림탄소 축적을 증진enhancement of forest carbon stocks하는 일이

REDD+Reducing Emission Deforestation and forest Degradation+의 5가지 활동이다.

산림은 성장하면서 탄소를 흡수하여 저장한다. 식물의 광합성 작용으로 흡수된 이산화탄소는 줄기, 가지, 뿌리, 잎과 같은 바이오매스와 고사목, 낙엽층, 토양 등에 탄소 형태로 저장된다. 그러다 벌채, 고사와 부패, 산불(연소) 등으로 산림이 파괴·훼손되면 산림에 고정되었던 탄소는 대기 중으로 배출된다. 산림파괴는 산림을 다른 용도로 전용할 때는 물론 기존 산림의 황폐화, 즉 산림 훼손에 의해서도 발생한다REDD. 여기에 플러스(+)가 붙으면서 보호구역 확대와 같은 산림보전 활동, 산림의 지속가능한 경영, 신규조림, 재조림, 산림복원을 포괄하는 산림탄소 축적(탄소흡수 능력) 증진이 추가되었다.

그림 2-1. REDD+의 개념(산림청, 2021)

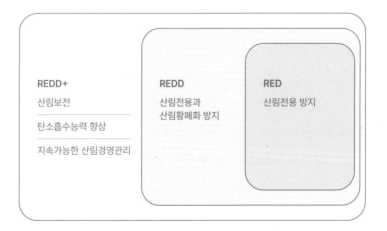

가만히 보면 REDD+와 산림 부분의 자연기반해법은 포장이 다를 뿐 내용 면에서 차이가 없다. 자연기반해법의 정의에 나오는 자연의 보전, 복원, 관리가 산림 분야에 구체적으로 적용된 것이 REDD+라는 말이다. 중요한 차이는 REDD+가 산림의 보전, 관리, 복원에 따라 발생하는 감축실적을 경제적 인센티브로 활용하고자 한다는 데 있다. 간단히 말해 개발도상국이 산림을 보전하는 대가 (비용)를 선진국이 부담하도록 하는 것이다. REDD+의 이 같은 복적은 시장을 활용하여 실현될 것이다.

온실가스 감축 거래 시장

자연기반해법으로 감축한 온실가스 배출량은 상쇄offsets 형식으로 활용할 수 있다. 자연기반해법을 활용한 A국의 감축사업에 투자한 B국이 사업에서 발생한 감축량을 자국의 온실가스 감축목표 NDC 달성에 사용하는 방법이다. 이는 파리협정의 온실가스 감축 거래시장 메커니즘(이하 '시장market')과 직접 관련된다.

　기후변화협약체제에서 시장은 교토의정서의 유연성(신축성) 메커니즘(체계)에서 시작한다. 교토의정서는 시장 활용 방법을 세 가지로 정한 바 있다.

1. 배출권 거래Emission Trading: 온실가스 감축 의무를 부담하는 부속 서1 국가(선진국)* 간의 배출권Assigned Amount Unit 거래

• 　체제전환국 13개국을 포함해 온실가스 감축 부담을 지는 39개국이다.

2. 공동 이행Joint Implementation: 하나의 부속서1 국가가 다른 부속
   서1 국가에 투자해 온실가스를 줄이고 그 성과Emission Reduction
   Units를 활용하는 방식
3. 청정개발체제CDM: Clean Development Mechanism: 민간과 공공기관
   이 개발도상국(비부속서1 국가)의 감축 사업에 투자해서 생긴 감축
   실적Certified Emission Reductions을 부속서1 국가가 사용하는 방식

시장을 활용하는 원칙과 방법은 파리협정 제6조에서 구체
적으로 기술된다. 참고로 파리협정에는 '시장'이라는 용어가 나
오지 않는다. '국제적으로 이전되는 온실가스 감축실적ITMOs:
Internationally Transferred Mitigation Outcomes'을 사용한다고 말한다. 파리
협정이 시장을 바라보는 기본 시각인 '원칙'은 당사국이 보다 높
은 수준의 국가결정기여, 즉 의욕 상향을 위해 시장을 사용해야 한
다는 것이다(제6조1항).

시장에서 배출권(감축실적)이 거래되는 실제 이유는 딱 하나,
비용 때문이다. 경제가 고도화되고 효율적일수록 온실가스 감축
에 드는 비용(한계비용)은 올라가기 마련이다. 상대적으로 값싼
감축사업low hanging fruits은 이미 시행되었기 때문이다. 그런데 아직
경제 효율이 낮은 국가에는 낮은 비용의 감축사업이 남아 있다. 여
기에서 시장을 활용한 상쇄배출권offset credits의 거래 유인이 생긴
다. 그렇다고 자국 내 감축에는 소홀하면서 비용을 이유로 개발도
상국의 감축분을 활용하는 데만 열중해서는 안 된다. 우선 자국의
감축에 최선을 다하고, 국제사회의 온실가스 감축 노력에 기여하

제6조

1항. 당사국은 일부 당사국이 완화 및 적응 행동을 하는 데에 보다 **높은 수준의 의욕을 가능하게 하고 지속가능한 발전과 환경적 건전성을 촉진하도록 하기 위하여**, 국가결정기여 이행에서 자발적 협력 추구를 선택하는 것을 인정한다.

2항. 국가결정기여를 위하여 당사국이 국제적으로 이전된 완화 성과의 사용을 수반하는 협력적 접근에 자발적으로 참여하는 경우, 당사국은 **지속가능한 발전을 촉진하고 거버넌스 등에서 환경적 건전성과 투명성을 보장하며**, 이 협정의 당사국회의의 역할을 하는 당사국총회가 채택하는 지침에 따라, 특히 이중계산의 방지 등을 보장하기 위한 엄격한 계산을 적용한다.

4항. 당사국이 자발적으로 사용할 수 있도록 온실가스 배출 완화에 기여하고 지속가능한 발전을 지원하는 메커니즘을 이 협정의 당사국회의 역할을 하는 당사국총회의 권한과 지침에 따라 설립한다. 이 메커니즘은 이 협정의 당사국회의 역할을 하는 당사국총회가 지정한 기구의 감독을 받으며, 다음을 목표로 한다.

　　가. **지속가능한 발전 증진 및 온실가스 배출의 완화 촉진**

　　나. 당사국이 허가한 공공 및 **민간 실체**가 온실가스 배출 완화에 참여하도록 유인 제공 및 촉진

　　다. 유치당사국 내의 배출 수준 하락에 기여. 유치당사국은 배출 감축으로 이어질 완화 활동에서 이익을 얻을 것이며 그러한 배출 감축은 다른 당사국이 자국의 국가결정기여를 이행하는 데에도 사용될 수 있다. 그리고

　　라. 전 지구적 배출의 전반적 완화 달성

5항. 이 조 제4항에 언급된 메커니즘에서 발생하는 배출 감축을 **다른 당사국**이 자국의 국가결정기여 달성을 증명하는데 **사용하는 경우**, 그러한 배출 감축은 유치당사국의 국가결정기여 달성을 증명하는 데 **사용되지 아니한다.**

기 위해 시장을 활용해서 '추가로' 온실가스를 감축해야 한다. 이때 시장을 활용한 만큼 상향된 국가결정기여를 제시해야 할 것이다. 제6조1항에서 시장의 목적으로 제시하는 '보다 높은 수준의 의욕higher ambition'이 뜻하는 바이다.

시장을 활용한 감축은 지속가능한 발전과 환경적 건전성을 촉진하는 것이어야 한다. 특별히 후자에 주목할 필요가 있다. 환경적 건전성은 포괄적인 개념이다. 환경을 보전하기 위한 시장 활용이어야 한다는 의미라고 볼 수 있다. 자연생태계를 파괴하면서 생산된 감축분의 시장 거래는 당연히 이 원칙에 벗어난다. 파리협정 제6조 2항에서 나오는 이중계산double counting 방지나 엄격한 산정기준robust accounting 적용은 환경적 건전성을 지키기 위한 실질적이고 직접적인 기준이다. 간단히 말해 시장 때문에 지구 전체의 배출량이 늘어나면 안 된다. 예컨대 개발도상국에서 실제 감축이 일어나지 않았는데 이를 감축실적이라고 선진국에서 상쇄배출권으로 사용하면 지구의 배출 총량이 늘어난다.

1항이 시장 활용의 원칙이라면 2항은 시장의 활용법이라 할 수 있다. 여기서는 협력적 접근법cooperative approaches이라는 이름으로 상쇄배출권의 국제 거래를 허용한다. 협력적 접근법의 우산 아래 우리나라와 유럽연합 등에서 시행 중인 배출권 거래제ETS 간의 연계, 일본 등이 진행 중인 양자협력사업Joint Crediting Mechanism, 세계은행 등이 추진 중인 다자협력체계 등을 모두 포괄할 수 있다. 이때 다음의 3가지 원칙이 법적 의무(shall) 사항으로 준수되어야 한다.

1. 지속가능한 발전 촉진

2. 환경적으로 건전하고 투명한 거버넌스

3. 이중계산 방지 등 엄격한 계산 적용

이 조항에서 특별히 이중계산 방지가 적시된 이유를 명확히 이해할 필요가 있다. 모든 당사국이 자발적(자기결정)으로 온실가스 감축 책임을 함께 지는 파리협정 체제에서는 A국이 자국의 감축실적을 다른 나라 B에 판매할 때 동일한 감축실적ITMO이 두 번 계산되는 위험에 처한다. 판매국(A)은 자국의 온실가스 배출량이 줄었다고 계산하고, 구매국(B)은 구매한 감축실적만큼 자국의 온실가스가 줄었다고 보고하기 때문이다. 예를 들어 보자. 온실가스 100톤을 배출하던 A국이 10톤을 줄여 90톤을 배출했다고 보고한다. 동시에 B국에게 감축량 10톤을 판매한다. 200톤을 배출하는 B국의 배출 목표는 190톤이다. B국은 계속 200톤을 배출하면서 구매한 10톤을 감축목표NDC 달성에 사용한다. 동일한 10톤의 감축량이 A국과 B국 양측에서 두 번 사용된 것이다. 교토의정서 체제에서 감축 의무는 선진국에만 있었다. 따라서 개발도상국은 자국의 배출량(감축량) 통계를 제출할 의무가 없었다. 하지만 개발도상국도 온실가스 감축 의무를 지는 파리협정 체제에서는 기존의 방식대로 하면 이중계산 되는 것이다. 이를 방지하려면 판매국과 구매국간에 '상응 조정corresponding adjustment'이 필요하다. 상응 조정은 국외 이전(판매)에 상응하는 배출량 통계 조정이라고 이해하면 된다. 인벤토리(배출량 통계)를 산정할 때 판매국(이전국)은 국외로 판매한 감축실적을 배출량(+10톤)에 더하고, 구매국(취득국)은 판매국에서 배출량으로 조정한 감축실적만 하도록 하는 것이다. 국외 구매 감축(상쇄) 실적으로 제출(-10톤)하도록 하는 것이다.

4항의 시장은 당사국회의가 지정하는 감독기구SB: Supervisory Body에 의해 관리되는 중앙집권적 방식이다. 목표는 지속가능한 발전에 기여하는 온실가스 감축이다. 이 방식을 활용하면 투자사업 유치국(판매국)은 석탄화력발전 대신 해상풍력발전처럼 청정한 발전시설을 확보할 수 있어 좋고, 구매국은 여기서 나오는 감축실적을 자국의 국가결정기여 이행에 사용할 수 있어 좋다. 4항은 세부항목을 두고 있는데 나목에서 민간기업 등의 사업 참여를 독려하고 있다는 점이 흥미롭다. 라목에서는 전 지구적 배출량의 전반적인 감축OMGE: Overall Mitigation in Global Emission에 기여해야 한다고 못 박고 있다. 감축실적은 달리 보면 상쇄배출권이다. 상응 조정을 전제로 A국의 감축실적을 B국이 구매해서 사용하면 배출권이 단순히 이동할 뿐이다. 제로섬 게임이다. 그래서 전 지구적 배출량 감축에 기여하기 위해 거래량의 일부(2%)는 거래 가능한 배출권으로 발행하지 않기로 했다. 5항은 이중계산 방지를 위한 상응 조정을 분명히 한다. 배출 실적의 이중 사용 문제에 대한 우려가 얼마나 큰지를 알 수 있다.

2장

자연기반해법의 잠재력과 활용

글·황석태 (고려대학교 환경생태공학과 특임교수)
오일영 (세계자연보전연맹 한국협력관)

온실가스 흡수 잠재량은 자연기반해법 수단에 따라 다르다.
경제성을 포함해서 최적의 방법을 활용해야 할 터. 그러나
감축 잠재량보다 더 중요한 것은 잠재성을 현실로 만드는
노력이다. 이론과 현실은 분명히 다르므로 현실에서
제기되는 문제와 예측하기 어려운 부작용을 감안해야 한다.
무엇보다 미래의 기대에 의지해서 당장의 감축 노력을
소홀히 해서는 안된다.
자연을 활용해 제거한 온실가스의 양을 국가의
감축실적으로 활용하려면 파리협정의 온실가스 감축
거래 시장 규정에 대해 알아야 한다. 이와 연계해
자연기반해법을 사용할 수 있는 조건과 바람직한 상쇄 사업
방식을 제안한다. 시장에서 감축실적을 판매하는 두 가지
방식(상향식·하향식)을 살펴보고, 상쇄 활용의 전제조건도
상세히 알아본다. 또한 갈수록 엄격해지고 있는 국제
탄소시장의 논쟁 방향과 전망을 살펴본다.

1. 자연기반해법의 잠재력

파리협정 목표 달성과 자연기반해법

파리협정의 목표를 달성하려면 온실가스 배출을 과감하게 줄이는 것만으로는 부족하다. 이미 배출한 온실가스를 적극적으로 제거해야 한다. 금세기 안에 적게는 100기가톤, 많게는 1,000기가톤의 이산화탄소를 제거해야 한다.[8] 얼마나 많은 이산화탄소를 제거해야 하는지 가늠이 되는가?

제거해야 하는 이산화탄소의 양이 이렇게 많은 것은 지금까지 너무 많은 양의 온실가스가 배출되어 대기 중에 누적되어 있기 때문이다. 2019년 지구 전체에서 배출된 모든 온실가스(이산화탄소, 메탄, 아산화질소, 수소불화탄소, 육불화황, 과불화탄소)를 이산화탄소로 환산하면 약 59기가톤(정확히는 $59\pm6.6GtCO_2\text{-eq}$)이나 된다.[9] 그렇다고 당장 배출되는 온실가스를 '0'으로 만들 수도 없다. 넷제로에 이르기까지 또 상당량의 온실가스 배출이 불가피하다는 말이다. 이미 배출한 양과 넷제로에 이르기까지 배출되는 양을 합치면 1.5℃는 물론이고 2℃ 경로마저 벗어난다. 대기 중에 쌓여 있는 온실가스를 제거하는 기술*에 관심을 가져야 하는 이유이다.

* NET(net emissions technologies): 대기 중의 온실가스를 줄일 수 있어 음(陰)의 배출, 또는 역배출이라고도 한다.

〈지구온난화 1.5℃ 특별 보고서〉(2018)는 현존하거나 미래에 유망한 인위적 탄소제거 기술CDR 8가지를 나열한다. 신규조림, 재조림, 토지 복원, 바이오에너지와 탄소 포집·저장BECCS, 토양 탄소 격리, 직접 대기 탄소 포집·저장DACCS, 강화된 풍화, 해양 알칼리화이다. 종류는 8가지나 되지만, 중요한 건 크게 두 가지이다. 신규조림, 재조림, 토지 복원과 같이 농업과 산림, 토지 이용 활동AFOLU을 통해 탄소를 흡수하는 자연기반해법과 바이오에너지와 탄소 포집·저장이다.

바이오에너지와 탄소 포집·저장은 이산화탄소를 흡수하면서 자란 나무, 풀 등의 바이오매스를 태워 연료로 활용할 때 나오는 이산화탄소를 포집·저장하는 기술이다. 바이오매스를 그대로 태우면 저장된 탄소가 대기 중으로 환원되지만, 이를 포집해서 저장하면 이산화탄소를 감소시키는 기술NET이 된다. 그런데 이 방법은 엄청난 양의 바이오매스를 필요로 한다는 문제가 있다. 1.5℃ 목표를 달성하는데 필요한 바이오매스를 확보하려면 2100년까지 인도의 5배에 해당하는 면적이 필요하다는 산정 결과가 있다. 바이오매스 생산하기 위해 당장 식량 생산이 위협받고, 자연생태계(생물다양성)에 손해를 끼칠 수 있다. 연소 과정에서 배출되는 이산화탄소를 포집하고 저장하는 문제 역시 간단하지 않다. 그래서 바이오에너지와 탄소 포집·저장보다는 자연기반해법을 우선적으로 활용하자는 주장이 힘을 얻고 있다.

감축 잠재량(Mitigation Potential)

대기 중의 온실가스를 줄여서 지구온난화를 약화시키는 자연기반 해법은 크게 세 가지로 구분할 수 있다.

1. 기존 생태계를 보호해서 탄소배출을 줄이는 방법
2. 습지 같은 생태계를 복원해서 탄소를 흡수하는 방법
3. 토지관리 방식을 개선해 탄소배출은 줄이고 흡수는 늘리는 방법

자연기반해법을 활용하면 이산화탄소를 충분한만큼 흡수·제거할 수 있을까? 자연기반해법으로 제거할 수 있는 잠재량이 궁금하다면 몇 가지 연구에서 힌트를 얻을 수 있다. 세실 지라르댕 Cécile A.J. Girardin 등은 위의 세 가지 방법을 적용하면 연간 약 10기가톤의 이산화탄소를 줄일 수 있다고 분석한 바 있다. 보호와 관리에서 각각 40%(4기가톤/연), 복원으로 20%(2기가톤/연)를 흡수한다는 것이다. 이 정도의 흡수량은 지구의 평균 기온을 얼마나 낮출 수 있을까? 2055년까지 1.5℃에 다다르는 시나리오에서는 0.1℃, 2085년과 2100년에 각각 2℃에 도달하는 시나리오에서는 0.3℃를 낮추는 효과를 거둘 수 있다. 1.5℃ 시나리오에서 효과가 작게 나타난 이유는 자연기반해법이 피크 온도에 영향을 미칠 시간이 짧기 때문이다.

자연기반해법을 적용해서 온실가스를 제거하는 방법은 여러 가지이다. 브론슨 그리스컴 Bronson W. Griscom 등은 20가지 자연기후

해법Natural Climate Solution*의 감축 효과를 분석했다. 이에 따르면 가장 잠재력이 큰 탄소흡수 방법은 재조림이다. 예컨대 목축을 위해 파괴된 열대우림에 다시 나무를 심는 것이다. 이 방법으로 2018년부터 2100년까지 최소 68기가톤, 최대 447기가톤의 이산화탄소를 흡수할 수 있다. 이 범위 가운데 가장 가능성이 높은 값을 예측best estimates하면 253기가톤이다. 재조림 등 자연기반해법을 실행하는 데는 비용이 든다. 너무 많은 비용이 드는 프로젝트는 실행 가능성이 없다. 비용 대비 효과성을 따져봐야 한다는 말인데 톤당 100달러 정도면 경제성을 갖추었다고 볼 수 있다. 이산화탄소 1톤을 흡수·제거하는데 평균 100달러 이하가 소요되는 지역에서 재조림 사업을 실행할 경우 총 잠재량의 30% 수준인 76기가톤을 흡수할 수 있다.

산림관리는 천연림의 벌목 시기를 연기하거나 조정하는 등 지속가능한 방식을 적용하는 것이다. 대규모 단일 경작 농경 방식인 플랜테이션plantation을 개선할 수도 있다. 현재 전체 산림면적의

• 자연기후해법은 자연기반해법과 혼용해 쓰이기는 하지만 엄밀히 말하면 다르다. 자연기후해법이 탄소배출의 감축과 흡수(제거)에 초점을 맞추는 것과 달리 자연기반해법은 감축과 적응을 포괄하는 폭넓은 활동을 의미한다.

그리스컴 등이 분석한 20가지 자연기후해법은 다음과 같다.

① 산림 부문: 재조림, 산림전용 회피(avoided forest conversion), 산림관리(natural forest management), 플랜테이션 개선(improved plantations), 목재 땔감 회피(avoided wood fuel), 산불 관리(fire management).

② 농업 및 초지 부문: 바이오차(biochar), 농경지 식수(tress in croplands), 시비 관리(nutrient management), 사료 관리(grazing feed), 보전농법 시행(conservation agriculture), 논물 대기(improved rice), 가축 관리(grazing-animal management), 초지 관리(optimal intensity grazing), 콩과 식물 심기(legumes in pastures), 초지 전용 회피(avoided grassland conversion).

③ 해양 부문: 해안습지 복원(coastal wetland restoration), 토탄습지 복원(peat restoration), 토탄습지 훼손 회피(avoided peat impacts), 해안습지 훼손 회피(avoided coastal impacts).

7%를 차지하는 것이 목재 생산을 위한 플랜테이션이다. 지금은 수익 극대화 모델을 적용해서 빠른 시일 안에 벌목하는 것에 집중하고 있는데 이 시기를 조금 늦추면 흡수량을 늘릴 수 있다.

바이오차biochar는 농경지에 숯을 넣어 탄소를 흡수하는 방법이다. 영농과정에서 탄소흡수량을 늘리는 탄소보전농법을 선택할 수도 있다. 농한기에 호밀이나 클로버를 심어서 토양에 탄소를 고정하는 방법이 대표적이다. 농경지의 빈 공간에 나무를 심는 방법도 있다. 농경지 식수를 통해 토양 손실을 방지하고, 토질을 개선할 수 있다. 목축에 쓰이는 초지를 잘 관리하면 탄소흡수량을 늘릴 수 있다. 소와 양 등이 풀을 뜯어먹는 패턴과 주기를 조절하는 것이다. 알팔파나 클로버 같은 콩과 식물을 목초지에 심어 탄소를 추가로 고정하는 방법도 있다. 해안습지를 복원하는 것도 좋은 방법이다. 해안이나 염분이 있는 해안가 호수, 맹그로브숲을 보전해서 탄소를 고정하는 것이다.

이상은 자연의 온실가스(이산화탄소) 저장 능력을 늘리는 방법이다. 여기에 더하여 산림전용이나 산림황폐화를 방지함으로써 온실가스 배출을 회피할 수 있다. 산불이나 벌채 방지도 마찬가지이다. 이 밖에 농업이나 목축 방식 개선, 습지 훼손 방지나 복원 역시 온실가스(이산화탄소, 메탄) 배출을 줄이는 결과를 가져온다. 이처럼 흡수 및 저장 확대, 배출 감소를 모두 합하면 자연기반해법으로 제거할 수 있는 이산화탄소의 최적 추정치 기준 549기가톤, 경제성(톤당 100달러 이하)을 갖춘 적정량 기준 225기가톤이 잠재량으로 추정된다.

표 2-1. 온실가스 저장능력을 늘리는 자연기반해법의 감축 잠재량 분석
(출처: Hausfather, Z., 2018)

(단위: GtCO$_2$)

구분	최적 추정치	최소~최대 잠재량	적정량 (톤당 100$ 이하)
재조림	253	68~447	76
산림관리	74	46~411	44
플랜테이션 개선	29	11~66	17
바이오차	91	53~121	27
탄소보전농법	21	16~26	19
농경지 식수	52	23~93	22
초지 관리	12	12~58	7
콩과 식물 심기	12	(1~125)	11
해안습지 복원	5		1

감축 잠재량보다 중요한 현실의 감축량

다양한 방식으로 자연의 탄소저장 능력을 늘리는 것이 기술적으로 가능하다 해도, 이를 대규모로 적용하려면 정치적 반대를 포함해 많은 장애에 부딪치게 될 것이다. 이론과 실제는 다르다. 더구나 자연의 흡수능력이 포화상태에 이르는 시점이 언제일지 우리는 정확히 알지 못한다. 기후변화로 자연의 흡수능력에 변화가 올수 있다. 지구온난화로 인해 식물에 고정된 탄소를 대기 중으로 배출시키는 산불이나 식물의 성장을 멈추게 하는 가뭄과 병충해가 얼마나 증가할지도 알 수 없다. 자연기반해법의 효과마저 기후변화의 불확실성 아래 놓여 있는 것이다.

자연기반해법이 생태계의 회복탄력성을 높이는 것은 분명하다. 재조림으로 끊어진 숲이 연결되면 기후충격에 대한 적응력이 높아지고, 지속가능한 산림관리는 대규모 산불 발생 가능성을 낮춘다. 자연기반해법을 활용하면 기후변화로 인해 증가하는 자연 생태계의 취약성을 완화 또는 치유할 수 있다. 자연기반해법의 강점이 분명하게 드러난다. 하지만 자연기반해법의 이론적 효과에 기대어 지나치게 낙관하고 기대하는 것에는 주의해야 한다. 전문가들이 실현 여부가 확실하지 않은 미래의 자연기반해법을 핑계 삼아 현실의 온실가스 감축을 지연시키는 것이 최악의 시나리오가 될 수 있다고 경고하는 이유이다. 기후위기 시대에는 감축에 최선을 다하면서, 자연의 제거능력을 향상시키기 위한 노력을 병행해야 한다.

2. 파리협정의 시장

왜 시장인가?

자연기반해법을 실행하려면 재원이 필요하다. 아무리 훌륭한 방법이고 필요한 해법이라고 해도 사업비가 있어야 현장에 적용할 수 있지 않은가? 모든 전문가와 전문기관에서 자연의 보전과 복원에 들어가는 자금이 기대수준에 비해 턱없이 부족하다고 하는 실정이다. 쉘Shell은 그 격차가 무려 4조1천억 달러라고 한다. 유엔환경계획은 자연기반해법에 2030년까지 2020년 대비 3배, 2050년까지 4배의 재원을 투입해야 한다고 말한다. 향후 30년간 8조1천억 달러에 해당하는 금액이다.* 이러한 현실에서 시장을 활용해 재원을 마련하는 방안이 대두하고 있다.

시장에서 재원을 조달하는 방법은 자연기반해법의 혜택, 즉 온실가스 흡수·제거량을 시장에서 판매하도록 허용하는 것이다. 흡수·제거량, 즉 감축실적(감축의 결과물)을 구매하는 사람은 구매량만큼 온실가스를 더 배출할 수 있다. 감축실적을 구매해서 자신의 배출량을 상쇄offset하는 것이다. 스스로 줄이는 것보다 감축실적을 구매하는 것이 더 싸다면 자연스럽게 거래가 일어날 것이다.

* 유엔환경계획의 〈자연관련 재원 투자 현황(State of Finance for Nature) 보고서〉(2021)에 따르면 매년 1,330억 달러가 자연기반해법에 투자되고 있는데 대부분 자국의 신규조림, 산림관리, 생물다양성 보전에 쓰는 예산이다. 민간 자본은 상쇄사업, 야자유 생산과 같은 생산품 투자, 기부, 환경단체의 숲 보전 활동 등에 180억 달러를 투자한다. 총 투입금액의 14%에 해당한다.

새롭게 심은 나무가 자라면서 대기 중의 이산화탄소를 흡수한 양을 계산하고, 나무를 심고 가꾼 사람은 이를 감축실적으로 판매할 수 있다. 수긍하기 어렵지 않은 방법이다.

애매한 사례도 있다. 산림황폐화를 막아서 감축실적을 만드는 경우이다. 현재 울창한 삼림이 있는데 개발 사업으로 훼손될 위기에 처해 있다. 지금도 쓸 만한 나무는 목재로 잘려 나가거나 땔감으로 쓰이는 등 이런저런 이유로 숲이 망가지고 있는 상황이다. 숲이 훼손되면 온실가스 배출이 증가한다(회색 점선). 하지만 누군가 사업 자금을 투입해서 산림을 농경지나 주거지와 같은 다른 용도로 전용하거나 각종 훼손 행위로 숲이 황폐해지는 상황을 막는다고 가정해보자. 온실가스 배출이 줄어드는 효과가 나타날 것이다(파란 실선). 점선과 실선의 차이만큼 감축이 일어났다고 보면 이를 모은 삼각형의 면적이 감축실적이다. 그런데 여기서 점선은 실제 일어나지 않은 가상의 상황counterfactual이다. 가상의 상황이

그림 2-2. 산림 보전의 감축 효과

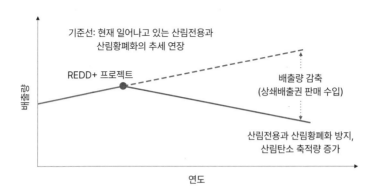

감축실적을 산정하는 베이스라인 역할을 한다는 데 의구심이 생긴다. 점선의 기울기를 바꿔 보라. 감축실적의 양이 크게 바뀐다. 여기서 감축실적은 판매 수입, 즉 돈이다.

시장에 대한 반대

배출권 시장을 불신하며 비판적으로 바라보는 입장은 오래선부터 존재했다. 파리협정에 시장이라는 단어가 나오지 않는 것은 결코 우연이 아니다. 파리협정 제6조 8항과 9항에서 비시장 접근을 규정한 이유도 여기에 있다.[*]

온실가스 배출권을 시장에서 사고파는 행위가 윤리적으로 타당한지에 대한 의문을 제기할 수도 있다. 윤리학자 마이클 샌델 M. J. Sandel은 배출권 시장이 만들어지면 부유한 선진국이 의무를 외면하도록 허용하는 핑계가 되며, 오염물질 배출이라는 나쁜 행위를 돈을 주고 살 수 있도록 허용함으로써 부도덕한 행위에 따라붙는 낙인을 떼어내게 된다고 주장한다. 인류 공동의 자산인 지구 환경을 함께 돌보고 지킨다는 공동의 책임의식, 인류의 공동체 의식을 좀먹는 것도 마땅치 않다.

그럼에도 불구하고 자연기반해법을 상쇄사업으로 활용하도록 허용하면 감축 비용이 상대적으로 높은 선진국의 감축 재원이 자

---

[*] 비시장 접근이 무엇인지에 대해 공식적인 합의는 없다. 감축사업을 지원한 국가가 지원받은 국가에 대해 감축량 이전과 같은 대가를 요구하지 않는 방법이라는 데 가장 많은 국가가 공감하고 있다(박순철 등, 2020).

연의 보전, 관리, 복원사업으로 유입되는 효과가 생긴다. 자연기반해법을 적용하는 감축사업을 지지하는 입장에서는 상쇄 방식을 활용해서 사업 자금이 투입되기를 원할 것이다. 하지만 선진국의 사업 자금을 확보하기 위해 상쇄 방식을 이용한다면 추가 비판이 가능하다. 자연을 도구로 사용한다는 비난이 그것이다. 자연기반해법이 상쇄 사업으로 시장에 편입되는 순간 자연이 제공하는 수많은 혜택 중 온실가스 감축이라는 편익을 기준으로 자연을 평가하게 된다. 또한 감축실적이 그냥 나오는 것이 아니니 이런저런 인간의 필요(감축실적 극대화)에 맞게 자연에 간섭하기 마련이다. 예컨대 감축실적이 많이 나오는 수종을 선택하고, 천연림에서 화전火田으로 삶을 영위하던 원주민을 쫓아내는 것이다. 자연기반해법을 시장에서 활용하려면 이러한 여러 비판을 명심하면서 환경적 건전성을 확보하는데 더욱 주의해야 할 것이다.

파리협정의 시장 활용 방법

파리협정에서 정한 시장은 두 가지이다. 제6조 2항에 따른 협력적 접근법cooperative approaches은 참여국이 자체 규칙을 정한 뒤 사업을 실행하고 사업의 결과인 감축실적을 분할해서 사용하는 방식이다. 투자 유치국은 자국의 온실가스 감축목표NDC 이하로 감축한 경우 이를 판매할 수 있다. 예를 들어 국가 A의 목표는 이산화탄소 1만 톤을 줄이는 것이었는데 실제 1만2천 톤을 줄였다. 따라서 국가 B와 협정을 체결해 목표를 초과하여 감축한 2천 톤을 판매한다. 해외로 판매되는 감축실적ITMO을 위해 양국이 체결하는 협약은 두 국가가 알아서 정할 일이다. 그래서 상향식 시장이라고 부른다.

제6조 4항에 근거한 시장은 하향식top-down이다. UN의 감독기구SB에 의해 통제되는 시장이다. 이 시장을 이용해서 민간업체가 온실가스 감축사업을 실행하고 여기서 발생하는 감축실적을 특정 국가와 국제기구*에 판매할 수 있다. 이때에도 감축사업을 유치한 국가는 해외 판매 물량을 자국의 온실가스 배출량으로 상응 조정해야 한다. 예컨대 감축 후 배출목표NDC가 1만 톤인 국가 A가 9천 톤을 배출했다고 하자. 이에 초과 달성분 1천 톤을 국가 B에 판매했다. 그러면 국가 A의 배출량은 9천 톤이 아니라 9천 톤에 판매량 1천 톤을 더한 1만 톤이 된다. 제6조 4항과 제6조 2항의 시장 모두에서 판매국은 자국의 온실가스 감축목표를 준수하고 남은 배출량을 판매할 수 있다. 그런데 제6조 4항과 제6조 2항의 시장 사이에는 차이점이 있다. 그중 하나는 제6조 4항의 시장은 전체 등록 물량의 2%를 전 지구적 배출의 전반적 감축OMGE에 사용한다는 점이다. 국가간의 거래는 감축실적을 이전하는 것에 그치므로 전 지구적인 감축에 기여하는 바가 없다. 그래서 일정 물량을 취소(삭제)하기로 한 것이다. 그리고 추가 5%를 개발도상국의 적응 지원에 사용한다.** 개발도상국은 제6조 2항의 시장에서도 일정 비율의 물량을 개발도상국 적응에 지원하도록 규정하고자 했으나 결국 강제가 아니라 강력히 장려strongly encouraged하는 것으로 정해졌다.

파리협정 관련 규정*은 국제적으로 거래되는 감축실적의 용도를 세 가지로 정하고 있다. ① 국가 온실가스 감축목표NDC 달성, ② 국제 온실가스 감축체계**이행international mitigation purposes, ③ 기타 목적other purposes이다. ①, ②의 용도는 규제 준수compliance 시장이지만 ③에는 자발적 탄소시장voluntary carbon market이 포함될 수 있다. 국제협약이나 국가의 규제regulations를 이행하기 위해 사용하는 상쇄배출권 이외의 다른 목적으로 국제 거래 감축실적ITMOs을 자발적 시장에서 거래할 수 있다는 말이다. 물론 자발적 시장 역시 파리협정 당사국총회가 정하는 규칙, 방식 및 절차rules, modalities, and procedures에 따라야 한다.♥

- 국제민간항공기구(ICAO)는 국제 노선을 운항하는 항공기를 대상으로 상쇄 의무를 부과한다. 2020년 배출량보다 많이 배출할 경우 배출권을 확보하도록 정했다. 이를 CORSIA(Carbon Offsetting and Reduction Scheme for International Aviation)라 부른다.
- ●● 이때 사업자가 행정 비용(administrative expenses)을 별도로 부담해야 한다.
- Guidance on cooperative approaches referred to in Article 6, paragraph 2, of the Paris Agreement.
- ●● 국제민간항공기구의 CORSIA가 대표적이다.
- ♥ 파리협정 제6조 6항.

3. 자연기반해법의 감축실적 활용

감축실적 활용 방식

자연기반해법을 활용해 온실가스 감축실적을 활용하는 방식은 크게 3가지이다.

우선 파리협정에 따라 모든 국가가 설정한 감축목표NDC 의무를 준수하는 방식을 들 수 있다. 조림, 재조림 등으로 흡수된 감축실적을 자국의 감축목표 달성에 활용하는 것이다. 예를 들어, 2021년까지 향상된 감축목표NDC를 기후변화협약에 제출한 114개국 중 96개국(92%)이 온실가스 감축에 활용한다는 계획을 수립하였다.* 온실가스 감축계획을 밝힌 96개국 중 69개국이 정량적인 목표를 제시했는데 산림, 농업용지 관리, 맹그로브숲, 습지, 연안 생태계 등 다양한 자연기반해법 감축사업이 포함되어 있다.[10]

두 번째는 파리협정의 시장 메커니즘을 활용해 다른 국가와 감축실적을 거래하는 것으로 제6조 2항에 의한 방식과 제6조 4항에 의한 방식이다. 이 방식은 국가 단위의 상쇄 활용에 해당한다.

마지막은 자발적 감축 시장에서 감축실적이 거래되는 방식으로, 국가가 기업에 부과한 감축의무 이행에 활용되지 않는다. 민간 기업 등이 자발적으로 정한 목표를 달성하기 위해 사용하거나, 각

• 114개국 중 91개국은 기후변화 적응에 자연기반해법 활용 계획을 세웠으며, 이중에서 감축과 적응에 같이 사용하는 국가는 82개국이다.

종 행사 시 발생하는 온실가스 배출량을 선의로 보상하기 위해 거래하는 경우에 해당한다. 민간 차원의 자발적 상쇄 활용이라고 할 수 있다.

이 중에서 가장 논쟁이 발생할 수 있는 부분은 상쇄 활용에 관한 것이다. 거래되는 온실가스 감축실적이 실제 전 지구 차원의 온실가스 감축에 기여하는가? 그린 워싱 문제는 없는가? 지속가능성 측면에서 또 다른 문제를 촉발하는 것은 아닌가? 이와 같은 다양한 문제가 제기되었고, 현재 이런 문제를 국제사회가 정리하고 있다. 따라서 논의의 흐름을 주의 깊게 관찰하여 국제적으로 합의되는 기준에 맞추는 자세가 필요하다.

감축사업에 대한 우려

자연기반해법을 상쇄사업에 활용하려면 수요와 공급 측면에서 감축사업의 특성에서 유래하는 부작용과 우려를 살펴봐야 한다.

수요 측면의 우려를 살펴보자. 값싼 자연기반해법 상쇄 감축 때문에 대규모 배출원인 공장이 자체 감축활동을 소홀히 하거나 외면할 수 있다. 비용이 많이 들고 힘든 자체 감축보다는 값싸고 손쉬운 상쇄 감축분을 '대체' 사용하는 것에 열중한다면 실질적인 온실가스 감축은 계속 지연될 것이다. 기업이 중장기적 감축 로드맵이나 계획 없이 임기응변식으로 상쇄분을 이용하고 활용과정마저 투명하지 않다면 문제는 더욱 심각해진다. 이러한 행태가 사회 전체적으로 확대된다면 어떻게 할 것인가? 여기서 감축지연 효과에 대해 따져 보자.[11] 2018년 기준으로 에너지와 산업에서 37기가톤의 이산화탄소를 배출한다. 매년 1기가톤의 이산화탄소를 줄여 나간다고 할 때 두 개의 시나리오가 있다. 하나는 당장, 다른 하나는 10년 늦게 감축을 시작하는 것이다. 결과의 차이는 확연하다. 감축을 10년 늦게 시작하면 370기가톤의 이산화탄소가 더 축적된다. 기후변화에 관한 정부간 협의체의 〈지구온난화 1.5℃ 특별보고서〉(2018)에 따르면 66%의 확률로 1.5℃ 기온 상승을 억제하려고 할 때 남아있는 탄소 예산은 570기가톤에 불과하다.

이에 더해 자연기반해법의 상쇄 감축이 환경적 건전성과 품질을 확보하지 못할 수 있다는 공급 측면의 우려가 있다. 예컨대 산림의 훼손을 회피하거나 방지하는 활동이 상쇄분으로 활용될 수 있을까? 기존 산림을 보전하는 것은 현재의 흡수능력을 유지하는 것일 따름이다. 그 자체로는 특별한 변화가 일어나지 않는다. 그럼에도 기업이 산림보호를 이유로 발행된 상쇄배출권을 사용하면서 이를 근거로 현재의 배출량을 유지하는 것이 정당할까? 산림 상쇄 배출권 구매 대가로 줄여야 할 온실가스를 줄이지 않는다면 실제로는 온실가스 배출량이 늘어난 셈이 된다.

자연기반해법 상쇄 활용의 전제조건

자연기반해법 상쇄사업을 인정하려면 탄소 누출carbon leakage 방지, 영속성permanence 및 추가성additionality 확보, 정확성accuracy of measurement 보장, 사회적 안전장치social safeguards 충족, 이중계산 방지 등과 같은 여러 조건이 충족되어야 한다. 이중 이중계산에 대해서는 이미 설명했다. 측정의 정확성은 상식적으로 이해할 수 있는 내용이다. 예컨대 검·인증 과정에서 이루어지는 각종 계산이 틀려서는 안 된다. 그래서 전문기관의 검·인증이 필요하다.

누출 방지

특정 국가의 기업이 자국의 높은 환경기준이나 노동기준을 회피하기 위해 기준이 낮은 나라로 생산시설을 옮기는 현상을 말한다. 선진국에서 온실가스 규제를 강하게 하면 선진국의 온실가스 다배출 기업이 규제가 없는 개발도상국으로 공장을 이전하는 것이 탄소 누출이다. 자연기반해법과 관련해서도 A국에서 흡수원인 산림을 보호하기 위해 목재 생산 기준을 강화함에 따라 기준이 약한 인접 B국에서 A국에서 생산하지 못한 양만큼 목재를 추가 생산한다면 누출이 일어난 것이다. 이때 A국에서 상쇄배출권을 발행한다면 낭패가 아닐 수 없다. 단지 장소를 옮겼을 뿐, 흡수원(산림) 훼손은 똑같이 발생했으니 말이다. 이 경우 전 지구적 실제 배출량은 오히려 늘어난다.

영속성 확보

오늘 정부에서 산림 보호를 위한 정책과 기준을 설정하고 산림복원을 강력히 시행했다고 가정해보자. 그런데 몇 년 후 들어선 새로운 정부가 이러한 정책과 프로그램을 폐지한다면 보전되었던 산림이 훼손될 것이다. 이미 상쇄배출권은 발행된 상황이다. 이런 경우 흡수원 보호 강화와 이로 인한 배출 감소가 영속성을 상실하게 된다. 때로는 보호 중인 산림이나 연안생태계가 산불이나 태풍으로 순식간에 사라질 수도 있다. 이처럼 자연기반해법은 다른 온실가스 감축과 다르게 영속성 확보가 특별히 중요하다.

추가성 확보

어차피 감축활동이 일어나게 되어 있는데도 이를 싱쇄 감축량으로 인정한다면 추가성이 확보되지 못한 것이다. 정부에서는 재생에너지 시설 확대를 위해 재정을 보조해준다. 이로 인해 태양광 시설이 어차피 늘어날 텐데, 이를 상쇄로 인정한다면 추가성 기준을 어기는 셈이다. 자연기반해법 사업을 예로 들자면 법령에서 벌채 기준을 강화함에 따라 벌채(산림훼손) 면적이 줄어들고 있는데, 이렇게 감소된 훼손 면적에 대해 상쇄 배출권을 발행하는 경우이다. 법령에서 벌채를 허용함에도 '불구하고' 산림을 보호해야 추가성 기준이 충족된다.

청정개발체제 사업의 예로 보면, 해당 사업이 종전(베이스라인)보다 온실가스 배출량이 적어야 함(환경적 추가성)은 물론, 사업에 투입되는 자금이 선진국에서 의무적으로 부담하는 무상 해외원조기금ODA이어서는 안 된다(재정적 추가성). 여러 가지 장애 요인 때문에 보급이 좀처럼 안 되는 선진화된 기술을 사용(기술적 추가성)해야 하고, 무엇보다 경제성이 낮아서 현재 투자가 이루어지지 않는 사업(경제적 추가성)이어야 한다. 본래 그냥 두면 투자가 일어나지 않는 사업이지만 탄소시장의 유인이 작용해서 사업이 시행되고 온실가스가 감축되어야 추가성이 확보되는 것이다.

사회적 안전장치 충족

감축활동으로 특정 지역이나 특정 계층의 사람들이 피해를 보면 안 된다. 오래전부터 아마존 같은 열대우림 지역에 살고 있는 원주민과 지역 공동체의 권리와 삶은 보호되어야 한다. 자연기반해법 상쇄사업에서 발생하는 수입과 이익을 이들과 공유하는 것도 중요하다.

지역의 생물다양성과 자연생태계를 훼손하는 것도 절대 안 된다. 이를테면 복원지역에 단일 수종의 나무를 심는 것은 바람직하지 않다. 산림관리라는 미명 하에 숲의 생물다양성을 약화시킬 우려가 존재한다. 생물다양성 보호와 지역공동체 보호는 연결되어 있다. 캄보디아에서 목재를 생산하느라 파괴된 산림을 복원하면서 아카시아 단일 품종의 숲을 만들었다가 1,900가구가 생태계 파괴의 피해를 본 사례가 있다.[12]

정확한 검증과 인증의 필요성

상쇄 배출권의 품질을 보증할 수 있도록 독립적인 전문기관이 검증하고 인증하는 체계를 갖추어야 한다. 상당한 수준의 기술적 판단이 필요한 사안이라 더욱 그렇다. 자연기반해법의 감축효과 산정은 배출시설의 감축량 산정보다 더 어렵고 모호할 수 있다. 측정의 정확성을 확보하고 불확실성을 줄이려면 공통의 기준을 만들어 활용하는 한편 독립된 전문기관의 검증이 있어야 한다. 누출이나 추가성 기준을 충족하고, 나아가 이중계산을 방지하기 위해 탄탄한 거버넌스 체계가 필요하다. 작은 지역에 한정 시행하는 프로젝트가 아니라 국가와 같은 넓은 지역을 대상으로 하거나 국제항공과 같은 단일의 공통 분야를 대상으로 상쇄사업을 관리하는 것이 바람직하다. 과학적인 기준과 검증체계가 분명히 갖추어진 국제적 상쇄 프로그램 아래서 자연기반해법을 활용하는 상쇄 사업을 시행하도록 추천하는 이유이다.

자연기반해법을 상쇄사업으로 활용하려면 앞에서 설명한 파리협정 시장 조항(제6조)의 우산 아래서 이루어져야 한다. 앞으로 모든 상쇄 배출권의 국제 거래는 직간접적으로 파리협정의 통제와 영향을 받게 될 것이다. 파리협정은 시장 활용 조건으로 이중계산의 방지 등 환경적 건전성을 확보하도록 분명하게 요구하고 있다. 파리협정의 시장 메커니즘 안에서 자연기반해법 상쇄사업을 포함시킬 때 논란이 될 수 있는 여러 가지 문제가 자연스럽게 해소될 수 있을 것이다.

표 2-2. 자연기반해법 상쇄사업의 위험 요소 해결 방안(출처: Seymour와 Langer, 2021)

수요 측면

우려	해결 방안 예시
감축 의욕 감소	자연기반해법 상쇄분을 보다 적극적인 감축에 이용한다는 사회적 신뢰 형성 · 공인된 방식으로, 전 분야(scope 1, 2, 3)에 걸쳐 자체 탈탄소화 전략 발간 및 주기적 갱신 · 경영진의 2050 탄소중립 선언 · 즉각적인 탄소중립 이행 실천 · 감축계획 구체화 및 중간 목표 수립 · 자연기반해법을 잔여 배출 상쇄를 위한 과도기 수단으로 활용함을 공개
투명성 결여	이해관계자의 모니터링을 위한 자세한 이행 상황 정보 공개 · 매년 자체 감축실적에 대한 독립된 기관의 검증 보고서 발간 · 연 1회 이상 이행 상황 보고 · 상쇄 감축분의 유형과 생산 장소(sources) 공개
기업 전략과의 괴리	파리협정 목표에 부합하는 기업 경영 전략 수립 · 기업의 투자전략과 기후전략의 연계성 확인 · 기후 전략에 부합하는 핵심성과지표 마련 및 직원 성과급과 연계 · 파리협정에 반대하는 로비 활동 거부 선언
잘못된 주장	소비자나 다른 이해관계자를 호도하는 잘못된 상쇄 주장 근절 · 공인기관의 산정방법 등에 근거한 '탄소중립 제품' 용어 사용 · 다른 탄소집약 제품의 소비를 부추기지 않는 탄소중립 제품 소비 지향

공급 측면

우려	해결 방안 예시
누출 방지	상쇄사업으로 감소된 배출활동이 다른 곳에서 일어나지 않도록 주의 · 직접 또는 간접 누출 위험도 평가를 반영해 상쇄분 할인 · 국가 단위 또는 유사한 수준으로 관리되는 상쇄사업 활용
영속성	흡수원에 고성된 탄소가 재배출 되지 않도록 확인 및 배출 시 보정 · 재배출 위험 완화 방안 마련 · 장기적인 모니터링과 보고 · 재배출 시 보정 방법 마련
추가성	'실제' 감축 또는 흡수 · 감축량 산정 근거 확보: 유리한 기준 시점이나 부풀려진 기준선 사용 금지 · 넓은 지역 단위로 과거 배출량 사용 · 산림이 풍부하거나 빈약한 국가는 보수적으로 보정
측정의 정확성	정확한 배출량 감축 및 흡수 보고 · IPCC 방법론에 부합하는 데이터 및 방법론 사용 · 새로운 모니터링 기술 이용 및 보수적인 접근
불확실성	측정 오차 위험 감소화 · 데이터 모니터링과 계산 방법의 불확실성 평가 · 상쇄분 산정 시 불확실성 반영
사회적 안전장치	지역 공동체에 피해를 주지 않는 사업 운영 및 사업 이익의 공평한 분배 · 독립된 기관의 안전장치 준수 여부 검증
이중계산	배출량 감축분(=상쇄분) 이중계산 금지 · 발부된(certified) 상쇄분은 유일해야 하며, 장부에 등록 및 관리 · 파리협정에 따라 상응 조정을 거친 감축량만 거래

감축실적 활용 전망

자연기반해법 적용 사업에 대한 외부의 지원은 절대적으로 부족하다. 전체 기후 재정climate finance의 1% 미만이 자연기반해법을 포함한 연안 보호, 인프라, 재해 위험 관리에 지원된다고 한다.[13] 거듭 강조하지만, 이런 현실이 자연기반해법을 상쇄 방법으로 활용하자고 주장하게 만드는 가장 큰 이유이다.

지난 수년간의 치열한 협상 끝에 제26차 글라스고 기후변화협약 당사국총회(2021)에서 파리협정 제6조 시장 조항의 이행규칙이 합의되었다. 자연기반해법을 활용해서 생산된 온실가스 감축실적은 제6조 시장을 통해서 거래될 수 있다. 제6조 2항의 시장을 이용하려면 별도의 국가간 협정bilateral or multilateral agreements이 필요하다. 산림흡수 사업을 진행하는 사업자project developer는 제6조 4항의 감독기구SB에 사업 등록을 요청할 수 있다. 유엔이 인정하는 탄소배출권*으로 인정받으려면 사전에 투자 유치국과 감독기구의 승인을 받아야 한다.

제6조의 탄소시장이 활발하게 운영되기까지는 상당한 시간이 걸릴 것으로 예상된다. 제6조 2항에 의해 발행되는 국제 거래 감축실적ITMOs은 상당한 기간에 걸친 준비가 필요하다. 또 제6조 4항에 따른 배출 감축A6.4ERs은 투자 유치국의 검토와 승인 절차가 끝나는 2025년부터 물량이 나올 것으로 예상된다.

* A6.4ERs라고 부른다. 6.4조에 의한 배출 감축(Emission Reductions)임을 표시한다. 배출 감축은 감축실적, 상쇄실적, 상쇄분 등과 같은 의미이다.

탄소시장 협상에서 가장 첨예한 이슈는 이중계산 방지에 대한 것이다. 동일한 감축실적을 판매국과 구매국 모두에서 감축실적으로 활용하는 것은 악몽이다. 탄소시장으로 인해 감축이 아니라 배출 증가가 일어나는 상황이기 때문이다. 따라서 감축실적 판매국은 판매한 수량만큼 자국의 온실가스 인벤토리에서 배출량을 늘려야 한다. 이렇게 상응 조정을 거친 감축실적adjusted carbon credits이 아니면 구매국은 자국의 온실가스 감축목표NDC 달성에 사용할 수 없다. 투자 유치국의 승인과 상응 조정 여부가 결정적으로 중요함을 알 수 있다. 상응 조정의 완료 여부에 따라 가치(시장 가격)가 달라질 것이다. 이제 기업이 상응 조정이 되지 않은 헐값의 감축실적을 상쇄 용도로 사용하려 한다면 그린 워싱이라는 의심을 받게 될 가능성이 높다. 기업이 개발도상국의 산림보전과 지속가능한 산림경영을 지원하는 재원을 제공하고 여기서 발생한 감축실적을 자사自社 배출의 상쇄 용도로 사용하지 않을 수 있다. 소유권 주장이나 감축 의무 이행의 용도로 사용되지 않는, 상응 조정이 이루어지지 않은 감축실적unadjusted carbon credits을 거래하는 자발적 시장이 운영될 수 있을 것이다.

자연기반해법을 활용한 감축실적에는 여러 종류가 있다. REDD+를 생각해 보자. 예전에도 신규조림이나 재조림은 감축실적으로 인정되었다.* 이들 감축사업은 과거 청정개발체제사업과 마찬가지로 제6조 시장에서 감축실적으로 인정받는데 지장이 없다. 산림경영도 주의 깊게 준비하면 가능할 것이다. 문제는 앞서 설명한 산림보전이다.** 이를 배출 회피 사업avoided emissions이라고 부른다. 이에 대해 유엔기구에서 추가로 가능성을 평가해서 제29차 기후변화협약 당사국총회(2024년 예정)에서 인정 여부를 결정할 것이다. 하지만 대부분의 국가가 이를 감축실적으로 인정하는데 부정적이다. 리스크가 너무 크기 때문이다. 100만 배럴의 원유를 생산해 판매하던 산유국에서 생산량을 50만 배럴로 줄이겠다고 하면서 줄어든 50만 배럴은 회피된 배출이므로 감축실적으로 인정해 달라고 한다면? 말도 안 된다는 생각이 들겠지만 가만히 생각해 보면 산림보전과 다르지 않은 논리이다. 따라서 최종 결정이 있기 전까지는 사업 추진을 '회피'할 필요가 있다.

자발적 탄소시장

자발적 탄소시장은 온실가스 감축 의무를 달성하기 위해 국가가 민간기업에 의무를 부과하는 탄소배출권 시장(예: 우리나라와 유럽연합에서 운영하는 배출권 거래제)과는 다른 영역이다. 따라서 파리협정의 시장 메커니즘 지침에 맞추어 개발, 인증, 거래되는 형태가 아니라 민간 인증기구가 만든 체계에 따라 자발적인 형태로 운영되고 있다.[*]

클라이밋 포커스의 〈자발적 탄소시장 해설(2022)〉에 따르면,

- 교토의정서의 청정개발체제(CDM) 사업이다. A/R CDM이라고 부른다. A는 Afforestation, R은 Reforestation이다.
- 산림전용과 산림황폐화를 감소시키거나 방지하는 노력이다.
- 세계적인 민간 인증기구는 VCS(Verified Carbon Standard), GS(Gold Standard), CAR(Climate Action Reserve), ACR(American carbon Registry) 등 4개가 대표적이다.

2010년부터 2022년 6월까지 전 세계적으로 3,959개 사업에서 13억 톤의 온실가스 배출권이 자발적 탄소시장에서 생산되었다. 대략 40%는 재생에너지, 40%는 자연기반해법, 10%는 폐기물 관리, 그 외는 산업공정가스 제거와 에너지 효율화 등의 사업에서 만들어지고 있다. 이처럼 자연기반해법을 활용한 대기 중 온실가스 제거 사업이 자발적 감축 시장의 중요한 유형으로 활용되고 있어서 많은 민간기업과 금융기관에서 자연기반해법에 관심을 가지고 있다.

다만 자발적 탄소시장에서 거래되는 탄소배출권은 아직 파리협정이 정한 시장의 주요 원칙을 준수할 수 있는 체계를 갖추지 못했다. 그래서 국가의 온실가스 감축 수단으로 활용되지 못하고 있다. 특히 이중계산 방지, 누출 방지, 정확성, 사회적 안전장치 등 파리협정 체계가 요구하는 기준을 자발적 탄소시장이 충족시킬 수 있는지에 대한 비판적 시각도 많다.

그러나 최근에는 민간인증기구가 파리협정이 제시하는 기준을 추가해 더 엄격한 형태로 관리하는 사례도 만들어지고 있다. 누출 방지 문제를 해결하고자 국가 단위의 REDD+ 사업을 자발적 시장에서 추진하는 JNRJurisdictional and Nested REDD+이나 ART/TREESArchitecture for REDD+ Transactions / The REDD+ Environmental Excellence Standard 인증 기준이 대표적이다. 원주민이나 지역사회와 이익을 공유하는 기준을 포함하는 CCBClimate, Community and Biodiversity, SD VIStaSustainable Development Verified Impact Standard 등도 최근에 활용되고 있다.[14] 이와 같은 유형의 자발적 탄소배출권은 보다 엄격한 인증 기준을 준수하는 만큼 사업 비용도 많이 소요되지만 시장에서 더 높은 가격에 거래될 가능성이 높다. 자발적 탄소시장도 파리협정의 시장 관련 지침이 확정되면서 고품질화되는 단계라고 할 수 있다.

향후 국제 탄소시장에서는 자발적 탄소시장에서 거래되는 감축실적을 국가 차원의 감축목표나 기업의 의무 감축에 활용하려면 어떻게 해야 하는지에 대한 논쟁이 확산될 것으로 예상된다. 주의 깊게 지켜볼 필요가 있다. 다만, 이 논쟁의 결과물도 이중계산 방지(상응 조정)라는 가장 중요한 원칙 하에 운영되어야 하며 개별 기업의 진지한 감축 노력을 대체하는 것이 되어서는 안 된다.

상쇄가 아닌 보상

제6조 시장의 이행규칙을 정하기 위한 국제협상에서 논란은 있었지만 상응 조정이 되지 않은 탄소배출권 발행을 규제하는 결정을 내리지 않았다. 그렇다면 상응 조정이 되지 않은 배출권non-authorized units의 용도는 무엇일까? 그중 하나의 사례가 기업이 법적인 감축의무 이행 수단, 즉 상쇄가 아니라 불가피하게 배출하는 온실가스를 보상하는 방법으로 사용하는 것이다. 이를 위해 기업은 자연기반해법 적용을 재정적으로 지원한다. 온실가스를 감축하기 어려운 철강회사가 있다고 하자. 이 기업은 2050년 탄소중립을 목표로 감축 로드맵에 따라 해마다 온실가스를 줄여 나가고 있다. 그런데 당장 급격한 감축은 현실적으로 불가능하다. 산림훼

손 방지나 발전 부문은 상대적으로 감축이 쉽다. 반면 산업공정에서 배출되는 이산화탄소 감축 대안은 기술적, 경제적 실현가능성을 확보하기까지 시간이 걸린다. 시장에 상용화된 마땅한 감축기술이 없어서 대규모 시설에 적용할 수도 없고, 성능이 보장될지도 불안하며, 억지로 적용한다 해도 엄청난 비용이 든다. 이런 경우 온실가스를 배출하는 대신 외부의 자연기반해법 사업에 자발적으로 자금을 지원하는 것이다.[15] 기업이 해야 할 온실가스 감축을 상쇄하는 게 아니라 잘못된, 그러나 불가피한 배출행위를 '보상'한다는 의미로 외부 감축사업을 지원하자는 것이다.[16]

대부분의 자연기반해법은 이미 대기 중으로 배출된 이산화탄소를 제거하는 기능을 한다. 이는 지금 배출하고 있는 온실가스를 줄이는 일과는 성격이 분명히 다르다. 그렇다면 사용 방법에 차이를 두는 것이 자연스러울 수 있다. 감축을 위해 노력은 하지만 상당기간 온실가스 배출이 불가피한 산업과 에너지 부문에서 자신들이 배출한 온실가스를 제거하기 위해 자연기반해법을 활용하는 사업에 지원하는 것은 논리적으로 타당하며 윤리적으로도 적합해 보인다. 자연기반해법을 효율적으로 적용할 수 있는 적지가 개발도상국에 많고, 자연기반해법이 개발도상국의 적응과 지속가능한 발전에 기여한다는 점을 감안하면 기업의 환경윤리경영ESG 차원에서도 바람직한 활동이 아닐 수 없다. 현 규정상 파리협정의 시장에서 거래되기 어려운 개발도상국의 산림보전 활동avoided emissions을 대상으로 하면 좋을 것이다. 이러한 용도의 배출권을 거래하는 역할이 자발적 시장의 몫이다.

3장 기후변화 대응과 자연기반해법

글. 강부영 (주독일대한민국대사관 본부관 환경관)

IPCC의 〈제6차 평가보고서〉는 인류의 활동으로 지구 표면온도가 산업화 이전 대비 1.1°C 상승했고 가까운 미래(2021~2040년)에 1.5°C에 도달할 것이며, 해수면 상승과 생물다양성 손실 등 불가피하거나 돌이킬 수 없는 결과를 가져올 것이라고 경고했다. 세계 곳곳에서 발생하는 가뭄, 폭염, 홍수, 산불 등 이상기후와 관련한 뉴스는 1년 내내 반복된다. 기후변화 대응은 이제 단순한 환경문제를 넘어서 각국의 사회, 경제, 안보, 복지 전반에서 주목받고 있다.

기후변화 대응의 양대 축은 완화와 적응이다. 지구온난화와 기후변화의 원인인 온실가스를 줄이는 한편 이미 진행 중인 기후변화에 적응하기 위해 기후변화로 인한 피해를 예방하고 불가피한 피해가 발생하더라도 피해 이전으로 가능한 빠르게 회복할 수 있도록 경제사회 구조의 탄력성을 키워야 한다.

현 세대가 직면한 가장 큰 위기인 기후변화 앞에서 우리는 가능한 모든 수단을 동원해야 한다. 자연생태계가 가진 역량에 대한 관심이 중요한 이유이자 증가하는 이유이다.

1. 위기 경고, 그리고 적응

IPCC의 제6차 평가보고서(6th Assessment Report)

기후변화에 관한 정부간 협의체는 기후변화의 과거, 현재, 미래 전반에 대한 평가보고서를 주기 별로 발표하고 있다. 현재까지 발표된 5차례의 종합 평가보고서는 유엔기후변화협약, 교토의정서, 파리협정 등의 주요 계기가 되었다. 2023년 〈제6차 평가보고서〉를 채택하기 위한 세 개의 실무 보고서가 2021년과 2022년에 발표되었다. 각 보고서는 인류가 돌이킬 수 없는 기후변화의 시작점에 서 있음을 경고하면서 피해를 최소화하려면 급격한 온실가스 감축을 즉각 이행함과 함께 기후변화에 적응하기 위한 투자를 확대해야 한다고 강조하고 있다.

위기

〈제1실무작업반Working Group 1 보고서〉의 핵심은 위기 경고였다. 지구의 평균온도 상승을 1.5℃ 내로 제한하려면 전 세계에서 2020년부터 발생하는 온실가스의 양이 이산화탄소로 환산했을 때 300~900기가톤을 넘어서는 안 된다. 현재 추세대로라면 탄소 예산이 동나는 건 시간 문제이다.

  자연생태계는 인류가 배출하는 이산화탄소를 꾸준히 흡수한다. 최근 수십 년간 자연이 흡수하는 이산화탄소의 양은 증가하고 있다. 1850년부터 2019년까지 배출된 이산화탄소의 59%(1,430 기가톤)를 육상과 해양생태계가 흡수해왔다. 이는 우리나라가 2020년 한 해 동안 배출한 온실가스의 220배에 달하는 양이다.*

이산화탄소 흡수에 대한 관심 및 투자는 기후변화에 관한 정부간 협의체의 〈지구온난화 1.5℃ 특별 보고서〉(2018)가 이산화탄소 흡수·제거CDR에 대한 투자 확대를 강조한 것은 계기로 빠르게 증가하고 있다. 이산화탄소 흡수는 인위적으로 생물학적biological 또는 지구화학적geochemical 탄소흡수량을 늘리는 방식과 대기에서 직접 탄소를 흡수하는 방식DAC: Direct Air Capture으로 나눌 수 있다. 세계에너지기구IEA에 따르면 2022년 9월 기준, 전 세계에서 18개의 DAC 관련 시범사업을 운영하고 있다. 이들의 연간 이산화탄소 흡수량은 0.01메가톤 수준이나 미국, 영국, 노르웨이 등에서 발표한 대단위 사업을 모두 이행한다면 2030년에는 연간 흡수량이 5.5메가톤에 다다를 것으로 예측된다.[17] 하지만 관련 설비의 에너지 효율 제고, 흡수한 탄소 저장공간 또는 활용방안 확보, 표준화 및 인증 마련 등의 과제와 전 지구적 이산화탄소 순환 및 기후 시스템에 미치는 영향 자체에 대한 우려가 문제로 남는다. 반면 산림과 토지, 해양 등 자연에 기반한 이산화탄소 제거 방안은 이미 널리 검증되었다. 파리협정의 목표 달성을 위해 자연기반해법의 감축 잠재량이 중요하게 논의되는 이유이다.

---

* 〈2022 국가 온실가스 인벤토리〉에 따르면 2020년 우리나라의 온실가스 배출량은 6억5,260만 톤이다.

적응: 탄력성과 취약성

〈제2실무작업반Working Group 2 보고서〉역시 인류가 직면한 기후위기에 대한 경고를 계속하는 한편 즉각적인 기후변화 적응 행동이 필요하다고 강조했다.

기후시스템, 생물다양성을 포함한 자연생태계, 그리고 인류는 매우 밀접하게 관련되어 있다. 안타깝게도 모두 기후변화와 생태계 훼손이라는 위험에 처해있다. 이미 기후변화는 생태계 전반에 광범위한 피해와 돌이킬 수 없는 손실을 일으켰다. 생물종의 절반이 극지방이나 더 높은 고도로 옮겨가고 있으며 고온현상으로 토착종의 손실이 빨라지고 있다. 해양에서는 대부분의 산호초가 죽어가고 있다. 이러한 생태계 훼손은 자연이 가진 기후변화 대응 역량을 악화시켜 취약한 지역의 피해가 더 커지는 악순환에 빠지게 한다. 단순히 피해 규모가 커지는 것이 아니라 피해 양상이 복잡해지고 대응하기 어려운 방식으로 확대될 수 있다. 이러한 위기는 지금까지 인류가 기후와 자연생태계에 미친 부정적인 영향의 결과이다. 한편으로는 인류 사회 역시 빈번하게 발생하는 자연재해와 그로 인한 인명과 재산의 손실 등의 영향을 받고 있다.

다행히 인류는 기후 시스템과 자연생태계를 보호하거나 복원할 수 있는 잠재력 또한 가지고 있다. 자연생태계 훼손으로 인한 악순환을 끊고 자연이 가진 탄력성을 되살려 기후변화에 대응하고 자연생태계를 지속가능하게 활용할 수 있는 방안, 즉 자연기반해법에 대한 이해와 실천이 필요하다. 탄력성은 이전 상황으로 돌아갈 수 있는 능력으로, 본질적인 기능이나 구조만 유지하는 것이 아니라 변화된 여건에 적응하고 학습하고 변화하는 능력을 포함한다. 이를 응용하면 기후변화에 따른 탄력성은 기후변화 위험에 대응하고, 그로 인해 발생할 수 있는 피해를 최소화하고 피해에서 즉각 회복할 수 있는 능력이다.

그런데 현실에서는 〈IPCC 제5차 평가 보고서〉가 발간된 2014년 이후 자연생태계 파괴와 훼손이 오히려 심화되고 있다. 주요 원인은 기후변화 그리고 지속가능하지 못한 토지와 천연자원 이용, 산림벌채, 환경오염, 생물다양성 손실 등 인류의 활동에 의한 비非기후적 영향이었다. 전 세계 육지의 15%, 담수의 21%, 바다의 8% 미만에 해당하는 보호지역에서조차 자연생태계의 기후변화 탄력성을 높이기 위한 관리가 충분히 이루어지지 않고 있다. 자연생태계에 대한 잘못된 대응은 기후변화에 대한 취약성vulnerability*을 악화시키는 결과를 초래할 것이다.

기후변화가 특정 사회나 자연생태계에 미치는 위험risk 정도에는 기후변화와 관련한 위해성hazards, 노출exposure, 취약성이 복합적으로 작용한다.** 기후변화 위험은 자연재해 증가에 따른 것만은 아니다. 해당 지역의 특성인 노출도와 취약성도 위험의 크기에 영향을 미친다. 2022년 여름 서울에서 그랬듯 기록적인 폭우(위해성) 상황에서 강우 영향권에 위치한 지역(노출)에 제대로 된 배수 설비가 미흡(취약성)하다면 심각한 침수 피해(위험)가 발생하는 것이다.

위해성이나 노출은 기후와 지형적 요인의 영향이 크다. 반면 취약성은 상대적으로 비非기후적 요인 또는 인위적인 개입을 통해 해소하거나 완화할 수 있다. 예를 들면 반지하와 같은 저지대 주거지역을 고지대로 옮기거나 침수 방지시설을 설치한다면 위해성에 노출되는 것을 막을 수 있다. 반면 해안 지역의 인구 증가, 주거 공간 확보 및 식량 생산을 위한 산림훼손, 지속적인 도시화에 따른 슬럼 지역 확대, 과도한 폐기물 배출 등은 취약성을 키우는 비기후적 요인으로 기후변화에 따라 커지는 위해성과 결합하여 더 큰 피해를 초래한다. 따라서 기후변화 적응 활동은 취약성 개선을 중심으로 이루어져야 한다. 또한 이러한 활동에는 끊임없이 변화하는 기후시스템과 자연생태계를 고려하여 향후 예상되는 변화를 지속적으로 반영할 수 있는 탄력적 접근이 중요하다.

특정 사회나 자연생태계가 가지는 기후변화에 대한 취약성은 지역간 사회·경제적인 발전 수준, 토지나 해양 등 자연자원의 이용 행태, 계층간 불평등과 주변화, 사회적 문제해결 능력에 따라 차이가 발생할 수밖에 없다. 앞으로도 중앙 및 지방정부, 민간 영역과 시민사회의 역량이 부족한 곳에서 취약성 문제가 악화될 것이다. 이미 기후변화 취약성 문제는 아프리카 전역, 남아시아, 중남미, 군소도시, 개발도상국 등 경제적 개발이 더디거나 사회적 문제 해결 역량이 부족하거나 기본 서비스 및 자원에 대한 접근이 제한적이고 기후변화에 민감한 생활 여건(소규모 자작농, 목축업,

---

- • 취약성은 외부여건으로부터 악영향을 받는 성향 또는 경향으로 민감성, 감수성, 대처 및 적응 능력의 부족 등 다양한 요소를 포함한다.
- •• 일반적으로는 위해성(hazards)도 '위험'으로 번역된다. 이 책에서는 위험(risk)과 구별하기 위하여 IPCC의 용어 사용에 따라 재산, 인프라, 생계, 서비스 제공, 생태계 및 환경 자원에 대한 손상 및 손실 또는 인명 손실, 부상 또는 기타 건강 영향을 유발할 수 있는 자연적 또는 인위적인 물리적 사건 또는 잠재적 발생이라는 뜻으로 위해성(危害性)을 사용한다.

어촌 공동체 등)을 가진 지역에서 더욱 심각하게 나타나고 있다. 〈제2실무작업반 보고서〉는 2010~2020년 사이에 홍수, 가뭄, 태풍으로 인한 이들 지역의 연간 사망률은 그렇지 않은 지역에 비해 15배 더 높았다고 지적했다.

너무 늦기 전에 이런 피해를 완화하려는 적응 활동에 인적·재정적·기술적 투자가 시급하다. 2030년까지 조기경보 체계 마련, 기후탄력성을 갖춘 기반시설 구축, 맹그로브숲과 같은 해양생태계 복원 등 주요 분야의 기후변화 적응 활동에 18억 달러를 투자하면 71억 달러 규모의 순 이익을 얻을 수 있다는 연구결과가 있다.[18] 기후변화 적응은 인류와 자연생태계를 기후변화 위험에서 보호하는 것을 넘어 그 자체로 경제적 효과를 창출하는 활동이다.

그림 2-3. 기후변화 적응에서 노출-위험-취약성의 복합관계(Hagenlocher 등., 2018)

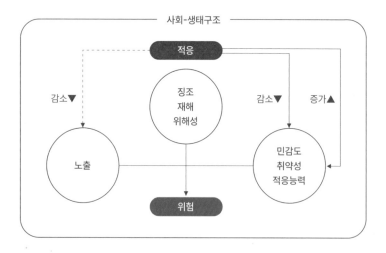

2. 국제사회의 노력

유엔 생태계 복원 10년과 자연기반해법 선언서

2019년 3월, 유엔총회에서 2021~2030년을 '유엔 생태계 복원 10년
The UN Decade on Ecosystem Restoration 2021~2030'으로 지정하는 결의안이
채택되었다. 돌이킬 수 없는 기후위기와 생물다양성 붕괴를 막고
2030 지속가능발전목표 달성을 위해 자연생태계의 조속한 복원
을 촉진하기 위해서였다. 이 결의안은 자연생태계 복원을 정책의
우선순위로 설정하고 그와 관련한 정치적 의지 강화, 정책 수립 및
이행, 역량 배양, 연구 촉진 및 협력 강화 등의 전방위적 노력을 모
든 국가에 요청하고 있다.

　같은 해 9월, 안토니우 구테흐스 유엔 사무총장은 기후행동정
상회의에서 각국 정상에게 〈지구온난화 1.5℃ 특별 보고서〉(2018)
의 경고에 따라 2050 탄소중립 달성을 위해 7개 주요 분야*에서
획기적인 계획을 마련할 것을 요청했다. 이 회의를 통해 '기후변화
를 위한 자연기반해법 연합'이 구성되었으며, 〈자연기반해법 선언
서The Nature-based Solution for Climate Manifesto〉가 채택되었다. 이 선언서
는 자연기반해법이 자연보호, 지역경제 활성화를 위해서도 중요
한 수단이라는 것을 강조하며, 개별 국가의 감축목표와 중장기 전

---

* 자연기반해법 외에 산업 전환, 에너지 전환, 기반 시설과 지역행동, 탄력성과 적응, 사회적·정치
적 동인(drivers), 기후금융과 탄소가격 등이 포함된다.

략에 자연기반해법을 적극적으로 활용하기 위해 국제협력을 강화하면서 관련 제도를 개선하겠다는 내용을 담았다. 또한 국가 및 지자체 정책의 주류화, 국제사회의 재정 조달 확대, 4대 분야(산림 등 육상생태계, 담수 및 해양생태계, 농업 및 식량 공급망, 녹색 인프라)에서 자연기반해법 확대 등이 필요하다는 공감대 아래 70개국 정부와 기업, 시민사회, 국제기구가 참여하였고 이들이 주도하는 200여 건의 우수 사례 및 활동 계획이 포함되어 있다.

UNCCD COP14

2019년 9월, 제14차 유엔사막화방지협약 당사국총회 고위급 세션의 결과물로 뉴델리 선언이 채택되었다. 이 선언은 환경파괴와 생물다양성 손실, 기후변화 대응의 시너지를 강조하며 사막화, 황폐화된 토양을 보존하고 복원하면 경제는 물론 건강과 복지 증진에도 기여할 것이라고 전망했다. 또한 파리협정의 목표 달성과 생물다양성 증진에 있어 토양 기반 활동을 촉진하고 모든 이해관계자가 토지 훼손 방지, 녹색 일자리 창출, 지속가능한 가치 구축에 참여할 것을 요청했다. 뉴델리 선언은 자연기반해법을 직접 언급하지는 않지만 토양의 생태계 서비스 역량을 복원하여 사회와 환경문제를 해결하려 한 점에서 자연기반해법의 기본 원칙을 반영하였다고 볼 수 있다.

유럽연합 그린딜

2019년 12월, 유럽연합은 기후위기 시대의 새로운 성장전략이자 가장 먼저 기후중립을 달성하는 대륙이 되기 위한 기본 비전으로 그린딜을 채택했다.

그린딜에 포함된 생물다양성 전략EU Biodiversity Strategy for 2030은 2030년까지 최소 30억 그루의 나무를 심고, 2만5천km의 강을 친환경적으로 복원하겠다는 계획을 담고 있다. 생태계 서비스를 통해 기후변화 대응에 앞서가겠다는 유럽연합의 의지를 담은 것이다.

그린딜의 후속 조치로 2021년 2월 발표된 기후변화 적응 전략 EU Strategy on Adaptation to Climate Change은 기후변화가 기존 생태계에 미치는 영향과 지속가능한 생태계 관리 방안을 명확하게 이해하고 관찰, 평가하는 활동을 강조하며 다양한 자연기반해법 정책을 기후변화 적응과 재난 경감 방안으로 포함했다.[19] 2021년 7월 서유럽에서 수백 명이 사망한 전례 없는 홍수, 2022년 여름 폭염과 가뭄으로 라인강을 통한 원자재 운반과 프랑스의 원자력발전소 가동 중지까지 겪으면서 기후변화 적응과 자연기반해법에 대한 유럽연합과 회원국의 관심은 더욱 높아지고 있다.

UNFCCC COP26

2021년 11월에 열린 제26차 유엔기후변화협약 당사국총회는 그간 국제사회에서 진행되던 자연기반해법 관련 논의를 개별 국가

와 글로벌 기업, 국제기구의 실제 사업화와 재원 투자 단계로 나아
가게 하는 계기가 되었다. 최종 결정문인 글래스고 기후협약Glasgow
Climate Pact 역시 파리협정의 목표 달성을 위해 산림과 토양, 해양생
태계를 보호, 보전, 복원하는 활동의 중요성을 강조하고 있다.

　당사국총회와 함께 열린 정상회의에서는 의장국인 영국의
주도로 〈산림과 토지에 대한 글래스고 정상 선언Glasgow Leaders'
declaration on Forest and Land Use〉이 발표되었다.[20] 더 이상의 산림손실
과 토양훼손을 멈추고 복구할 수 있도록 2030년까지 재정적 지
원을 하겠다고 합의한 것으로, 우리나라를 비롯해 전세계 산림의
90%를 보유한 141개국이 참여했다. 우리나라와 덴마크 등 12개국
은 2021년부터 2025년까지 산림 관련 기금 120억 달러 지원 목표
를 담은 '글로벌 산림 재원 서약Global Forest Finance Pledge'을 발표했
다. 가장 넓은 아마존 열대림을 보유하고도 토지 확보와 경제 성장
을 이유로 벌채를 지속하던 브라질은 산림훼손을 2028년까지 멈
추겠다고 발표했고, 미국은 2030년까지 전세계 산림보호와 탄소
흡수원 확보 활동에 90억 달러 지원을 발표하는 등 개별 국가의
선언도 이어졌다. 미국의 베이조스재단이 산림보호와 지속가능한
식량 시스템 구축에 20억 달러를 기부하겠다고 하는 등 민간 분
야에서 발표한 산림보호사업 지원 규모도 70억 달러에 달했다.[21]

　해양과 토양 부문에 대한 새로운 약속도 체결되었다. 영국 주
도 하에 72개국이 2030년까지 전 세계 해양의 30%를 보호구역
으로 지정, 관리30 by 30 for Ocean Initiative하기로 했으며, 인도양 인근
국가와 기관들은 해양생태계 보존을 위한 협력 체계Great Blue Wall

Initiative를 구축했다. 토양의 이산화탄소 제거 능력을 강화하고 지속가능한 농업을 촉진하기 위한 협력도 진행되었다. 또한 미국과 아랍에미레이트 주도로 민관 협력으로 농업 혁신을 가속화하기 위한 선언Agriculture Innovation Mission for Climate이 발표되었다.

UNFCCC COP27

유엔기후변화협약 채택 30주년인 2022년에는 환경 관련 주요 국제회의가 연달아 열렸다. 5월에 열린 G7 기후·에너지·환경장관회의는 기후변화, 생물다양성 훼손, 환경오염을 지구촌 3대 위기로 설정하고, 3대 위기의 주요 원인은 인간의 활동이며 이에 대응하기 위해 자연기반해법을 지지할 것이라고 공동 선언문에 명시했다. 11월에는 이집트에서 27번째 유엔기후변화협약 당사국총회가 열렸다.

기후변화협약 채택 이후 30년간 세계 각국이 모여 논의를 거듭했음에도 불구하고 기후위기는 악화일로를 걷고 있다. 2022년 현재 화석연료 사용량과 온실가스 배출량은 증가 추세이다. 코로나 팬데믹 이후 각국의 경기회복 노력과 러시아의 우크라이나 침공으로 인한 에너지 위기 등이 불가피한 이유이다. 한편에서는 국토의 1/3이 잠긴 파키스탄 홍수와 같은 기후재난이 가져올 피해에 대한 대책 요구도 높아지고 있다.

전 지구적 기후위기 속에서 여러 당사국이 제27차 당사국총회를 계기로 화석연료 퇴출fossil fuel phase out 목표를 명시하고 싶어했으나 일부 산유국과 신흥경제국의 반대로 합의에 도달하지 못했다. 그래서 제27차 당사국총회는 온실가스 감축에 대한 진전이 없다는 이유로 실패한 총회라는 비난을 받기도 한다. 하지만 최종 결정문인 샤름 엘세이크 이행계획Sharm El-Sheikh Implementation Plan을 통해 현 시점 그리고 향후 기후대응과 자연기반해법이라는 두 측면에서 한걸음 더 나아간 성과를 만들었다. 첫 번째는 기후변화에 대한 책임이 적음에도 불구하고 최전선에서 피해를 보고 있는 취약 국가들의 손실과 피해Loss and Damage에 실질적으로 대응하는 재원을 마련하기로 한 것이다. 두 번째는 기존 당사국총회 결정문이 자연생태계의 가치와 역할을 강조하는 것에 그쳤던 데 반해 이번에는 산림과 해양 부문에서 자연기반해법을 촉진할 것Encourages Nature/Ecosystem/Ocean-based Solutions을 결정문에 명시했다는 점이다.

아울러 제27차 당사국총회 의장국인 이집트는 독일, 세계자연보전연맹과 함께 인액트ENACT: Enhancing Nature-based Solutions for and Accelerated Climate Transformation 이니셔티브를 개시했다. 인액트는 자연기반해법 적용 노력을 강화하는 자발적 협력체로 각국 정부는 물론 기업과 시민사회 등 민간기관도 가입이 가능할 수 있다. 다양한 자연기반해법 전략으로 생태계의 이산화탄소흡수를 늘려 기후변화를 완화하고, 10억 명에 달하는 취약계층을 보호함은 물론 안정적인 식량 공급에 기여하는 것이 목표이다. 이집트를 비롯, 중동아시아와 아프리카 사막 지역의 여러 국가에서 기후변화로 가뭄이 심화되면서 직면하게 된 식량난 문제를 해결하는데 자연기반해법의 잠재력을 활용하려는 것이다. 이 같은 활동은 〈기후위기와 생태계위기에 대응하는 자연기반해법을 촉진하기 위한 현황 보고서〈The State of Nature-based Solution Report〉로 발간되어 2023년 제28차 당사국총회에 앞서 의장국에 최초 보고될 예정이다.[22]

그 외에도 기후변화 대응을 위한 산림과 해양 보호, 자연기반해법 촉진을 위한 다양한 활동도 진행되었다. 글래스고 정상 선언의 후속조치로 열린 '산림 및 기후 지도자 파트너십Forest and Climate Leader's Partnership'에서는 제26회 당사국총회에서 약속한 120억 달러 중 26억 달러가 집행되었으며 추가로 45억 달러의 재원을 마련할 것을 약속했다.[23]

당사국총회 기간 미국이 발표한 자연기반해법 로드맵은 5대 중점 과제를 소개하며 주목받았다. 백악관이 직접 주도한 이 로드맵은 자연기반해법의 개념과 현실적인 문제점을 점검하고, 향후 정부 부문별 정책에 자연기반해법을 반영하고, 공공·민간 투자를 확대하며, 공공자산에 선도적 적용, 인력 양성, 과학적 기반 마련 등을 포함하고 있다. 또한 기후변화나 생물다양성 문제에 대한 해법, 지역사회 경제, 형평성 등에 대한 효과까지도 염두에 두었다. 백악관 관리예산처는 자연기반해법의 잠재력을 정책평가에 반영할 수 있는 비용 효과 가이드라인을 마련했으며, 연방재난관리청도 범람원 관리 관련 법령 개정 준비에 착수했다고 밝혔다. 연방국방부는 군사시설의 설치 및 관리 과정에 자연기반해법을 확대하기 위한 가이드라인의 초안을 2023년 3월 발표할 것이라고 소개했다.[24]

3. 기후변화 적응을 위한 자연기반해법

국립기상과학원의 〈한반도 100년의 기후변화〉(2018)에 따르면 한반도의 평균 기온은 세계 평균보다 더 빠른 속도로 상승하고 있다. 이로 인해 최근 30년 기온이 20세기 초(1912~1941)보다 1.4℃ 높아졌다. 이로 인해 여름은 19일 길어졌고 겨울은 18일 짧아졌으며, 강한 강수는 증가하고 약한 강수는 감소하여 강우 변동성이 커졌다. 대표적인 사례가 2011년 그리고 2022년 서울 남부 지역의 대규모 침수 사태이다. 2011년 이틀에 걸쳐 폭우가 쏟아진 결과 우면산이 무너져 내렸으며 강남역과 사당역 등 서울 남부 일대의 도시 기능이 마비되었다. 이후 서울시는 빗물을 침투, 저류시키는 자연적인 물 순환 방식을 확대하고 도심 지역의 기후변화 적응 역량을 키우고자 저영향개발LID: Low Impact Development 기술을 도입했다.

표 2-3. 국내에 도입된 저영향개발 기술(〈저영향개발기법 설계 가이드라인〉, 환경부, 2016)

구분	LID 기술 요소	기술의 효과
식생형 시설	식생 수로, 나무 여과 상자, 식생 체류지, 식생 여과대, 식물재배 화분, 옥상 녹화	비점오염 저감, 강우 유출수 저류 및 침투, 동식물의 서식공간 확보, 도시의 열섬현상 저감
침투시설	침투 트렌치, 침투 도랑, 침투 측구, 침투통, 투수성 포장	비점오염 저감, 강우유출 저감, 하천의 건천화 예방, 열섬현상 저감
빗물이용시설	빗물통	강우 유출 방지

이는 자연기반해법의 개념이 보편화되기 이전부터 자연의 생태계 서비스를 활용해 기후변화에 대응한 사례이다.

기후변화 적응과 관련한 각종 보고서와 사례를 정리해보면 자연기반해법을 적용할 수 있는 분야는 산림, 물, 도시, 농업, 해양으로 나누어진다. 앞서 기후변화의 위험은 위해성, 노출도, 취약성에 따라 결정되며 위해성과 노출도는 많은 부분 지리적 여건에 의해 결정되는 반면, 기후변화 적응 활동으로 취약성을 완화 또는 해소하면 위험을 낮출 수 있다고 언급한 바 있다. 자연기반해법 역시 분야별 지구 평균온도 상승과 기후변화에 따라 예상되는 또는 이미 발생하고 있는 위해성과 그에 따른 악영향에 대해 적절한 수단을 활용하여 취약성을 낮추기 위해 활용된다.

분야별 대표적인 기후 위해성과 악영향, 적용할 수 있는 대표적 자연기반해법은 다음 표와 같이 정리할 수 있다. 다만, 복합적인 편익을 제공하는 자연기반해법의 특성상 부문별 방법론과 기대효과가 명확하게 또는 배타적으로 구분되지는 않는다.

표 2-4. 기후변화 대응을 위한 자연기반해법 활용

위해성 및 영향*	자연기반해법 적용 예시	기대효과
산림과 임업		
· 기온 상승으로 인한 토착생태계 훼손, 질병 발생 · 가뭄 장기화에 따른 대규모 산불 위험 증가 · 집중호우는 증가, 수목은 감소하여 산사태 위험 증가	· 신규조림 및 재조림 · 자연림/천연림 보호 및 복원 · 솎아베기, 수종 다양화 등 지속가능한 산림경영 확대	· 산림의 탄소흡수 및 대기오염 저감 기능 강화 · 토양 담수량 확대로 안정적 지하수 공급, 수질 개선 가능, 산불 위험 저감 · 서식지 및 생태계 보호 · 산사태 위험 감소
물		
· 지역별, 계절별 강우 편차 심화로 홍수 및 가뭄 빈도와 강도 증가 · 공급과 수요의 불균형 악화 · 빙하 손실과 증발량 증가에 따른 지표수와 담수 부족 심화 · 기온 상승에 따른 수질오염 심화, 유역생태계 훼손	· 생태 하천, 녹지 조성 등 자연친화적 유역 재정비 · 모래톱, 습지, 저류지 등 범람원 확충 · 지속가능한 산림경영 및 농업 확대를 통한 물 환경 개선 · 빗물 저류지, 지붕 녹화 등 도시 물 순환 개선	· 집중호우시 최대 유량과 유속 저감으로 홍수 피해 방지 · 지하수 확보가 용이해져 산불 위험 감소 및 농업생산량 향상 가능 · 식생 활동 등을 통한 수질 개선과 그늘 제공, 담수 생태계 복원 · 친수공간 제공에 따른 관광객 유입, 일자리 창출 · 녹지와 습지의 탄소흡수 역량 강화
도시		
· 집중호우 증가에 따른 도시 침수 위험 증가 · 이상고온 현상과 도심 내 열섬현상 증가 · 온열질환 등 지역민의 건강 및 재산 피해 발생	· 도시숲 조성, 건물 녹색화, 도시 농업 등 녹지 비율 제고 · 생태 하천, 인공습지와 빗물저류지 확충, 투수율 제고 등 도시 물 순환 개선	· 집중호우 시 최대 유량 저감, 홍수 피해 방지 · 녹지 조성에 따른 온실가스 감축, 대기오염 저감, 열섬현상 저감 및 그늘 제공 · 식생 활동 등을 통한 수질 개선, 동식물 서식지 제공 · 녹색공간 조성에 다른 지역민의 신체 및 심리적 건강 개선

위해성 및 영향	자연기반해법 적용 예시	기대효과
농업		
· 이상 고온과 한파로 인한 생산량 저하, 병해충 발생 · 가뭄과 홍수의 반복에 따른 자산 손실 발생	· 화학비료 등 자연에 대한 부하를 최소화하는 자연 포용적 농업 육성 · 논/밭 갈기 최소화, 혼농임업, 돌려심기 등 보존농업 촉진 · 혼농임업, 작물-가축 혼합 시스템 도입 · 탄소와 메탄 배출을 최소화하는 기후스마트 농업 활성화	· 토지 활용에 따른 온실가스 배출 저감, 토양의 탄소흡수 및 저장 역량 강화 · 생산량 또는 소득에 미치는 영향에 대한 평가는 명확하지 않음
해양		
· 기온 상승에 따른 해수면 상승, 해안 침수 위험 증가 · 수온 상승과 산성화, 해양생태계 훼손 · 어패류와 해조류 개체 상실로 식량 생산 감소 · 해일 피해 증가, 해안 침수 위험 가중	· 해양조림, 해조류 양식 활성화 · 맹그로브숲, 산호초 및 굴 군락지 등 해안 및 해양생태계 조성 및 보존 · 모래 해변과 모래톱, 염습지 복원	· 자연 방파제 기능, 해일 및 해안 침수 피해 감소 · 해안선 침식 완화 · 식생 활동을 통한 수질 개선 · 해양의 탄소흡수 및 저장역량 확대 · 심미적 효과, 생태관광 활성화

* 인류 사회 및 자연생태계에 피해를 입힐 수 있는 물리적 현상인 집중호우는 위해성에, 이로 인한 산사태는 영향에 해당한다.

3

자연기반해법과 세상

1장 산림과 임업

글 이우균(고려대학교 환경생태공학과 교수)

광합성 작용을 통해 흡수된 이산화탄소는 나무와 땅에
저장된다. 수확된 목재제품은 저장된 탄소를 사회로
이동시키는 한편 온실가스 다배출 제품을 대체한다.
이를 통해 산림은 기후변화 완화와 적응은 물론 정주지
환경과 농림업 기반의 토지 관리, 인류의 건강에 기여한다.
산림을 바라보는 시각은 크게 둘로 나뉜다.
경제적으로 활용가능한 자원으로 보는 시각과
비경제적 가치, 즉 환경과 사회적 가치 실현 위해 산림을
복구, 유지, 관리하는 것이 중요하다고 보는 시각이다.
자연기반해법은 두 가지 시각을 모두 포용한다.
산림이 기후변화 대응과 탄소중립에 기여하려면 토지
이용의 경제적 관점 즉 산업으로서의 임업을 고려해야
한다. 이에 따라 국내외의 산림관리 현황과 연구,
세계자연보전연맹의 자연기반해법 기준 체계를 두루 고려해
산림관리에 적용해야 한다.

1. 기후변화와 산림

기후변화에 대응하는 산림

산림이 기후변화에 미치는 영향은 대기 중의 이산화탄소를 제거하는 것 이상이다. 산지山地에서 자라는 식물이 모여 이룬 숲이 산림이다. 나무는 대기 중의 이산화탄소를 흡수sequestration하여 줄기, 가지 등의 목질부에 탄소 형태로 저장storage한다. 산림을 기반으로 하는 임업에서 생산한 수확된 목재제품HWP: harvest wood product은 산림에 저장된 탄소를 사회로 옮기며, 플라스틱이나 철강과 같은 온실가스 다배출 제품을 대체substitute한다. 3S형 탄소순환 기능이라고 불리는 '저장-흡수-대체' 과정을 통해 산림과 임업은 온실가스 감축과 기후변화 대응에 기여한다.

산림이 흡수하는 이산화탄소의 양은 시간이 지날수록 줄어든다. 나무는 나이 들수록 부피가 증가하는데 이 부피 증가분이 곧 이산화탄소흡수량이다. 그런데 일정 나이를 넘어서면 나무의 생장이 둔화되면서 자연스럽게 부피 증가분이 줄어든다. 나이테의 간격을 떠올리면 이해하기 쉽다. 어린나무는 왕성하게 자라며 나이테의 간격을 넓히지만 일정 수령을 넘어서면 나이테의 간격이 좁아진다. 생장량이 줄어든다는 것은 왕성하던 광합성 작용 즉 탄소흡수 작용 다시 말해 이산화탄소흡수량이 줄어드는 것이다. 한편 숲에서 나무의 밀도가 증가하면 자연 고사가 발생하면서 나무의 수가 줄어든다. 산림에 저장된 탄소는 산림황폐화 등의 잘못된 토지 관리나 산불, 산사태, 병해충 등의 피해를 입으면 배출로 이어진다. 그리고 이는 산림의 다양한 기능과 생태계 서비스의 질까지 위협한다. 이런 현상은 기후변화로 인해 더욱 커지고 있다.

산림을 기후변화 대응 방법으로 잘 활용하려면 산림의 탄소순환 기능을 강화해야 한다. 이를테면 이산화탄소 흡수 능력이 저하된 오래된 나무를 수확해 탄소를 저장한 목재제품으로 활용하고 그 자리에 어린나무를 다시 심는 것이다.

위협당하는 흡수원

문제는 산림도 기후변화의 영향에서 자유롭지 않다는 점이다. 기후변화로 인한 온도 상승은 산림의 생장과 수종 분포에 영향을 주어 탄소순환 기능을 저해한다.

나무와 숲의 생장이 둔화되는 것은 곧 이산화탄소 흡수 효율이 떨어지는 것을 의미한다. 우리나라 산림은 대부분이 30~40년생으로, 이산화탄소 흡수량이 2008년 이후 점차 감소하는 추세이다. 국립산림과학원은 우리나라에서 임령이 50년을 넘어가는 산림이 2020년 현재 5.7%에 불과하지만 2030년이 되면 32.9%, 2050년에는 72.1%로 증가할 것이라고 예상한다. 따라서 숲가꾸기, 신규조림 확대와 같은 적극적인 산림관리가 필요하다고 지적한다. 적절한 산림관리가 시행되지 않는다면 2050년 우리나라 산림의 이산화탄소 흡수량은 1천3백만9천 톤으로 2019년의 흡수량

그림 3-1. 우리나라 산림의 이산화탄수 흡수 전망(탄소중립위원회, 2021)

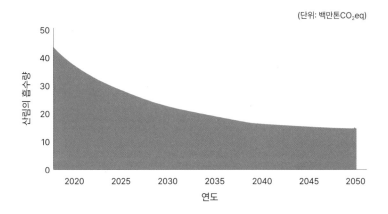

인 4천3백만 톤의 30% 수준으로 줄어들 것으로 예측된다.

　산림을 구성하는 나무의 종류가 달라지는 것도 문제이다. 우리
나라 산림은 기온 상승과 가뭄 일수 증가로 인해 고산침엽수종은
쇠퇴하고 아열대수종이 증가할 것으로 예측된다. 실제로 고산지
대에서 자생하던 침엽수종의 생장이 저하되는 것은 물론 고사량
이 늘면서 침엽수종의 분포지역은 점점 줄어들고 있다. 우리나라
가 원산지인 구상나무는 계속 고사하고 있어 세계자연보전연맹이
멸종위기종으로 보호하고 있다. 설악산, 지리산 등 고산지대에서
자라는 가문비나무와 분비나무 등의 쇠퇴도 우려된다. 침엽수종
의 쇠퇴는 산림의 흡수원 기능이 약화되는 것을 의미한다. 흡수원
은 임업에서는 곧 생산성이다. 산림을 기반으로 하는 임업 측면에
서 생산성이 기후변화의 영향을 받는 것이다.

저장고를 무너뜨리는 산림재해

기후변화는 평균 기온 상승에 그치지 않는다. 가뭄과 폭우, 고온과 혹한이 동시에 나타난다. 그리고 이는 산불과 산사태 위험을 증가시킨다. 우리나라의 경우, 2000년대 이후만 보더라도 동해안 산불(2000), 양양 산불(2005), 강릉·삼척 산불(2017), 울진·삼척 산불(2022) 등 대형 산불 발생 횟수와 규모가 증가하고 있다. 겨울에서 봄으로 이어지는 가뭄과 높은 기온, 강하고 변화무쌍한 바람이 산불 발생 빈도와 피해 규모를 키우고 있다. 봄철 가뭄이 그치고 비가 와도 문제는 계속된다. 장마 시기가 불규칙하고 강우 강도가 강하게 변하면서 산사태 위험을 높이기 때문이다.

산림재해는 이재민과 재산 피해, 산림훼손을 유발하며 자연과 인간에게 직접적인 피해를 안긴다. 또한 탄소저장고 위협으로 이어진다. 우리나라 산림의 경우, 산불이 발생하면 산림이 1년간 흡수할 수 있는 이산화탄소량(헥타르 당 약 7톤)의 10배에 해당하는 온실가스(헥타르 당 약 70톤)가 배출된다. 2022년 경북 울진에서 시작해 강원 삼척과 강릉, 동해, 영월까지 동해안 지역에서 동시다발적으로 일어나 열흘 가까이 이어지며 1만6천여 헥타르를 태운 산불로 배출된 이산화탄소량은 약 150만 톤에 달한다. 탄소저장고인 목재는 임업의 자산이다. 저장고를 위협하는 것은 곧 임업을 위협하는 것과 같다. 기후변화로 인한 산림재해로 임업 또한 위험에 노출된 셈이다.

산림은 그 자체로 탄소저장고인 동시에 물 공급, 생태적 서식처, 휴양 등 다양한 생태계 서비스를 제공한다. 산림의 다양한 생태계 서비스가 비시장 가치에 머물러 있는 상황에서는 기후변화로 인한 산림의 위험을 관리하기 어렵다. 산림을 비롯한 토지 자원을 잘 관리하면 가치도 올라가고 우리에게 다양한 편익도 제공한다. 그러나 편익에 대한 대가가 이루어지지 않으면 적절한 토지 관리가 이루어지기 어렵고 토지 자원의 잠재적 가치가 편익으로 이어지지 못한다. 정상적인 임업이 제 기능을 못 하면 흡수원이자 저장고인 산림이 방치되면서 흡수량이 떨어지고 저장고까지 위협을 받을 수 있다.

대체재 사용의 한계

임업의 생산품인 수확된 목재제품은 산림에서 저장한 탄소를 고정한 채 사회로 이동해 온실가스 다배출 제품을 대체한다. 대체재로서 산림의 기능을 확대하려면 목재제품 중에서도 오랫동안 사용할 수 있는 장수명 목재의 활용을 늘려야 한다. 예를 들어 목재를 건축 원자재로 이용하면 제조 과정에서 온실가스를 많이 배출하는 콘크리트나 철강 제품을 대체할 수 있으므로 탄소 배출을 간접적으로 줄일 수 있다. 이 같은 목재 사용의 대체효과가 온실가스 감축으로 인정되어야 한다. 이는 기후변화 적응과 감축을 효과적으로 달성하기 위해 산림과 임업 부문에서 풀어야 할 숙제이다.

　산림의 흡수-저장-대체 기능은 토지 기반의 산업인 산림순환경영형 임업을 통해 이루어질 수 있다. 산림순환경영은 '나무를 심고-가꾸고-수확하여 지속가능하게 이용함으로써 경제·사회·환경적 부가가치를 창출하는 것'이다. 목재를 생산 및 가공하고 활용하는 임업이 없다면 온실가스 고배출 제품을 대체하여 감축 효과를 내는 장수명 목재제품도 존재하지 않을 것이다.

2. 숲을 유지하는 방법

산림이 제공하는 생태계 서비스를 활용하면서 온실가스도 감축할 수 있다는 점에서 산림은 유용한 자원이다. 그래서 대부분의 나라에서 국가결정기여 이행방안에 주요 온실가스 흡수원으로 산림을 활용하는 방안을 포함하고 있다. 자연기반해법을 활용해 제거할 수 있는 이산화탄소의 잠재량 중 62%를 산림에서 흡수할 수 있다는 연구도 있다.[1] 그런데 자연기반해법은 다른 방법에 비해 효과를 정량적으로 측정하기 어렵다. 짧게는 수십 년, 길게는 백 년 이상 가꾸어야 결과가 나타나는 산림에서는 더욱 그렇다. 이런 불확실성에 대응해 산림 부문에서 자연기반해법을 활용하기 위한 연구와 협약이 최근 국내외 여러 기관에서 진행되고 있으며 이를 기반으로 눈여겨볼 만한 실행 사례도 등장하고 있다.

국내의 산림 부문 자연기반해법 연구

국립산림과학원

〈기후변화대응을 위한 산림 부문의 자연기반해법 활용〉(2021)에는 토지 및 녹지 부문의 자연기반해법 활용 방안이 담겨있다. 산림 부문의 자연기반해법 활동은 탄소흡수원 기능과 기후 적응 및 회복탄력성 증진에 기여하는 것은 물론 재난 위험 경감, 생물다양성 보전, 인류의 건강과 복지 등 사회문제 해결에 포괄적으로 기여하

그림 3-2. 기후변화 대응을 위한 토지 및 녹지와 관련된 자연기반해법 활용
(최은호 등, 2021)

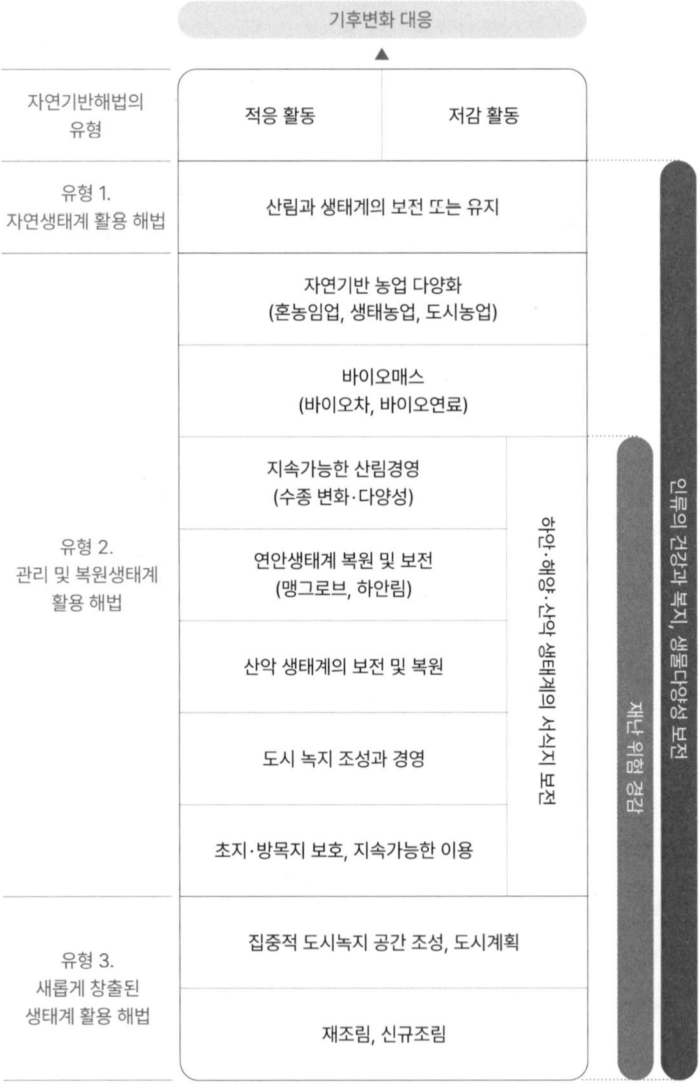

며 기후변화에 대응한다고 정리하고 있다.

이 자료집은 산림 부문의 자연기반해법 수단을 자연생태계, 관리 및 복원생태계, 새롭게 창출된 생태계를 활용하는 유형으로 나누어 제시한다. 자연생태계 유형으로 산림과 생태계의 보전 또는 유지를 들었고, 복원된 생태계 유형에서는 혼농임업, 지속가능한 산림경영(수종 변화 및 다양화), 산악생태계의 보전 및 복원, 도시의 녹지 조성과 경영을 제시했다. 창조된 생태계로는 도시 녹지 공간 조성, 재조림과 신규조림을 제안한다.

한국환경연구원

〈환경위기 대응을 위한 자연기반해법 연구〉에서 우리나라에 적용할 수 있는 자연기반해법 사례를 정리했다. 그중 산림부문에서는 조림 및 산림복원을 통한 산림조성, 산림 내 습지 복원, 고산생태계 복원, 유역 차원의 산림보호 등을 제시하고 있다.

국립생태원

자연기반해법과 관련된 산림 부문의 활동을 가장 상세히 소개한 것은 〈기후위기 대응을 위한 자연기반해법의 국제 논의 동향과 시사점〉(2021)이다. 이 이슈 리포트는 산림 부문의 자연기반해법을 전 지구적 수준, 대륙 수준, 국가 수준의 사업으로 정리했다. 활동 유형으로는 산림 식재와 복원이 주를 이루고 있다.

국립생태원은 생물다양성을 보전하고 지역에도 이익이 되면서 탄소흡수를 최적화할 수 있는 재조림 황금원칙 10가지(표 3-1

참조)도 소개하고 있는데,[2] 국내외의 조림 관련 계획에서 이 원칙을 모두 지킨 사례를 찾기 어렵다. 산림 사업이 소규모 필지 단위로 분산되어 이루어지는 우리나라에서는 이를 모두 지키는 것이 쉽지 않다는 현실적인 한계가 있다.

이 리포트는 또한 자연기반해법을 국내에 적용할 때 지켜야 할 4가지 가이드라인도 제시하고 있다. 기후위기에 대응하기 위해 산림을 복원하고, 기존 산림은 관리 측면에서 보호하고, 생물다양성을 유지 및 증진하는 것을 최우선 목표로 설정해야 한다는 것이 첫 번째 가이드라인이다. 두 번째는 탄소중립을 위해 정량적인 모니터링과 면밀한 검증이 필요하다는 것이다. 국내 산림의 탄소흡수량과 저장량은 물론 생물다양성의 초기 상태를 평가하고, 수목 식재 등 자연기반해법 적용 효과를 모니터링하고 점검해야 한다. 세 번째와 네 번째 기준은 경관 수준에서 생태계의 연결성과 회복탄력성을 높이는 자연기반해법을 적용하라고 권고한다. 따라서 생물다양성에 기여할 수 있는 종을 식재하고 자연 천이를 촉진하며, 도시 거주민의 관심과 참여를 촉진하고, 탄소배출을 저감하기 위한 도시 녹지 인프라 확대와 개선에 집중해야 한다.

표 3-1. 탄소중립, 생물다양성, 생활 편익 최적화를 위한 조림 10개 원칙
(Sacco 등, 2021; 국립생태원, 2021 에서 재인용)

1	기존 산림 우선적 보호	· 재조림은 벌채에 따른 손실을 보상하기 어려움 · 노령림, 2차 천이림, 복원림 모두 가치 있음
2	모두 함께 참여	· 지역공동체가 모든 단계에 참여해 소통하면서 추진
3	생물다양성 회복을 최대화하는 목표 설정	· 탄소저장 최대화 및 사회경제적 혜택에 도움
4	적절한 지역 선택	· 과거 산림지만 선택 · 현재 산림과 연결하거나 확대 · 산림벌채를 야기하는 활동 지양
5	가능한 자연적인 발생(천이) 이용	· 식목보다 자연적 산림조성이 저렴하고 효율적 · 산림과 가까운 곳 또는 약간의 훼손이 있는 경우 최적
6	생물을 극대화하는 식재	· 여러 종을 혼합하여 식재 · 희귀종, 고유종, 멸종위기종 포함 · 가능한 많은 자생종 이용(외래종 제외) · 상리공생 작용 촉진
7	회복탄력성 있는 식물 소재 이용	· 적절한 유전적 변이 포함 · 산지(産地)에 주의
8	기반시설 사전 계획	· 지역 내 가용한 기반시설, 수용 용량, 공급망 이용 · 지역 기반시설 프로젝트에 포함하여 조성 · 종자 표준 적용: 종자의 최대품질과 과정 효율성 보장 · 교육훈련 제공 · 지역 전통지식 이용
9	실행을 통한 배움	· 기존 데이터 연구 · 시범사업 이행 · 진행과정에서 적응적 관리 · 프로젝트 외부의 결과 모니터 · 목표에 따른 적절한 지표 이용
10	경제적 이익	· 경제적 지속가능성 보장: 탄소 크레딧, 목재 외의 부산물, 유역, 문화 서비스 등에서 수입 발생 가능 · 경제 혜택이 지역의 저소득 공동체에 도달하는지 확인

표 3-2. 자연기반해법 관련 산림 활동(국립생태원, 2021)

전 지구적 수준 사업

본 챌린지(Bonn Challenge)

· 추진 단체(재원): 세계자연보전연맹, 독일 정부(2001)
· 목표: 2030년까지 350만km² 산림 복원
· 세계적으로 사바나와 초지 포함, 약 200억 헥타르를 나무 식재 가능 면적으로 산정
· 산림복원 서약의 43%는 상업적 식재로 논란 야기

뉴욕산림선언(New York Declaration on Forest)

· 추진 단체(재원): 2014 유엔정상회의에서 자발적으로 서약한 정부, 기업, NGO, 지역사회
· 목표: 2020년까지 산림벌채를 반으로 줄이고, 150만km² 복원
· 미달성

1조 그루(Trillion Trees)

· 추진 단체(재원): 버드라이프 인터내셔널(Birdlife International), 야생동물보호협회(Wildlife Conservation Society), 세계자연기금(WWF)
· 산림벌채 종료
· 산림보호와 복원 개선
· 슬로건: Right tree, Right place

1조 그루 캠페인(Trillion Tree Campaign)

· 추진 단체(재원): Plant for the Planet(유엔의 지원을 받는 NGO)
· 목표: 1조 그루 나무 심기

나무 1조 그루가 지금까지 인위적으로 발생한 이산화탄소의 25~33%를 상쇄한다는 가정 하에 추진

· 슬로건: Trees can be planted almost anywhere
· 2020년 5월까지 138억 그루 식재

1조 그루 플랫폼(Trillion Tree Platform)

· 추진 단체(재원): 세계경제포럼(다보스포럼)
· 2030년까지 1조 그루 나무를 보전, 복원, 육성
· Trillion Trees 커뮤니티, 유엔환경계획, 유엔식량농업기구가 이끄는 'UN Decade on Ecosystem Restoration 2021~2030'을 지원

WeForest

· 추진 단체(재원): WeForest(기업에 탄소 상쇄를 제공하는 NGO)
· 목표: 2050년까지 25만 헥타르의 산림경관 변경, 나무 2,500만 그루로 25만 헥타르 복원
· 다른 유형의 생태계에 산림경관 복원 최우수 사례 적용

대륙 수준 사업	국가 수준 사업
아프리카 산림경관 복원사업 AFR100	**UK Nature for Climate Fund**
· 추진 단체(재원): 독일과 세계은행이 아프리카 정부에 13억 달러 지원	· 추진 단체(재원): 영국 정부에서 6억4천만 파운드 지원
· 목표: 2030년까지 1백만km² 산림경관 복원	· 목표: 2025년까지 3만 헥타르에 수목 식재, 잉글랜드의 이탄지 3만5천 헥타르 복원
· 대부분 상업적 식재, 사바나에서 실시	
이니셔티브 20×20	**National Greening Program**
· 추진 단체(재원): 투자자, 기업으로부터 24억 달러 펀딩	· 추진 단체(재원): 필리핀 정부
· 목표: 2020년까지 라틴아메리카와 카리브제도에서 훼손된 토지 20만km² 산림경관 복원	· 목표: 2021~2016년 사이 훼손된 산림 1,500만 헥타르 복원
· 다음 목표: 2030년까지 목재 식재 포함 30만km² 복원	· 목표 달성 후 2028년까지 나머지 훼손된 산림 7,100만 헥타르 복원으로 연장
	· 임업산물 제공, 빈곤 퇴치, 탄소 저장량 증대 목적
ECCA30	**One Billion Tree Programme**
· 추진 단체(재원): 유럽, 코카시아, 중앙아시아 정부와 투자자	· 추진 단체(재원): 뉴질랜드 정부
· 목표: 2030년까지 유럽, 코카시아, 중앙아시아에서 3천만 헥타르 산림경관 복원	· 목표: 2028년까지 10억 그루 나무 식재
	· 2021년 기준 1억4,900만 그루 식재
Agadir commitment	**Green Legacy Programmes**
· 추진 단체(재원): 지중해 정부와 투자자	· 추진 단체(재원): 에티오피아 정부
· 목표: 2030년까지 알제리, 프랑스, 이란, 이스라엘, 레바논, 모로코, 포르투갈 등에서 8백만 헥타르의 산림경관 복원	· 목표: 4년간 200억 그루 묘목 식재
· 생물다양성협약 사무국, 유엔식량농업기구, 세계자연보전연맹, 세계자원연구소, 세계은행, 유엔사막화방지협약의 전 지구적 재정체계(Global mechanism) 등이 지원	· 2019년 농촌과 도시에 40억 그루 묘목 식재. 하루에 3억5천만 그루 식재
EU생물다양성전략2030	**Grain Green Program**
· 추진 단체(재원): 유럽연합	· 추진 단체(재원): 중국 정부 1999~2018
· 목표: 2030년까지 도시와 농촌지역에서 30억 그루 식재	· 목표: 토양침식 및 토양황폐화 저감을 위해 중국 전역 2,900만 헥타르에 나무 식재

그 외의 연구들

2021년 열린 〈2050 탄소중립 실현을 위한 자연기반해법 포럼〉에서도 산림 부문의 자연기반해법이 제시되었다. 포럼에서 발제된 '자연기반해법을 통한 기후변화 등 사회문제 해결방안'은 재조림 및 사면녹화 등을 통한 산림복원, 고산생태계 복원을 통한 탄소 포집 증가, 지역사회 기반 탄소 포집 기술 개발, 산사태 등 산림재해 방지를 위한 수로 재실계 등을 제시했다.

국제사회의 산림 부문 자연기반해법 적용

기후변화협약

국제사회는 1997년 교토의정서를 채택할 때부터 온실가스를 흡수하는 주요 활동으로 토지 이용·토지이용 변화 및 임업LULUCF: Land Use, Land-Use Change and Forestry을 명시하며 산림을 통한 기후변화 저감을 추진해 왔다. 이후 파리협정에서는 이를 더욱 구체화했다. 파리협정 제5조 2항은 '산림황폐화와 훼손에 따른 온실가스 발생의 저감, 개발도상국의 산림탄소 저장을 높이고 지속가능 산림관리 정책 접근과 인센티브 부여'를 명시하고 있다. 자연기반해법이라는 용어를 쓰지 않았을 뿐 기후변화 완화와 적응을 위해 지속가능한 산림관리가 중요함을 강조해왔다.

제26차 당사국총회(2021)에서는 2030년까지 산림손실 및 토지황폐화를 막고자 141개국 정상이 참여하는 '산림 및 토지이용에 대한 글래스고 정상선언'을 선포하였다. 또한 한국, 미국,

영국 등 경제협력개발기구 개발원조위원회OECD DAC 12개 국가는 2021년부터 2025년까지 5년 동안 열대림 국가들에 대한 공적개발원조ODA를 약 120억 달러까지 확대하기로 약속하였다. 제27차 당사국총회(2022)에서도 산림에 대한 선언은 이어졌다. 제26차 당사국총회에서 약속한 산림파괴 중단 준수를 점검하고 독려할 '산림 및 기후 지도자 파트너십'을 결성한 것이다.

기후변화에 관한 정부간 협의체

기후변화에 관한 정부간 협의체도 기후변화를 완화하기 위해 온실가스 배출 억제와 함께 온실가스 흡수원인 산림을 복원하고 확대해야 한다고 강조한다.[3] 세계의 산림면적을 2030년까지 매년 2,400만 헥타르 증가시킨다면(참고로 한반도의 면적은 약 2,200만 헥타르이다) 지구의 평균 기온 상승을 산업화 이전 대비 1.5℃ 이하로 낮추는 데 필요한 대기 탄소의 약 1/4을 저장할 것으로 추정된다는 것이다.[4]

이를 위해 2030년까지 3억5천만 헥타르 복원을 목표로 2011년 '본 챌린지'를 시작했다. 또한 2020년 세계경제포럼이 제안한 '1조 나무 플랫폼', 2030년까지 30억 그루의 나무 식재를 포함하는 'EU 생물다양성 전략 2030 로드맵' 등도 기후변화 완화를 위해 자연기반해법에 집중한 사례이다.

르완다의 산림 경관 복원[5]

르완다에서는 인구가 늘면서 산림의 농지 전용, 연료를 위한 남벌 등이 문제가 되었다. 복원 정책을 시행했지만 성공적이지 못했는데, 사회적 문제를 함께 해결하는 자연기반해법 개념을 도입하자 결과는 달라졌다. 국가 정책에 산림경관 복구를 명시한 르완다는 세계자연보전연맹과 세계자원연구소의 지원으로 복구 기회 평가 방법Restoration Opportunity Assessment Methodology을 적용해 지역 및 국가 차원의 산림경관 복구 전략을 수립했다. 이해당사자들의 의견을 수렴하며 수립한 이 전략은 평지와 경사지 모두에서 혼농임업, 조림 개선, 관리하는 숲의 복원, 자연림의 복원 및 보호, 급경사지와 수변 지역 산림의 보호 지정 유형으로 나누어 진행되었다. 그 결과, 산림경관 복구에 성공했으며 산림생태계의 생산성, 질, 기능성이 향상되었다. 이를 통해 리더십, 국가정책, 협력, 경제적 고려, 선도적 활동 등이 중요하다는 것도 확인할 수 있었다.

오스트레일리아의 공유림

각 지방 정부가 공유림을 관리하는 정책 탓에 종종 갈등을 빚던 오스트레일리아에서는 자연기반해법을 적용해 산림경관의 모든 가치를 포괄하는 통합적인 접근방식이 필요하다는 주장이 제기되었다.[6] 이 연구는 산림경영에서 필요한 성과와 이를 실현하기 위한 주요 전략을 각각 세 가지로 제시했다. 회복탄력성을 지닌 지역사회에 기여하는 건강한 산림을 위해서는 지역 정부, 시민, 산주 등의 공유 거버넌스 운영이 필요하며, 산림이 다양한 가치를 발휘하려면 경관 단위의 산림관리가 필요하다는 것이다. 또한 온실가스를 덜 배출하는 순환형 경제에 기여하려면 전통 지식과 혁신 기술이 과학적 근거를 기반으로 통합되어야 한다고 지적하고 있다. 다시 말해 지역사회의 회복탄력성을 높이고 저탄소 사회 국가로 이행하는데 기여하려면 산림을 지역 및 경관 단위로 민관 통합 거버넌스로 관리해야 한다. 이를 자연기반해법형 산림관리로 본 것이다.

표 3-3. 오스트레일리아 산림의 새로운 공유 비전 개발에 대한 주요 고려사항

통합적 접근방식의 성과	성과 도출을 위한 핵심 전략
기후변화와 산불 등의 위협에 대응하도록 지역사회를 지원하는 회복탄력성 높고 건강한 산림	정부기관, 원주민, 민간 및 시민사회의 활동가를 하나로 묶는 공유 거버넌스 모델 확립
문화, 지식, 원주민의 가치 등 산림의 모든 가치를 위한 산림지(forest land) 관리	산림, 지역 공동체, 사회의 회복탄력성을 견지하는 경관 단위 산림에 대한 적극적이고 적응적인 산림경영의 확장
지속가능한 발전을 가능하게 하고, 폐기물을 줄이며, 기후변화에 대응할 수 있는 순환형 온실가스 저배출 경제	산림의 회복탄력성과 다른 성과를 확정할 수 있도록 전통 지식과 과학적 근거 및 혁신기술의 통합

3. 자연에 기반한 산림복구 성공 해법

한국의 산림복구 성공 요인

한국은 국제적으로 황폐해진 산림을 성공적으로 복구한 나라로 인정되고 있다. 한국의 산림복구 성공 요인은 세계자연보전연맹이 제시한 자연기반해법 기준 8단계에 부합한 것으로 평가되지만, 현재의 산림관리에는 그렇지 않은 부분이 보인다. 즉, 우리나라의 산림관리가 이 기준에 부합하려면 단계별 검토사항에 합당한 방향으로 개선될 필요가 있다.

표 3-4. 세계자연보전연맹의 자연기반해법 기준에 부합하는 한국의 산림복구 성공 요인

① 사회 문제를 효과적으로 해결하기
황폐해진 산림을 복구해 가뭄, 홍수 등
국가적 재난 이슈 해결

② 사업 범위를 고려한 설계
전국적인 차원에서 범국민적 운동으로
산림복구 시행

③ 생물다양성과 생태계에 순이익 만들기
홍수 등 산림 관련 재난이 감소하고
생태계 기능 회복

④ 경제적인 실행가능성
유엔의 원조로 산림복구 실행

⑤ 거버넌스에 기반하기
산림청을 내무부로 이관하여
강력한 지배구조 형성

⑥ 목표 달성과 이익 사이의 균형 유지
산림 복구와 새마을운동 동시 진행

⑦ 증거에 기반한 적응형 관리
복구 초기 사방공사와 함께 속성수
조림, 중·후반부 경제수 위주 조림 시행

⑧ 주류화와 지속가능성
산림복구를 위해 식량-물-에너지
함께 해결

산림 자연기반해법 이행

① 사회문제를 효과적으로 해결하기

기후변화 적응 및 온실가스 감축, 재해위험 저감, 사회경제적 발전, 인간 건강, 식량 안보, 물 안보, 환경 파괴 및 생물다양성 감소 등의 주요 사회문제는 모두 산림과 직·간접적으로 관련이 있다.

산림의 기능은 전통적으로는 경제적 기능과 사회적·공익적 기능으로 구분된다. 산림은 목재와 부산물을 생산해 경제적 수익을 창출하는 한편 토사 유출 방지, 산림휴양, 물 공급, 대기정화, 생물다양성 확보 등 시장에서 판매할 수 없는 비시장 가치non-market value를 제공한다. 산림의 기능 중 사회적·공익적 기능이 중요하기 때문에 산림경영에서는 전통적으로 이 부분을 경영원칙으로 고려해 왔다. 수익성-경제성-생산성의 원칙 외에 공공성, 합자연성, 환경보전, 보속성 등의 원칙을 두어 산림의 사회적·공익적 기능이 발휘되도록 한 것이다. 최근에는 산림의 이런 기능이 사람의 필요를 충족시켜준다는 측면에서 생태계 서비스로 설명한다. 산림의 생태계 서비스는 공급(목재, 식용자원 등), 지원(서식처 제공, 생물다양성 등), 조절(기후 조절, 공기 및 대기정화 등), 문화(휴양과 교육 등)로 구분된다.

우리나라의 산림복구는 황폐화된 산림에서 유발되는 각종 피해를 줄이고, 다양한 서비스를 발휘하도록 했다는 측면에서 검토 사항1에 부합한다. 2018년 국립산림과학원의 평가에 의하면 우리나라 산림의 공익적 가치는 연 221조 원으로, 국민 1인당 약 428만원에 달한다. 산림은 온실가스 흡수와 저장, 산림경관, 수원 함양, 산림정수, 산소 생산, 생물다양성, 토사 붕괴 방지, 대기질 개선, 산림치유, 열섬 완화 등의 다양한 생태계 서비스를 제공한다. 특히 온실가스 흡수·저장 기능의 경제적 가치는 총 75조6천억 원으로 전체 공익기능 평가액 중 가장 높은 34.2%를 차지한다.

기후변화 대응, 생물다양성 유지, 재난위험 경감 등을 산림을 통해 이룰 수 있는데 이들 간에는 상쇄효과trade off도 존재한다. 그러므로 상쇄효과는 줄이면서 동반효과synergy가 나오도록 하는 것이 자연기반해법의 핵심이라고 볼 수 있다.

② 사업 범위를 고려한 설계

자연기반해법이 적용되는 공간의 다양한 관계를 고려해야 한다. 적용 공간 안팎의 지리 및 환경적 요인뿐 아니라 경제, 정책, 문화 특징 등도 반영되어야 한다. 산림 부문에서 이를 지키려면 시간과 공간 규모에 적합한 체계적인 산림계획제도가 필요하다. 우리나라에는 전국을 대상으로 하는 산림기본계획과 산지기본계획, 광역지자체 단위의 지역산림계획과 산지지역계획, 임소반 단위의 영림계획이 있다. 전국 및 지자체 단위 계획이 총괄 계획이라면 영림계획은 상세 계획으로 볼 수 있다.

자연기반해법형 산림관리를 위해서는 이들의 연계성을 확보하는 것이 중요하다. 현재 각 산림계획 간의 연계성은 그리 크지 않다. 특히 사유림 관리의 실무 행정부처인 기초지자체(시군) 단위의 지역산림경영계획은 존재하지 않는다. 도 단위, 광역지자체 단위의 지역 산림 및 산지계획 다음에 바로 임소반 단위의 영림계획이 있는 상황이다. 우리나라 사유림의 조림, 숲가꾸기, 간벌, 벌채 등의 행정은 시군에서 담당하는데, 관할구역에 대한 산림계획이 없는 상태에서 개별 산주의 요청을 인허가하는 형태로 산림을 관리하고 있다. 이러한 형태로는 일정 규모로 설계해야 하는 자연기반해법의 기준을 충족하기 어렵다.

그림 3-3. 우리나라 산림계획 제도

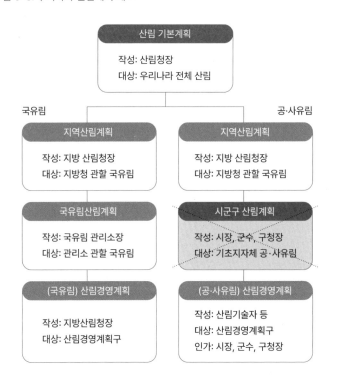

본래 산림관리는 넓은 지역을 대상으로 한다. 최소 유역 단위는 되어야 규모의 경제를 갖춘 산림경영이 가능하다. 또한 환경생태적으로 건강하고 온실가스를 잘 흡수하고 저장하며, 재해에서도 안전한 산림을 유지할 수 있다. 파편화된 산림소유와 그를 기반으로 이루어지는 산림관리는 경제, 환경 생태, 온실가스 흡수원 관리, 재해 예방에 도움이 되지 못한다. 그런데 현재 우리나라의 산림의 67%를 차지하는 사유림의 관리는 지번에 기반하여 파편적으로 이루어지고 있다. 한 개 유역의 산림이 수백 또는 수천 개의 지번으로 쪼개져 있으며, 소유는 분산-파편화 되어 있고, 면적 또한 소규모이다. 이런 상황에서는 아무리 좋은 산림정책이 있다 하더라도 현장에서는 그에 부합하는 산림관리를 할 수 없다.

우리나라는 산림복구에 성공한 나라로 인식되고 있다. 그 기반에 지번을 넘어서는 조림 정책이 있었다. 이제 산림관리도 지번 중심이 아닌 유역 및 경관 또는 지역 중심으로 옮겨야 할 때이다. 그래야 산림관리의 혜택이 지역주민에게도 돌아간다. 현실적으로 가능한 방법은 임업직불제를 운용할 때 유역 단위의 산림관리, 지역 기여 등을 고려하는 것이다.

③ 생물다양성과 생태계에 순이익 만들기

자연기반해법 사업은 생태계의 완결성과 생물다양성에 유리하게 진행되어야 한다. 산림관리 측면에서 보면, 숲가꾸기, 목재 생산 등 산림관리 행위가 생태계와 생물다양성 훼손으로 이어지지 않아야 한다. 이론적으로는 검토사항1에서처럼 합자연성, 환경보전 등 다양한 방안을 제시할 수 있지만 실제로는 쉽지 않다. 일례로 탄소흡수원 확충을 위한 숲가꾸기와 목재 생산 활동이 산림의 생물다양성 등 생태계 기능 훼손으로 이어질 수 있다. 앞서 언급한 국립생태원의 이슈리포트는 기후위기 대응을 위한 산림복원·관리는 기존 산림보호와 생물다양성 유지·증진을 최우선 원칙으로 추진해야 한다고 주장한다. 산림의 탄소흡수원 기능만 부각하고 효율화한다면 생물다양성과 다양한 생태계 서비스가 훼손되고 궁극적으로 기후변화 위기를 막지 못하는 결과가 초래될 것이라 우려하는 것이다. 이를 해소하려면 경관 수준에서 생태계의 연결성과 회복탄력성을 높이는 생태복원을 우선하여 기후변화 적응력을 강화하는 것이 중요하다. 또한 이미 문제가 제기되었던 산림벌채와 숲가꾸기 등의 산림사업이 생물다양성 감소에 영향을 미칠 것이라는 우려에 대한 대책도 필요하다. 이러한 주장에 대해 적절한 산림관리는 산림의 탄소흡수량 증진, 물 저장 및 공급, 수질 보호와 산불 예방 등에 효과가 있다는 주장도 제기되고 있다. 또한 목재를 수확할 때 잔존목을 유지하거나retention, 택벌selective system 등의 방법으로 생물다양성 훼손을 방지할 수 있고, 기능적 다양성을 유지할 수 있다는 과학적 사례도 제시되고 있다.[7]

　우리나라는 산림관리가 환경 및 생태계 훼손으로 이어지지 않도록 하기 위해 지속가능 산림경영Sustainable Forest Management과 친환경 벌채운영 요령 제도를 운용하고 있다.

· 지속가능 산림경영 기준

지속가능 산림경영은 산림이 지닌 생태적, 경제적, 사회적, 문화적 기능을 세대간 형평성을 고려하여 지속가능하도록 경영한다는 뜻이다. 즉, 임업 측면의 보속 생산과 합자연성 원칙이 결합된 체계이다.

지속가능 산림경영의 기준과 지표는 지역별로 개발되고 있다. 한대림, 온대림, 열대림처럼 산림의 상태에 따라 산림경영의 기준 및 지표가 달라질 수 있기 때문이다.[8] 기준은 환경적, 사회적, 경제적 여건에 따라 다르기 때문에 상황이 유사한 지리적 여건에 따라 분류한다. 우리나라와 미국, 일본, 중국, 캐나다, 멕시코, 아르헨티나, 칠레, 우루과이, 오스트레일리아, 뉴질랜드, 러시아까지 12개

표 3-5. 지속가능한 기준과 지표의 종류

기준	지표
ITTO(국제열대목재기구)	열대
헬싱키 프로세스	유럽 온·한대
몬트리올 프로세스	비유럽 온·한대(미국, 캐나다, 한국, 일본 등)
타라포토 프로세스	아마존 산림
건조대 아프리카	사하라 남부
북아프리카, 근동	사하라 이남(건조, 반건조)
아프리카 목재 기관	아프리카 중, 남부 지역
CAPL	아프리카 건조 지역

국가는 과학적으로 엄격한 산림경영평가 기준과 지표 개발을 목표로 결성한 몬트리올 프로세스에 가입되어 있다. 우리나라는 몬트리올 프로세스의 아태 지역 모임에서 지속가능한 기준 7개와 지표 67개를 담은 최종안을 마련했다. 특히 우리나라의 탄소 관리는 '기준 5. 지구 탄소순환에 대한 산림의 기여도 증진'에 기반해 '총 산림 생태계의 탄소저장과 흐름', '총임산물 탄소저장과 흐름', '산림 바이오매스를 에너지로 사용함으로써 화석연료에 의한 탄소배출 감소량'의 지표로 관리하도록 되어 있다. 하지만 2014년 국립산림과학원에서 발간한 〈지속가능 산림경영에 대한 대한민국 국가보고서〉에 따르면 우리나라 상황에서는 19개 지표에 대한 적용 가능성이 미흡한 것으로 나타났다. 따라서 향후 측정 및 모니터링 방법의 개발과 연구를 통해 추가 적용할 필요성이 있다.

산림청은 지속가능 산림경영을 제도적으로 뒷받침하기 위해 산림기본계획 수립 시 이를 반영하도록 하고 있다. 1995년 〈산림법〉을 개정해 법적 근거를 마련했고, 2001년 〈산림기본법〉을 제정해 몬트리올 프로세스의 기준과 지표에 따라 중앙정부와 지자체가 기준과 지표를 설정하고 운영 및 평가함으로써 산림시책에 반영하도록 규정했다. 2005년에는 〈산림자원의 조성 및 관리에 관한 법률〉을 제정해 지속가능한 산림지속성 지수를 개발하였다. 더불어 산림을 소유 또는 관리하는 중앙행정기관장과 자치단체장은 산림을 기능별로 구분해 관리하도록 했다.

〈지속가능한 산림자원 관리 지침〉은 산림자원의 효율적인 보전과 관리를 위해 산림의 기능별 관리 방향과 구체적인 실행 방법

표 3-6. 몬트리올 프로세스의 기준과 지표(국립산림과학원, 2014)

기준	지표
1 생물다양성 보전	1.1. 생태계 다양성 1.2. 종 다양성 1.3. 유전 다양성
2 산림생태계의 생산력 유지	a. 산림면적과 비율 및 목재생산이 가능한 순 산림면적 b. 목재생산이 가능한 산림의 상업적, 비상업적 수종의 총임목축적과 연간 생장량 c. 재래종과 외래종의 식재지의 면적, 비율과 임목축적 d. 순생장 또는 보속 수확의 비율로써 연간 목재 수확량 e. 비목재 임산물의 연간 수확량
3 산림생태계의 건강도와 활력도 유지	a. 생물적 과정이나 매개채(예: 수병, 해충, 침입종)에 영향 받은 산림면적과 비율 b. 무생물 요인(예: 산불, 폭풍, 개간)에 영향받은 산림면적과 비율
4 산림 내 토양 및 수자원의 보전, 유지	4.1. 보호기능 4.2. 토양 4.3. 수자원
5 지구 탄소순환에 대한 산림의 기여도 증진	a. 총산림 생태계의 탄소저장과 흐름 b. 총임산물 탄소저장과 흐름 c. 산림 바이오매스를 에너지로 사용함으로써 화석연료에 의한 탄소배출 감소량
6 사회의 소요를 충족시키기 위한 장기 다목적 사회경제적 편익 유지 및 강화	6.1. 생산과 소비 6.2. 산림 부문 투자 6.3. 고용과 지역사회 소요 6.4. 휴양과 관광
7 산림의 보전과 지속가능한 산림관리를 위한 법적, 제도적 체계 정비	7.1.a 지속가능한 산림경영을 지원하는 법규화 정책 7.1.b 부문간 정책 및 프로그램 조정 7.2.a 지속가능한 산림경영에 영향을 주는 세제와 기타 경제 전략 7.3.a 토지와 자원의 보유권과 재산권의 명확성과 안전성 7.3.b 산림 관련 법률의 집행 7.4.a 지속가능한 산림경영을 위한 프로그램 서비스와 기타 지원 7.4.b 지속가능한 산림경영을 지원하는 파트너십 7.5.b 산림 관련 의사결정에 민간 참여 및 분쟁 해결 7.5.c 지속가능한 산림경영의 진전 상황에 대한 모니터링, 평가 보고

을 규정한 것이다. 기본 방향은 산림기본법 제13조1항에서 규정하는 지속가능한 산림경영의 기준 및 지표를 측정하고 지속적인 모니터링을 통해 산림자원을 보전하고 관리하기 위하여 설정한 것이다. 이러한 산림보전과 관리에 대한 방향성과 방법론은 탄소관리와 관련된 규정으로 연계된다. 〈지속가능한 산림자원 관리 지침〉의 기본 방향은 몬트리올 프로세스를 객관적인 평가하는 데 기여한다.

지속가능한 산림자원 관리 지침

가. 산림의 생물다양성 보전

나. 산림의 생산력 유지, 증진

다. 산림의 건강도와 활력도 유지, 증진

라. 산림 내의 토양 및 수자원의 보전, 유지

마. 산림의 지구 탄소순환에 대한 기여도 증진

바. 산림의 사회경제적 편익 증진

사. 지속가능한 산림관리를 위한 행정 절차 등 체계 정비

· 친환경 벌채 운영 요령을 통한 친환경 산림관리 가능성

 우리나라는 친환경 산림관리를 위해 '친환경 벌채 운영 요령'을 고시하고 있다. 〈산림자원의 조성 및 관리에 관한 법률〉 시행규칙 별표 3 '기준 벌기령, 벌채·굴취 기준 및 임도 등의 시설 기준'에 기반해 산림청장이 정하여 고시하는 기준에 따라 벌채 구역 면적의 10/100 이상을 군상 또는 수

림대*로 남겨두도록 하는 규정이 신설됨에 따라 필요한 세부사항을 규정하는 것이 '친환경 벌채 운영 요령'을 고시한 이유이다. 따라서 이 요령에는 산림사업으로 인해 생태계 기능이 저하되는 것을 최소화할 수 있는 '군상 또는 수림대의 선정기준(제4조)', '군상 또는 수림대의 배치방법(제5조)' 등에 대한 규정이 명시되어 있다.

표 3-7. 산림 기능별 관리 목표

목재 생산림	생태적 안정을 기반으로 하여 국민경제 활동에 필요한 양질의 목재를 지속적·효율적으로 생산·공급하기 위한 산림으로 육성
수원함양림	수자원 함양 기능과 수질 정화 기능이 고도로 증진되는 산림으로 육성
산지재해 방지림	산사태, 토사 유출, 대형 산불, 산림 병해충 등 각종 산림재해에 강한 산림으로 육성
자연환경 보전림	산림 내 보호할 가치가 있는 산림자원이 건강하게 보전될 수 있는 산림으로 육성
산림 휴양림	다양한 휴양기능을 발휘하며 종다양성이 풍부하고 경관이 다양한 산림으로 육성
생활환경 보전림	도시와 생활권 주변의 경관 유지 등 쾌적한 환경을 제공할 수 있는 산림으로 육성

* 군상: 산림의 영향권을 고려해 벌채지 내 나무를 일정 폭 이상의 원형이나 정방형 등으로 존치하는 구역
  수림대: 벌채 구역과 벌채 구역 사이 또는 벌채지 내에서 띠 형태로 존치하는 구간

④ 경제적인 실행가능성

산림경영 지도원칙 중 생산성-수익성-경제성 원칙에 해당한다. 그런데 산림경영은 자연력에 의존해야 하고 생산기간도 길어서 경제성이 낮다. 여기에 더해 우리나라 산림은 소유 규모와 임목의 수익성이 영세하다는 문제도 있다.

우리나라 산림은 국유림 25.5%와 지자체 소유의 공유림 7.4%, 사유림 67.1%로 구성된다. 경제적 측면에서 사유림의 문제는 소유 규모의 영세성에 있다. 2020년 기준, 사유림의 평균 소유 규모는 1.9 헥타르이다. 소유 규모 분포를 보면 소유자의 67.5%가 1 헥타르 미만을 차지하며, 10 헥타르 미만은 97%에 이른다.[9] 부재 산주 비율이 높다는 것도 산림경영의 어려움을 방증한다. 2020년 부재 산주 비율은 49%, 이들이 소유한 산림 면적은 54.8%에 이른다. 또한 우리나라에서는 임목 가격의 수익성도 낮은 것으로 파악된다. 임도 등의 인프라가 부족해 산림경영 비용이 많이 드는 반면 임목 가격의 비용 대비 수익성도 낮다. 우리나라의 임도 밀도는 2020년 기준 3.36m/ha로 독일 46m/ha, 오스트리아 45m/ha, 일본 13m/ha 등에 비하면 매우 낮은 실정이다.

국가적으로는 대부분의 산림이 30~50년생으로 아직 생산기에 접어들지 못했다는 문제가 있다. 우리나라의 연간 목재 소비량은 2020년 기준 약 2,800만m²인데, 국산 목재가 차지하는 비율은 16%에 불과하다. 목재 시장이 수입재 위주로 형성되면서 국산재의 시장 경쟁력은 상대적으로 낮다. 이러한 저수익성 임업에서 탈출하려면 '순환형 임업'이 적극 도입되어야 한다. 순환형 임업의 핵심은 수확된 목재제품HWP을 적극 활용하는 것이다. 탄소를 저장하고 있는 목재제품이 온실가스를 많이 배출하는 제품(철강, 시멘트 등)을 대체하면 사회 전체적으로는 온실가스를 줄이는 효과가 있다. 이러한 효과가 시장 거래로 내부화된다면 산림경영의 경제성이 향상될 것이다. 다만, 이에는 '조림-숲가꾸기-목재 생산-이용-조림'으로 이어지는 순환이 산림생태계의 건강성을 유지하면서 이루어져야 한다는 전제가 필요하다.

⑤ 거버넌스에 기반하기

다양한 기능과 서비스를 제공하는 산림은 이해당사자 또한 많기 마련이다. 다양한 기능과 서비스가 시너지를 발휘하고, 여러 이해당사자의 협의를 이끌어내려면 이들의 관심을 반영할 수 있는 강력한 거버넌스가 필요하다. 특히 지역사회와 자연기반해법 사업에 영향을 받는 주민 등을 적극 참여시키는 보조적인 거버넌스도 반드시 구성해야 한다.

우리나라 국유림의 거버넌스는 튼튼한 편이다. 국유림을 관리하는 5개 지방청과 25개의 관리소가 산림청 산하 내부 조직으로 구성된 덕분이다. 반면 사유림은 광역지자체의 산림 및 산지 지역 계획에 기반하여 기초지자체에서 일선 행정을 담당한다. 이러한 체계에서 농림부의 산림청과 행정안전부의 광역-기초로 이어지는 거버넌스는 느슨한 편이다. 한편 시군의 산림관리는 산주의 요청에 따라 소규모 필지 단위로 이루어지기 때문에 지역 단위의 다양한 의견을 반영하는 데 한계가 있다.

그림 3-4. 우리나라 온실가스 산정·보고·검증 조직도(온실가스종합정보센터 홈페이지)

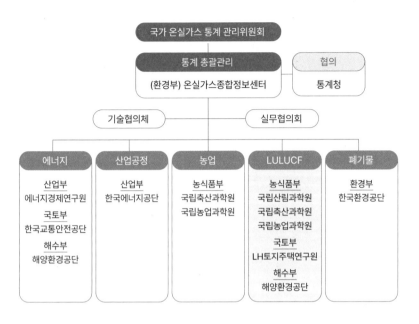

탄소중립과 관련하여 최근 중요하게 대두되는 흡수원의 거버 넌스에도 혼선이 존재한다. 우리나라에서는 환경부 산하 온실가 스종합정보센터GIR: Greenhouse gas Inventory and Research center를 중심으 로 국가 인벤토리 통계를 산정해 매년 보고서를 발간한다. 온실가 스종합정보센터는 〈저탄소 녹색성장 기본법〉에 따라 국가 온실 가스 배출량 및 흡수량, 국가 고유 배출계수, 온실가스 관련 정보 를 개발·산정·보고·검증하는 체계를 운영한다. 이 체계는 에너지, 산업공정, 농업, 폐기물과 함께 토지 이용, 토지 이용 변경 및 임업 LULUCF 분야를 흡수원으로 하고 있다. 산림과 관련된 LULUCF 분

야의 총괄기관은 환경부이지만 부문별 산정기관은 농림축산식품부와 국토교통부 산하 연구소가 맡고 있다. 부문 별로는 산림은 국립산림과학원, 습지는 환경부, 농경지는 국립농업과학원, 초지는 국립축산과학원, 정주지는 국토교통부의 LH토지주택연구원이 산정기관으로 지정되어 있다.

⑥ 목표 달성과 이익 사이 균형 유지

생태계 관리에서 목표간 상쇄는 피할 수 없다. 따라서 이를 효과적이고 공정하게 관리할 필요가 있다. 공정하고 투명하며 포용적인 절차에 따라 자연기반해법이 이루어져야 한다.

산림에서도 목적 사이에 상쇄효과가 발생한다(검토사항3). 목재 생산, 흡수원 증진을 위한 숲가꾸기와 같은 활동은 생물다양성 등 산림생태계의 다른 기능과 서비스를 저하시킬 수 있다. 산림을 비롯한 토지는 이산화탄소 흡수원으로 인정받는다. 그런데 잘못된 토지 관리로 인해 배출되는 온실가스의 양이 전 세계 배출량의 24%를 차지한다. 탄소중립을 달성하기 위해서는 정상적 LULUCF 흡수원 부문의 토지 관리를 통한 흡수량 유지가 절대적으로 필요하다는 주장이 여러 곳에서 제기되는 이유이다.

우리나라의 온실가스 통계에서는 산림을 흡수원으로 구분한다. 반면 기타 농경지, 초지, 습지 등은 농림축산 부문의 통계산출 대상이다. 임업이 아닌 '산림'이라는 자원은 온실가스 통계의 대상이지만 농경지와 초지, 습지 등은 자원이 아닌 농축수'산업'으로 구분돼 통계산정 대상이 부조화 상태이다. 이처럼 LULUCF의 산림지, 농경지, 초지, 습지, 정주지 등에 대해서는 관리 방법이 자원 또는 산업으로 혼재되어 있고 관리 부처도 모호한 상태이다.

LULUCF 흡수원은 원칙적으로 '토지 기반의 산업(농업, 임업 등)'으로 관리되어야 한다. 토지 부문의 온실가스 배출이 전 세계 배출의 24%를 차지하는 것은 토지를 정상적인 산업활동으로 관리하는 체계가 없다는 데서 비롯된다. 임업과 농업 등은 우리나라의 국토의 80% 이상을 차지하는 LULUCF 흡수원 산업이지만 필지와 농업 및 임업의 규모가 소규모로 분산되어 있다. 이로 인한 저수익성, 농촌의 공동화, 농촌인력의 고령화 등으로 관리의 사각지대에 놓여 있다. 이러한 상황에서 규모를 갖춰 체계적으로 자연기반해법을 적용하기는 어렵다. 사유지는 산불과 같은 산림재난이 발생해도 제대로 보상을 못 받으니 권한과 책임을 갖고 관리할 동기부여가 되질 않는다. 아무리 좋은 산림 정책이 있어도 현장에서 제대로 산림관리를 할 수 없는 상황이다.

이를 극복하고 산림을 흡수원으로 관리하려면 과학적으로는 유역 및 경관 단위로 흡수량과 배출량을 분석해야 한다. 행정적으로는 기초지자체 단위의 흡수원 통합관리체계가 토지 기반의 산업(농림업)을 바탕으로 이루어져야 한다. 기초지자체의 탄소중립 계획, 기후위기 적응 계획과 연계하여 산림을 탄소흡수원, 생물다양성, 산림재해 방지 측면에서 종합적으로 계획할 수 있는 자연기반해법형 행정시스템을 갖추어야 한다. 또한 필지 단위로 토지 소유가 파편화된 한계를 극복하고 농림업의 일선 부처인 기초지자체 지역 단위에서 토지산업관리체계를 제도적으로 도입할 필요가 있다. 그래야 규모의 경제를 갖춘 자연기반해법형 산림경영이 가능하다. 특히 기초지자체 차원의 탄소중립 계획과 기후위기 적응 계획을 위해서는 유역을 기반으로 한 마을(리) 및 읍면동 단위로 토지산업 관리체계를 제도적으로 도입할 필요가 있다. 이를 통해 필지 단위로 나뉘어 연계성도 체계성도 없이 이루어지는 현재의 산림관리체계를 개선하면 지역주민이 자연기반해법형 산림관

그림 3-5. 시공간 기반 자연기반해법형 산림경영정보체계

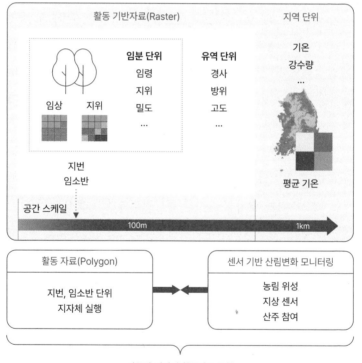

리에 참여할 수 있게 되고, 기능 및 서비스 상쇄가 최소화되는 산림관리가 가능해질 것이다.

　　기술적으로는 임상 파악을 위해 고해상도(예: 100m×100m)의 산림정보와 기상, 환경, 행정적 측면을 고려하기 위한 저해상도(예: 1km×1km) 산림정보를 서로 연계하는 다차원 산림정보 시스템을 갖추어야 한다.

⑦ 증거에 기반한 적응형 관리

생태계는 불확실성을 내포하고 있다. 특유의 복잡성 탓이다. 불확실성에 대응하려면 모니터링과 분석, 전통 및 지역 지식 등을 통해 현상을 과학적으로 이해하고 이를 바탕으로 유연한 실행계획을 수립하고 조절해야 한다.

그림 3-6. 세계자연보호연맹의 적응형 관리(세계자연보전연맹, 2020)

계획을 이행하는 과학적 행동을 통해 배우고, 과학적 활동으로 계획을 조정할 수 있다. 행동하면서 계획하고 배우는 것은 적응을 위한 강한 기반을 형성하는 것이다.

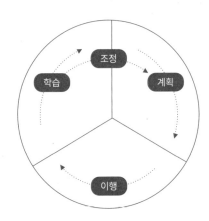

증거 기반의 산림계획은 현 상태 조사에서 시작한다. 정확한 산림조사로 현재 상태가 파악되면 일정 기간에 달성할 경영 목표를 설정할 수 있고 목표 달성을 위한 산림경영계획을 수립할 수 있다. 수립된 계획이 정상적으로 이행된다는 전제하에 경영 목표 달성 여부를 판단할 수 있어야 한다. 계획이 이행되더라도 경영 목표가 달성되지 않거나 마음에 들지 않으면 계획을 변경하는 과정을 반복하면서 최적의 계획을 수립해야 한다.

기후변화에 대응하는 적응형 산림관리를 하려면 기후변화에 의해 산림이 변화하는 과정을 과학적으로 증명해야 한다. 앞서 언급했듯 우리나라에서는 기후변화에 의해 침엽수종은 생장이 둔화되고 고사량이 증가하며 분포지역도 점차 줄어드는 반면 활엽수종은 생장이 촉진되면서 분포지역도 확대되고 있다. 또한 우리나라 산림에서 온대수종은 점차 감소하는 반면 난대수종이 남쪽에서부터 확산하며 구상나무 등 고산침엽수종은 점차 사라지고 있다. 온도상승으로 인한 생장 둔화로 산림의 이산화탄소흡수량도 점차 감소하는 것으로 파악되고 있다. 나무가 나이가 들수록 생장량과 이산화탄소흡수량이 줄어들지만, 탄소 저장량은 계속 증가한다는 것은 이미 과학적으로 증명되었다.[10]

⑧ 주류화와 지속가능성

자연기반해법은 지속가능 발전 목표, 기후변화, 생물다양성 등과 연계되어야 하고 개인, 조직, 국제 네트워크간 소통을 통해 주류화되어야 한다.

국제사회는 산림지, 농경지, 초지, 습지, 정주지, 기타 등 6개 토지 부문을 이산화탄소 흡수원으로 보고 LULUCF로 묶어 온실가스 산정체계에 포함하고 있다. 우리나라에서도 에너지, 산업, 건물, 수송, 농축수산, 폐기물 등의 배출원과 함께 LULUCF를 흡수원으로 구분하고 있다. 우리나라의 흡수원 중 흡수량이 가장 많은 것은 산림지로 2019년 기준 4,320만 톤이 산림지에서 흡수되었다. 이는 우리나라 전체 온실가스 배출량의 6.3%에 해당하는 양이다. '순배출 0'의 측면에서 보면 현재보다 93.7% 줄이면 탄소중립을 달성할 수 있다는 것이다.

〈기후위기 대응을 위한 탄소중립·녹색성장 기본법〉에 의해 탄소중립 계획을 수립해야 하는 기초지자체 입장에서는 흡수원 관리가 중요하다. 우리나라에서는 흡수원의 흡수량이 전체 배출량의 6.5%를 차지하는데 기초지자체에 따라 20%를 넘는 곳도 있다. 마을 또는 리 단위의 흡수량이 배출량을 초과하여 이미 탄소중립을 달성하거나 역배출을 이루는 곳도 있다. 따라서 기초지자체

표 3-8. 2019년 LULUCF 분야의 온실가스 흡수량(〈2021 국가 온실가스 인벤토리 보고서〉, 온실가스종합정보센터, 2022)

(단위: 백만 톤CO_2eq)

| 분야 | 부문 | | | | | 배출·흡수총량 | | 순흡수량 |
	산림지	농경지	초지	습지	기타 (수확된 목재 제품 [HWP])*	배출	흡수	
LULUCF	-43.2	4.1	-0.01	0.3	-0.7	4.4	-44.0	-39.6

* 음수는 흡수량, 양수는 배출량. 농경지와 습지에서는 배출하는 것으로 나타난다.

의 흡수원 관리는 탄소중립 달성에 매우 중요하다. 탄소흡수원 관리를 자연기반해법과 연계하면 농산촌의 발전을 함께 도모할 수 있을 것이다.

기후변화로 인하여 더 빈번해지고 대규모화되는 산불의 예방과 대응을 위해서도 기초지자체 단위의 산림관리체계가 필요하다. 정확한 진단에 근거하고 ICT와 연계한 지역 차원의 예방 활동, 필지 단위가 아닌 벤트 형시으로 이어지는 방화 수림대 조성 등은 지역의 안전과 발전을 도모하는 차원에서 자연기반해법과 함께 주류화할 수 있을 것이다.

그림 3-7. 우리나라의 탄소흡수 지도: 광역 및 기초 지자체, 읍면동 및 마을 단위
(이우균, 2022)

시도 단위

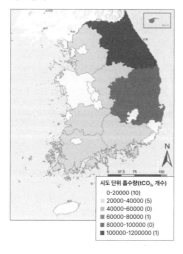

시군구 단위

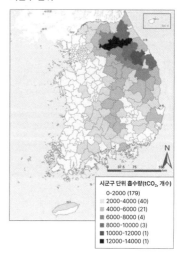

읍면동 단위

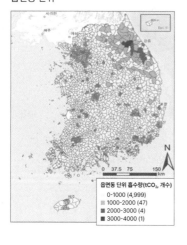

리 단위

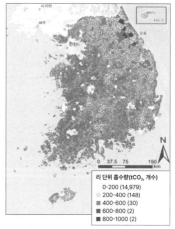

2장 물

글. 오일영(세계자연보전연맹 한국협력관)
강부영(주독일대한민국대사관 큰 근무 환경관)

물은 자연이 인류에 제공하는 가장 중요한 물질이다.
인류는 물 없이 생존할 수 없으며 사회·경제 구조를
유지할 수도 없다. 유네스코의 〈세계 물 개발 보고서World
Water Development Report〉에 의하면 물과 관련한 거의 모든
측면에서 문제가 심화되고 있다. 강과 호수, 지하수 형태로
존재하는 담수는 산업과 농업으로 오염되고 있으며,
기후변화는 가뭄과 홍수를 증가시킨다. 댐이나 범람원을
더 많이 만들고 이용할수록 하천은 오염되고 생태계는
파괴될 위험에 처한다. 물 문제는 크게 공급(물 부족)과 수질,
재난으로 나눌 수 있는데 문제에 따라 접근방식이 달라져야
한다. 공급 문제는 분야에 따라, 수질 문제는 오염원에 따라,
재난 대비는 발생 지역에 따라 적합한 자연기반해법 수단을
적용해 해결할 수 있다. 물이 제공하는 생태계 서비스를
최대한 자연스러운 형태로 회복하거나 복원시킬 수 있는
수단을 선택하는 지혜가 필요하다.

1. 물과 환경

물이 마르는 이유

전 세계에서 약 20억 명이 물이 부족한 곳에, 약 40억 명은 1년에 1달 이상 심각한 물 부족을 겪는 지역에, 약 34억 명은 정수 시설이 부족한 환경에 살고 있다. 비교적 깨끗한 물을 언제든 원하는 만큼 사용할 수 있는 곳에 살고 있는 우리로서는 체감하기 어려운 사실이지만 지금처럼 물을 쓰면 2030년 무렵에는 전 세계 인구의 40%가 물 부족에 직면할 수 있다.[11]

곳곳에서 필요한 수요량에 비해 사용가능한 물의 양이 더 적은 물 부족 상태가 발생하고 있다. 연평균 공급량은 양호하지만 계절에 따라 물 부족 상태에는 놓이는 지역도 많아지고 있다. 이러한 계절적 변동성은 기후변화로 인해 더 커지고 있다. 기후변화가 진행될수록 물 부족 지역은 더 심각하게, 물이 충분했던 지역도 물이 부족해질 수 있다. 서아프리카, 오스트레일리아, 중국, 미국 등에서는 강수량이 계속 줄어들고 있는데 이런 상황이 지속되면 토양 수분과 지하수에도 영향을 미칠 수 있다. 지구의 평균 온도가 상승하면서 빙하나 만년설이 줄어드는 것도 장기적으로는 하천의 기본 수량 감소로 이어진다. 시간이 지날수록 담수의 공급량과 수요량 차이가 점점 벌어지는 것이다.

숲과 목초지, 토양 훼손도 물 문제와 직결된다. 사용할 수 있는

그림 3-8. 지역별 물 부족 지표 현황(a)과 물 가용량의 연간 변화 현황(b)(WRI, 2019)

(a) 지역별 물 부족 지표(물 사용량 / 물 가용량)

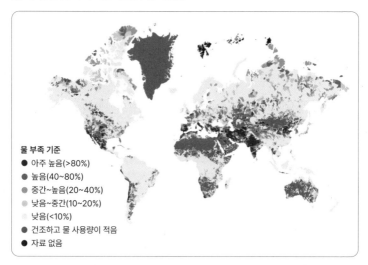

물 부족 기준
● 아주 높음(>80%)
● 높음(40~80%)
● 중간~높음(20~40%)
● 낮음~중간(10~20%)
● 낮음(<10%)
● 건조하고 물 사용량이 적음
● 자료 없음

(b) 수치가 높을수록 계절별 물 가용량 변화가 커서 특정 시기에 물이 부족할 수 있다.

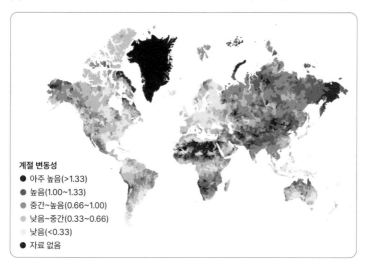

계절 변동성
● 아주 높음(>1.33)
● 높음(1.00~1.33)
● 중간~높음(0.66~1.00)
● 낮음~중간(0.33~0.66)
● 낮음(<0.33)
● 자료 없음

물의 양과 수질 등에 큰 영향을 미치기 때문이다. 산림과 내륙습지의 많은 부분이 목축과 식량 생산을 위해 이미 목초지로 바뀌었다. 목초지에서 일어나는 과도한 가축 방목은 토질 악화와 토양 다짐도 증가로 이어지고 이는 곧 토양 내 수분 증발을 촉진한다. 또한 토양의 함수량을 낮춰 강우 시 빗물의 하천 유출을 높인다. 결과적으로는 목초지의 물 공급, 물 정화 등의 생태계 서비스 기능을 악화시킨다. 토양 침식, 토양 내 유기탄소의 손실, 질소와 인의 수계 유출, 생물다양성 손실 등은 도미노처럼 연결되어 있어 대기 중 온실가스를 증가시키고 지구온난화 심화는 다시 담수 가용량 감소에 영향을 미친다.

늘어나는 물 사용량

물 수요는 과거 100년간 6배 이상 증가했으며 앞으로도 심화될 것이다. OECD는 2000~2050년 사이 물 수요가 55% 증가하리라 예측했다. 20~30% 증가할 것이라 예상한 연구도 있다.[12] 확실한 것은 물 수요가 증가한다는 것이다. 증가하는 물 수요가 기후변화에 의한 물 부족 현상과 맞물리면 경제 발전과 일상생활에 지장을 줄 것이다.

전 세계적으로 지하수 고갈 지역이 늘어나는 이유로 농업용수 사용량 증가를 꼽을 수 있다. 농업용수는 전 세계 담수 소비량의 약 70%를 차지하는데 일부 개발도상국에서는 95%에 달하기도 한다. 인구 증가, 도시 팽창, 소득 및 음식물 소비 증가로 이어지

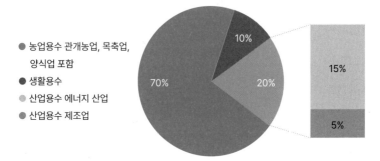

그림 3-9. 전 세계 담수 소비량(세계농업기구, 2010)

- 농업용수 관개농업, 목축업, 양식업 포함
- 생활용수
- 산업용수 에너지 산업
- 산업용수 제조업

70%

10%

20%

15%

5%

는 패턴은 미래에도 농업용수 사용량은 증가할 것이라 예고하는 듯하다. 다행인 것은 유엔식량농업기구FAO에 의하면, 2050년까지 식량 수요가 60%가 늘어나더라도 농업의 효율성을 높이면서 빗물을 활용한다면 농업용수 수요는 약 10% 증가하는 선에 그칠 수 있다.[13] 인류가 얼마나 지속가능한 방식으로 사회경제 구조를 바꾸느냐에 따라 미래의 물 문제도 달라질 것이다.

수질 오염 ↑ 자정능력 ↓

〈세계 물 개발 보고서〉(2021)는 산업폐수와 도시 생활하수의 80% 정도가 적절하게 처리되지 않은 채 배출되고 있다고 지적한다. 농업과 산업폐수, 생활하수 등에서 질소와 인과 같은 영양염류는 물론 대장균 등의 병원균, 농약과 비료, 중금속, 유해화학물질까지 수계로 유입되고 있다. 질소와 인에 의한 부영양화는 '녹조라

테'로 알려진 유해조류 현상을 초래하는데 이는 전 세계적으로는 가장 흔한 수질 오염현상이다. 더 큰 문제는 부영양화와 유해조류가 심각한 수계 대부분이 인근 지역의 식수나 생활용수 공급원이라는 점이다. 부영양화와 유해조류는 기후변화에 의한 수온 상승으로 더 악화된다.

설상가상으로 기후변화는 자연의 자정능력도 감소시킨다. 오염물질 배출과 기후변화가 맞물리면 수질은 더욱 나빠질 것이 자

그림 3-10. 전 세계 주요 하천의 수질 위험 지수 예측(Veolia와 IFPRI, 2015)

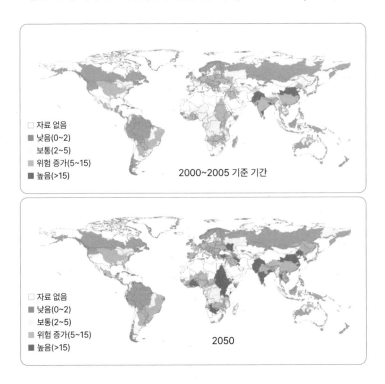

명하다. 이에 더해 빗물이나 지하수가 지속적으로 유입되지 않아 하천이 마르면 수질은 더더욱 심각하게 악화될 수밖에 없다. 수질 오염의 피해는 인근 지역을 넘어선다. 강은 바다로 이어지므로 수질오염은 하천생태계를 넘어 해안생태계까지 위협한다.

빈발하는 홍수와 가뭄

하천은 계절마다 침수를 반복하며 주변 생태계를 유지해왔다. 그러나 하천 주변이 개발되고 거주지가 형성되면서 하천 침수는 곧 인명 피해와 경제적 피해로 이어지고 있다. 특히 지구온난화와 기후변화의 영향으로 짧은 시간 내 기록적인 폭우가 쏟아지거나 많

그림 3-11. 전 세계 기후관련 재해 발생 현황(MunichRe와 NatCatService, 2019)
* 1980~2018년, 일정 규모 이상의 재해만 포함함.

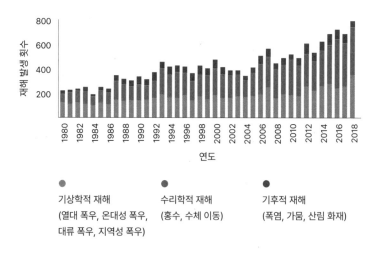

은 비를 동반한 태풍과 허리케인 등이 빈번하게 발생하면서 피해 수준과 빈도가 증가하고 있다. 2009년부터 10년간 전 세계에서 발생한 홍수는 약 5만5천 명의 사망자와 약 1억3백만 명의 피해자, 그리고 778억 달러 상당의 경제적 손실을 일으켰다. 같은 시기 가뭄으로 인해 1억 명 정도가 피해를 보았는데 직접적인 경제 손실만 100억 달러에 달했다.[14] 2018년에 발생한 기후와 관련된 각종 재해는 1980년의 4배 정도인데 특히 물 관련 재난이 급증했다.

홍수

홍수는 도시, 강, 해안 등 지리적 형태에 따라 발생 양상과 원인이 다르지만 기후변화의 영향을 받는다는 공통점이 있다. 도시 홍수의 주요 원인은 기후변화에 의한 강우 패턴 변화이다. 전 세계에서 도시 홍수에 의한 자산 손실은 연간 1,200억 달러에 달한다.[15] 경제협력개발기구의 〈물 관련 기후변화 적응 자연기반해법 보고서〉(2020)는 지구 온도가 1도 상승할 때 도시의 폭우 발생 빈도와 총 강수량은 거의 2배 증가할 것으로 예측했다. 도시 개발을 위한 자연 훼손이 피해를 증가시키기 때문이다. 1,000km가 넘는 하천의 약 60% 이상이 자연형 범람원과 단절되며 생태계가 훼손되는 방식으로 개발된 것도 홍수 피해를 키운다. 인구와 인공적으로 조성된 공간이 늘어나는 것도 도시에서 홍수가 증가하는 이유이다. 도시에서 홍수가 증가하면 그 영향을 받는 인구도 늘어난다. 중서부 유럽 도시들은 거의 강을 끼고 있다. 이런 지리적 위치와 인구 증가 탓에 매년 홍수의 영향을 받는 인구가 20만~36만 명으로 증가할 것으로 예상된다. 우리나라 도시라고 예외일 수는 없다.

해안가 홍수는 기후변화에 의한 해수면 상승, 잦은 태풍 발생 등에 더해 맹그로브와 같은 중요한 해안 생태계가 매년 1~2%씩 파괴됨에 따라 그 위험이 더 커지고 있다.

가뭄

가뭄은 홍수와 달리 발생과 피해 모두 장기간에 걸쳐 일어난다. 유럽의 경우, 1976~2006년 사이 피해 면적과 인구가 20% 이상 증가했으며 피해액은 1,000억 유로에 달한다.

생태계 파괴가 가뭄을 촉진하는데 가뭄의 피해 범위는 대륙을 넘나들기도 한다. 아마존의 산림 파괴가 북미 서부에 비정상적인 건조한 공기를 오랫동안 머물게 하는 식이다.[16] 가뭄의 나비효과 인 셈이다.

지역에 따라서는 가뭄에 대비하기 위한 담수 가용량을 확보하기 위해서 더 큰 비용을 투자해야 할 때도 있다. 이는 다른 사회적 투자를 제약하는 문제로 이어지기도 한다.

줄어드는 담수생태계

호수, 강, 습지와 같은 담수생태계는 전 세계 수계의 0.01%, 육지의 0.8%에 불과하다. 하지만 알려진 생물종의 약 10%가 이곳에서 살아간다. 건조기후대에서는 지역 생물종의 약 50%가 담수생태계에 서식할 만큼 생물종이 풍부한 곳이다. 담수생태계 중에서도 특히 습지에 멸종위기종이 많이 서식한다. 하천과 육상이 만나는 특성상 육상생물과 수상생물 모두의 서식지가 되기 때문이다. 문제는 습지의 면적이 점점 줄어들고 있다는 점이다. 전 세계에서 50% 이상의 자연 습지가 줄어들면서 880여 개 담수생물종(양서류, 파충류, 어류 등)의 개체수는 이미 80% 이상 감소했다.[17]

습지 손실 속도는 해안보다 내륙에서 더 빠르다. 댐 건설이나 농사 등을 이유로 습지를 파괴하거나 매립해 주거지를 건설한 탓이다. 1970~2015년 동안 습지는 댐 건설, 농사 등으로 파괴되어 그 면적이 약 35% 감소하였다.[18] 최근에는 자연습지를 보호하고 인공습지도 확대하면서 손실량을 상쇄하고 있으나 여전히 습지 손실은 큰 문제이다. 도시에서는 내륙습지를 쓰레기처리장으로 활용하기도 했다. 습지 손실 비율은 유럽에서는 점차 줄어드는 추세이며 북미에서는 1980년대부터 낮은 수준으로 유지되고 있다. 반면 아시아에서는 대규모의 습지를 다른 목적의 토지로 전환하는 비율이 여전히 매우 높다.

면적만으로는 가늠할 수 없는 담수생태계의 가치는 생물학적 역할을 뛰어넘는다. 전 세계 차원의 물-탄소-질소의 순환 과정을 유지하고 홍수와 가뭄을 제어하며 생활, 농업, 에너지 생산, 식량, 관광 활성화 등에 기여한다. 경제적, 문화적으로는 물론 심미적, 교육적으로도 중요한 가치를 지닌 곳이다. 기후변화는 담수생태계에도 영향을 미친다. 수질이 악화되고 생물종은 줄어드는 것이다. 담수의 온도가 오르면서 생물화학적 균형이 깨지고, 부영양화에 의한 남조류가 대거 발생하며 병원균도 급증한다. 한편 덥고 건조한 기후로 바뀔수록 산불이 자주 발생하곤 한다. 이 역시 습지나 숲을 파괴하고 해충을 발생하게 하는 직접적인 원인이 된다.

2. 맞춤형 자연기반해법

물 공급 문제: 분야 맞춤

농업 분야

농업용수의 문제는 수요와 공급의 문제를 넘어선다. 에너지, 비료, 농약, 지속가능하지 않은 토지 이용 증가와 관련이 있으며 기후변화에 대한 적응력도 높여야 하고 생태계 파괴에 의한 농업 생산성 하락 등의 문제도 해결해야 한다.[19] 따라서 농업 분야의 물 관리를 위한 자연기반해법은 여러 문제를 동시에 해결하는 관점에서 접근해야 한다. 예를 들어 비료를 적게 사용하면서 여러 작물을 동시에 재배하면 수질을 관리하면서 토양 침식도 방지할 수 있고 동시에 생물다양성 보호, 농업 생산 효율성 향상 등의 효과를 얻을 수 있다.

〈유엔 물 보고서〉(2018)는 농업 방식과 구조물 조성 방식을 바꾸고 관개 시 물 사용의 효율성을 높이라고 권한다. 농업 방식으로는 퇴비 등 유기질 비료를 사용하고 경작지 주변에 띠 형태로 식물이나 나무를 심는 식생 여과대 설치, 작물과 나무를 같이 기르는 혼농임업, 토양 교란을 최소화하는 보존농업 등을 활용할 수 있다 (제4장 참고).

구조물 조성 방식으로는 농업용 빗물을 모으는 우수 저장시설이나 자연형 계단 설치, 농지 주변 배수로 관리 등을 적용할 수 있다. 자연형 모래 댐을 만들거나 저수지의 점토를 걷어내고 토양의 수분 함량을 높이는 것도 방법이다. 육지 면적의 41%, 110개국에 걸쳐진 건조기후 지역에서 비가 오거나 비가 내린 직후에만 물이 흐르는 간헐형 하천에 콘크리트 벽을 설치하면 모래가 서서히 차오르면서 물을 저장하는 댐 역할을 하게 된다. 이처럼 회색기반시설과 녹색기반시설을 결합하는 방식으로 각각의 장점이 시너지를 발휘하게 할 수 있다. 이런 모래 댐은 외부 오염을 막는 역할도 한다. 모래 댐에 태양광으로 작동하는 펌프를 설치하면 상대적으로 저렴한 비용으로 물 부족 지역에 지속적인 물 공급원을 만들 수 있다.

도시 분야

도시에서는 3가지 방식으로 물 공급 문제를 해결할 수 있다. 집수구역 및 저수지 관리 유형, 폐수나 빗물 재활용 유형, 도시 내 녹색 구조물 배치 유형인데 이를 종합적으로 사용한 것이 스펀지 도시이다. 스펀지 도시는 최근 중국에서 시작된 개념으로서 자연기반 해법과 인공 구조물을 융합하는 방식이다. 건물에는 녹색 지붕을, 거리에는 빗물 정원과 투수성 도로를 설치하고, 훼손된 습지와 호수를 복원하기도 한다. 또한 하천 주변에는 식물을 심어 생태 저류지로 활용하기도 한다. 이런 시설은 물을 저장하는 동시에 수질 오염물질을 제거한다. 저장된 물은 가뭄 시기에 청소용수, 농업용수 등으로 사용하고 자연에 공급할 수 있다.

에너지·산업 분야

에너지 분야에서 물 공급과 관련된 것은 바이오 연료 작물 재배와 수력발전이다. 바이오 연료 작물 재배와 관련된 문제와 해결 방안은 농업 분야와 다르지 않다.

수력발전에서 물 문제를 해결하려면 유역을 잘 관리하고 가능한 댐 안으로 퇴적물이 들어오지 않도록 관리해야 한다. 케냐 수력발전의 70%를 차지하는 타나Tana강은 수도 나이로비에서 필요한 식수의 80%를 공급하고 645km² 넓이의 농장에 물을 공급해왔다. 그런데 강 유역 경사지와 주변이 농지로 바뀌면서 토양 침식이 급증했고, 이 흙이 쌓여 저수지의 수량을 급격히 감소시켰다. 결과적으로 식수를 정수하는 비용이 기하급수적으로 증가했다. 케냐 정부는 강 유역 완충지대를 개선하고 경사지를 자연형 계단으로 조성했다. 또한 훼손된 토지를 재조림하고 농장에 자연형 식생 여과대를 설치하고 도로 침식을 방지하는 등 복수의 자연기반해법 방식을 적용했다. 그 결과 토양 유입과 퇴적이 줄어들면서 저수 용량이 증가했다. 이는 다시 수력발전 용량 증가와 나이로비시의 정수 비용 감소 등으로 이어졌다.[20]

산업 분야에서는 멕시코의 사례를 들 수 있다. 폭스바겐이 푸에블라 틀락스칼라Puebla Tlaxcala 계곡의 물 부족 문제를 조사했더니 계곡 유역의 산림 파괴로 빗물이 심각하게 유출되면서 지하수가 충분하지 않은 것이 원인이었다. 폭스바겐은 지역사회와 함께 6년 동안 나무를 심었고, 구덩이와 흙 제방 등을 설치해 1,300만 톤의 수량을 확보할 수 있었다.[21]

수질오염 방지: 오염원 맞춤

농업과 생활하수에 포함된 질소와 인 등 영양염류, 산업폐수에 섞인 중금속과 유해화학물질 등이 대표적인 수질오염원이다. 때로는 흙이 빗물에 쓸려내려가면서 물을 사용하기 어렵게 하거나, 바닷물에 의한 염해 등이 원인이 되기도 한다. 따라서 수질 문제를 해소하려면 오염원에 맞는 지연기반해법을 적용해야 한나.

수원의 수질 보호

하천이나 호수 등의 수질을 보호하는 것이 오염된 물을 정화하는 것보다 경제적으로나 환경적 측면에서 더 이익이다. 그러려면 수원으로 물이 모이는 지역 즉 유역까지 종합적으로 관리해야 한다. 유역의 산림, 습지, 목초지, 토양, 작물 등을 적절히 관리하면 물의 흐름을 통제하면서 토양 침식에 의한 퇴적물 유입, 빗물과 함께 유출되는 오염물질을 막으면 수원으로 유입되는 오염 원인을 상당 부분 제어할 수 있다.

하천의 완충지대를 숲처럼 가꾸면 강으로 오염물질이 들어오는 것을 막는 동시에 나무 그늘이 여름철 기온상승으로 인한 수질 악화를 막아준다. 목초지도 수질 관리에 사용할 수 있다. 습지는 빗물 유출수를 거르고 오염물질을 흡수하는 능력이 뛰어나다. 그래서 유역 전체의 경관을 회복시키는 방식을 많이 사용한다. 이를 효과적으로 적용하기 위해 토지 소유주 등에게 유역의 환경 서비스에 대한 경제적 인센티브를 지불하는 방법Payments for

Environmental Services도 있다. 또한 정부와 민간이 파트너십을 체결하거나 별도의 기금 조성하는 방법도 있다.

1985년 미국 농림부는 수질 보호에 민감한 지역에 목초지를 만들거나 나무를 심어 토양 침식을 줄이고, 야생동물 서식지를 만드는 보호지역 프로그램을 도입했다. 이 지역 안에 사유지가 있는 농부들은 프로그램 참여 여부를 자유롭게 결정할 수 있었는데, 참여하는 경우 농장지원청에서 환경이익지수*를 토대로 토지 임대료를 산정해 지불했다. 또한 농지 관리 비용의 50%도 지원했다. 계약기간은 10~15년. 2016년에만 약 10만km²의 농지에 20억 달러가 지급되었고, 2023년이 되면 보호지역 프로그램 대상 면적이 11만km²까지 확대될 예정이다. 보호지역 프로그램 도입 이후 농지에서 수계로 배출하던 질소의 90%, 인의 80%가 줄어들었으며 습지 11만km²가 복원되었다. 이 프로그램은 매년 1억8천만 톤의 토양 침식을 방지하고 1천4백만 톤의 이산화탄소를 흡수하는 등의 효과가 입증되었다. [22]

농업에 의한 수질오염 방지

농업의 수질오염원은 두 가지로 나눌 수 있다. 집약형 농장의 가축분뇨, 음식물 처리시설의 폐수와 같이 오염원이 집약된 점오염원과 밭, 논, 목장과 같이 오염원이 분산되어 있는 비점오염원이 있

---

* 환경이익지수(Environmental Benefits Index): 야생동물 서식지 조성 이익, 토양 침식 및 빗물 유출 방지에 따른 수질 개선 이익, 농지 현장 토양유실 방지 이익, 대기질 개선 이익, 프로그램 운영 비용 등을 종합적으로 고려해 산정한다.

다. 농약을 지나치게 사용한 탓에 비점오염원이 증가하는 추세이다. 토양을 과도하게 교란시키는 농업 방식이 토양의 수계 유출을 증가시키고 비료 사용량을 증가시키는 것도 문제이다. 따라서 수질오염은 방지하면서 생산량을 늘릴 수 있는 농법으로 적극 전환하는 것이 가장 중요하다.

보존농업은 농업에 의한 수질오염을 막는데 효율적이다. 그밖에 농지 주변에 식물을 심어 수림대(완충지대), 식생 여과대, 식생 수로, 물·퇴적물 조절지, 습지를 만들어 비점오염원을 관리하는 방식을 활용할 수 있다. 이런 방식으로 빗물에 쓸린 토양이 수계로 바로 유출되지 않고 식물과 토양이라는 필터를 거치면 오염물질이 수계로 유입되는 것을 줄일 수 있다. 동시에 식물이 질소나 인을 흡수해 수계로 흘러가는 영양염류를 줄이는 작용도 할 수 있다.

산업에 의한 수질오염 방지

석유화학, 유업, 육가공, 제지 등의 산업에서 발생한 폐수를 처리하기 위해 인공습지를 활용하는 사례가 늘고 있다. 다만 아직은 인공 산업폐수 처리시설에 습지를 보완적으로 사용하는 경우가 많다. 인공습지는 도시와 교외 어디에나 만들 수 있는데 폐수의 종류와 오염 부하량에 따라 다르게 설계해야 한다. 하·폐수처리장의 방류수를 처리하기 위해 인공습지를 만든다면 빗물 유출수를 처리하기 위한 경우보다 오염물질 부하량을 훨씬 더 높게 설정해야 한다.

도시의 수질오염 방지

도시에서는 빗물과 함께 유입되는 흙과 중금속, 하수처리장을 거쳐 수계로 배출된 생활하수 등이 대표적인 수질오염원이다. 도시 문제 해결에 동원하는 자연기반해법은 모두 도시의 수질오염을 저감하는 효과가 있다. 작게는 옥상정원부터 거리나 하천변의 녹색 통로, 생태 저류지, 습지, 도시숲 등이 모두 빗물에 의한 토양 유출을 방지하고, 수질오염물질을 1차 정화하는 기능이 있다(제3장 참고).

재난 대비: 지역 맞춤

대부분의 기후변화 적응 활동이 물 관리 관련 사례라는 점은 침수 피해의 심각성과 지속가능한 물 관리의 중요성을 역설한다. 기후변화가 심각해질수록 집중 강우 증가, 바다 수위 상승 등이 홍수로 이어질 가능성이 커진다. 그리고 그 규모와 빈도는 계속 증가할 것이다. 홍수에 대비한 자연기반해법은 해안가, 강과 하천, 도심 등 지역에 따라 달리 적용되어야 한다. 이때 적용된 자연기반해법 수단은 물을 지하수로 저장하는 기능 덕분에 비가 많이 내릴 때는 빗물 유출을 늦춰 홍수를 예방하고 가뭄 대응 능력을 높여준다.

도시 홍수 대응

영화 《기생충》에서 기태(송강호)의 가족은 폭우 속에서 끝없이 계단을 내려간다. 비로소 도착한 반지하 동네는 이미 절반쯤 물에 잠겨버렸다. 도시 인구가 급증하면서 영화처럼 홍수 위험이 큰 범람원이나 제방 주변에 저소득층이 거주하는 경우가 늘고 있다.

홍수에 대비해 도시에 적용할 수 있는 자연기반해법은 건물 단위부터 경관 단위까지 다양하다. 건물 단위에서는 옥상정원이 대표적이다. 옥상정원은 빗물의 50~100%를 저장한 후 서서히 방류함으로써 빗물의 유출량을 줄인다. 옥상정원은 일반 옥상에 비해 설치비가 비싸기는 하지만 단열, 냉방 비용을 낮추는 효과도 있다.

도로에는 빗물이 스며드는 투수성 포장을 적용할 수 있다. 일반 도로 포장보다 2~3배 비싸지만 빗물 유출량을 90%나 낮출 수 있다. 빗물정원, 생태 수로bioswale와 같은 생태 저류시설은 최대 빗물 유출량을 제어하며 빗물 속 오염물질을 정화한다. 따라서 도시공원, 녹색 통로 등을 상류 유역이나 유역 인근 빗물이 모이는 전략적 위치에 설치하면 홍수 예방 효과를 높일 수 있다.

미국 포틀랜드시는 이를 종합적으로 활용한 녹색 거리 프로그램으로 경제적으로 홍수 위험을 낮출 수 있었다. 본래 포틀랜드시의 약 30%는 합류식 하수관거를 활용해왔다. 그런데 인구와 건물이 증가하면서 하수 용량이 처리하지 못하는 월류수가 급증했다. 수질오염과 홍수 위험이 증가한 상황, 1990년부터 2011년까지 포틀랜드시는 월류수 대응 인공시설을 늘리는 한편 인센티브까지 제공하며 도시형 자연기반해법 수단을 병행 도입했다. 2007년부터 투수성 포장, 생태 수로 설치를 대폭 확대한 덕분에 최대 빗물 유출량을 약 80~94%까지 줄일 수 있었다. 9백만 달러를 투자한 포틀랜드시는 인공 월류수 처리시설 유지관리 비용 2억2천만 달

러를 절감할 수 있었다.[23]

인공습지도 빗물을 천천히 흐르게 하면서 토양으로 침투시켜 도시에 적용할 수 있다. 1에이커(약 4,000m^2)의 습지는 380만 ~570만 리터의 빗물을 저장할 수 있어서 자연기반해법 방법 중 최대 빗물 유출량을 제어하는 효과가 가장 뛰어나다.

하천 홍수 대응

모래톱·초목·습지 등을 활용한 자연 범람원은 집중 호우가 발생했을 때 최대 유량을 낮추는 저수지의 역할을 함으로써 하류의 홍수 피해를 방지할 수 있다. 범람원에 우회천bypass을 설치하면 강물과 퇴적물을 저장하거나 천천히 이송시켜 홍수가 나도 물이 제방을 넘어가지 않도록 한다. 1800년대 말부터 대규모 홍수가 자주 발생하던 미국 캘리포니아의 새크라멘토 계곡에서는 1900년대 들어 홍수 조절 프로젝트가 진행되었다. 수량을 제어하는 운하를 더 설치하자는 여론이 제기되자 제방과 자연형 우회천을 같이 건설해 넘치는 강물은 흘려보냈다. 이 당시 건설된 욜로Yolo 우회천은 홍수 유량의 약 80%를 이송한다. 65km 길이에 240km^2 넓이의 습지로 구성된 덕분에 지하수 재충전, 야생생물 서식지 역할을 하며 홍수가 없는 시기에는 농지로도 사용된다.[24]

내륙습지를 활용하는 방법도 있다. 습지는 근본적으로 우기에 물을 저장하고 건기에 물을 방류해 홍수 위험을 낮추는데 습지의 위치와 형태에 따라 효과가 다르다. 하천 유역을 자연친화적으로 재정비할 수도 있다. 유역에 식물을 심어 완충지대를 만들거나 강물이 구불구불 천천히 흘러가도록 사행천蛇行川을 만들어 빗물을 저장할 수 있다. 이때 인공제방과 같은 콘크리트 설비를 제거하고, 제방이나 수변구역에 식물을 심는 것이 중요하다. 하천 상류에 산림을 가꾸면 빗물을 모아두거나 빗물 유출 속도를 늦추어 최대 빗물 유입량을 낮춘다. 이런 방법들을 활용하면 홍수 예방에 도움이 되는 것은 물론 지역민에게는 자연환경을, 야생동물에게는 서식지를 제공할 수 있다. 또한 담수생태계 복원, 토질 및 수질 개선 등의 부수적인 효과도 기대할 수 있다.

집수구역 기반 대응

도시의 인공 홍수 관리시설에 자연기반해법 수단을 더하면 홍수의 빈도와 규모를 줄일 수 있다. 동시에 기존 관리시설의 유지 비용은 줄이고 생태계 서비스는 향상시킬 수 있다.

대수층 충전형Managed Aquifer Recharge 수단은 지하수 대수층을 확보해 홍수와 가뭄에 동시 대응할 수 있다. 또한 하천수 유지, 생태계 서비스 제공, 높은 토양 함수율로 농작물 생산성 향상 효과도 거둘 수 있다. 기후변화에 의해 시기별 강우량 편차가 커지는 지역에서는 안정적인 담수 공급원 역할도 기대할 수 있다.

농업용 빗물 지하저류시설Underground Taming of Floods for Irrigation 방식은 우기에 집수구역에 남아도는 빗물을 연못에 가두어 지하수로 충전해두었다가 건기에 농업용으로 사용하는 것으로 개발도상국에서 유용하다. 태국에서는 차오프라야Chao Phraya 강 유역에 이 방법을 적용해 홍수 피해 비용을 줄이고 연간 약 1억 달러의 농업 수익을 향상할 수 있었다. 16만km²에 달하는 이 지역은 홍수와 가뭄이 반복 발생하는 곳으로 우기에 태국만에서 직접 유입되는 빗물의 약 28%를 활용할 수 있는 것으로 파악되었다. 그래서 홍수가 빈발하는 상류의 집수구역에 전체 유역 면적의 0.1%에 해당하는 지하수 충전용 연못을 만들었다.[25] 이 방식을 성공적으로 적용하려면 연못 위치 선정, 운영 관리 체계 마련, 지역주민과 지자체의 인식, 지리적 여건 등을 고려해 적극 협력하도록 하는 거버넌스와 인센티브가 중요하다.

표 3-9. 물 관리를 위한 자연기반해법 수단과 적용 위치(WWAP와 UN-Water, 2018에서 재구성)

물 관리 목적		자연기반해법 수단	위치 및 경관				관련 인공 시설
			유역	범람원	도시	해안	
물 공급 관리 / 가뭄 해소		조림, 숲 복원·보호	●				댐, 지하수 양수, 배수 시스템
		강과 범람원 재연결		●			
		습지 복원 보호	●	●	●		
		인공습지	●	●	●		
		빗물 저장	●	●	●		
		녹색공간(생태저류지)			●		
		투수성 포장			●		
수질	물 정화	조림, 숲 복원·보호	●				하수 처리장
		수림대		●			
		강과 범람원 재연결		●			
		습지 복원 보호	●	●	●		
		인공습지	●	●	●		
		녹색공간(생태저류지)			●		
		투수성 포장			●		
	침식 제어	조림, 숲 복원·보호	●				경사지 강화
		수림대		●			
		강과 범람원 재연결		●			
	생태적 개선	조림, 숲 복원·보호	●				하수 처리장
		수림대	●	●			
		강과 범람원 재연결	●	●			
		습지 복원 보호		●	●		
		인공습지		●	●		
	수온 제어	조림, 숲 복원·보호	●				댐
		수림대		●			
		강과 범람원 재연결		●			
		습지 복원 보호	●	●	●		
		인공습지	●	●	●		
		녹색공간(녹색 통로)			●		
홍수	하천 홍수 제어	조림, 숲 복원·보호	●				댐, 제방
		수림대		●			
		강과 범람원 재연결		●			
		습지 복원 보호	●	●	●		
		인공습지	●	●	●		
		방수로 건설		●			
	도시 빗물 유출 제어	녹색 지붕			●		도심 우수 관리시설
		녹색공간(생태저류지)			●		
		빗물 저장	●	●	●		
		투수성 포장			●		
	해안 홍수 제어	맹그로브, 염습지, 해안 사구 보호·복원				●	방파제
		산호초 보호·복원				●	

3. 물 관련 자연기반해법 전략

제약요인 파악

자연기반해법으로 성공적인 결과를 얻으려면 수단의 특징을 잘 고려해야 한다. 생물을 활용하면서 지역 주민의 참여와 협조를 전제로 하는 자연기반해법 특유의 역동성과 복잡성, 불확실성을 이해할 필요가 있다.

경제협력개발기구의 〈물 관련 기후변화 적응 자연기반해법 보고서〉(2020)에 의하면 물 관리를 위한 자연기반해법은 시간, 공간, 성과, 효과의 계량화 측면에서 기존의 인공 물 관리 수단과 다른 특징이 있다.

시간

자연기반해법은 기대효과가 나타나기까지 오래 걸린다. 나무를 심어 산림이나 완충지대를 조성한다면 나무가 자라서 문제를 해결하기까지 시간이 많이 소요된다. 반면에 인공 구조물은 설치 후 시험 운영기간이 지나면 바로 기대효과를 확인할 수 있다. 대신 인공 구조물은 시간이 지남에 따라 감가상각비용이 크게 발생하지만 자연기반해법 수단은 그렇지 않다는 장점이 있다. 대규모로 설치해야 효과가 있다는 점, 작용기작이 불확실할 수 있고, 기대효과가 분산되거나 정량화하기 어렵다는 점도 자연기반해법의 단점일 수 있다. 이로 인해 전통적인 규정, 재정적 틀에 맞지 않는 문제가 발생될 수 있다.

공간

자연기반해법을 적용할 때는 수단에 따라 효과적으로 적용할 수 있는 공간 규모가 다르다는 점을 고려해야 한다. 경관의 광역적 특성을 고려하지 않고 독립적으로 설계하면 제내로 작동하지 않을 수 있다. 이를테면 하류나 해안가에 적용된 범람원, 우회천 등은 상류에서 퇴적물이 많이 발생하면 제대로 작동하기 어렵다. 자연적인 물 저류시설은 작은 집수구역에는 효과적이지만 큰 규모의 집수구역에는 부적절하다는 분석도 있다. 자연기반해법에 사용된 토지를 농업용이나 다른 목적으로 사용할 수 없다는 점도 공간적 제약요인이다.

성과

자연기반해법은 살아있는 생명체를 활용하므로 매우 동적으로 반응하는 특징이 있다. 그래서 환경변화나 위험에 잘 적응할 수 있고 인공 구조물보다 오래 유지할 수 있다는 장점이 있다. 대신 성과를 확실히 예측하기는 어렵다. 게다가 기후변화가 유발하는 생태계에 대한 악영향은 자연기반해법 수단이 제공하는 생태계 서비스를 예상보다 감소시킬 수도 있다. 지구 온도가 상승하면 산호초나 이탄지대와 같은 습지는 대규모로 파괴된다. 이들을 자연기반해법 수단으로 활용한다면 기후변화가 심화할수록 당초 기대했던 효과를 얻기 어려워진다.

효과의 계량화

물 관리에 활용하는 자연기반해법 수단은 생태관광, 일자리, 대기
오염 관리, 온실가스 흡수 등 다양한 부수적 효과를 낸다. 하지만
이런 효과를 계량화해 시설을 설계할 때 반영하기는 어렵다. 자연
기반해법 수단의 효과는 설치 지역의 환경과 기후 등에 따라 가변
적일 수 있다. 이 때문에 기반시설에 투자할 때 사전에 효과를 분
석하기 어렵다는 문제가 있다.

표 3-10. 자연기반해법 추진단계별 제약요인(OECD, 2020)

추진단계	제약요인
계획 단계	· 기대효과 발현 지연 · 가변적인 편익 비용(benefit cost), 전통적 편익 비용 분석에서 부정확한 결과 도출 · 인공 구조물과 연계 설치 시 부정확한 기술적 성과 분석
실행 단계	· 정책결정자나 허가자가 인공 구조물을 우선할 가능성
유지·관리 단계	· 이행과정에서 책임 준수 측면 불확실성 존재
재원 확보	· 시장가치로 환산하기 어려움 · 효과 발현 지연은 민간투자의 제약요인
이해관계자 관리	· 이해관계자가 많으면 책임 부여, 관리 등이 어려움
모니터링과 평가	· 인공구조물과 다른 평가방식 적용 · 자료 수집, 행정 절차 등에서 매우 어려움

자연기반해법 활성화 전략

〈경제협력개발기구 이사회의 물 관련 권고 이행 보고서〉(2020)는 2019년 기준, 27개 회원국 중 20개국이 수질관리 전략에, 17개국이 수량관리에 18개국이 홍수관리에 자연기반해법을 포함하고 있다고 분석하며 우수 사례를 선별하여 제시했다.[*] 그러나 자연기반해법 활성화 정책이나 규정을 적극적으로 이행하고 있다고 스스로 평가한 국가는 2개국에 그쳤고, 오히려 17개국은 자연기반해법 활성화 정책을 도입할 여지가 높다고 평가했다.

시간, 공간, 성과, 계량화 측면의 제약요인은 사업 추진 단계에서 자연기반해법을 인공 구조물보다 불리한 위치에 놓이게 한다. 또한 기존 인공 구조물에 적용하던 제도와 방식을 자연기반해법에 적용하기도 어렵다. 따라서 자연기반해법 적용을 활성화하려면 정책적, 제도적, 재정적, 기술적 측면에서 종합적으로 활성화 전략이 이행되어야 한다.

거버넌스

집수구역이 여러 지자체와 국가에 걸쳐지는 경우처럼 자연기반해법을 광역적으로 적용할 때는 이해관계자가 많아질 수밖에 없다. 따라서 계획 수립, 재원 확보, 이행 등의 과정에서 여러 정책 부서와 공공기관의 협업이 필요하다. 이를 위해 사업 추진과정에서 부딪히는 여러 상황에 대한 책임 소재를 명확히 하고 조정할 수 있는

---

[*] OECD(2020), Report on the implementation of the OECD Council Recommendation on Water.

수평적·수직적 체계를 확실히 만들어야 한다.

정책적 지원

도시 계획, 토지 이용, 생물다양성 보전, 농업, 물 관리 등 다양한 부분에서 계획 수립단계부터 자연기반해법 수단을 도입하도록 해야 한다. 토지 이용 측면에서는 자연기반해법이 다른 정책과 경쟁 관계가 만들어지는 경우가 있으므로 이를 조정하는 체계가 필요하다. 이를 위해 고위급 의사결정자가 자연기반해법을 명확하게 지지하는 것이 필요하다.

유럽연합은 자연기반해법 활용 가능성을 높이도록 법으로 규정하고 있다. 유럽연합 국가의 물 관리 체계를 제시하는 〈물 기본법Water Framework Directive〉은 지속가능하고 통합적 차원의 집수구역 접근을 요구하며, 매우 다양한 생태계 서비스의 가치와 영향을 고려하도록 정하고 있다. 〈홍수법Floods Directive〉도 해안의 염습지, 시골 집수구역의 자연형 홍수 관리, 지속가능한 도시 배수 시스템 등을 활용하여 홍수 위험을 저감하도록 정하고 있다. 유럽연합 생물다양성 전략도 의사결정 시 생태계 서비스를 고려하도록 정하고 있다.

제도적 환경

토지 이용 규제, 허가, 안전과 성과 기준, 공공 조달, 환경보호 규정 등 대부분의 제도가 인공 구조물 중심으로 만들어져 있다. 따라서 자연기반해법도 인공 구조물과 동일한 수준에서 고려될 수 있도록 각종 제도를 개선해야 한다.

노르웨이에서는 중앙 정부에서 기후변화 적응 가이드라인을 만들어 지방정부가 토지 이용이나 일반 계획을 할 때 자연기반해법을 사용하도록 권고하고 있다. 2018년에는 가이드라인을 강화해 지방정부가 일차적으로 자연보전, 복원, 자연기반해법을 우선 활용하도록 하고, 이를 적용하지 못할 경우 사유를 제시하도록 했다. 그리고 현재는 계획 단계의 가이드라인을 더 보완하고 있다.

영국의 국가계획정책규정National Planning Policy Framework도 지자체가 거주지나 상업구역에 배수시스템을 설치할 때 자연형을 설치하도록 요구하고 있다.

기술 능력

자연기반해법 수단의 설계·설치·운영에 참여하는 기술자들은 해당 수단의 작동 기작, 효과 등에 대한 지식 혹은 경험이 부족할 수 있다. 그러므로 기술 정보를 공유하고 전문 교육과정을 만들 필요가 있다.

미국 환경청EPA은 빗물 유출수를 관리하기 위해 자연기반해법 설계 및 설치 기술을 지자체에 지원하고 있다. 공병단은 해안가에 자연기반해법 수단 도입하는 경우 토지 이용 허가 절차가 신속히 이루어지도록 인센티브를 주고 있다.

재원 조달

자연기반해법 활성화의 장애 요인 중 하나는 전용 재원, 표준화된 재원 조달 모델 등이 부족하다는 점이다. 여전히 많은 투자자가 자연기반해법은 고위험, 저수익 유형이라고 생각한다. 자연기반해법의 경제적 효용을 입증할 충분한 성과 자료가 없는 것도 문제이다. 따라서 국가 차원에서 자연기반해법에 특화된 인센티브, 재원 조달 프로그램이 도입하고 투자 요건과 부채 분담 등에 대한 모델도 만들어야 한다.

캐나다에서는 16억 캐나다 달러 규모의 재난 대응 펀드Disaster Mitigation and Adaptation Fund에 인공 구조물 방식과 자연기반해법 방식을 포함시켰다. 영국 환경·농업부는 국가 소유 자연형 홍수 관리 시스템에 1,500만 파운드를 투자했다. 유럽연합의 연구개발 프로그램Horizon 2020은 2014년부터 2020년까지 1억9천만 유로를 자연기반해법 분야에 지원했다.

3장 도시

글. 오일열(세계자연보전연맹 한국협력단)
강부얼(주독일대한민국대사관 본 분관 환경관)

자연과 도시는 서로 영향을 주고받는다. 자연은 식량,
깨끗한 물과 공기를 공급하고 기후를 조절하며 홍수를
방지하는 등 도시에서 사람이 살아가는 데 꼭 필요한
다양한 생태계 서비스를 제공한다. 반면 도시는 환경에
엄청난 부정적 영향을 미친다.

세계은행이 발표한 〈도시를 위한 자연기반해법
설명서〉(2021)에 의하면 자연기반해법 수단은 도시의
회복력과 도시민의 삶의 질 향상, 자연과 생물다양성 보호,
기후변화 대응, 사회적 친밀감 향상 등 사회, 환경, 경제
모든 부문에 긍정적 영향을 준다.

도시의 문제를 해결하는 자연기반해법 수단은 해결해야
할 환경문제, 적용 지역의 규모나 지리적 특징에 따라
달라진다. 이런 방법을 도시의 사회, 환경, 경제적 문제
해결에 활용하려면 도시계획, 공간계획, 도시 정책이
자연기반해법을 주요 수단으로 활용하는 것이 필수적이다.

1. 문제가 집약된 곳

인구 증가가 유발한 문제

육지의 2%에 불과한 도시에 전 세계 인구의 55% 이상이 살고 있다. 도시 인구는 지금도 늘어나는 중이어서 2050년이면 68% 수준으로 증가할 것으로 예상된다. 전체 인구 대비 도시 거주 인구수를 의미하는 도시화율은 2018년 기준 북미(82%) > 남미(81%) > 유럽(74%) > 오세아니아(68%) > 아시아(50%) > 아프리카(43%) 순이다.[26]

도시는 전 세계 GDP의 80%를 생산한다. 이를 위해 거주, 교통, 에너지 시스템, 기반시설, 고용, 교육 등 다양한 분야에서 문제를 마주하게 된다.[27] 많은 사람이 살아가기 위해 다양한 기반시설을 갖추어야 하고 그로 인한 편리함이 인구 증가를 부르는 순환이 계속될수록 도시의 문제는 깊어진다.

2021년 유엔환경계획과 유엔해비타트는 도시 지역의 환경, 사회 문제에 대한 종합 보고서를 발간했다.[28] 기후변화, 대기, 생태계, 물, 토양, 해양환경까지 도시의 문제를 일목요연하게 정리한 이 보고서에 의하면 도시는 전 세계에서 소비되는 에너지의 약 78%를 사용하고 인간이 배출하는 온실가스의 70% 이상을 배출한다. 그 결과는 다시 도시로 향한다. 온실가스에 의해 촉발된 기후변화가 홍수, 가뭄, 해수면 상승, 태풍, 열섬현상 등이 되어 도시를 위협하는 것이다. 결과적으로 사람이 집약된 도시는 환경문제도 집약적으로 겪는다.

공기 문제

저·중소득 국가의 인구 십만 명 이상 도시 중 98%가 세계보건기구의 미세먼지 기준(PM2.5, PM10) 기준을 초과한다. 고소득 국가의 도시에서도 56% 정도가 이 기준을 초과한다.

물 문제

도시에서는 홍수와 물 부족, 지하수 감소와 오염, 수인성 질병 증가가 동시에 일어난다. 자연에서는 비가 오면 빗물이 땅으로 스며든 뒤 하천으로 흘러가지만 맨땅을 보기 어려운 도시에서는 비가 와도 물이 땅으로 스며들지 못한다. 대신 하천으로 빠르게 방류되면서 홍수 위험은 커지고 지하수의 양은 줄어든다.

도시에 깨끗한 물을 공급하기 위해 만든 상수도 시설이 도리어 생태계를 파괴하기도 한다. 댐이나 하천 구조물을 통해 상수도 시설로 오염된 폐수가 흘러들면 수인성 질병이 생길 수도 있고 사용 가능한 담수량도 줄어들 수 있다. 이런 문제는 하·폐수 처리시설이 부족한 도시일수록 심해진다.

토양 문제

도시가 커질수록 토양과 산림은 줄어든다. 그나마 남은 토양도 대기오염물질과 폐기물로 인해 악화되면 도시인에게 필요한 식량 공급에 직접적인 영향을 미칠 수 있다.

　도시에서는 토지를 누가 어떻게 이용하느냐는 사회적 갈등의 원인이 되기도 한다. 폐기물이 불법 방치된 지역이나 매립시설, 좋은 경관지역에 들어서는 거주시설 등은 사람과 사람, 사람과 동물 사이에서 토지 이용을 둘러싼 갈등의 주요 원인이다.

생태계 파괴와 생물다양성 감소

도시가 많아질수록 자연경관이 파괴되고 동식물의 서식지가 나뉘고 토양과 하천이 오염되고 생물다양성이 줄어든다. 여기까지는 익히 짐작할 수 있는 문제이다. 그런데 도시에서 공원이나 정원을 가꾸거나 애완동물을 키우는 것도 문제가 될 수 있다. 외래 침입종을 확산시켜 지역 고유의 생물다양성에 악영향을 미칠 수 있고 전세계 도시간 생물종을 비슷하게 만들어 생물다양성이 줄어들 수 있기 때문이다.

　바닷가에 자리 잡고 있는 크고 작은 도시는 연안 및 해양생태계 파괴와 악화, 해안 수질오염, 해양 생물의 유해물질 오염과 미세 플라스틱 축적의 원인이 된다. 도시에서 방류하는 하·폐수와 폐기물이 바다로 흘러들고 차량이 뿜어낸 대기오염물질이 바다에 가라앉은 탓이다. 항구와 방조제 건설, 선박 운행, 해산물 소비 등도 연안생태계 파괴에 영향을 미친다.

도시에 적용할 수 있는 자연기반해법 수단

거리와 공원에 식물을 심는 것은 보기 좋고 쉬기 좋은 도시를 만드는 것을 넘어 다양한 이점이 있다. 대기 중 온실가스를 제거하고 나무 그늘은 도시의 열섬현상을 줄이며 생물다양성과 수자원 확충에도 도움이 된다. 공원의 토양은 빗물을 저장해 홍수 가능성을 낮춘다. 아스팔트와 콘크리트를 제거하고 수로를 조성하면 집중호우 상황에서 지표수 유출을 줄일 수 있으며 새와 물고기 등 다양한 종의 서식지를 제공할 수 있다. 일자리 창출, 지역 주민의 건강 관리 비용 절감, 에너지 수요 감소, 재난 피해 방지, 재산 가치 증가와 같이 사회와 기업, 공동체에 직간접적인 경제적 혜택도 제공한다.

이미 대부분의 도시에서 다양한 자연기반해법을 활용하고 있다. 공원 등 도시숲과 건물 녹화, 물 관리 개선 등 건물 단위 소규모 사업에서부터 도시 계획 전반에 걸친 대규모 사업까지 다양한 프로젝트가 여러 도시에서 추진되고 있다. 국내에서도 자연기반해법이 알려지기 이전인 2000년대 초반부터 저영향개발기법을 통해 도심 내 자연적인 물 순환 체계를 복원하고 기상·기후 변동성에 대응해왔다.

최근에는 재난을 줄이고 기후변화에 대응하기 위해 자연기반해법을 확대하려는 움직임이 국제적으로 더욱 활발해지고 있다. 2012년부터 2020년까지 자연기반해법 사업에 50억 달러 규모를 투자한 세계은행은 2021년에 도시의 환경문제 해결과 회복력을 향상에 도움이 되는 자연기반해법 수단을 14개로 정리하여 제시했다. 도시숲, 경사지의 자연형 계단화, 하천 재자연화, 건물 녹색화, 열린 녹지, 녹색 통로, 도시 농업, 생태 저류지, 자연형 내륙습지, 인공형 내륙습지, 하천 범람원, 맹그로브숲, 염습지, 모래 해변까지 14개의 수단은 에거몽이 제시한 3가지 유형인 보호, 복원, 새로운 생태계 창조 유형을 혼합하여 사용한다(36쪽 참조).

이 장에서는 세계은행이 제안한 14개의 자연기반해법 수단에 공통으로 적용되는 특징과 효과, 각 수단의 특징을 중점적으로 살펴본다. 다만 해양 문제에도 적용할 수 있는 맹그로브숲, 염습지, 모래 해변은 5장에서 다뤘다.

그림 3-12. 도시에 적용 가능한 자연기반해법 수단(세계은행, 2021)

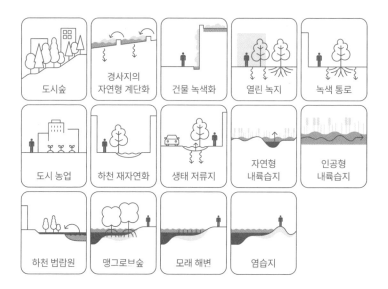

(a) 하천·연안 입지에 따른 적용 수단

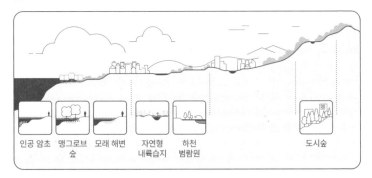

인공 암초 | 맹그로브 숲 | 모래 해변 | 자연형 내륙습지 | 하천 범람원 | 도시숲

(b) 도시 규모에 따른 적용 수단

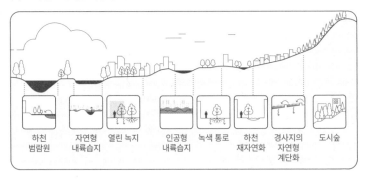

하천 범람원 | 자연형 내륙습지 | 열린 녹지 | 인공형 내륙습지 | 녹색 통로 | 하천 재자연화 | 경사지의 자연형 계단화 | 도시숲

(C) 소규모 지역 적용 수단

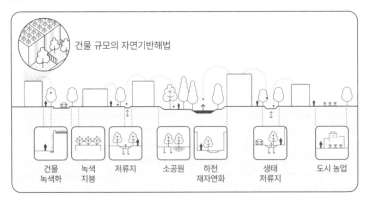

건물 규모의 자연기반해법

건물 녹색화 | 녹색 지붕 | 저류지 | 소공원 | 하천 재자연화 | 생태 저류지 | 도시 농업

2. 도시를 위한 자연기반해법*

도시숲(Urban Forests)

도시숲은 도시 또는 도시와 시골의 접경지역에 조성되는 숲으로 숲 자체, 거리의 가로수, 정원이나 방치된 땅에 있는 나무와 서로 연결된 존재라 할 수 있다. 숲은 생존력이 매우 강해 경관 규모뿐 아니라 작은 규모로 만들 수도 있고 다른 숲과 연결되거나 모자이크처럼 분절된 형태로도 유지될 수 있다. 훼손된 숲은 물론 하천이나 호수 주변 충적지, 토양 침식이나 산사태 위험이 높은 경사지, 생산성이 낮은 농지 등 다양한 곳에 적용할 수 있다.

기대효과

코로나19 팬데믹을 겪으며 도심 내 자연인 공원과 숲에 대한 인식과 요구가 높아졌다. 자연은 인간의 정서에도 영향을 미치기 때문이다. 실제로 자연과 가까이 있으면 폭력 범죄가 완화된다는 연구 결과도 있다.[29]

도시숲은 토양을 정화하고 대기 중 온실가스와 오염물질을 제거하며 기후변화에 대한 적응력을 높인다. 나무 그늘은 수분 증발산을 통해 기온을 낮추고 도시의 열섬현상을 줄이는 냉각 효과가

---

* 이 장에서 언급한 사례는 세계자연보호기금의 다음 보고서를 참고했다. WWF International. 2021. URBAN NATURE BASED SOLUTIONS CITIES: LEADING THE WAY

있어서 날로 극심해지는 폭염에 대한 적응 역량을 강화한다. 태양에 노출된 잔디 표면은 콘크리트 표면보다 주변 온도를 2~4°C가량 낮출 수 있는데 나무까지 있으면 공기 온도를 5~7°C까지 낮출 수 있다. 나무 한 그루가 줄일 수 있는 빗물 유출량의 경제적 가치는 47.8달러에 달한다.[30] 숲의 땅은 빗물을 장시간 머금고 여과 하는 동시에 증발시키는 작용이 복합적으로 발생해서 홍수 예방, 수질 정화, 지하수 충전 등의 기능을 한다. 거리, 공공광장, 주차상 등 유휴공간에 녹지를 조성하면 폭우가 쏟아져도 빗물의 최대유출수준을 낮춰 침수 피해 발생 빈도와 규모를 줄일 수 있다.

고려사항

나무가 자랄 수 있을 만큼 물을 충분히 공급할 수 있는 곳이어야 한다. 비가 많이 내리는 지역에서는 빗물 유출을 줄일 수 있도록 설계된 도시숲이 필요하지만 건조 기후 지역에서는 숲이 지하 수위를 낮추거나 토양이 재충전되는 것을 줄이지 않도록 주의해야 한다. 수종을 선택할 때는 도시숲의 형태나 궁극적 목적과 맞아야 한다. 식재와 관리 과정에서는 지역사회의 생활 방식이나 수입에 기여해야 한다. 기존 생태계와 조화를 이루는 것이 중요하므로 기존 생태계의 특징을 최대한 모방한 형태로 조성해야 하며 생태계 보호 지역이라면 도시숲을 조성하지 않아야 한다. 도시숲은 자연 보호, 안전, 녹지공간 확보 등과 관련된 도시 계획 요소와 같이 고려해야 더욱 효과적으로 계획하고 이행할 수 있다.

　도시숲을 조성할 때 특수한 기술적 설계가 필요한 경우도 있다.

정화 목적의 도시숲phytoremediation forest은 매립지나 방치된 나대지의 토양과 지하수를 정화하고 생태적 환경을 향상시킨다. 이런 도시숲에는 유해물질을 흡수, 분해, 안정화하는 기능이 좋은 나무나 관목을 심어야 한다.

도시 내 열대우림 복원 | 브라질 바히아주 살바도르, 2002
살바도르시는 열대우림을 보호하기 위해 도시 개발 계획과 재조림 계획을 연계시켰다. 이미 진행되고 있던 15개의 정책을 서로 융합해 기존 식물원을 개선함과 동시에 열대우림 지역의 식물을 심고 도심공원 등에 새, 나비, 곤충 등을 방사하는 정책을 펼친 것이다. 19km²에 달하는 39개 보호지역을 신설해 7만 5천 그루의 나무를 심은 덕분에 1인당 약 30m²의 녹지 공간을 마련할 수 있었다. 이를 통해 20년간 20만 톤의 이산화탄소를 흡수할 수 있었으며 일부 공원은 유네스코 생물권보호지역으로 지정되었다.

경사지의 자연형 계단화(Terrace and slope)

도시의 경사지나 토양 안정성이 떨어지는 곳은 비가 많이 오면 산사태 가능성이 높다. 이런 곳에 계단형 구조물을 설치하면 안정성을 높일 수 있다.

기대효과
자연형 계단은 물을 저장하고 정화하며 지하수 충전 효과가 크고 토양 안정화에도 기여할 수 있다. 또한 홍수와 산사태를 방지하는 등 기후변화가 유발하는 물 관련 재난 방지 수단이 될 수 있다. 생물다양성 측면에서는 영양소와 물을 보관하는 특성상 식물이 잘 자라고 새와 같은 동물에게 중요한 서식처를 제공한다.

경사지에 조성된 계단은 토양을 채워 넣거나 수위를 조절하여 농업 목적으로도 사용된다. 강수량이 많은 동남아시아나 남아메리카에서는 보리, 밀, 쌀을 재배하기 위해 계단식 농법을 사용해왔다. 강수량이 적은 아프리카나 지중해 연안에서도 포도와 올리브 등을 계단형으로 재배해온 역사가 있다. 지금은 농업과 토양관리 기술이 발전해 자연형 계단에 다양한 나무와 관목, 작물 등을 심고 관리할 수 있다. 계단형 농지는 생산성을 향상하면서 남해의 다랑논처럼 문화적 전통과 연계하여 관광 자원으로도 활용될 수 있다.

건물 녹색화(Green Building)

건물 지붕이나 벽면 등에 식물을 심는 것으로 최근 관심이 급증하는 자연기반해법 수단이다.

건물 지붕을 녹화하는 방식은 크게 두 가지이다. 사람이 접근하기 어려운 지붕에 생명공학 기술을 접목한 매체를 덮고 온도 변화나 햇빛 노출에 잘 견디는 식물을 심는 광범위한extensive 방식과 사람의 접근을 허용하는 지붕에 지지대를 설치한 후 식물을 재배하는 정원이나 도심농장을 만드는 집약적인intensive 방식이 있다. 건물 이용자들이 휴식, 운동, 사교, 농사 등의 목적으로 활용할 수 있는 집약적인 방식이 활용성이 더 높다.

벽면 녹화 방식도 두 가지이다. 우선 건물 지면 화단에 심은 식물이 벽면을 타고 올라가도록 하는 방식이 있다. 담쟁이덩굴이 건물을 뒤덮는 것이 바로 이 방식이다. 또 다른 방법은 건물 벽면에 식물이 자랄 수 있는 지지대를 붙이는 방식으로 전자보다 비용이 많이 든다.

기대효과

건물 녹색화의 전반적인 효과는 도시숲과 유사하다. 거주민이 활용하기 좋고 접근성이 좋아 다양한 목적으로 사용할 수 있다는 것도 건물 녹색화의 장점이다. 녹지가 부족한 도시에서 건물의 부동산 가치를 높이는 경제적 효과도 기대할 수 있다. 생물다양성 측면에서는 식물이 부족한 도심에서 소생태계 역할을 하고, 꽃가루 수분 매개자인 새나 곤충이 모여드는 환경을 조성하는 역할에도 주목할 필요가 있다.

건물 녹색화는 밀집된 도시에서 공간을 추가로 확보하지 않고도 물과 열 관리 측면에서 기후변화 적응과 재난 위험 저감 효과를 얻을 수 있다. 녹색 지붕은 기존 지붕보다 더 많은 양의 물을 보유하고 유출을 지연시켜 홍수 위험을 예방한다. 일반적으로 유출량의 최대 70%, 유량을 최대 96%까지 줄일 수 있다. 열 관리 측면에서는 실내 기온을 낮춰 여름철 에너지 수요를 줄이는 데 효과적이다. 지중해성 기후에서 에어컨 가동을 위한 에너지 수요를 40~60%까지 줄일 수 있다는 연구 결과도 있다. 녹화된 건물 외관은 태양 빛을 더 많이 반사한다. 햇빛을 반사하는 비율을 알베도albedo라고 한다. 알베도가 높을수록 즉 햇빛을 더 많이 반사할 수록 지구의 표면 온도는 낮아질 수 있다. 빌딩과 같은 인공 구조물의 표면 알베도가 5%인데 반해 녹화된 건물 외관의 알베도는 20~30%에 달한다. 덕분에 더 많은 빛을 반사해 도시의 열섬현상을 줄이는 데 기여하며 주변 도로의 기온도 낮춘다.[31]

고려사항

건물 녹색화는 주거, 공공, 상업 건물, 전시장 등 도심의 많은 시설에 적용할 수 있다. 다만 건조 기후에서는 적용하기 어려울 수 있다. 가뭄에 잘 견디는 식물을 활용한다 해도 물을 관개하는 비용이 더 커지기 때문이다. 우리나라처럼 사계절이 뚜렷한 곳에서는 계절에 맞는 식물을 활용하는 것이 좋다. 또한 지붕이나 건물의 벽면 녹화를 진행하기 전 안정성 기준이나 노후 상태 등을 충분히 검토해야 할 것이다.

수직숲(Bosco Verticale) | 이탈리아 밀라노, 2007, 2014

밀라노에서는 34헥타르에 달하는 방치지역을 상업, 주거지역으로 개발하면서 고층 주거건물 2개(높이 80m, 112m)를 짓고 벽면을 빼곡하게 식물로 채웠다. 1만5천 개의 다년생 식물과 나무 8백 그루, 관목 5천 그루를 심자 여름철 건물의 실내는 3°C나 낮아졌다. 에너지 소비량은 연간 7.5% 줄어들었으며 미세먼지 오염도 30% 감축할 수 있었다.

열린 녹지(Open Green Space)

분수, 화단, 공연대 등으로 구성된 소규모 공원, 콘크리트로 포장되지 않은 공간이나 운동장을 나무, 꽃, 물놀이 시설 등으로 가꾼 자연형 운동장, 주민들이 가꾸는 화단 등이 열린 녹지이다.

기대효과

열린 녹지가 도시숲, 건물 녹색화와 다른 점이 있다면 공간을 사용하는 시민과 조화를 이루는 것이 중요하다는 점이다. 다른 수단에 비해 시민이 주인의식을 가지고 잘 관리해야 오래 유지될 수 있다.

열린 녹지는 생태적으로 활발한 모든 크기의 녹색 공간으로 생물다양성 측면에서 매우 중요한 공간이다. 온실가스 흡수원으로서 효과를 극대화하려면 열린 녹지를 도시 외곽의 자연경관, 녹색 통로 등 도심 내 다른 녹색 공간과 연결되도록 조성할 필요가 있다.

고려사항

열린 녹지는 대부분의 기후에 활용할 수 있다. 다만 건조 기후에서는 충분한 물 공급에 한계가 있다. 열린 녹지의 식생은 공급할 수 있는 물의 양, 기후, 공간의 크기 등을 고려해 토종 식물로 선택하되 기대하는 목적을 고려하여 정한다.

녹색 통로(Green Corridor)

녹색 통로는 도로, 철로와 같은 교통 인프라나 하천 통로, 나대지 등의 선형 공간에 나무와 식물을 심는 것으로 다양한 규모로 설치할 수 있다. 자전거, 산책 등이 가능하도록 통로를 조성하면 활용도를 더 높일 수 있다.

기대효과

녹색 공간을 서로 연결한 녹색 통로는 곧 생태 통로이다. 극도로 단절된 도시 경관에서 동물, 곤충류가 녹색 통로를 따라 이동할 수 있고 생물이 기후변화에 적응하는 공간으로도 활용할 수 있어 생물다양성 유지에 중요한 역할을 하기 때문이다. 녹색 통로는 다른 수단에 비해 차량과 시민의 이동이 많은 도심에 조성되는 경우가 많으므로 공기 질 개선, 소음 저감, 폭염 대응 등 시민 건강에 도움이 되는 기능이 크다.

고려사항

토양과 공기의 질이 좋지 않은 곳에 조성되는 경우가 많으므로 토양오염, 대기오염, 불균형한 물 공급 등에 잘 견딜 수 있는 나무를 심어야 한다.

메델린 녹색 통로 | 콜롬비아 메델린, 2019

메델린시는 녹색 지대를 복원하고 주민의 삶의 질을 향상하기 위해 몇몇 자연지역 사이에 나무를 심고 빗물정원을 설치해 생태적으로 연결했다. 36개의 녹색 통로에 나무 8천8백 그루와 식물 9만 개를 심은 결과, 65 헥타르의 땅을 보호하는 한편 연간 160 톤에 달하는 이산화탄소를 감축할 수 있었다. 도시의 평균 온도가 2°C 낮아지면서 열섬현상도 완화해 678명이 심장병으로 사망하는 것을 방지할 수 있었다.

녹색 통로에 1억6천만 달러를 투자한 메델린시는 2021년부터 2030년까지 10년 간 녹색 통로가 일으킬 경제 효과를 13억6천만 달러로 기대한다. 또한 정원관리 인력으로 75명을 신규 채용했다. 메델린시는 꾸준히 모니터링하고 분석해 시민 이동이 많은 지역에서 녹색 통로의 효과가 극대화된다는 것을 증명했다. 자연기반해법이 시민의 삶은 물론 경제적으로도 이익이 된다는 것을 증명한 이 프로젝트는 2019년 블룸버그 재단에서 수여하는 C40 회복력 도시상을 수상했다.

도시 농업(Urban Farming)

최근 도심 내 공원이나 정원, 나대지, 건물 지붕, 도시 외곽 공터 등 다양한 공간에서 농작물을 직접 재배해 소비하거나 판매하는 도시 농부가 늘고 있다.

기대효과

도시 농업은 녹지와 관련한 다른 자연기반해법 수단과 유사한 환경개선 작용을 한다. 또한 도시 재생, 지속가능한 농업, 자원 재활용 등의 긍정적인 효과를 창출한다. 특히 식량 공급이 원활하지 않은 도시에서는 식량 안보에 중요한 역할을 함과 동시에 일자리를 창출하고 경제적 수입원이 되기도 한다.

고려사항

도시 농업을 확장할 때는 오염 문제와 토지 이용의 경쟁 문제를 고려하여야 한다. 도시 농업은 시민이 직접 섭취힐 작물을 키우는 것이므로 토양, 대기, 수질 오염 등에 민감할 수밖에 없다. 따라서 공장이 있던 지역 등은 피해야 한다. 토지 이용 측면에서는 도시 농업 공간이 새로 개발되는 주거단지나 공장의 개발지역으로 편입될 가능성이 있다. 생태계 보호 지역으로 유지해야 할 공간을 농사를 짓기 위한 공간으로 활용하며 기존 생태계를 오히려 파괴하는 상황도 발생할 수 있다.

하천 재자연화(Renaturation)

산업화 이후 도시에서는 새로운 공간을 만들기 위해 당연한 수순처럼 비자연화를 선택했다. 그래서 도시가 커질수록 대부분의 하천은 인공 제방이 되거나 매립되었다. 2022년 여름 서울 강남 지역의 침수 사례에서 알 수 있듯 극단적인 강수 상황에서 회색 인프라는 빗물을 하수도로 즉각 흘려보낸다. 이는 도심 내 범람으로 이어지고 유출수가 하천이나 강으로 흘러들면 수질 오염이나 하류 지역의 홍수 위험으로 이어지게 된다. 이제는 하천을 재자연화하는 것이 하천 관리의 주요 방법으로 자리 잡고 있다. 기후변화에 의한 폭우, 태풍 등으로 홍수에 취약한 지역이 확대되는 한편 국제적으로 생태계 서비스에 대한 사회적 평가가 중요해지면서 인식이 달라진 것이다.

하천 재자연화는 불필요한 콘크리트 제방과 보를 해체하여 물과 영양분의 흐름을 원활하게 하거나 수생태계와 육상생태계가 만나는 하천변에 식생대를 조성하고, 생태 통로를 조성하는 등의 방식으로 도시 내 물 순환을 개선한다.*

기대효과
홍수 위험을 줄인다. 또한 수질과 하천생태계를 개선하고 주변 도심의 단절된 생태계와 연결하는 효과도 있다.

고려사항
하천 재자연화가 성공하려면 수문학적 검토가 매우 중요하다. 재자연화된 하천이 홍수 또는 최대 강우 상황에서 하천으로 유입되는 수량을 견디거나 조절할 수 있어야 한다. 주변 지역의 추가 개발 계획과 하수의 유입량 등도 같이 고려해야 한다.

재자연화를 위해 심는 나무와 식물은 토양 침식을 예방하고 수변 통로 기능을 향상시키며 높은 하천수위에도 적응할 수 있는 수종이어야 한다. 이때 최대한 토종 식물을 사용해야 지역의 기존 생태계와 조화를 이루는 생태계를 이룰 수 있다.

---

* 그밖에 저류지 및 빗물 정원 조성, 투과성 포장도로 설치 등을 통해 도심의 물 순환을 개선할 수 있다.

비샨(Bishan)-AMK 공원과 칼랑(Kallang)강 복원 | 싱가포르, 2012

2009년부터 3년간 싱가포르는 도심공원 중 가장 큰 비샨-AMK를 지나 3km 의 사행천으로 연결되는 콘크리트 우수관거를 풀이 무성한 초목 제방으로 만드는 사업을 실시했다. 10여 개 자연기반해법을 테스트한 후 공사를 진행한 결과, 비샨공원은 100종 이상의 조류와 40종 이상의 잠자리류, 50종 이상의 나비류, 10종 이상의 토종 하천 식물이 서식하는 녹음이 우거진 도심 속 자연으로 변모했다. 덕분에 연간 4백 명 이상 방문하는 명소가 되었으며 홍수 관리에도 중요한 역할을 하고 있다. 관리비용 또한 5억7선만 달러 절감되었으며, 연간 1억5백만 달러에 달하는 사회경제적 가치를 창출하고 있다. 자연기반해법이 기존의 인공구조물보다 적은 비용으로 지역생태계를 보호할 수 있다는 것을 보여준 이 프로젝트는 싱가포르 물관리청(범람원 관리)과 국립공원청(공원 관리)이 함께 추진했다. 시민단체에서는 야생 동식물 조사 프로그램을 운영하고 있다.

청계천 복원 | 대한민국 서울, 2005

서울시는 2002년부터 2005년 수십년간 도로로 덮여있던 청계천을 복원했다. 6km에 달하는 녹색 통로와 400 헥타르의 공원을 신설하며 복원한 청계천은 조류 6~36종, 물고기 4~25종, 식물 62~308종이 서식하는 도심 속 생태 공간이 되었다. 복원된 청계천은 평균 온도가 3~5°C 낮아져 자연기반해법이 폭염 대비와 열섬현상 완화에 효과적임을 증명했다. 차량 통행이 하루 1만6천대 정도 줄어들면서 미세먼지 감소 효과도 35%에 달했다. 청계천이 싱그러워지자 토지 가격은 25~50%나 올랐다. 지금은 매주 3만여 명이 청계천변 공원을 이용하고 있다. 청계천 복원 방향에 대해 시민사회, 학계 등에서 여러 논쟁이 있었지만 서울시는 청계천 연구팀을 설립해 직접 사업을 추진하며 복원과정을 관리했으며 시민이 의사결정 과정에 참여할 수 있도록 행정 절차를 운영했다. 서울시는 오래된 인공구조물의 높은 관리비용(2억6천 달러)과 청계천 복원의 사회경제적 효과(약 20억 달러)를 비교, 홍보하여 자연기반해법 사업에 대한 지지를 확보했다.

생태 저류지(Bioretention Area)

생태 저류지는 인공 빗물 저류지나 하수 시설을 친환경적으로 개량하는 자연기반해법 수단으로 빗물정원, 식생습지bioswale, 침투 트렌치, 비점오염 저감 저류지detention pond, 저류 연못detention pond, 투수성 포장 등으로 구성된다.

생태 저류지는 강우 시 빗물이 하천으로 유입되는 속도나 유량, 방향 등을 조절하고 빗물을 침전시켜 오염물질을 처리하는 역할을 한다. 기능의 효율성이나 처리 용량은 사용되는 토양이나 식생의 종류 등에 의해 좌우된다.

기대효과

다른 자연기반해법 수단보다 물 관리 측면의 기대효과가 크다. 집중호우시 단시간에 지표 유출량이 증가해 도시의 설계 기준을 넘는 최대 유량에 도달하는 것을 방지해 홍수 위험을 줄일 수 있다. 관련 연구에 따르면 투수성 포장 도로는 30~65%, 빗물정원은 최대 100%까지 유출수를 줄일 수 있다고 한다.[32] 기존 회색 인프라가 범람과 홍수 위험을 높이는 한계를 가진 것과 대조적이다. 또한 빗물이나 유출수가 하수도 시스템에 도달하기 전에 차단하므로 하수도를 통해 처리해야 하는 오염물질의 양도 줄일 수 있다. 다만 도시의 환경 부하에 대응하려면 하수도 시설 등 공학 기반 시설이 필수적이다. 기존 기반시설에 식생습지, 빗물정원 등 자연기반해법을 적절하게 결합하면 도심의 침수 위험을 낮출 수 있다.

빗물정원이나 식생습지를 낮은 깊이로 조성해 나무, 관목, 풀 등이 자라게 하면 콘크리트와 같은 불투수성 표면을 흐르는 빗물을 모아 토양으로 침투시킬 수 있다. 비점오염 저감 저류지는 빗물정원이나 식생습지보다 깊고 나무와 관목은 적게 조성해 초기 강우 상황에서 다량의 빗물을 가두고 월류수만 하수처리시설로 보내는 역할을 한다. 비가 안 오는 대부분의 시기에는 대중 이용시설로 활용할 수 있다. 지류 연못은 비점오염 저감 서류지와는 달리 항상 물에 잠긴 형태로 하수처리시설에 유입되는 빗물을 줄여주는 역할을 한다. 비점오염 저류지에 비해 식생이 잘 되어 있기 때문에 도시의 녹색공간을 다양하게 만들고 생태서식지를 제공하는 역할도 한다. 생태 저류시설에는 육상 및 반수생 서식지가 혼합되어 있어 단절된 생태공간 사이의 연결성을 높이고 주변 지역의 수분 향상에도 도움이 된다.

고려사항

생태 저류지는 주로 복합 하수처리시설, 투수성 표면이 적은 지역, 빗물 유입수가 오염될 가능성이 높은 오래된 도시에 설치하는 것이 좋다. 생태 저류지를 구성하는 시설은 기후 조건에 따라 형태나 용량이 달라지며 나무나 관목은 인근 하천 범람원의 토종 식생을 따라하는 것이 가장 효과적이다.

아우구스텐보리(Augustenborg) | 스웨덴 말뫼, 2002년

아우구스텐보리는 1980~1990년대 경제 쇠퇴로 방치된 지역으로 홍수가 자주 발생하던 곳이었다. 말뫼시는 1998년부터 2002년까지 32 헥타르에 달하는 이 지역을 재개발하면서 1.1만m² 규모의 옥상정원을 새로 만들고 10개의 생태 저류지를 설치해 빗물의 90%를 저장해두었다가 활용했다. 도심에서 녹지 공간이 50% 이상 증가하자 생물다양성도 50% 이상 증가했으며 에너지에 의한 온실가스 배출량의 20%가 줄어들었다. 이 프로젝트는 말뫼시와 주택건설사가 제안하고 주민들이 적극 지지하는 가운데 유럽연합, 스웨덴 정부, 지방정부, 민간기업 등이 재원 조달을 분담해 진행되었다. 지역사회에 권한을 부여하고 음식물 재활용 업체, 도시 농업, 어린이 놀이공간 등을 지원한 점에서 눈여겨 볼만한 프로젝트이다.

자연형 내륙습지(Natural Inland Wetlands)

습지의 범위는 흔히 생각하는 것보다 광범위하다. 우리나라의 〈습지보전법〉은 담수, 민물과 바닷물이 만나는 기수, 염수가 영구적 또는 일시적으로 표면을 덮은 지역을 습지로 정의한다. 댐이나 보, 둑을 쌓아 하천의 물을 가두거나 자연적으로 가둔 호소湖沼와 하구河口 등이 자연형 내륙습지이다. 대표적인 습지 관련 국제조약인 람사르협약은 습지를 더욱 포괄적으로 정의한다. 자연적이든 인공적이든, 영구적이든 일시적이든, 물이 정체되든 흐르든, 담수든 기수든 염수든 관계없이 소택지, 습원, 이탄지 또는 물로 된 지역을 습지로 정의한다. 즉 호수, 하천, 양식장은 물론 우리가 갯벌이라고 부르는 대부분의 지역과 논도 습지에 해당된다.

습윤 초원wet meadow, 습지marsh, 식생 범람원vegetated floodland 등 자연형 내륙습지는 주기적 또는 지속적으로 물에 잠기는 특징이 있어 홍수와 가뭄에 대한 완충작용을 한다. 또한 육상생물과 수상생물 모두의 서식지이자 멸종위기종이 많이 서식하는 특징이 있다.

기대효과

습지는 산림처럼 다양한 생명체가 서식하는 하나의 생태계를 갖추고 있어 생물다양성을 보호하는 안전망으로 기능한다. 자연형 내륙습지는 다른 자연기반해법 수단보다 수질 및 퇴적층 관리 기능과 온실가스 흡수 기능에서 주목할 만하다. 습지는 물에 잠긴 호기성 환경이므로 많은 화합물을 저장하고 수계의 부영양화를 방지하는 효과가 크다. 다양한 습지식물은 대기 중 이산화탄소를 흡수하고, 수명이 다한 식물은 토양에 유기물로 축적되어 이산화탄소를 저장한 상태로 존재한다. 따라서 습지를 보호하는 것은 이산화탄소 흡수원을 비용 효과적으로 즉각 확보하는 방안이다.

유기물이 좀처럼 분해되지 않을 정도로 물이 흥건한 습지에서는 죽은 식물이 미생물에 의해 완전히 분해되지 않은 채 유기물 형태로 쌓이는데 이를 이탄泥炭, peat이라고 한다. 주로 고위도의 춥고 습한 지역에서 발견되며 우리나라에도 제주도 산간지역 등에 일부 존재한다. 이탄습지peatland는 상대적으로 적은 면적에도 불구하고 단위 면적당 온실가스 저장 잠재력이 뛰어나다. 2050년 기준, 자연기반해법을 통해 달성할 수 있는 이산화탄소 흡수량의 10%를 이탄습지에서 흡수할 수 있을 정도로 뛰어난 잠재력을 가진 것으로 알려져 있다.[33] 반대로 이탄습지가 마르거나 훼손되면 토양 속에 저장되었던 많은 양의 탄소가 대기 중으로 배출된다. 기후변화로 인해 지구의 표면온도가 상승하고 가뭄과 폭우가 빈번해짐에 따라 이탄습지 훼손 위험이 더욱 커지는 점을 고려한다면 이탄습지를 보호해 기후변화를 완화하고 그 결과로 습지생태계가 처한 위험을 줄여나가는 선순환 구조를 서둘러 만들어야 할 것이다.

고려사항

자연형 내륙습지를 복원하거나 기능을 회복시킬 때 가장 중요한 것은 자연스러운 물 흐름을 만드는 것이다. 습지는 주기적 또는 지속적으로 물에 잠겨야 제 기능을 회복할 수 있다. 물이 계속 고인 상태여서는 안 된다. 기능이 훼손된 습지는 농사를 위한 배수 시설이 설치되어 있거나 하천·호수와 습지 사이에 물이 흐르지 않도록 장애물이 설치된 경우가 대부분이다. 또한 유역 전체적으로는 상류에서 하류로 내려오는 물의 양이 적어 하천이 건천화되는 것을 막아야 한다. 이를 위해 상류 하천 유역에 인공 저수지, 빗물 저류시설, 포장된 표면 등이 있는지 모두 고려해야 한다. 생태적으로 훼손된 내륙습지에는 외래 침입식물이 이미 퍼진 경우도 많다. 그런 경우에는 외래종을 주기적으로 제거해야 내륙습지 본연의 생태계를 회복할 수 있다. 훼손된 습지를 복원하는 경우에도 이미 형성된 생태계에 대한 영향을 최소화해야 한다. 또한 내륙습지가 주변의 녹색 통로, 자연형 하천 등과 연계되도록 조성하고 관리해야 한다.

인공형 내륙습지(Constructed Inland Wetland)

자연형 내륙습지와 유사한 기능을 발휘하도록 인공적으로 습지를 조성하는 것이다. 자연형 습지를 모방하는 경우도 있고, 저류지 등에 부유식으로 만들기도 한다. 인공형 내륙습지는 주로 빗물이나 하수 처리의 보조시설로 건설되는 경우가 많다.

기대효과

빗물, 하수, 산업폐수 등을 정화하고, 지하수를 충전하면서 도심 내 생물 서식지 역할을 한다. 물이 부족한 지역에서는 물을 재활용할 수 있는 수단으로도 활용된다. 전반적으로 자연형 내륙습지와 유사한 효과가 있다.

고려사항

설치 및 운영할 때 수위와 수량, 물의 오염도를 적정하게 유지해야한다. 또한 식생대가 물의 유입 속도를 줄이고, 토양을 침전시키며, 오염물질 처리와 미생물이 생존할 수 있는 표면을 제공하는 기능을 하도록 조성해야 한다.

하천 범람원(River floodplains)

하천 주변에 정착하여 살아온 인류는 범람원을 농업에 활용해 왔다. 하지만 도시가 발전하면서 강에 제방을 쌓아 하천을 직선화하고 주기적으로 준설했다. 하천의 부피를 늘려 홍수 취약 지역에서 물이 하류로 빨리 흘러가게 하는 방식을 사용한 것이다. 그러나 이런 방식은 도리어 하류의 홍수 위험을 증가시켰고 하천 범람원을 무분별하게 개발하도록 부추기는 부작용을 유발했다. 이후 많은 도시에서 하천의 자연형 홍수 방지 기능과 주민의 친수 활동을 동시에 활성화하기 위해 방향을 바꾸었다. 최근에는 하천 범람원을 자연화하며 생태계 보호, 생물 서식지 기능 등의 기능을 더 확충하는 방향으로 진화하고 있다.

하천 범람원의 기능을 회복시키고 복원할 때는 직선화된 제방을 곡선형으로 바꾸면서 하천의 폭을 넓히는 방식, 강 만곡부oxbow의 물 유입부와 유출부를 조정하여 홍수 시 수위를 낮추고 지하수 충전기능을 회복시키는 방식, 원래 자연적으로 범람원이었던 곳에 사행천과 같은 수로를 새로 만들어 자연성을 회복하도록 하는 방식 등이 사용된다.

기대효과

하천범람원은 여러 자연기반해법 수단의 효과를 두루 포함하는데, 범람원의 규모가 크므로 효과도 상대적으로 큰 편이다. 범람원에는 하천 상류와 지류에서 떠내려온 유기물 함량이 높은 토양이 퇴적된다. 그래서 온실가스 흡수 측면에서 유기탄소 저장능력이 큰 특징이 있다. 도시에서 범람원은 홍수 시 최종 방어벽 역할을 한다.

고려사항

하천 범람원을 자연화할 때는 하천의 과거와 현재, 미래의 수리적 변화, 주민의 친수 공간 활용 변화 등을 주의 깊게 모델링하여 판단해야 한다. 또한 홍수 방지 기능이 줄어들 가능성이 있는지도 깊이 있게 살펴야 한다.

3. 자연과 가까운 도시 만들기

도시 특성에 맞는 전략 수립

도시는 대부분 하천 상류부터 해안까지, 물이 흐르는 유역을 따라 자연 여건에 맞추어 형성된다. 그래서 위치에 따라 산악 도시, 하천 도시, 삼각주 도시, 해안 도시로 구분할 수 있다. 산악 도시는 해수면보다 고지대에 있으면서 하천망이 복잡해 폭우 상황에서 갑자기 물이 불어나면 산사태 위험이 크다. 하천 주변 도시는 계절마다 강 수위가 달라진 덕에 범람원이 비옥해져서 농업과 생태계가 다양하고 풍부하다는 특징이 있다. 삼각주 주변 도시는 홍수에 취약하고 담수와 해수의 흐름, 토양 퇴적 등의 영향을 크게 받는다. 파도의 영향을 직접 받는 해안가 도시는 기후변화에 의한 해수면 상승, 해수 침입 등의 악영향까지 고려해야 한다.

이처럼 도시의 입지에 따라 물과 관련된 자연환경이나 홍수가 다르게 나타나므로 지역마다 적용하는 자연기반해법 수단은 달라야 한다. 예를 들어 산악 도시에는 도시숲 복원, 강 주변 도시는 하천 범람원 회복, 해안가 도시는 맹그로브숲, 모래 해변 복원 등을 적용할 수 있다.

도시에 자연기반해법을 도입할 때는 토지이용계획을 변경해야 하는 단위city scale인지, 지역 공동체 단위neighborhood scale인지 살펴야 한다. 이와 함께 주변 지형과 경관, 도시의 생태적 구조, 주거지와 상업단지 등 경제사회적 구조, 지역 주민의 구성 및 수요 등 요건을 통합적으로 검토해야 한다. 도심 주거지, 상업단지 등 주민 생활과 밀접한 소규모 사업에서는 공공과 민간의 협업이 더욱 중요하다. 주민들이 직접 자연기반해법 시설을 관리하는 경우도 많으며 정부, 민간업체, 건물 소유주, 지역사회 등 다양한 이해관계자가 함께 참여해야 성과가 자연기반해법 사업의 성과가 지속될 수 있기 때문이다.

갈등을 최소화하는 지혜

도시에서 자연기반해법이 긍정적인 효과를 얻으려면 여러 정책 목표 사이에서 우선순위를 올바르게 정립하고, 도시 전역을 통합하는 계획에 기반을 두어야 한다. 잘못된 도시 계획은 녹지의 불균등한 분포를 야기하고 지역간 자연 서비스의 불평등을 초래해 사회적 배제 또는 분리를 유발할 수 있다.

때로는 자연기반해법과 다른 활동을 절충할 필요도 있다. 도시에는 늘 공간이 부족하기 때문이다. 예를 들어, 지붕 위 태양광 패널 설치 지원사업을 확대하면 재생에너지 보급을 늘릴 수 있지만 녹색 지붕을 위한 공간은 줄어들게 된다. 버려진 부지에 저소득층을 위한 공공 임대주택을 만드는 것은 공원이나 습지를 조성하는 것과 상충될 수 있다. 개별 사업 단위에서도 적절한 계획과 유지관리의 중요성은 강조된다. 도심공원이나 가로수로 인해 생물학적 휘발성 유기 화합물과 꽃가루 배출이 증가해 오히려 주민의 건강과 삶의 질을 저해할 수 있다. 이러한 잠재적 갈등을 최소화하려면 지역 내 이해관계자, 특히 주민들이 자연기반해법 계획 설계와 운영 관리 등에 참여할 수 있도록 해야 한다.

주류화의 장애 요인

2019년 사우디아라비아 리야드, 2020년 일본 오사카에서 열린 G20은 현명하고 지속가능하며 도시의 회복력을 높일 수 있는 기후변화 대응 방법에 대한 논의를 지속했다. 그리고 2021년 이탈리아 밀라노에서 자연기반해법 활성화 과정에서 발생할 수 있는 장애 요인과 해결 방안, 정부가 고려할 원칙과 정책 방향 등을 담은 보고서를 발표했다.[34] 이어 소개하는 자연기반해법의 장애 요인 및 극복 방안은 이 보고서를 기반으로 한다.*

　도시의 문제를 자연기반해법으로 해결하려면 도시 계획이나 개발 투자의 주류 수단으로 자리매김해야 한다. 이 과정에서 6개 측면의 장애 요인과 부딪힐 수 있다.

- **인식** : 많은 정책결정자와 시민이 자연을 활용하는 방법은 더디고, 강력하지 않으며, 중요한 부분이 될 수 없다고 생각한다. 인공구조물 설치 방법이 자연을 이용하는 것보다 발전된 접근이라고 여기는 것이다.

---

* 세계자연기금(WWF)도 2021년 도시 지역의 자연기반해법 성공 사례를 분석해 자연기반해법의 성공 전략을 간략하게 제시했는데 전체적인 방향성은 G20의 보고서와 같다.

- 정책 : 건축물 규정, 건설 사업 관련 지침, 시방서(설명서) 등 각종 규정에서 자연기반해법 수단을 제외하고 있어서 도시계획 정책 결정에 자연기반해법을 포함하기 어렵다.

- 시간 : 도시의 각종 정책은 단기적인 반면 자연기반해법 해법은 계획을 수립하고 실행한 뒤 관리하기까지 긴 시간이 소요된다.

- 재정 : 중·대규모의 자연기반해법 사업에는 상당한 재정 지원이 필요하다. 그런데 습지, 도시숲 등은 예산 체계에서 제대로 평가되지 않는다. 이들이 제공하는 혜택도 자산에 포함되지 않은 채 시설 투입 비용만 고려되는 경우가 많다. 이런 이유로 재정 상황이 어려운 시기에는 자연기반해법이 투자, 관리 대상에서 제외되기 쉽다.

- 사회적 균형 : 홍수를 방지하기 위해 저류지를 농지에 가까이 설치하면 홍수 위험이 도시민에서 농민으로 전이될 수 있다. 열린 녹색공간이 부유한 지역에 집중적으로 설치되는 등의 불균형도 우려된다. 녹지를 확대한 곳에 해충이 급증하거나, 범람원으로 유입시킨 하천수의 오염이 심하거나, 다른 지역에서는 좋은 효과를 보였던 식물이 외래 침입종이 되거나 자연환경에 적응하지 못하는 경우도 있다.

장애 극복을 위한 실행 방향

성공적인 자연기반해법을 위해 G20의 보고서는 5개 원칙과 추진 과제를 제안한다. 이 외에도 자연기반해법에 대한 구체적 자료나 증거 형태로 연구, 정리되어야 할 사항들은 매우 많다. 사업 유형별 비용과 경제적 혜택에 대한 자료, 혁신적인 재원 조달 성공 사례, 자연기반해법 정책 및 관련 기준과 규정, 민간 투자자에 대한 인센티브 등은 전 세계가 같이 해결할 사항이다.

① 국가 전략으로 추진해 활성화 기틀을 만든다.

자연을 활용해 환경문제를 해결하는 것은 사회, 경제문제 또한 해결하는 것이다. 이 점을 명확히 인식하면서 국가 차원의 전략을 수립해야 한다. 이때 도시의 지속가능성 관점에서 자연기반해법의 중요성, 적용 범위, 관련 자료와 정보를 대상 지자체의 행정체계에 근거하여 취합하는 방안, 자연기반해법의 실행 동향을 모니터링하는 방식 등을 포함해야 한다. 국가 전략을 이행할 때는 다수의 이해관계자가 직접 참여해야 하며, 자연기반해법 정책을 경제 및 기반시설 구축 계획과 연계시켜야 한다. 모범 사례 데이터베이스를 만들며 전용 재정 지원 창구를 설치하고 중앙-지방 정부 및 다수의 부서가 참여하는 실무그룹을 만들어야 한다.

② 다양한 혜택을 정량화하고 도시 계획지침, 인프라 설치 기준, 건물 기준 등의 규정에 포함되도록 한다.

자연기반해법의 설치·운영 비용, 혜택을 경제 용어로 계량화하고 자금 조달 방안, 사업 이행기준과 지침을 만들어야 한다. 자연기반해법은 아직 법적 체계와 기준이 없어서 실행이나 평가 방법, 지침도 체계적이지 않다. 따라서 국가 차원에서 자연기반해법 관련 정의, 기준, 지침, 법적 체계 등을 만든다면 활성화에 큰 도움이 될 것이다. 이런 체계는 지역의 영향평가를 통해 보완될 수 있다. 다만 기준, 지침 등은 사업의 종류, 적용 지역의 여건 등이 매우 다를 수 있으므로 융통성이 있어야 한다.

③ 실무자에게 자연기반해법 경험을 깊이 있게 교육한다.

과학적 분석 자료에 기반한 우수 사례를 공유하는 한편 실무 교육과정을 개설할 필요가 있다. 특히 사업 투자 효과에 대한 평가, 분석 방법은 제대로 교육해야 한다. 정책 결정과 관련된 공무원이나 전문가에게 도시의 목표와 지표, 평가 방법 등을 교육하는 것이 매우 중요하다. 아직 자연기반해법 교육, 분석 자료가 많지 않으나 국제적으로 이를 만들어 가는 상황이다.

④ 재원 투입 주체와 수혜자가 다른 문제wrong pocket problem를 해결한다.

자연기반해법을 확대하려면 비용과 경제적 혜택을 분석해 주민과 공유해야 하며 지역 경제 상황, 일자리 상황, 재원 조달 방법, 참여 기업의 특징 등을 고려해야 한다. 지역사회의 중소기업 일자리 창출에 도움이 된다는 것을 보여주면 자연기반해법 사업에 대한 반대가 줄어들 것이다. 특정 환경문제에 대한 목표와 관련 지표를 수립하면 효과 입증은 물론 재정적 측면의 장애 요인을 극복하는 데 도움이 된다.

민간 자본이 투입될 수 있는 여건을 만드는 것도 중요하다. 이때 중앙 정부와 지방 정부가 나서서 투자 여건을 만드는 것이 필요하다. 세금 감면, 재정 보조, 투자 위험 감소 수단 도입, 녹색 채권 활성화 등을 시행하는 것이다. 공공-민간 파트너십형 재원 조달 활성화 이상의 혁신적인 방법이 필요하다. 특히 도시를 위한 자연기반해법 사업은 공공성을 고려할 때 운영 및 관리의 주도권을 지자체가 가지는 체계가 기반이 되어야 한다.

⑤ 파트너십을 바탕으로 사업이 설계, 시행, 관리, 모니터링되어야 한다.

지역사회와 지역 전문가를 더 참여시켜야 한다. 정부의 공공재정은 물론 지역의 금융기관, 기업이 자연기반해법 활성화 여건을 만드는 과정에 적극 참여하도록 유도해야 한다. 지방정부 차원에서는 자연기반해법과 관련된 목표와 이를 뒷받침할 지표*를 만들어 사업 설계, 시행, 관리, 모니터링에 활용하도록 하고 공공조달에 반영하는 한편 여러 부서의 정책 과제에 포함되도록 해야 한다.

---

* 도시 차원의 자연관련 지표로는 생물다양성협약이 싱가포르와 협력하여 만든 생물다양성 현황(9개), 생태계 서비스 현황(5개), 거버넌스 및 관리 체계(14개) 등 28개 지표로 구성된 도시 생물다양성 지표(City Biodiversity Index)가 있다. 세계자연보전연맹도 도시 자연 지표(Urban Nature Index)를 만들어 갈 계획이나.[35]

4장) 농업

글. 오일영(세계자연보전연맹 한국협력관)
경부엽(주독일대한민국대사관 본 분관 환경관)

농업은 건강한 땅과 토양, 깨끗한 물 공급을 전제로
한다. 그런데 전 세계 농업용 토지의 약 52%가
심각하게 훼손되었으며, 매년 수백만 헥타르의 토지가
농업에 부적합할 정도로 악화되고 있다.[36] 이 과정에서
탄소저장고인 땅이 오히려 탄소배출원이 되기도
한다. 생산량 증가를 위해 사용하는 농약과 비료 등도
토지 오염의 주범이다. 농업용 관개는 생태계의 건강,
지역사회의 물 공급 부족을 야기하는 원인이 되곤 한다.
식량 수요가 증가할수록 농업은 자연생태계 손실의
주원인이 되고 있다. 이미 세계적으로 충분한 양의
식량이 생산되고 있지만 분배의 불균형 그리고 버려지는
음식으로 인해 식량 생산량은 계속 증가하는 추세이다.
농업이 야기하는 이런 문제들은 토양 내 유기탄소를
늘리고 지속가능한 농업 방식으로 변화함으로써 해결할
수 있다.

1. 농업의 특별한 위치

식량 수요 증가와 분배의 불균형

최근 수십 년간 급격히 증가한 식량 수요는 인구 증가, 경제 성장에 따라 계속 증가할 것이다. 2050년까지 현재의 50%, 단백질 수요는 70%까지 증가할 것으로 예상된다. 세계의 식량 관련 시스템은 74억 명의 소비자와 10억 명 이상의 생산자를 서로 연결하며 10조 달러 규모의 경제를 이루고 있다. 이를 위해 주거 가능한 토지의 약 50%가 농업용으로 사용되고 있다.[37]

증가하는 식량 수요와 지역 불균형 등을 고려할 때 지속가능한 발전을 위한 농업의 기여를 간과하기 어렵다. 농업을 둘러싼 과거와 미래의 쟁점을 잘 분석한 세계자연보전연맹의 〈지속가능한 농업을 위한 토양 복원 보고서〉(2020)에 의하면 지난 50년간 세계 인구는 약 170% 증가한 반면 농업 생산은 270% 정도 성장했다. 반면 농업용 토지 증가량은 12%에 그쳤다. 생산량 대비 토지 증가량이 현저히 낮은 것은 수확량 중심의 작물 보급, 관개 시스템 개선, 합성 비료와 농약 보급, 기계화와 저가 에너지 공급 등이 농업 생산성을 높인 덕분이다.

농업의 미래에 대해서는 상반된 시각이 존재한다. 유엔식량농업기구FAO는 식량, 사료, 바이오에너지 등에 대한 수요를 고려할 때 2050년까지 현재보다 50% 이상 생산량을 늘려야 한다고 주장

그림 3-13. 세계의 인구, 식량 공급, 재배 면적 증가 현황(Larbodière 등, 2020에서 재구성)

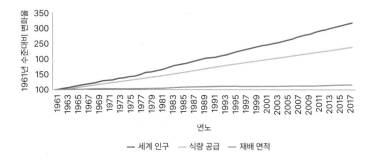

한다. 반면 유엔세계식량안보위원회CFS 산하 식량 안보와 영양에 대한 고위급 전문가 패널HLPE은 농업 생산량은 이미 전 세계의 수요를 뛰어넘었으나 과소비와 연관된 지역 간 분배의 불균형이 더 큰 문제라는 입장이다. 공급 과정에서 버려지는 식량은 전 세계 총 생산량의 14%, 음식물쓰레기로 버려지는 양도 엄청나다. 버려지는 만큼의 식량을 생산하기 위해 필요한 면적이 전 세계 농지의 약 30%에 달한다. 2010~2016년 전 세계에서 손실되거나 버려진 식량은 농업 부문 온실가스 배출량의 8~10%에 버금가는 양이다.[38]

지역 간 불균형 문제는 버려지는 양에서도 드러난다. 유럽과 북미에서는 한 사람이 1년간 95~115kg의 음식물을 버리는 반면 아프리카와 동남아시아의 음식 폐기물 양은 1인당 연간 6~11kg에 불과하다.

농업 부문은 지속가능발전을 위해 식량을 원활히 공급해야 하는 과제를 지닌 한편 물, 기후변화, 폐기물, 자연 등 환경문제에 미치는 영향이 매우 큰 영역이다. 따라서 균형 잡힌 접근이 필요하다. 환경과 관련된 국제적 논의 틀에서 농업은 지속가능발전의 관점에서 다양한 부문과 연결되어 있다. 우선 2030 지속가능발전목표UN-SDGs에서 농업과 관련된 목표는 빈곤 종식(1), 기아 종식(2), 지속가능한 소비와 생산(12), 기후변화 대응(13), 해양생태계 보호(14), 육상생태계 보호(15)가 있다. 환경적인 면은 물론 사회경제적 측면의 목표 달성을 위해서도 농업은 매우 중요한 영역임을 알 수 있다.

생물다양성협약에서는 농업 영역을 별도의 목표를 설정해야 하는 고려 대상으로 본다. 쿤밍-몬트리올 세계생물다양성체계의 23개 목표 중 4가지가 농업과 직접 관련되어 있다. 비료와 농약 사용 50% 삭감(7), 생물다양성 보호, 식량 안보 동시 달성을 추구하는 농어업 확대(10), 식량 폐기물 50% 감축(16), 유해한 농업보조금 삭감(18) 등이다.[39]

기후변화협약의 파리협정도 식량 안보와 기후변화의 악영향에 대응하기 위한 중요한 영역으로 농업 부문을 포함하고 있다. 사막화방지협약은 토지 황폐화를 되돌려야 한다는 점을 정책 방향으로 강조하고 있으며 토지기반해법Land-based Solution을 사막화, 기후변화, 농업 확대 등으로 촉발되는 토지 황폐화의 대응책으로 제시한다. 토지기반해법도 궁극적으로는 자연기반해법에 포함되는 개념으로 토양의 탄소흡수량 증가, 생물다양성 회복 등 기후변화 대응력을 향상시킬 수 있다는 것이다.

농업을 지원하는 생태계 서비스[40]

농업과 생물다양성의 특별한 관계를 설명하기 위해 유엔식량농업기구는 식량과 농업을 위한 생물다양성BFA: Biodiversity for Food and Agriculture이라는 용어를 사용한다. 식량과 농업에 관련된 생태계 서비스를 구체화한 것이다. 이는 농업과 환경의 관계를 분석할 때 매우 중요한 요소이지 농업 분야에서 자연기반해법 수단을 도입하여 달성하려는 목적이기도 하다.

공급 서비스: 물질 제공

자연이 인간에게 제공하는 식량 공급량 중 약 82%(열량 기준)를 육상식물이 담당하며 동물이 16%, 해양 동·식물이 1%를 공급한다. 이를 단백질량으로 환산하면 육상식물 60%, 동물 33%, 해양 동·식물 7%가 된다.

식량 공급에 있어 생물다양성은 중요한 유전자원 공급원 역할을 한다. 그런데 갈수록 작물 유전자가 단순화되고 있다. 6천 종 이상의 식물종이 식량을 위해 재배되고 있지만 2014년의 경우 이 중 약 200개 식물종이 전 세계 작물 생산의 대부분을 차지했고, 특히 9종이 전체의 66%를 담당했다. 이는 향후 큰 위협으로 작용할 수 있다. 이에 대응해 특정 자연현상이나 지역 환경에 강한 야생식물의 유전자를 활용하여 작물 유전자의 생산성을 높이는 노력이 지속되고 있다. 야생에서 자라는 특정 식물을 식품 용도로 고려하기도 한다.

가축은 약 40종이 식량 생산에 사용되는데 실제 단백질 공급원은 고기, 우유, 달걀 등으로 아주 소수의 동물종에 의존한다. 품종 면에서는 세계적으로 8,803개 품종이 보고되고 있지만 7,745종이 한 국가에서만 보고되고 있어 매우 지역화되어 있음을 알 수 있다. 594종은 이미 멸종되었으며, 현재 존재하는 지역 단위 품종의 26%도 멸종 위험에 처해 있다.

6만여 종의 나무 중 700여 종이 산림업에 사용된다. 어업에서는 1,800여 종을 채취하는데 33%가 남획되고 있다.

생태계의 식량 공급 서비스는 지역에 따른 특징이 있다. 개발도상국에서는 자연생태계에서 직접 음식물을 채취하는 비율이 더 높아 과일, 야채, 버섯, 꿀, 물고기, 육류 등을 야생 식품에 의존한다. 그래서 섬이나 해안지역은 어류에 대한 의존도가 높고 목초지는 가축 의존도가 높다. 지역별 토양 상태, 생물종의 다양성, 미생물 등은 농산물의 품질, 생산량 등에 영향을 미친다. 생태계 서비스는 식량 외에도 연료, 목재, 건축 자재, 섬유 재료, 의약 성분, 원예 등 다양한 종류의 농업 생산물을 직접 제공하며 농업에서 중요한 요소 중 하나인 깨끗한 물을 공급한다.

조절 및 지원 서비스: 환경 조절 및 유지

· 수분 매개

새와 곤충 같은 꽃가루 매개자는 작물의 생산성에 직접 영향을 미치는 한편 해충을 죽이는 역할도 한다. 꽃이 피는 식물종의 약

87.5%, 전 세계 식량 생산의 35%는 곤충, 조류 등 동물에 의해 수분된다. 이런 작물이 비타민C의 90% 이상, 비타민A의 70% 이상을 공급한다. 주요 수분 매개자는 벌이지만 곤충, 새, 박쥐 등도 같은 역할을 한다. 집약식 농업에서는 대부분 농지 주변의 벌에 의존한다. 수분 매개 생물종이 다양하고 밀도가 높을수록 수확량이 늘어난다. 특정 곤충이 사라지면 이를 대체하는 개체가 나타나 보완한다.

· 대기질과 기후 조절

식량과 농업에 사용되는 생태계와 생물다양성은 지역, 대륙, 전 세계 차원의 기후에 영향을 미칠 수 있다. 나무와 식물은 대기 중의 미세먼지와 유해 대기 오염물질을 제거하는데 식물군이 다양할수록 탄소흡수 및 격리에 더 효과적이다. 즉, 토양과 산림 생태계의 건강성과 회복성이 클수록 탄소 격리 능력이 더 향상된다. 산림 식생은 온도를 조절하고 강수량을 증가시켜 대륙 규모에서 농업 생산에 중요한 영향을 미칠 수 있다. 목초지와 담수 및 연안생태계도 탄소순환에 중요한 역할을 하며 대기 중 온실가스 조절에 영향을 미친다. 모든 경우에서 탄소의 흡수와 방출은 매우 광범위한 종류의 생물종 간 상호작용에 영향을 미치는데 복잡성 탓에 이를 분석, 평가하는데 한계가 있다.

· 자연재해 관리

생물다양성은 거시적으로 기후변화에 의한 자연재해를 줄이는 역할을 한다. 산림과 습지, 목초지는 빗물 유출을 조절해 하류의 홍수 위험을 낮춘다. 맹그로브숲, 산호, 해초대 등은 연안의 홍수를 방지한다. 나무나 식생대는 자연재해에서 보호지역을 제공하며 토양을 안정시켜 산사태 예방 효과가 있다. 반대로 과도한 목축은 식생대의 감소로 연결되어 결과적으로 토양 침식과 산사태의 원인이 될 수 있다.

· 병해충 관리

생물다양성은 작물, 가축, 나무, 양식 어류 등을 공격하고 질병을 전파하는 특정 생물종 조절에 도움이 된다. 이런 생태계 서비스를 직접 제공하는 식물이나 포식자를 생물 농약biological control agent이라고 한다. 생물 농약은 자연적으로 존재하기도 하고 농지에 주입하기도 한다. 이런 기능은 육상이나 해양의 무척추동물, 척추동물, 미생물, 식물은 물론 가축까지 제공할 수 있다. 예를 들어, 지피식물도 야생 생물종과 유사한 역할을 하며 오리 등도 병해충 관리자역할을 한다. 생물 농약 개체의 다양성이 높을수록, 농업 경관내 생물 서식지가 다양할수록, 생물종이나 작물·가축 등이 다양할수록 병해충 관리 효과는 증가한다.

· 물 관리

식량 및 농업과 관련된 생물다양성, 수질과 수량에 영향을 줄 수 있다. 건강한 토양과 식생대는 빗물이 하천으로 흘러드는 것을 감소시켜 홍수를 방지할 수 있다. 토양 내 침투된 빗물은 지하수를 충전해 건조한 시기 강물의 수위를 유지하는 효과가 있다. 목초지, 산림 식생대, 습지 등에 있는 토양과 식물은 수질오염물질과 병원균을 제거하는 역할을 한다.

· 토양

토양의 상태를 좌우하는 미생물과 지렁이 같은 무척추동물은 토양 형성 및 유지와 영양분의 순환 과정에 작용해 농업 생산성에 영향을 미친다. 토양의 구성과 유지는 전적으로 생물다양성과 관련이 있다. 생물다양성이 줄어들면 외부 충격에 대한 회복력도 줄어든다. 토양 내 미생물군은 토양의 질병 억제 능력을 향상시켜 병원체로부터 식물을 보호하는 데 도움을 준다. 작물이나 사료 작물, 나무 등을 포함한 식물은 토양의 침식을 방지하고 유기물을 공급한다. 가축의 분비물은 비료로 사용되어 영양분을 공급한다. 나무 그늘은 흙 속의 벌레를 보호하여 토양 구조를 향상시키는 역할을 한다.

· 서식지 제공

식량 생산과 농업은 생태계 서식지를 파괴하는 주요 원인이지만 농업용 작물, 산림, 바다 농장 등은 그 자체가 서식지 역할을 하기도 한다. 이때 중요한 것은 작물의 다양성이다. 다양한 작물을 기르는 집 정원은 식량 공급원이자 자연적인 생태계 서식지가 파괴된 지역에서 야생식물의 서식지 역할을 할 수 있다. 열대 지역에서는 커피농장이 열대 기생 생물종의 서식지 역할을 하기도 한다. 더 광범위한 경관 영역에서는 농지나 가축 농장이 모자이크 형태의 서식지 역할을 할 수도 있다.

문화 서비스: 문화적 가치

작물, 가축, 나무, 양식장 등은 사람에게 심미적, 정신적, 교육적 효과와 더불어 여가를 제공하는 등 문화 서비스를 제공한다. 문화 서비스의 영향과 만족도는 생물다양성이 높을수록 더 크다. 특정 지역의 음식 문화는 그 지역의 생물종, 작물, 가축, 어류 등의 영향을 받으며 나무와 동물종 등은 향토 공예품에 영향을 미친다. 농업, 목축, 습지, 산림 등의 농업 경관의 특징은 여가활동이나 관광의 중요한 요소가 되기도 한다. 콜롬비아의 커피 생산지, 필리핀의 계단형 논, 스위스 라보의 와인 생산지 등은 세계문화유산에 등재된 지역으로 독특한 경관을 형성해 문화적 가치를 인간에게 제공한다.

생태계를 파괴하는 농업

농업에 의한 생태계 파괴는 인구 증가와 과도한 소비 등에서 비롯된다. 이런 원인이 토지의 농지 전환, 과도한 음식물 쓰레기 발생 등의 압력 요인을 발생시킨다. 이는 농지의 생산성 악화와 생물종 감소 등의 부정적 상황을 만들거나 기후변화, 가뭄과 홍수 등 농업에 영향을 주는 요인을 유발한다. 인간은 이런 일련의 흐름을 제어하기 위해 농지 확대, 농업 생산성 향상 등 다양하게 대응하는데 이 활동이 다시 압력 요인, 상황, 영향 요인 등을 변동시킨다.

그림 3-14. 농업의 환경적 영향의 원인 흐름(세계자연보전연맹, 2020)

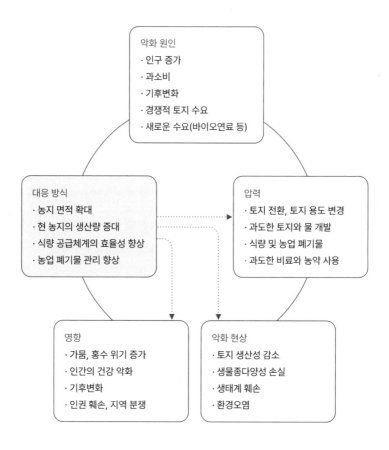

환경 악화 원인

인구 증가는 농업에서도 환경을 악화시키는 가장 큰 원인이다. 2050년이면 세계의 인구가 97억 명에 달할 것으로 예상된다. 식량이나 농업 시스템을 개선하지 않는 한 농업 생산품 수요도 최소 50% 이상 증가할 것으로 예상된다.[41] 식량 생산량은 수요를 이미 초과했다. 문제는 지역적인 수요 공급의 불균형이다.

기후변화에 관한 정부간 협의체는 관련 보고서에서 기후변화 완화를 위한 과제로 식생활 개선을 꾸준히 지목하고 있다. 식물성 식품 소비를 늘리고 육류 소비를 줄이는 것이 인류와 지구에 이로움에도 불구하고 여전히 많은 지역에서 식품 생산 및 소비 패턴은 이와 반대되는 양상을 보인다.

식량 쓰레기는 음식물 소비 후 나오기도 하지만 식량 생산 및 공급과정에서 버려지는 경우도 있다. 전 세계적으로 음식 생산량의 약 17%가 버려지고 있는데, 유럽연합에서 한 해에 버려지는 양만 1,320억 유로에 달한다.[42] 이 쓰레기들은 매립장에 버려져 상당량의 온실가스를 발생시킨다. 개발도상국에서는 식량 추수, 보관, 판매 시설이 부족한 것이 식량 쓰레기 발생의 주요 원인이다. 결과적으로 전 세계에서 생산된 식량의 약 1/3이 버려진다. 이 문제를 해결하는 것만으로도 식량 안보와 환경에 미치는 악영향을 줄이는데 엄청난 효과를 기대할 수 있다.[43]

최근에는 식량 외에도 바이오에너지나 바이오플라스틱 수요도 급증하고 있다. 바이오에너지는 화석연료를 대체하는 재생에너지로, 바이오플라스틱은 역시 화석연료에서 생산되는 플라스틱을 대체한다는 목적으로 수요가 증가하는 추세이다.

추가로 주목해야 할 환경 악화 원인으로 농업 보조금 문제와 기후변화가 있다. 2017~2019년 사이 경제협력개발기구 37개국과 유럽연합 회원국, 주요 개발도상국 등 총 54개 국가에서 지급된 농업용 보조금은 6,190억 달러에 달한다. 이 중 80% 이상이 시장을 교란시키고 환경에 악영향을 주는 방식으로 사용되었다는 분석이 있다.[44] 왜곡된 농업 보조금을 줄이고 생산성이나 지속가능성, 환경보호에 순기능을 가진 분야로 돌려쓰는 것이 필요한 시점이다.

기후변화도 매우 중요한 환경 악화 원인이다. 기온 상승, 강우 패턴 변화, 이상 기후 빈발 등은 토지 훼손을 가속한다. 지역에 따라서는 홍수나 가뭄이 잦아지고 해수면이 높아지며 사막화가 확대되면서 기존 농지에서 생산하던 작물과 가축의 양이 줄어들게 된다. 이는 생물다양성이 우수한 지역을 농지로 전환하는 문제로 이어지고 재배 식물종을 바꾸게 해 생태계에 악영향을 주기도 한다. 이런 현상은 아프리카, 아시아, 열대지역 등에서 더 심각하게 발생하고 있다.

환경 악화 현상

농약을 오래 사용하면 토양의 생물다양성, 농업적 지속가능성, 음식의 안전성 등에 영향을 미치며 토양 기능을 악화시킨다. 농지를 넓히기 위해 산림을 없애거나 자연 목초지를 농지로 만드는 것도 마찬가지이다. 토양 기능 악화 정도는 대륙에 따라 차이가 난다.

유럽보다 북아메리카나 아시아와 아프리카 일부 지역(아라비아·북동아프리카·동남아시아·발칸 반도 등)의 토양 상태가 훨씬 나쁘다. 이들 지역 인구의 66%가 악화된 토지에 거주하는 반면 유럽에서는 그 비율이 약 10%에 그친다.[45]

자연 서식지를 농업용으로 전환하거나 오염물질 배출, 비료와 농약 사용량 증가는 생물다양성 감소에 영향을 미친다. 농지 전환으로 인한 산림 손실이 열대지역과 개발도상국에서 크게 일어나고 있다. 다행히도 2010년대에는 1990년대에 비해 산림의 감소량이 절반으로 줄어들기는 했지만, 전체 면적은 여전히 감소하고 있다. 자연 서식지를 농업용으로 전환하면 생태계 기능 저하와 생태계 서비스와 함께 물 공급 감소, 수질 저하, 대기오염 증가, 생물다양성 감소 등이 동시에 발생한다. 토지 이용 변화로 인한 전 세계 차원의 생태계 서비스 감소는 4.3조~20.2조 달러에 달한다.[46] 농지 전환은 경관을 분절시키는 문제도 일으킨다.

농업의 집약화intensification는 자연이나 경관의 다양성, 생물다양성 유지에 바람직한 전통적인 농업 방식을 점차 사라지게 한다. 농업 방식의 단순화는 해충 확산을 방지하는 자연생태계의 포식자를 감소시켜 농약에 더 많이 의존하는 농업 방식으로 변하게 만든다. 결과적으로 농업 집약화에 의해 작물과 가축의 다양성이 줄어들고 있다.

물과 수생태계 악화에도 주목해야 한다. 관개 농업 확대는 습지, 수림대 악화, 대수층 감소, 하류의 물 부족이나 수질 오염 등을 유발한다. 관개를 잘못해 토양에 염분 피해가 발생하는 경우도 있다. 토지 황폐화, 산림 파괴 등으로 유발되는 토양 수분 감소는 농업 작물 생산량이나 식물의 탄소흡수량 감소와 연관된다. 더 거시적으로는 지역사회의 강우 패턴과 기후에도 악영향을 줄 수 있다. 빗물 유출량이나 패턴의 변화는 수생태계, 생활·공업 용수 공급에 위협이 되기 때문이다.

2. 자연을 닮은 농업

지속가능한 농업 접근 방식

지속가능한 농업은 환경은 물론 사회, 경제적인 부분까지 포괄적으로 고려해야 한다. 이는 지속가능한 농업의 정의에서 잘 드러난다.

> 현재 세대와 미래 세대의 수요를 만족시키면서 자연자원을 보호·관리하는 방향으로 기술과 제도를 변화시켜야 한다. 토지, 물, 식물과 동물의 유전자원 등을 보전하는 이런 발전은 환경을 악화시키지 않고, 기술적으로 적정하며, 경제적으로 이행가능하고, 사회적으로 수용가능해야 한다.
> — 유엔식량농업기구(1988)

유엔식량농업기구는 자원 활용의 효율성 향상, 자연생태계의 보전과 보호, 시골 생활과 사회적 웰빙의 보호와 향상, 주민과 지역사회, 생태계의 회복성 향상, 자연과 인간 시스템의 바람직한 거버넌스 촉진 등 5가지 지속가능한 농업 원칙도 제시했다. 이러한 정의나 가이드라인은 자연기반해법 수단이나 목적을 선택하는데 있어 중요한 판단 근거를 제공한다. 지속가능한 농업을 위한 실제 활동은 대부분 환경, 경제, 사회적 목표를 모두 고려하는 가운데 기후변화 대응, 식품 생산 등 특정 부분을 더 강조하여 접근하는

방식도 있다. 세계자연보전연맹은 이를 9가지로 정리했다.[47]

농업생태학(Agroecology)

농업생태학은 지역의 재생자원, 농업 지식과 우선순위 등을 지속 가능하게 사용하고 생태계 서비스를 제공하며 환경·경제·사회적 이익을 동시에 제공하는 농업 유형이다. 통합적, 통섭적 접근 방식을 사용하며 사회 운동 측면에서 농촌 지역, 농부, 지역 농산물, 다양한 고유 종자, 건강한 음식 등을 포괄하는 개념으로 활용된다. 1930년대에 만들어진 개념을 발전시켜 1990년대에 제도화하고 통합했다. 국제환경 및 개발연구소IIED에서 정리한 농업생태학의 종류와 특징은 다음과 같다.[48]

보존 경작	혼합 작물 재배	작물 윤작과 휴경
논·밭 갈기 최소화, 토양 구조와 유기물 보존	생태적 기능의 상호 보완 역할, 영양 성분, 효과적인 공간 활용	토양 내 영양분 보존, 병해충 생존 차단
피복 작물과 멀칭	**작물-가축 혼농**	**거름, 퇴비, 질소 고정 작물 통합 활용**
토양 침식 방지, 영양 공급, 병해충 조절 효과	영양분 활용, 경제적 수입 다변화	화학비료 사용 감소
생물학적 해충 관리, 타감 작용(allelopathy)	**빗물 활용**	**혼농임업**
장기적인 병해충 발생 감소, 농약에 의한 악영향 감소	물 관개량 감소	햇빛 활용 극대화, 토양 비옥도와 구조 유지, 작물 재배에 긍정적 미세기후 조성
재생에너지 및 퇴비 활용, 유기성 쓰레기 재활용	**통합적 경관 관리**	
에너지, 화학물질 사용 감소로 환경 개선	농지 경계, 외부, 경관 차원의 관리, 다양한 환경개선 효과	

자연포용적 농업(Nature-inclusive agriculture)

자연포용적 농업은 자연과 생태계 서비스의 지원을 받아 식량을 생산하면서 이들이 잘 유지될 수 있도록 기여하는 농업 방식이다. 농장 관리와 자연이 상호 긍정적인 영향을 줄 수 있는 방향성을 추구한다. 농업생태학이 개념적인 접근 방식에 가깝다면 자연 포용적 농업은 실제 농업 활동에 혁신적 방법을 최대한 적용하여 지속가능한 식량 생산이 주류가 될 수 있도록 접근한다. 그래서 해당 지역의 자연 자본을 최대한 이용하고, 외부의 투입을 최소화하는 것을 원칙으로 한다. 자연포용적 농업에는 다양한 유형이 있으며, 농부가 현장 여건에 맞추어 최대한 실행해야 한다.[49]

낮은 밀도로 가축 사육	비유기농 농약 소량 사용	화학 농약 소량 사용
비오톱과 같은 다양한 경관 요소 확대	허브나 꽃으로 농장 테두리 만들기	토양 교란을 최소화하는 무경간 농법 도입
고슴도치나 부엉이를 위한 공간 제공	농장 경계에는 적은 양의 비료 사용	수로 경계의 풀을 남겨두고, 수로 내부는 주기적으로 관리

영속농업(Permaculture)

자연은 자기 조절 능력이 있고 변화에 적응한다. 또한 스스로 에너지를 저장하고 폐기물도 발생하지 않는다. 1970년대 오스트레일리아에서 발전된 영속농업은 자연의 특성을 농업 시스템 전반에서 따라 하도록 설계, 운영하는 방식이다. 충분한 규모로 확대 적용할 수 있는지 확실하지 않지만 다양한 사례로 시행되고 있다.

빗물 재이용, 퇴비 생산 활용 (자원의 폐회로적 활용)	잔디나 풀 대신 식량을 생산할 수 있는 작물이나 다년생 식물 재배	
무경간 농법, 화학 합성 비료 미사용, 피복작물 재배 등으로 건강한 토양 유지	가축을 다용도로 활용(닭을 방목하면 해충 감소, 토양 관리, 잡초 관리 등 가능)	
혼농임업 활용	토양에 나무를 묻어 토양의 수분 함량 향상	수분, 질소 고정 등 다양한 생태계 서비스 활용

보존농업(Conservation agriculture)

심각한 토양 침식에 대한 해법으로 등장한 보존농업은 1970년대 브라질과 아르헨티나에서 발전되었다. 토양을 보존함으로써 토양 표면과 내부에 더 많은 탄소를 포집하고 물과 영양분 활용 효율을 높이면서 식량 생산성을 동시에 향상시키는 것이다. 즉, 토양을 식량 생산과 기후변화 대응이 가능한 살아있는 생태계로 관리하는 것을 의미한다.[50] 이 방식은 적도와 극지방 등 다양한 기후에서 광범위하게 적용되고 있으며 작물 재배에 주로 적용할 수 있다.

보존농업을 대규모로 실행한 미국의 토양 건강 파트너십Soild Health Partnership은 2014년 미국옥수수생산자협회와 미국 비영리 환경단체인 환경보호기금Environmental Defense Fund과 네이처 컨저번시Nature Conservancy, 제약사인 바이엘Bayer 등이 시작한 프로그램으로 작물 수확량과 환경보호에 최적인 농법을 적용하도록 도와주는 협업 프로그램이다. 개별 농가의 자료에 기반해 최적 농법을 과학적으로 확인하는 과정을 거치는 방식으로 프로그램이 운영되고 있으며, 현재 미국 16개주에서 200여 개의 대규모 농장이 참여하

고 있다.[51]

　보존농업은 전 세계적으로 적용할 수 있는 지역이 매우 넓으며 교육과 지원이 제공되면 보다 빠르게 도입할 수 있다. 다만, 이모작을 하는 지역에서는 적용하기 어렵다.

토양 교란 최소화	토양 표면 관리	작물 윤작
무경간 농법 적용, 직파 농법, 비료 직접 시비	피복 작물 재배, 수확 이후 작물 잔재물 놓아두기, 멀칭	다양한 식물종 재배

재생농업(Regenerative agriculture)

건강한 토양을 중시하는 보존농업 방식에 화학적 농약이나 비료 사용을 없애거나 줄여서 토양을 재생시키고 환경에 대한 영향을 줄이는 것을 포함한다. 또한 농업 생산성 향상, 기후의 불안정성에 대한 회복력 향상 등을 추가한 개념이다. 1980년대에 제시된 방식으로 대상을 목축업까지 확대했다.[52]

무경간, 최소 경간 농업	목초지 관리 개선
토양 밀집도, 물 침투 및 함유, 탄소 격리 향상	윤환 방목, 목초지에 식물 기르기

생태계 다양성 향상	생물학적 토양 비옥도 향상
거름, 다품종 피복작물 재배, 혼농임업, 임간축산*, 꿀벌이나 익충을 위한 농지 경계 식물 심기	피복 작물, 작물 윤작, 다년생 작물, 거름, 가축 분뇨 퇴비 사용 등으로 폐회로 형태의 영양성분 관리

・　임간축산(silvopasture): 유휴산지에 가축을 방목해 나무 사이의 목초를 사료로 사용하는 방식. 나무를 제거하지 않아 난소서상량을 높이며, 임산물이 부수적인 수입원이 될 수 있다.

탄소농업(Carbon farming)

보존농업, 재생농업에서 발전한 개념으로 2050 탄소중립 달성을 위해 탄소흡수원으로 온실가스를 격리하고 유기물 퇴비 활용, 습지나 산림복원, 식물의 식재 등을 실시해 농업 과정에서 발생하는 온실가스를 줄이는 방식이다. 미국의 캘리포니아와 오스트레일리아에서는 이 방식으로 감축한 온실가스 양을 배출권으로 거래하도록 독려하는 정책이 시행되기도 했다.[53] 그러나 감축 또는 격리된 온실가스의 양을 농부들이 객관적으로 산정하기 어렵다는 한계가 있다. 따라서 탄소농업에 대한 정보 제공과 역량 교육, 초기 전환자금 지원, 시행 농가에 대한 인증제, 공공조달을 통한 판매 지원 등 다양한 정책 지원이 뒷받침되어야 한다. 탄소순환연구소에 따르면 탄소농업의 방법은 다음과 같다.[54]

토양 교란 최소화 무경간 농법 적용, 직파 농법	다층 재배(multi-story cropping)와 소로 재배(alley cropping)로 빗물 유출, 토양 침식 최소화, 토양 건강 및 비옥도 향상	**가축 방목지에 목초 식물 재배** 토양 침식 방지, 빗물 침투, 토양 내 유기물 증가
멀칭과 퇴비 활용	식생 여과대, 방풍림, 산울타리, 식생 수로 등의 설치	임간축산 적용

기후스마트 농업(Climate-smart agriculture)

2010년 유엔식량농업기구의 헤이그총회에서 식량 안보와 기후변화에 종합적으로 대응해야 한다는 정치적 필요성에서 만들어진 개념으로 정책적, 기술적, 경제적 투자 등을 포괄한다. 유엔식량농업기구, 유엔환경계획, 세계은행이 주도적으로 확산시키고 있다. 2014년 유엔기후변화총회에서는 세계기후스마트농업동맹The Global Alliance on Climate Smart Agriculture이 발족되었다.

기후스마트농업은 농업 생산성 향상과 수입 증대를 통해 농업 안보를 확보하되, 기후변화에 대한 적응과 회복력을 향상시키고 온실가스 배출을 줄이고 흡수량을 늘리는 것 등을 종합적으로 달성하려 한다. 기술적 농법이라기보다는 종합적인 방향성을 적용하는 방식이라는데 의의가 있다.[55]

농업뿐 아니라 연관 부문에서 수요 관리와 가치사슬 차원의 변화 유도	작물과 가축의 통합적 생산 체계, 혼농임업 등 적용	논농사: 메탄 발생 여건 관리, 다년생 작물을 활용한 탄소 격리, 보존농업 등 실시
산림: 지속가능한 숲 관리	도시 농업: 수경재배, 도시숲 가꾸기	유전자원과 종 다양성, 종내 다양성, 생태계 다양성 향상
작물 생산: 작물 변종 선택, 작물 육종, 재배 양식 등을 통해 기후변화에 적응, 화학비료 사용 절감으로 온실가스 감축	목축: 임간축산, 목초지 복원, 가축 퇴비 재활용, 작물-목축 통합 관리 등 적용	습지와 토지 복원, 목초지 관리, 관개 관리, 토양 내 유기물 및 수분량 증가 등 토지와 물 관리 실시
가뭄 모니터링 및 경보 체계 구축, 비상 대응 프로그램 운영	화석연료 사용 감축, 농장 에너지 효율 향상, 에너지와 식량 생산간 통합적 접근	식량 손실과 폐기물 최소화

순환농업(Circular agriculture)

식물 유기물은 식량의 근본이며 인간에 의해 먼저 사용되는데, 식량 생산, 가공, 소비 과정(식량 시스템)에서 발생하는 부산물은 식량 시스템 내에서 다시 재활용할 수 있다. 가축은 사람이 소비해도 되는 식량보다는 작물 잔재물, 각종 부산물, 식량 손실분과 음식물 쓰레기 등을 사료로 활용할 수 있다. 이 같은 식량 이용의 우선순위 체계를 만드는 것이 순환농업이다.[56] 1990년대 네덜란드 학자에 의해 제시된 개념으로 유한한 자원의 투입을 최소화하고 재생 자원 활용을 확대하며 불가피하게 발생히는 손실된 식량은 고부가가치 방식으로 활용하는 것이다.

정밀농업, 대기 중 질소 흡수량이 높은 다양한 작물을 재배해 영양소 손실 방지	농업용 곤충, 곰팡이 등을 활용하여 작물 잔재물을 사료로 가공	가축 분뇨와 작물 잔재물, 부산물 등을 토양 개량, 토양 피복 시 활용
조류와 같은 수생 바이오매스를 식량 시스템이나 영양소 재활용 목적으로 활용	부산물을 온실가스 감축 효과가 있는 바이오에너지, 재생 바이오물질 등으로 활용	품질이 매우 낮은 식량을 가축 사료로 활용

생태적 집약화(Ecological intensification)

지속가능한 집약화, 농업생태적 집약화 등과 유사한 개념이다. 농약이나 비료가 아니라 자연이 제공하는 생태계 서비스를 활용하여 농업 생산성을 크게 향상시키면서도 환경에 대한 부정적 영향을 최소화하는 농업 방식이다.[57] 생태계 서비스가 농업 생산성 향상에 미칠 수 있는 영향(토양 비옥도 향상, 병해충 감소, 기후변화에 대한 회복력 향상)에 대한 이해도를 높이는 것이 중요하다.

작물 재배 시스템: 혼합 작물 재배, 작물 윤작, 피복작물 활용, 직접 파종, 멀칭	토양: 보존형 경작, 토양 다지기 최소화, 화학 농약·비료 사용 감축	생물다양성: 타감작용 효과가 높은 다양한 작물 활용 확대
통합적인 병해충 관리		향상된 비료와 영양소 관리, 모니터링

식량 생산 차원의 자연기반해법[58]

산림업의 최적화

산림업에서는 벌목 대상 경제림의 연령대를 늘려 생물 서식지를 제공하면서 목재와 생태계 서비스를 향상시키는 방식, 영향이 적은 벌목 방식을 실행한다. 산림의 기존 생태계를 고려하여 여러 종의 목재를 기르고, 자생종을 활용하며, 생태적 솎아내기를 하는 것 등도 자연기반해법에 해당된다. 산림지역 거주민에게 효율이 좋은 요리용 레인지를 공급하거나 대체에너지를 사용하도록 하면 땔감 사용량을 줄여 산림 보호, 생물서식지 공급, 식량 공급 확대 등의 효과를 가져올 수 있다.

목축업의 최적화

가축의 개체수를 과도하지 않게 유지하면서 번식능력은 향상시키고 사료 효율을 높이는 것으로 기존 목축 방식의 변화와 추가 비용이 수반된다. 이때 목초지에 콩과 식물과 같이 토양 내 질소 함량을 높이는 식물을 같이 재배하거나 가축 개체수를 우선 조정하면 상대적으로 적은 비용으로 목축업을 최적화할 수 있다. 이산화탄소보다 온난화 효과가 27.9배 큰 온실가스인 메탄 발생은 줄이고 토양 내 탄소 함량은 높일 수 있으며 식물과 곤충의 상호작용, 곤충의 다양성 등을 향상시켜 생물다양성에도 기여한다. 물 사용량도 줄일 수 있어서 개체수가 과도하게 많을 때 발생할 수 있는 토양 유출, 오염물질 정화 기능 약화 등도 개선할 수 있다.

농업의 최저화

동남아시아처럼 연중 대부분 논에 물을 가두어 벼를 재배하는 경우 벼 잔재물이 혐기성 상태에서 분해되어 메탄 가스가 발생할 수 있다. 이 문제는 논에 물을 가두는 시기를 최소화하고 물 사용량을 줄이는 농법을 적용해 해결할 수 있다.

화학비료 사용량을 합리적으로 조절하면 이산화탄소보다 온실효과가 약 273배나 높은 아산화질소와 암모니아의 대기 방출을 줄이고 질소 성분의 수계 유출을 감소시킬 수 있다. 토양의 영양분과 수질도 향상시킬 수 있다. 이처럼 농지 영양분을 관리하는 방법은 북미와 서유럽 등지에서 이미 광범위하게 적용되고 있다. 미국에서는 이 방식으로 오대호 중 하나인 에리에Erie호의 부영양화 문제를 해결했다. 부영양화로 호수의 수질 관리비용이 급증하고 관광과 어업에 악영향을 주자 2014년 인디아나, 미시건, 오하이오주의 농부와 농산물 소매업자 등이 4R 영양소 관리 인증 프로그램4R Nutrient Stewardship Certification Program을 도입해 호수 수질 개선에 나섰다.[59] 농부들이 비료를 사용할 때 원료와 양, 시기와 장소 등을 적정하게 고려하도록 하는 4R 방식Right source, Right rate, Right time, Right place 시행하도록 격려하는 이 프로그램은 지금은 캐나다, 뉴욕주, 미네소타, 미주리주까지 확대 시행되고 있다. 비료 사용량이 과도한 아시아 지역에서도 도입할 필요가 있다. 교육 확대, 화학비료에 대한 지원금 정책 변경 등을 통해 추가 비용 지출 없이 조속히 실행할 수 있다.

농지의 작물 사이에 나무를 심는 혼농임업은 나무의 탄소격리량을 높이고 바람 등으로부터 작물을 보호한다. 또한 토양 침식을 막고 토양 내 수분을 증가시키며 빗물 유출을 줄여 지하수 충전량도 늘어난다. 숲과 마찬가지로 미세먼지 등 대기오염물질 저감 효과가 있으며 생물종의 서식지를 늘리고 연결성을 향상시켜 생물다양성에 기여한다.

바이오차

작물 잔재물을 수거해 숯을 만들면 폐기물 발생량을 줄이고 잔재물이 분해되면서 이산화탄소가 공기 중으로 배출되는 것을 줄일 수 있다. 죽은 식물이 땅에 묻히면 미생물 분해과정을 거쳐 탄소를 대기로 방출하고 탄소중립 상태가 되기까지 약 10년이 걸린다. 하지만 바이오차에 저장된 탄소는 100년 이상 보존될 수 있다.[60] 열분해 과정에서 발생하는 가스를 화석연료 대체재로 활용한다면 이산화탄소를 추가 감축할 수 있다. 바이오차를 토양에 넣으면 토양 속 질소 침출 또는 휘발 현상을 줄임으로써 비료 사용을 줄이면서도 농업 생산량을 높일 수 있다.

최근 전 세계적으로 바이오차 생산량이 급증하고 있으며 사용되는 원재료도 나무 부스러기, 벼 껍질, 커피 껍질 등 다양한 농업 잔재물을 사용하고 있다. 바이오차는 원래 아마존 원주민이 식량 생산량을 늘리기 위해 사용하던 방식이다. 원료 작물의 종류와 대상 농작물의 종류, 날씨 등 재배 조건에 따라 편차가 크지만 일반적으로 토양의 질을 개선하고 작물 생산을 늘리는 데 긍정적인 영향을 미친다. 다만 작물 잔재물을 가축 사료로 사용하는 지역에는 적용하기 어렵고 높은 생산 비용과 대규모 생산 시설 부족, 인식과 이해 부족, 표준화 및 품질 관리 부족 등의 과제가 남아 있다.

중앙아메리카 벨리즈의 톨레도카카오생산자협회는 카카오 나뭇가지로 바이오차를 만들어 토양 개량제로 판매한다. 2009년부

그림 3-15. 바이오차의 기후변화 저감 원리(우승한, 2021)

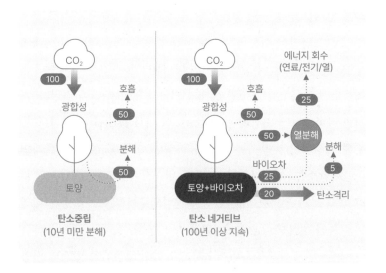

터는 영국에서 설립된 카본 골드Carbon Gold와 협업하고 있는데 바이오차와 비료를 혼합 사용해 카카오 묘목의 발아를 향상시키고, 카카오 열매 생산량을 증가시키는 성과를 거두었다. 바이오차를 뿌린 토양의 카카오 묘목은 물이 부족한 가뭄 시기에도 생존율이 향상되었다.[61]

농업 경관 관리 차원의 자연기반해법[62]

농지로 전환될 가능성이 높은 지역을 보호지역이나 보류지역으로 설정하여 자연의 생태계 서비스 기능을 유지하는 것이다. 조림이나 재조림, 산불 관리, 연안습지나 이탄습지 복원, 수생태계 복원 등도 경관 차원의 농업 자연기반해법에 포함될 수 있다. 해양경관 차원에서도 이와 유사하게 지역 단위area-based에서 보존형 어업 관리를 이행하여 지역생태계를 보호하고 환경오염을 적극적으로 제어하면 궁극적으로 물고기 개체수를 늘리는 효과가 있어 장기적으로 어업 활동에 도움이 된다.

다만 다양한 효과가 있음에도 불구하고 지역 농민에게 경제적 부담을 줄 수 있다는 문제가 상존하게 된다. 따라서 개별 농가의 규모를 뛰어넘는 지역 차원의 사업으로 진행하면서 농민에게는 재정 지원을 하는 방식이 필요하다. 실제로 경관 관리 차원의 자연기반해법은 농장주보다는 정부나 공공기관, 기업 등이 나서서 추진하는 경우가 많다. 다만 실제 이행단계에서는 개인 농장주가 참여해야 효과를 높일 수 있다.

산림, 목초지의 농지 전환 방지

전 세계에서 1년에 쿠웨이트 면적(170만 헥타르)에 달하는 자연 산림과 목초지가 농지로 전환되고 있다. 미국에서는 2008년부터 2012년까지 새로 만들어진 농경지의 약 77%가 자연 목초지에서 전환되었다. 이 같은 농지 전환을 억제하려면 산림과 자연 목초지의 경제적 효과에 대한 농부의 인식을 높이는 한편 농지 전환을 억제하는 제도를 도입할 필요가 있다. 이와 동시에 증가하는 식량 수요에 대응하기 위해 농법 최적화, 식생활 개선, 농업 잔재물 최소화 등을 추진할 필요가 있다.

미국에서는 농산물의 생산부터 최종 소비까지 전 공급망에 이해관계자가 참여하는 동맹 프로그램인 '농지에서 시장으로Field to Market'에서 토지 이용 전환 관리, 질소 관리 프로그램을 비롯한 다양한 활동을 진행하고 있다.[63]

지속가능한 산림관리

세계의 산림면적을 고려할 때 기대효과가 매우 큰 방식이다. 과도한 벌목은 무척추동물, 양서류, 포유류의 종 다양성을 감소시킨다. 다량의 유기물을 수확하는 벌목 방식은 토양의 생물학적, 물리적 건강성을 훼손하고 강우 시 빗물 유출량 증가, 홍수 위험 증가, 수생태계 악화 등의 문제를 유발하므로 유기물 잔량 관리도 필요하다. 벌목 주기를 늘리면 잦은 벌목으로 인해 대기 중으로 배출되는 이산화탄소를 줄일 수 있다. 감소된 벌목량에 의한 경제적 손해는 임업 부산물을 채취하여 보완한다. 벌목할 때는 주변의 나무가 훼손되지 않게 하며cable winching 나무의 성장을 방해하는 넝쿨 등을 솎아내는 활동을 한다. 이를 위해서는 산림운영 관리 권한을 장기적으로 보장해야 한다.

습지, 이탄습지 복원

습지가 많은 인도네시아, 러시아, 중국 등에서 활용할 수 있는 방식이다. 습지와 이탄습지는 농지나 도시개발용으로 전환되거나 수량이 적은 상태가 되면 황폐해진다. 후자의 경우, 다량의 유기물에 포함된 탄소가 대기 중으로 배출되며 산불 위험이 증가하고 생물다양성이 줄어드는 문제가 생긴다. 이를 복원하려면 적정 수량을 유지하고, 수질을 개선하며, 토종 식물을 심는 등의 방법이 있는데 비용이 수반되므로 지원 수단이 필요하다. 미국 노스캐롤라이나주에서는 보호지역 지정으로 이 문제를 풀었다. 포코신 호수의 국립야생동물보호지역The Pocosin Lakes National Wildlife Refuge에서 각종 개발로 물이 과도하게 배수되면서 이탄지의 수분이 부족해 대규모 산불이 발생하거나, 유기물이 분해되면서 다량의 온실가스가 대기로 배출되는 문제가 있었다. 미국 야생생물보호청US Fish and Wildlife Service은 1991년 철새인 흰기러기, 툰드라 백조의 주요 경유지인 이곳을 보호지역으로 지정하고 파트너 기관과 협력해 제방과 물 관리 시설을 설치하여 물이 과도하게 배수되지 않고 토양 수분이 강우에 따라 자연적으로 적정 수준을 유지할 수 있도록 개선했다.[64]

산불 위험 관리

산불이 발생하면 상당량의 이산화탄소가 대기 중으로 배출되며 생태계가 급격하게 파괴된다. 산불은 자연 발생하기도 하므로 완전히 예방할 수는 없다. 하지만 계획된 지역, 시기, 규모에서만 산불이 발생하도록 사전 관리하면 예상치 못한 대규모 산불의 악영향은 예방할 수 있다. 산불 위험 관리는 매년 지역주민이 시행해야 효과가 있으므로 교육, 경제적, 정책적 지원 등이 필요하다.

토양유기탄소 확보

유엔환경계획과 세계자연보전연맹의 공동 보고서에 의하면 2050년 기준, 자연기반해법으로 흡수할 수 있는 이산화탄소 잠재량의 평균 24%를 농지와 목초지 관리를 통해 확보할 수 있다.

식물이 뿌리 주변 땅에 저장한 탄소를 토양유기탄소soil organic carbon라고 한다. 땅속에 사는 미생물의 세포, 분해되는 동식물의 사체, 목탄, 석탄, 흑연과 같은 유기물도 꾸준히 탄소를 저장하거나 배출한다. 따라서 토양유기탄소의 양을 늘리면 대기 중의 이산화탄소를 제거하고 기후변화 완화에도 도움이 된다. 반면 인위적인 토지 이용 또는 이용방식 변경은 토양유기탄소를 대기 중으로 과도하게 방출시켜 지구온난화를 촉진할 수도 있다. 기후변화에 관한 정부간 협의체의 〈기후변화와 토지에 관한 특별 보고서〉(2019)에 의하면 매년 인위적으로 배출되는 이산화탄소의 24%가 토양 이용 과정에서 발생한다. 식량을 더 많이 생산하기 위해 산림과 목초지를 개간해 농지를 만들고, 땅을 가는 경운耕耘을 하고 화학비료를 사용하는 동안 토양 속 탄소는 빠르게 방출된다.

이에 대응하기 위해 농업 분야는 토양의 온실가스 저장 능력은 최대화, 농사를 지을 때 발생하는 온실가스 배출은 최소화하면서 기후변화와 재난에 대응한 탄력성을 강화하고 동시에 생산성을 유지하거나 높이는 복합적인 방향으로 진화하고 있다. 이를 위해 토지의 피복층을 보호하는 전략을 사용한다. 토양유기탄소는 대부분 지표면에서 20cm 이내에 저장되어 있기 때문이다. 땅을 파거나 휘젓거나 뒤집는 교란 활동을 최소화하는 무경운 또는 저경운 농법을 활용하거나 대기 중의 이산화탄소를 더 잘 흡수하는 작물을 재배하기도 한다. 돌려심기와 피복작물을 활용해 토양 침식을 방지하고 단일 작물을 오래 재배할 때 생길 수 있는 토양 속 영양 불균형을 방지하기 위해 작물과 함께 다년생 나무를 함께 심는 혼농임업을 하기도 한다. 다년생 초지에서 가축을 기르는 등 지속가능한 목초지 관리도 중요한 과제이다. 목초지를 잘 관리하면 토양의 수분 함량도 좋아지고 비료 사용량도 줄일 수 있다.

다만 농업 분야의 자연기반해법은 다른 분야에 비해 더 많은 연구가 필요하다. 전과 다른 방식을 시도하는 것은 언제나 불확실성을 동반한다. 기존 농지나 목초지 토양의 탄소격리를 늘리면 흡수원을 늘리기 위해 토지를 추가 확보해야 하는 부담이 사라진다. 하지만 토지 관리 상태에 따라 배출원으로 즉각 역전될 수도 있다. 토양의 탄소격리 수준을 꾸준히 유지하려면 토지 소유주와 농민이 자연기반해법을 활용한 사업을 이해하고 참여해야 한다.

3. 지속가능한 농업을 위한 조언

정치적·제도적 지원

농업 부문의 자연기반해법 수단은 상당 규모의 초기 비용이 필요하다. 반면 성과는 몇 년에 걸쳐 서서히 확인할 수 있다. 단기적으로 작물과 가축 등의 생산량을 감소시키거나 변동이 심한 결과를 만들 수도 있다. 식량 안보가 중요한 지역에서는 이런 문제가 자연기반해법 도입의 걸림돌이 되기도 한다. 다양한 이해관계의 갈등 속에서 자연기반해법을 차질없이 이행하려면 정치적·정책적 의지를 분명하게 보여주는 것이 필요하다.

관련 법령에 포함하거나 농업 정책의 핵심사항으로 국가 계획이나 지자체의 정책 전반에 자연기반해법을 포함해야 한다. 독일 연방정부는 2030년까지 친환경 농지 비중을 전체 농지 대비 30%까지 확대하겠다는 계획(2020년 기준, 약 10%)을 우리나라의 국정과제에 해당하는 연립정부 수립 합의서(2021)에 포함하였다. 우리나라도 〈기후위기 대응을 위한 탄소중립·녹색성장 기본법〉에 탄소중립 사회로 이행하기 위해 농림수산 전환 시책을 수립, 시행할 것을 의무화하고 있다. 이에 따라 2021년 12월 농림축산식품부는 '2050 농식품 탄소중립 추진 전략'을 수립했다. 이 전략에는 저투입 저탄소 농업 활성화, 화학비료 절감, 친환경 농업시장 확대, 농어촌 재생 에너지 보급 확대 등이 포함되어 있다.

재정 지원과 민간 투자 촉진

쿤밍-몬트리올 세계생물다양성체계는 2025년까지 생물다양성에 부정적인 보조금을 확인하고, 2030년까지 매년 5천억 달러 수준에서 부정적 보조금을 감축하거나 친환경적으로 전환할 것을 23개 핵심 실천 목표 중 하나로 결정하였다. 따라서 각국 정부는 이미 존재하는 농업 관련 보조금과 지원금 중 자연환경 개선과 기후변화 대응에 부정적인 보조금을 삭감하고 도움이 되는 방향으로 전환해야 한다.

유럽개발은행EIB는 자연자본금융기구Natural Capital Financing Facility를 설립하여 2017년부터 지방은행이나 중개은행을 이용하여 농업 자연기반해법을 시행하는 민간 사업자에게 장기 대출을 하거나 민간 기업에 직접 투자하는 방식으로 금융 지원을 하고 있다. 이 과정에서 필요한 서류 준비, 모니터링, 평가 과정 등에 대한 기술적 사항도 지원하고 있다.

정부가 농민에게 제공하는 보조금 외에 민간 금융기관이 농업 자연기반해법 확대를 유도하는 혁신적인 방법도 고려할 수 있다. 농업용 대출, 기업 투자 인센티브, 공공금융기관의 정책 금융, 보험 상품 등이 농업 자연기반해법 수단을 도입하는 농민에게 이익을 주도록 설계될 수 있다.[65]

이와 더불어 소비자가 산림이나 자연 파괴 등을 일으키지 않고 생산된 상품을 선호하도록 관련 시장을 확대하여 자연기반해법 도입에 따른 농민의 단기적 소득 상실이나 불확실성을 완화하도록 지원할 수 있다. 2022년 유럽연합은 회원국 내에서 유통 및 판매되는 목재, 소고기, 커피, 코코아, 팜유, 대유, 고무와 초콜릿, 가구, 종이 등 파생제품에 대해 신규 산림전용 및 벌채가 금지된 지역에서 생산된 것이 아님을 입증하게 하고 있다. 이를 위반하는 경우에는 상품 압수, 거래 수익 몰수, 벌금 부과 등의 강력한 제재 도입에 합의한 것도 이러한 노력에 해당한다.[66]

다행히 식품 산업을 중심으로 지속가능한 농업에 대한 관심이 늘어나고 있다. 친환경 상품에 대한 소비자 관심이 높은 독일에서는 친환경 농업을 수행하는 농민들이 기존 전통적 농업을 수행하는 농민들에 비해 연간 24% 많은 소득을 올리고 있다.[67] 레베REWE, 에데카EDEKA. 리들LIDL, 알디ALDI 등 전국 체인망을 가진 식품 유통점들도 자체 친환경 브랜드를 운영하고 있다.

과학적 자료 마련과 인식 개선

자연기반해법의 성공적인 이행을 위해서는 지역별 과학적 자료가 마련되어야 한다. 지역마다 농업 방식, 자연환경, 지역사회의 특징이 모두 다르기 때문이다. 이는 학계, 정부, 기업, 지역사회가 모두 나서야 가능한 일이며 상당한 시간이 소요되는 일이다. 그렇다고 과학적 자료를 충분히 쌓은 이후에 자연기반 해법 수단을 도입하려 한다면 이미 늦다. 필요하다면 현재 활용할 수 있는 모든 수단을 융통성 있게 검토해 시의적절하게 대응(low-regret 전략*)해야 한다. 다만 장기적인 기후변화 영향과 위험에 대한 전망에 따라 변경할 수 있는 여지를 마련해야 한다. 광범위한 파급력을 가진 환경문제는 미래에 일어날 상황이 과학적으로 완벽하게 예측되지 않더라도 기다리지 않고 미리, 충분한 수준으로 대책을 이행하는 것이 필요하다.

현장에서 자연기반해법을 이행할 농민의 인식 개선도 중요하다. 농업 부문은 사유재산과 소득 창출이 공공의 이익과 첨예하게 대립할 수 있는 부문이다. 그래서 자연기반해법의 공공적 혜택만으로 농민과 농지 소유자를 설득하기는 어렵다. 전통적인 농업 관행을 이해하고 농부를 위한 인센티브를 포함한 제도적 개선과 사회적 인식 변화 등 복합적인 노력이 필요하다. 특히 농업 부문은 다른 부문에 비해 현장에서 지역 주민 또는 농민이 자연기반해법의 수단을 적극적으로 이행하는 것이 필수인 만큼 이들의 공감대와 참여가 바탕이 되어야 한다.

실행을 위한 기술 지원

한국농촌경제연구원(2022) 우리나라 농가에서 저탄소농업 수용도가 낮은 이유를 조사했더니 농가의 특성에 따라 다른 결과가 나왔다. 논벼 농가는 기술을 모름, 생산량 감소, 생산비 증가 우려, 많은 노동력이 필요해서 시도하지 않는 경우가 대부분이었다. 시설

• low-regret 전략: 가장 비용 효과적이며 다른 정책과 절충(trade-off)하지 않아도 되는 최적의 대안(no-regret)은 아니더라도, 상대적으로 비용이 저렴하지만 큰 편익이 기대되는 수용가능한 대안(low-regret)을 선택하는 것.

재배 농가의 경우는 초기 설치비 부담이 크다는 답변이 가장 높은 비중을 차지했고 축산 농가에서는 주로 경영비 상승 우려와 비싼 처리 비용, 기술을 모른다고 답했다.

농업 부문의 자연기반해법은 여타 부문에 비해 실제 현장에서 지역주민 또는 농민이 적극적으로 이행하는 것이 필수적이다. 그러나 산업화 이후 장기간 지속되어온 기존 농업 방식의 혁신에는 불편함이 따를 수밖에 없다. 헌입에 있는 농민들은 한 번도 경험하지 못한 농업 방식일 수도 있다.

특히 전 세계 농가의 약 90%가 소규모 개인 농가이며, 그들 중 97%가 행정 등 제반 인프라가 부족한 개발도상국에 거주하고 있다는 점도 고려해야 한다. 선진국 농가도 인식 수준이 낮은 것은 마찬가지이다. 따라서 수요자 맞춤형의 지속적인 인식 개선과 교육 훈련이 필요하다. 강의, 세미나, 현장 실습은 물론 가상공간 활용 등 수요자의 접근성과 이해도를 높일 수 있는 다양한 방법을 검토할 수 있을 것이다. 우리나라 농촌진흥청은 기술 포털*을 통해 최신 친환경 농업 기술과 사례 등을 소개함으로써 시간 여유가 부족한 농민도 자유롭게 학습할 수 있도록 지원하고 있다.

거버넌스 활성화

농업 자연기반해법은 산림, 물, 해양 등에 비해 더욱 복잡한 이해관계가 대립할 수 있다. 따라서 사회의 공공 이익과 농민 개인 또

* 농촌진흥청 농업 기술 포털 농사로 www.nongsaro.go.kr

는 농업 가치사슬에 종사하는 모든 개인의 이익이 균형을 찾을 수 있도록 설계하고 이행하는 것이 중요하다. 계획의 설계 단계부터 민주적이고 열린 분위기에서 모든 이해관계자의 참여를 보장하는 것이 기본 전제이다. 자연기반해법의 성공에는 지역 특성을 이해하는 것이 필요하다. 이를 통해 이해관계자의 참여를 통해 현장의 정보를 정확하게 수집할 수 있고 사업수행에도 비용효과적으로 기여할 수 있다. 경관 관리 차원의 자연기반해법은 상대적으로 넓은 공간을 대상으로 하므로 농업, 어업, 산림, 물 관리 등 다양한 부문의 정부 관계자와 행정구역이 관련되기도 한다. 이 경우, 국내에서 운영 중인 4대강 수계관리위원회와 같은 별도 거버넌스 기구를 설치하거나 여러 국가가 관련된 사업을 추진할 때는 관련 국제기구가 제3의 독립기구로서 거버넌스를 만들어 추진할 수도 있다.

5장   해양

글. 오일웅(세계자연보전연맹 한국협력관)
감수인(주 동원대학교 국제대학원 생명과학과)
(전공 전공 이학 전공 전공 전공)

인류는 직간접적으로 바다가 제공하는 식량에 의존한다.
바닷가에서는 바다에 의존해 경제생활을 영위한다.
그러면서도 엄청난 양의 오염물질과 플라스틱을 해양으로
방출하고, 수산자원을 과도하게 남획하여 해양생태계를
파괴하고 있다. 이는 안정적인 식량 공급에 문제가 될뿐더러
기후위기까지 촉발하고 있다. 해수면 상승과 태풍 등
기상이변은 연안 도시와 소규모 섬나라의 거주민에게
직접적으로 심각한 피해를 일으킨다.
이런 문제를 해결하려면 해양으로 배출되는 오염물질을
엄격하게 관리하고, 수산자원을 지속가능하게 관리해야
한다. 또한 연안 도시의 재해 방지 기능을 향상시켜야 한다.
해양에 적용할 수 있는 자연기반해법이 모든 문제를
해결하는 유일한 수단이 될 수는 없겠지만 매우 유용한
수단이 될 수 있다는 과학적 사실을 계속 확인하며 실행하는
꾸준함이 필요하다.

1. 지구에서 가장 큰 생물권

가장 넓고 가장 방치된 곳

지구 표면의 약 70%를 차지하는 바다는 생명체의 80%가 있는 가장 큰 생물권이다. 지구물리적 차원에서는 기후를 좌우하기도 한다. 바다는 인류가 숨 쉬는 산소의 약 50%를 공급하며 인류가 배출하는 이산화탄소의 30% 이상을 흡수한다. 온실가스에 의해 추가로 발생하는 열의 약 90%도 해양이 흡수한다.

인류의 생존에 기여하는 중요한 역할에도 불구하고 전 세계 바다는 심각하고 다양한 환경문제에 신음하고 있다. 기후변화에 관한 정부간 협의체의 〈제6차 평가보고서 제2실무작업반 보고서〉는 온대지역 산호초 대부분이 기후변화에 적응할 수 있는 한계에 도달했다고 평가했다. 해양생태계가 돌이킬 수 없는 수준으로 훼손된다면 바다를 활용하여 기후변화 위험을 저감하려는 노력마저 시행하기 어려워지거나 불가능해질 수 있다. 해양의 연안 지역은 국가의 영토로 귀속되어 관리되는 곳도 있지만 대부분의 해양이 관리의 영역에서 벗어나 있다는 문제도 있다.

다른 분야에 비해 해양의 환경문제를 해결하기 위한 국제적인 행보는 아직 부족하다. 이에 유엔은 국제적 차원의 관심과 실질적인 움직임을 촉구하기 위해 전 세계의 정부, 학계, 기업, 국제기구 등 이해관계자를 모으고 있다. 2017년 6월 뉴욕에서 첫 번째 유엔

해양회의UN Ocean Conference를 개최했으며 2022년 6월 리스본에서 개최한 두 번째 회의에서 해양을 둘러싼 환경 이슈를 7가지로 정리하고 주요 해법을 논의했다.[68]

1. 기후변화

지구가 뜨거워지는 만큼 바다도 뜨거워진다. 바다가 온실가스에 의해 발생한 열까지 흡수하기 때문이다. 해양의 온도 상승 속도는 1993년 이후 2배 이상 증가했다. 인류가 배출한 이산화탄소는 바다에 흡수되어 산성화, 산소 결핍을 유발한다. 해양 산성화는 산업화 이전에 비해 이미 26% 증가했으며 2100년까지 100~150% 증가할 전망이다.

　도시나 산업단지 개발을 위한 매립, 농지 전환, 새우 양식을 위한 식생대 벌채 등의 과정에서 맹그로브, 해초대, 조수 염습지 등의 식생대나 해수면 아래 토양이 품고 있는 엄청난 양의 탄소가 방출되고 있다. 땅을 헤집으면 이산화탄소가 방출되는 것은 도시 개발과 농업, 해양을 가리지 않는다.

2. 해양 오염

해양이나 연안 환경오염의 약 80%는 농지 침출수, 농약, 플라스틱, 처리되지 않은 하·폐수 등에 의해 발생한다. 이중 플라스틱은 매년 1,100만 톤이 바다로 유입되고 있다. 이로 인해 어업이나 다른 산업에서 발생하는 경제적 비용은 130억 달러에 달한다. 북태평양에 떠다니는 해양 플라스틱 쓰레기 섬Great Pacific Garbage Patch은 약 1조3천억 개의 플라스틱 잔해가 모인 것으로 무게는 8만 톤, 면적은 프랑스 국토의 약 3배에 해당한다. 800종 이상의 해양 생물종이 플라스틱을 먹거나 서식지 변화에 의해 피해를 당하고 있으며 매년 100만 종의 바다새와 10만 개체의 포유류가 플라스틱 잔해에 의해 죽어가고 있다.

3. 지역사회

전 세계적으로 6억8천만 명 정도가 해수면 상승, 연안 홍수로 피해를 볼 가능성이 높은 연안 저지대에 거주하고 있다. 연안 저지대 거주자는 계속 늘고 있어 2050년이면 약 10억 명까지 증가할 것으로 예상된다.

해양 수산업은 전 세계적으로 5,700만 명에게 일자리를 제공하고 저개발국가 인구의 절반 이상에게 주요 단백질 공급원 역할을 한다. 인류는 동물성 단백질의 15% 정도를 해산물로 충당하고 있다. 이 과정에서 물고기 1,000만 톤이 파괴적인 어업 활동에 의해 버려지는데, 이는 올림픽 규모의 수영장 4천~5천 개를 채울 수 있는 양이다.

4. 경제

해양과 연관된 다양한 산업(어업, 물류, 바이오기술, 에너지 생산, 해저 광물 개발, 관광 등)은 급성장하고 있다. 해양 및 연안과 연관된 산업은 연간 전 세계 GDP의 5% 수준인 3조 달러의 규모이다. 최근에는 지속가능발전의 3가지 축인 환경, 사회, 경제의 상생을 고려하여 해양을 환경적으로 건강하게 활용하는 청색 경제Blue Economy가 주목을 받고 있다. 특히 맹그로브, 해초대, 염습지 등을 보존하고 복원하는 자연기반해법은 대기 중의 탄소를 해양에 저장하고, 연안 지역 개발로 인한 이산화탄소 방출을 방지할 수 있어 기후변화에 대응하는 블루 카본Blue Carbon으로 주목받고 있다.

5. 관광

해양 관련 관광업은 연간 1,340억 달러 규모로 전 세계 관광업의 약 80%가 연안 지역에서 이루어진다. 다만 산호초 파괴로 인한 관광업의 손해는 매년 12억 달러 정도로 추산된다. 한편 관광업 증가는 거대한 양의 해양 플라스틱을 유발하는 역효과도 발생시킨다.

6. 해양생태계

주요 해양생태계의 60%가 훼손되었으며 지속가능하지 않은 방식으로 사용되고 있다. 영국 국토 면적과 비슷한 24만5천km²의 연안생태계가 육상에서 유입되는 비료에 의해 파괴되었다. 해초대, 맹그로브, 산호초와 같은 중요한 해양 서식지의 30~35%가 파괴되었다는 연구도 있다. 모든 종류의 바다거북과 해양 포유류의 66%, 바다새의 50%가 플라스틱 오염 피해를 보고 있다. 각종 유형의 환경오염을 유발하고 해양생태계를 파괴하는 인류의 행동에 급격한 변화가 없다면 해양 생물종의 절반이 멸종될 것이라는 예측도 있다. 그나마 다행인 것은 해양 보호지역이 증가하고 있다는 점이다. 해양 보호지역은 2000년에는 전체 바다 면적의 0.7% 수준이었으나 2019년에는 약 7.5%로 10배 이상 증가하였다. 국가가 직접 관리하는 해안가를 중심으로 증가한 것인데 아쉽게도 이 중에도 많은 지역은 재정, 인력 부족 등의 문제로 적정 수준의 관리가 안 되는 곳이 많다. 관리 국가가 없는 해양은 전 세계 바다의 61%, 이 중 보호지역으로 지정된 곳은 1.2% 수준에 그친다.

7. 수산 자원

전 세계에 생물학적으로 지속가능한 수준으로 관리되는 수산 자원의 비율이 하락하고 있다. 1974년에는 90%였으나 2015년 연구에서는 66.9%로 하락한 것이다. 그러나 개별 국가의 노력에 따라 반대의 경향을 보이는 경우도 있다. 예를 들어 미국에서 지속가능한 수준으로 관리되는 수산 자원은 2005년 53%에서 2016년에는 74%로 증가했다. 오스트레일리아에서도 비슷한 시기에 27%에서 69%로 증가했다. 다만 미국, 오스트레일리아 같은 사례가 전 세계적으로 발생한다고 기대하기는 어렵다.

2. 늘 푸른 바다를 만드는 방법

블루 카본의 잠재력

바다는 매년 인위적으로 배출되는 이산화탄소의 약 30%를 흡수하는데 이를 블루 카본이라고 한다. 푸른 바다가 흡수하고 저장하는 이산화탄소인 블루 카본에 대한 연구가 시작된 지 수십 년이 지났음에도 불구하고 이산화탄소 흡수원으로서 해양생태계의 잠재력은 아직 밝혀지지 않은 부분이 많다. 각국의 국가결정기여를 분석해보아도 해양생태계의 기후변화 적응을 위해 자연기반해법을 활용하는 경우에 비하여 이산화탄소 흡수원으로서 해양생태계를 활용한다는 인식은 부족한 편이다.[69]

해양생태계는 산호초 군락지, 맹그로브숲, 해초 목초지와 다시마숲, 연안 지역의 염습지와 사구 등 다양한 생물 서식지로 구성된다. 육상식물이 죽으면 분해되면서 대기로 탄소가 방출되지만 해조류를 비롯한 연안습지 식물은 대부분 토양에 쌓여 오래도록 저장된다. 덕분에 연안생태계의 단위 면적당 탄소격리량은 열대림 같은 토지생태계의 최대 20배 이상으로 알려져 있다.[70] 전 세계 면적의 1% 이내에 불과한 연안습지를 복원하면 기후변화 적응 및 재난 위험을 낮출 뿐 아니라 탄소 포집과 수질 개선을 포함한 광범위한 생태계 서비스를 제공하고 생태 관광자원으로서 지역사회 활성화의 기회를 제공한다. 따라서 연안습지를 중요한 보호지역으로 설정하면서 보존 활동에 경제적 인센티브를 제공하여 연안 생태계의 근본적인 피해를 방지할 필요가 있다. 우리나라 〈해양수산분야 2050 탄소중립 로드맵〉(2021)에서 갯벌과 연안습지 복원을 확대하고, 보호구역을 추가 지정하며, 바다숲을 조성하여 해양의 온실가스 흡수량을 확대하는 정책이 블루 카본을 확대하는 사례이다. 이 과정은 콘크리트 구조물 중심의 해안 경관을 자연기반해법을 활용하여 재설계함으로써 체계적으로 이루어질 수 있다.[71]

해조류 양식이나 해양 조림도 기후변화 완화에 도움이 된다. 해조류가 많아지고 왕성하게 성장하면 이들이 광합성으로 흡수하는 이산화탄소의 양도 늘어난다. 해조류를 활용하여 바이오매스 원료를 생산함으로써 온실가스의 발생을 줄일 수도 있고 바다의 수질을 비용 효과적으로 개선하는 데도 도움이 된다. 미 항공우주국NASA에서 우리나라 남해안의 김과 미역 양식장의 위성 사진을 찍을 만큼 해조류 양식은 뛰어난 온실가스 완화 수단이 될 수 있다. 다만 해조류 양식으로 인한 이산화탄소 저감 효과의 구체적인 비용 편익과 환경적 영향에 대한 분석은 아직 부족한 편이다. 따라서 대규모 활용에 앞서 추가 연구가 필요한 경우가 많다.

대륙 인근의 이산화탄소가 저장된 퇴적물을 보호하기 위해 저인망 어업을 제한해야 한다는 주장도 있다.[72] 이 경우 어민 등 이해관계자의 갈등이 생길 수 있다. 따라서 실제 해양 바닥에 포획된 이산화탄소 규모와 저인망 어업으로 유출될 확률 및 유출될 경우 대기 중으로 배출되는 최종 비율 등에 대한 비용편익 분석이 필요하다.

어류의 품종과 수 역시 해양의 이산화탄소 흡수량에 영향을 준다는 주장도 있다. 특히 고래나 대형 어류의 사체는 그 자체로 이산화탄소 저장고로서 기능할 수 있으므로 포획을 금지하고 보호해야 한다는 주장이다. 그러나 이 역시 이산화탄소 저장고로서 가치를 판단하기에는 아직은 관련 정보가 부족하다.

해안의 기후변화 적응[73]

해안의 기후탄력성을 높이기 위한 자연기반해법은 블루 카본 방식과 크게 다르지 않다. 연안습지, 맹그로브숲, 산호초 등을 보호하거나 훼손된 부분을 복원하는 방식이다. 이런 수단으로 해안 지역이나 해안가 도시의 홍수, 해수면 상승 피해를 예방하면서 해양 생태계를 보호할 수 있다.

추가로 해양 공간계획Marine Spatial Planning, 해안 보호지역Marine Protected Area 등을 고려할 수 있다. 해양 공간계획은 해안 지역이 각종 경제적 개발 수요로 무분별하게 변형되거나 활용되는 것을 방지할 수 있는 제도적 접근 방법으로 경제·사회적 개발 수요와 생태계 보호 필요성을 종합적 시각으로 관리하는 데 필수적이다. 해안 보호지역도 생태계를 훼손 없이 유지하기 위해 중요한 제도이다. 전 세계적으로 해양 보호지역은 2019년 현재 전체 면적의 7.5% 수준에 불과하다. 쿤밍-몬트리올 세계생물다양성체계는 2030년까지 30% 수준으로 높일 것을 결의하였다.

맹그로브숲

맹그로브숲은 적도 근처 열대와 아열대 지역 해안가의 염분이 높은 바닷물에서 잘 자라는 나무와 관목으로 구성된 숲이다. 많은 해안도시 주변에서 맹그로브숲이 재난 방지를 위한 완충대 역할을 한다. 파도에 대한 자연 장벽 역할을 하며 변화된 해양 환경에 대한 적응력도 높아 피해 발생 후에도 자연생태계의 탄력성을 활용하여 스스로 복구될 수 있기 때문이다. 맹그로브숲의 홍수 방지기능에 의한 이익만 매년 전 세계적으로 650억 달러에 달한다.[74]

맹그로브숲은 해일이나 파도에 의해 해안가가 침식되는 것을 막아주며 영양분과 퇴적층에 대한 필터링, 수질 유지, 해안가의 어류, 조류 등의 서식지이자 벵갈호랑이, 이구아나, 악어, 펠리컨 등에게도 중요한 서식지이다. 또한 해안가 산호초와 해초 베드 seegrass bed를 보호하는 역할도 하고, 염습지와 비슷하게 퇴적 작용으로 바다로 유입되는 오염물질을 줄여주는 역할을 한다. 이와 같은 기능은 해안가 마을 주민에 어업, 목재와 식량 공급, 염료 생산, 관광 등 많은 경제적, 사회적 혜택을 제공한다. 최근에는 맹그로브숲이 열대지역에서 온실가스를 흡수하는 능력이 육상 산림보다 뛰어나다는 것이 주목받고 있다.

전 세계의 맹그로브숲은 지난 50년 동안 벌목, 새우 양식업, 농사, 해안 매립 등으로 30~50%가 파괴되었다. 이중 약 80%가 베트남, 인도, 방글라데시 등 동남아시아 국가에서 벌어졌다.[75] 맹그로브숲을 복원하려면 조류가 맹그로브숲에 충분히 들어올 수 있어야 한다. 따라서 조류의 흐름을 제약하는 시설물을 개선해야 한다. 그 후 맹그로브 씨를 뿌리고 조류 흐름에도 충분한 퇴적층이 만들어지도록 투수성 시설물을 설치하여 씨앗이 자리 잡도록 해야 한다. 씨앗을 뿌려서 복원하기 어려운 곳이나 파괴 정도가 심한 곳에서는 맹그로브 나무를 직접 심기도 한다.

아프리카의 기니-비사우에서는 카셰우강 유역의 파괴된 맹그로브 생태계를 복원하기 위해 2015년부터 국립공원 복원 프로젝트를 진행하고 있다.[76] 원래 있던 맹그로브숲을 더욱 보호함으로써 지속적으로 쌀농사, 어업, 소금 생산, 목재 수확 등을 하도록 유도하는 사업을 병행하고 있다. 이 사업은 2015년부터 3년간 1단계를 시행했으며 2단계 사업도 2026년 완료될 예정이다. 8만9천 헥타르를 보호지역으로 지정하고 이중 2백 헥타르를 복원한 덕분에 쌀 생산량은 헥타르 당 2배 증가했으며 7개 마을에 대체 생계수단을 제공할 수 있었다. 맹그로브 나무를 땔감으로 사용하는 비율은 80% 감소했다. 이 방식으로 대규모로 나무를 심는 전통적 방식의 90%까지 비용을 절감할 수 있었다. 이 프로젝트는 국제적 비영리기구Wetland International가 지역사회 기관과 협업으로 시행하고 있다. 프로젝트 지역의 공원관리청과 지역사회가 3년간 현장 조사를 실시하며 지역사회의 인식을 바꾸고 있으며 지역사회에 직접 혜택을 제공했다는 점에서도 의미있는 프로젝트이다.

모래 해변(Sand Shore)[77]

바다와 육지가 접하는 모래 해변은 경관도 좋지만 해풍과 파도 등이 도시에 미치는 영향을 약화시키는 역할을 한다. 모래 해변은 조류, 파도, 해안의 경사, 퇴적물 종류와 양 등에 의해 유형이 다른 모습으로 형성되는데 사구dune, 해초 목초지seagrass meadow, 산호초 biogenic reef 등과 같은 특이지형도 포함한다. 이런 특이지형은 파도나 조류 에너지로부터 해안이 침식되는 것을 막아주고, 이 지형의 식물은 해안의 모래 퇴적, 어류의 먹이 공급, 온실가스 흡수, 생태 관광 등의 다양한 혜택을 제공한다. 그러나 해안을 개발하거나 모래를 채취하려는 경제 활동과 모래 해변 특유의 지형과 생태계를 보호하려는 활동 사이의 충돌이 세계 곳곳에서 지속해서 발생하고 있다.

모래 해변을 복원하려면 해변의 모래 침식에 대비해 인근 대륙붕에서 모래를 채취해 해변에 주기적으로 공급하고 해안 사구를 복원해야 한다. 해안의 안정성이 부족한 곳에는 인공 암초나 물속에 잠기는 구조물을 설치하여 파도의 에너지를 줄여 사구, 해변, 해초 목초지 등이 생길 수 있는 조건을 만드는 접근 방법도 필요하다. 자연에서는 사구, 해변, 해초 목초지, 암초 등이 서로 연결되어 파도나 조류의 영향이 적은 환경을 만들 수 있다. 이런 환경에 해양생태계가 형성되므로 모래 해변 복원은 특이지형간 상호 연결성, 의존성을 고려하여 이루어져야 한다.

산호초와 굴암초[78]

산호초 및 해초와 같은 해저 식생은 평소 파도 높이를 약 70%까지 감소시킨다. 덕분에 파도의 속도를 줄여 해일 피해를 줄이고 얕은 해안 지역의 퇴적물을 안정화하고 토양을 유지해 해안선 침식을 완화하는 역할을 한다. 따라서 산호초나 굴암초를 설치해 이들의 서식지를 확대하면 서식지 자체의 내구성과 저항성을 강화해 지속가능한 해안 관리의 선순환이 가능해진다.

자연기반해법과 기존 건축 구조물을 결합한 하이브리드 방식 Green-Grey Infrastructure도 대안이 될 수 있다. 굴 껍데기로 채워진 돌망태를 제방 같은 기존 구조물과 연계 설치하는 방식이 일반적으로 사용된다. 해안선의 방파제에 난 구멍이 새로운 서식지가 될 수 있도록 돌망태나 특수 형태의 말뚝을 활용한 기술도 있다.

이런 방식으로 해양생태계와 서식지를 보호하는 것은 물론 관광 활성화, 해안가 어획량 증가, 생태계와 서식지 보호, 수질보호와 담수량 확보 등의 부수적 효과도 기대할 수 있다. 미국 앨라배마주에서는 모빌만Mobile Bay의 굴암초를 복원해 해안가의 평균 파도 높이와 에너지를 53~91% 줄였다. 2015년 기준 앨라배마주 전체 굴 수확량의 약 50% 정도를 수확했다고 한다. 또한 해양생태계에 치명적인 질소 오염을 감소시키는 부수적인 효과도 확인할 수 있었다. 과거 수십년 동안 굴을 채취하느라 오염되고 훼손되었던 곳에 350만 달러를 투자해 약 6km 구간의 굴암초를 복원한 결과였다.[79]

조간대[80]

바다와 육지가 만나는 조간대Tidal flat는 우리나라의 갯벌에 해당하는데 생물다양성이 매우 높은 곳이다. 조간대는 식생이 있는 곳(염습지)과 식생이 없는 곳으로 구분할 수 있다. 갯벌도 식생갯벌과 비식생갯벌이 있다. 일반적으로 강하지 않은 파도가 치는 해안가에서는 맹그로브숲처럼 바닷물에 견딜 수 있는 식물이 군락을 이루면 홍수나 폭우의 영향에 대해 완충지 역할을 하고 육지에서 바다로 향하는 빗물의 오염물질을 정화하여 수질을 유지한다. 또한 파도나 조류의 에너지를 낮추어 해안가가 침식되는 것을 방지하고 침전물이 장기간 쌓이면서 퇴적층을 형성하여 해안 생물종에 안전한 서식처를 제공한다. 염습지에서 바닷물 흐름은 식물에 필요한 영양소를 제공하고 유기물은 해안 물고기의 먹이가 된다. 즉, 염습지는 먹이사슬 측면에서 1차 생산자와 1·2차 소비자가 모두 존재하는 곳이다. 다양한 새의 서식처로도 활용된다. 철새 조망, 여가, 휴양 등 생태관광 지역이자 자연에 대한 교육 장소로 활용 가치가 매우 높다.

조간대를 복원할 때는 바닷물의 흐름을 개선하는 것이 제일 중요하다. 이를 위해 바다 조류의 흐름을 막는 인공구조물을 제거하는 것을 우선 검토할 수 있다. 진흙이 부족한 염습지에는 이웃 지역의 진흙을 옮겨와 뿌리거나 조류에 의해 자연스럽게 퇴적되도록 만드는 방식도 있다. 파괴 정도가 심한 염습지에서는 식물이 뿌리내릴 수 있도록 매트를 설치하는 방식도 활용된다. 다양한 생태적, 심미적, 경제적 효과를 주는 염습지 복원은 인공 방파제 설치 비용의 20~50% 수준으로 경제적이다.

해양 공간계획

연안 지역 거주 인구가 많은 만큼 해안 지역 활용에 대해 여러 이해관계가 경쟁하고 갈등이 생길 수 있다. 그럴 때 해양 공간계획을 적용할 수 있다. 유네스코의 정부간 해양학 위원회Intergovernmental Oceanographic Commission에 따르면 해양 공간계획은 해안 지역이 환경적, 경제적, 사회적 목적 사이의 균형을 맞출 수 있도록 인간의 활동이 공간적, 시간적으로 분산되게 만드는 행정적, 정치적 절차이다.[81] 해양 공간계획은 도시 계획과 비슷하다고 생각하면 된다. 지도를 활용해 관리 지역이 어떻게 활용되고 있는지, 어떤 자연자원과 생태계가 어디에 위치하고 있는지 분석하는 것에서 시작한다. 이를 토대로 정책 방향, 법적 규정, 이해관계자 참여 등의 정치적 요소를 반영하여 공간별 행위 계획을 만드는 것이다. 이때 해당지역의 생태계가 최적 수준으로 유지될 수 있도록 자연기반해법을 적극 도입할 필요가 있다.

3. 해양 자연기반해법 활성화 방안

충분한 정보 수집과 연구 활성화

해양은 가장 거대하며 역동적인 생태계이다. 해양 자연기반해법은 이러한 불확실성을 전제로 한다. 새로 조성된 해양 서식지나 해안선이 안정화되려면 일정 수준의 시간이 소요되며 매일 변화하는 바다에 맞서 지속적인 관리가 필요하다. 게다가 안정화 이전에 예상하지 못한 태풍이나 해일과 같은 자연재해가 닥친다면 애써 조성한 자연기반해법 수단이 파괴되거나 오히려 위험 요소가 될 우려도 있다. 또는 새로 조성한 모래사장 등에서 미세식물이나 침입종이 발생해 기존 생태계에 예측하지 못한 영향을 미칠 수 있다.

자연기반해법에 대한 전 세계적 관심 증가에도 불구하고 여전히 해양 자연기반해법과 관련한 정보 수집과 연구는 육상 기반 자연기반해법에 비해 부족한 실정이다. 기대한 효과를 얻으려면 자연기반해법과 관련한 해양 생태계의 특징에 대한 이해를 높이는 것을 토대로 해당 지역사회의 기후탄력성을 제고해야 한다.[82] 특히 계속해서 지형이 변하는 해양의 특성을 고려하여 사업 시행 지역의 과거, 현재, 미래 전반에 걸친 이해가 요구된다. 역사적으로 해안 사구나 암초가 없던 지역에 이를 설치한다면 오래 유지되지 못할 가능성이 높다. 당분간 지구온난화와 해수면 상승이 계속되고 이에 따라 강력한 태풍이나 해일의 발생 가능성도 높아질 것이라는 점을 고려한다면 미래에 예상되는 충격을 견딜 수 있는 수준으로 설계되어야 한다. 모래 해변을 복구한다면 지속적인 운영관리를 위해 해변에 공급할 모래의 공급처와 운송 방안 및 비용에 대한 고려도 충분히 반영되어야 한다. 포괄적인 정보 분석과 우선순위 마련을 위한 과학적 방법론 역시 연구되어야 할 과제이다.

이해관계자를 위한 거버넌스 구축

해양 자연기반해법이 성공하려면 폭넓은 이해관계자가 참여하는 거버넌스를 통한 정치적 지지와 이해를 얻어야 한다. 마다가스카르는 2004년부터 2007년까지 세계자연기금의 지원으로 노지 하라Nosy Hara 국립공원 보전사업을 시행하며 12만5천 헥타르의 해양을 보호지역으로 지정하고 지역 주민의 생계 수단인 수산자원이 고갈되지 않도록 지켜냈다. 이 사업은 정부의 강한 의지와 지역주민의 지지 덕분에 성공했다. 이 과정에서 지속적으로 해안 지역의 경제적 활동과 수질, 산호초 면적, 기후탄력성 등을 모니터링하고 분석했다. 과학적 연구의 축적과 지속적인 교육도 이해관계자의 이해 증진에 중요한 요소이다. 특히 새로 조성한 생태계가 안정기에 도달할 때까지 인위적인 관리가 필요하고 장기간에 걸쳐 지역 주민이 직접 모니터링에 참여해야 하는 경우도 많으므로 지역 주민에 대한 인식 개선과 교육도 필요하다.

인센티브 마련과 탄력적 접근

공공과 민간의 재원 투자를 촉진하려면 경제적 인센티브 체계를 마련할 필요가 있다. 친환경 투자의 정의와 범위를 규정하는 유럽연합의 녹색분류체계에 자연기반해법을 포함한 것은 해양 자연기반해법을 확대하는 긍정적인 계기가 될 것이다. 산림 분야에 적용되는 기업간, 국가간 거래 가능한 탄소 크레딧을 블루 카본으로 확장하는 방법도 고려할 수 있다. 다만, 해조류나 조간대 등의 탄소흡수 잠재력에 대한 과학적 연구가 충분하지 않기 때문에 관련 연구가 먼저 활성화되어야 한다.

불확실성을 완화하기 위해 초기 투자 비용이 과도하게 요구되거나 단기적인 효과가 우선시되는 경우, 파도가 지나치게 센 지역 등 인공구조물 활용이 불가피한 경우에는 자연기반해법과 인공구조물을 결합한 녹색-회색 기반시설 방식을 고려할 수 있다.

4
자연기반해법과 삶의 질

1장 건강

글. 류필무(환경부 과장, 前 세계보건기구
유럽환경보건센터 파견)

자연생태계를 파괴하는 토지 사용 방식, 무분별한 농지
확장, 지속불가능한 형태의 무역과 생산 및 소비 방식은
야생동물 유래 병원체와 사람의 접촉을 늘려 감염병을
발생, 확산시킨다. 지속가능한 형태로 자연자원을 관리,
이용하고 생태계를 보호하는 것은 미래에 감염병을
예방하고 인류의 건강도 지켜준다. 도시숲, 녹지 공간은
도시에서 증가하는 대기오염과 열섬현상을 완화하고,
도시 거주민의 신체 활동과 정신적 건강 상태를 개선해
스트레스를 줄여 준다. 자연기반해법은 인류의 건강을
지키는 매우 효과적 방안이 될 수 있다.
자연과 사람의 건강 문제와 관련된 자연기반해법을
살펴보려면 인간의 건강을 넘어 인간과 동물, 자연생태계의
상호작용까지 아우르는 통합적인 접근 방식인 원헬스One
Health, 지구헬스Planetary Health, 에코헬스Eco Health를
이해해야 한다.

1. 자연과 건강 문제

생태계 서비스와 사람의 건강

세계보건기구WHO는 건강Health을 사람의 질병이나 허약한 상태로 정의하며 신체적, 정신적, 사회적 웰빙 상태를 포함시킨다.[1] 건강을 유지하려면 영양이 충분한 음식을 섭취하고 깨끗한 물과 공기를 마시고 호흡할 수 있어야 하며 따뜻함과 시원함을 유지해주는 에너지가 필요하다.

생태계 서비스는 사람의 건강 상태에도 영향을 준다. 물, 식량, 재료, 연료, 천연 치료 기회 등을 제공하는 공급 서비스와 기후와 홍수, 수질과 꽃가루 수분 등을 조절하는 서비스를 포함한다. 이같은 생태계 서비스의 변화는 건강에 직간접적으로 영향을 미친다. 문화 서비스는 영적, 지적, 미적, 오락적 기회와 신체적, 정서적 상태와 연관되어 있다. 토양 형성, 영양 순환, 물 순환 등의 지원 서비스의 변화는 다른 생태계 서비스에 큰 영향을 주므로 건강에도 간접적으로 영향을 준다. 반대로 자연을 훼손하고 파괴하는 행위는 생태계 서비스를 악화시키고 야생생물 서식지 파괴, 공기 정화 능력 저하, 매개체 질병 노출 증가, 농업 시스템 붕괴, 깨끗한 물 부족, 사람과 국가 간 갈등과 이주, 건강 증진 기회 상실 등 사람의 건강과 웰빙 상태에 부정적 결과를 초래한다.

생물다양성은 식량, 공기, 물 등을 제공하고 홍수, 해안 폭풍,

표 4-1. 생물다양성이 사람의 건강에 미치는 영향(Marselle 등., 2021)

위해 감소	회복 능력
의약품 제공, 식품 제공 , 물과 공기 제공, 소음 노출 저감, 극단적 열 노출 저감	스트레스 회복, 주의력 회복

능력 강화	위해 유발
신체 활동 촉진, 사회적 상호작용 촉진	야생동물 감염병과 알레르기 물질에 노출

여러 자연 재난에서 사람을 보호하여 건강과 웰빙 상태를 유지하게 해준다. 그러나 현대 들어 생물다양성이 전례 없는 속도로 감소하면서 인류의 지속가능성과 삶의 질을 직접 위협하고 있다. 생물다양성 파괴와 손실은 자연의 생태계 서비스 제공 능력을 축소시키고 질병 부담을 증가시킨다. 코로나19 바이러스와 같은 감염 병원체는 미생물의 생물다양성, 숙주종과 인간의 상호작용에 뿌리를 두고 있다. 자연과 생태계 서비스, 사람의 건강은 물, 공기, 영양, 미생물, 감염병 등 수많은 영역에서 서로 연계되어 상호작용한다.

물

자연생태계는 깨끗한 물을 공급하고 쌀, 밀과 같은 중요한 식량 자원 생산을 가능하게 하여 사람의 건강을 직접 뒷받침한다. 반면 물 부족과 수질 악화는 막대한 사회경제적 비용과 함께 질병 부담을 안겨준다.

세계의 주요 하천은 산악 고지대에서 시작되는데 인구의 절반 이상이 지역에서 흐르는 하천에 의존한다. 산지생태계는 습한 지역에서는 하천 유역에 20%에서 50%의 물을 공급하고 건조 지역의 경우에는 50%에서 90%의 물을 공급한다.[2]

인위적인 하천 개발은 생물다양성을 감소시켜 주혈흡충증 등 수인성 질병과 말라리아와 같은 모기 매개 질병을 증가시키며 사람의 건강에 새로운 위험을 초래하기도 한다. 더러운 물은 식량 자원을 오염시키고 여성, 어린이, 가난한 사람 등 취약계층의 건강에 더 큰 악영향을 준다. 깨끗한 물과 위생만으로 매년 5세 미만 어린이 29만7천 명의 생명을 구할 수 있다. 세계보건기구에 따르면 세계적으로 매년 82만9천 명이 안전하지 않은 물, 미흡한 위생 관리로 사망하는데 이 중 60%가 설사가 원인이었다.[3] 미생물학적으로 오염된 물은 콜레라, 이질, 장티푸스, 소아마비와 같은 다른 질병을 옮길 수 있다. 안전하고 충분한 물 공급은 설사뿐 아니라 급성 호흡기 감염병, 수많은 질병을 예방하기 위한 핵심 조치인 개인 및 공중위생 관리를 가능하게 한다.

공기

나무와 숲은 대기오염 물질을 제거하기도 하지만 휘발성 유기탄소를 배출하여 대기 화학과 공기 질에 영향을 준다. 또한 급성 호흡기 문제의 원인이 되는 꽃가루를 배출하고 산불은 심각한 대기오염을 유발하기도 한다.

대기오염은 건강에 대한 큰 위협이자 심장마비, 뇌졸중과 같은 비감염성 질병의 주요 원인이다. 세계적으로 매년 700만 명이 공기오염으로 조기 사망하고 있으며 질병에 걸리는 사람도 수백만 명에 이른다.[4] 대기오염으로 인한 질병으로는 심혈관 질환, 호흡기 질환, 폐암 등이 있다. 역학적 증거에 따르면 태아가 고농도의 대기오염에 장기 노출되면 건강에 영향을 받고 출생 결과와 영아 사망률에 영향을 받을 수 있다. 어린이가 고농도 대기오염 물질에 노출되면 노년기에 건강 문제가 발생할 위험과 폐 기능 저하, 만성폐쇄성폐질환COPD, 천식 발병 위험이 증가한다.

토양, 농업, 영양

농업 시스템 내 생물다양성 손실은 식량 안보와 다양한 건강식 식단 제공을 어렵게 만든다. 화학물질에 의존하는 잡초 제거 방식은 식량이 되는 동식물 이외에 곤충 수분제, 무척추동물, 토양 속 미생물 등 식량 생산에 영향을 미치는 다른 유기체에도 해로워 농업 시스템 내 생물다양성을 지속 감소시킨다.

모든 사람이 건강을 유지하려면 영양가 있고 비싸지 않은 식단에 항상 접근할 수 있어야 한다. 영양 부족은 심장마비, 뇌졸중, 당뇨병, 암과 같은 비감염성 질병의 발병 위험을 높인다. 전 세계적으로 5세 미만 어린이 사망의 약 45%가 영양 부족과 관련이 있다.[5] 과도한 지방과 정제된 탄수화물 섭취, 적은 양의 과일과 채소 섭취 등 잘못된 식단은 비만을 유발한다. 미래에도 토양 질 저하와 생물다양성의 감소가 지속된다면 식량 접근, 식품 다양성과 영양 공급에 부정적 영향을 주어 건강한 삶을 어렵게 만들 수 있다.

미생물

미생물은 극지방의 만년설에서 심해의 열수 분출구, 하늘까지 지구상의 모든 환경에서 발견되며 사람의 몸에서도 생존한다. 자연 생태계에서 미생물은 질소와 탄소를 고정하고 산소 공급, 영양 성분 분해와 순환, 오염물질 정화와 제어, 의약품 생산 등 수많은 생태계 서비스를 제공한다. 사람의 몸에 사는 미생물은 음식물을 분해하고 필수 영양소를 흡수하며 면역 체계를 조절하는 등의 역할을 한다. 도시화, 화학물질 남용 등과 같이 자연에서 살아가는 미생물을 교란하는 각종 행위는 생태계 서비스를 악화시키고 사람의 건강에도 부정적 영향을 미친다. 인간과 동물에 사용되는 항생제는 배설물에 포함되어 자연으로 배출되는데 병원체에 내성을 일으켜 치료를 어렵게 한다.

생물다양성 악화는 미생물의 다양성과 자연생태계 기능에 부정적 영향을 미칠 수 있다. 자연 훼손과 도시화는 미생물을 포함한 모든 자연환경 구성 요소와 사람의 접촉을 줄여 잠재적으로 인체 내 미생물 군집의 변화를 초래할 수 있다. 사람의 몸속에 사는 미생물은 피부, 위장, 비뇨생식기, 호흡기에 서식하면서 신체적, 정신적 건강에 영향을 미친다. 인체 장내 미생물 군집의 높은 생물다양성은 신체 기능을 유지하고 건강을 관리하는 데 도움을 준다.

박테리아, 바이러스, 균류 등의 생물다양성과 사람의 체내 미생물 간 상호작용은 생리학과 질병의 민감성에 영향을 미치며 환경 변화와 건강을 연결하는 중요한 역할을 한다. 반대로 사람 몸에 사는 미생물 군집이 다양성을 상실하면 자가면역 질환, 당뇨병, 다발성 경화증, 알레르기 질환, 습진, 천식, 염증성 장 질환, 크론병을 포함한 일부 비감염성 질환에 영향을 준다. 자연에서 시간을 보내면 특정 미생물의 성장을 촉진하거나 억제할 수 있다. 자연은 미생물 군집을 보완 및 조절하므로 자연과의 접촉이 줄어들면 감소는 사람의 몸에 생존하는 미생물 군집의 다양성도 줄어들어 면역 기능 장애 및 질병으로 이어질 수 있다. 녹지 공간의 건강상 이점은 사람이 미생물의 생물다양성에 노출될 수 있다는 것이다. 최적의 동물군, 식물군과 미생물군으로 설계한 여러 개의 소규모 고품질 녹지 공간은 이처럼 다양한 건강상의 이점을 제공한다.

의약품과 의료

자연생태계와 생물다양성은 의약품과 의료 공급에 필수이다. 자연생태계는 전통 의학의 구성 요소로 개발도상국, 의약품과 의료 접근이 어려운 지역 거주민들이 건강을 유지하는 데 매우 중요한 역할을 한다.

현대 의약품 중에는 자연생태계에서 발견된 화합물에서 직접 파생되거나 천연물을 모방하도록 설계된 것도 많다. 푸른곰팡이로 만든 항생제 페니실린, 버드나무 껍질 추출물에서 얻은 진통제

아스피린, 키나나무에서 얻은 말라리아 치료제 퀴닌이 대표적이다. 1981년부터 2019년 사이에 185개의 소분자 약물이 암 치료제로 승인되었는데 이 중 약 65%는 천연 제품에서 파생되었거나 영감을 얻은 것이다.[6] 자연에서 추출한 의약품 덕택에 한 세기 전만 하더라도 사람을 죽게 만들던 질병들을 지금은 치료할 수 있게 되었다. 자연생태계에서 새로운 화합물을 발견하는 것은 앞으로도 건강 관리 측면에서 중요할 역할을 할 것으로 기대된다.

천연물에서 파생된 약물은 생물다양성과 의학 사이에서 찾을 수 있는 가장 직접적이고 구체적인 결합일 것이다. 하지만 불행히도 자연에서 발견되는 약용 식물, 동물 및 기타 약용 자원이 점차 감소하고 있다. 생물다양성 과학기구에 따르면 현재 약 100만 종의 동식물이 멸종 위기에 처해 있으며 이 중 많은 수가 수십 년 안에 멸종될 것으로 우려된다.[7] 식품과 의약품으로 사용되는 동물은 의약품으로 사용되지 않는 동물보다 더 큰 위협을 받고 있다. 또한 남획, 서식지 변경, 기후변화도 식품, 의약 목적으로 사용되는 야생 식물자원 감소의 주요한 원인이 되고 있다.

감염병

산림 파괴, 야생동물 포획, 농지 확장, 농약 사용 등의 생태계 훼손은 감염병 전파 위험과 가능성을 높인다. 동물 매개 감염 질병 Zoonotic disease은 새로 발생하는 감염병의 75%를 차지하며 최근 들어 출현한 대다수 질병은 야생동물과 관련이 있다.[8] 인간의 활동

범위가 넓어지고 동물 매개 감염 질병의 분포도 변화하면서 사람과 동물 사이의 접촉 기회가 증가해 질병 확산 가능성이 커지고 있다. 토지 이용 방식, 식품 생산 관행의 변화도 인수공통 감염병 출현을 주도하는 원인으로 작용한다. 동시에 병원체도 계속해서 진화하고 있다. 병원체 진화는 자연적인 현상이지만 세계 여행, 기후 변화, 항균제 사용과 같은 요인이 병원체 이동, 숙주 범위, 지속성 및 독성에 영향을 주고 있다. 병원체의 진화는 인간과 동물에 대한 직접적인 감염 위험뿐 아니라 식량 안보와 의료에도 악영향을 미친다.

생물다양성이 높은 지역에서 병원체의 절대 수는 높을 수 있다. 하지만 사람에게 질병이 전파되는 것은 병원체와 사람 사이의 접촉으로 결정된다. 생물다양성은 숙주종 경쟁과 조절 기능을 통해 병원체 노출에서 사람을 보호하는 역할을 한다. 따라서 생물다양성이 높은 서식지에서 사람의 활동을 제한하면 생물다양성을 보호하는 동시에 동물성 병원체에 대한 고위험 환경에서 인간의 노출을 줄일 수 있다.

감염병은 야생종과 이에 의존하는 사람들을 위협한다. 감염병으로 인한 건강 부담은 인간과 가축에만 국한되지 않고 생물다양성 보전에도 위협을 준다. 병원체 유출은 한 야생종에서 다른 야생종으로 이동할 수 있으며 종 또는 개체군이 병원체에 취약한 경우 잠재적으로 질병을 유발할 수 있다. 가축의 광견병 바이러스가 아프리카 들개 개체군의 지역적 멸종에 미친 사례에서 볼 수 있듯이 가축과 인간의 질병은 야생 종에게도 감염될 수 있다. 침입종의 급격한 증가는 인간의 건강에 중대한 영향을 미친다. 이러한 영향은 자연 훼손 증가와 기후변화의 시너지 효과로 인해 미래에 더욱 강화될 것이다.

자연을 보호하고 관리하는 것은 생물다양성 유지를 넘어 인간의 건강 보호 측면에서 매우 중요하다. 경제 세계화로 무역과 여행이 증가하면서 전 세계적으로 외래 침입종의 수도 증가하고 있다. 외래 침입종은 생물다양성에 영향을 미칠 뿐만 아니라 감염병을 일으킬 수 있다. 사람을 물거나 쏘고 알레르기 반응을 일으키며 병원체의 확산을 촉진한다. 최근 들어 인수공통 감염병이 세계 각국의 주요 공중보건 문제로 대두되었다. 코로나19 바이러스의 출현은 사람과 야생동물의 상호작용에서 발생하는 새로운 감염병의 잠재적 위험을 선명히 보여주었다. 현재 전 세계 국가에서 말라리아, 뎅기열, 웨스트나일열, 치쿤구니아열병과 같이 모기 매개 질병의 지역 전파가 증가하고 있으며 라임병과 같은 진드기 매개 질병도 확산되고 있다.

기후변화

기후변화는 식량 생산 시스템과 생태계 서비스를 악화시키는 방식으로 건강에 부정적 영향을 미친다. 기후변화로 인한 종의 분포 변화와 극단적 기상 현상은 생태계를 교란한다. 이는 생태계 서비스를 악화시키는 것을 넘어 자연에 격리되어 있던 병원체에 사람들이 노출되도록 만든다.

기후변화는 폭염으로 인한 열사병, 공기 질 저하와 꽃가루로 인한 호흡기 질환과 같이 건강에 영향을 주거나 식량 생산 감소, 수인성 질병, 식품 매개성 질병, 매개체 질병의 전파 확산 등의 방식으로 건강에 영향을 준다. 온도와 강수 패턴의 급격한 변화는 농업 생산 시스템과 식품의 영양 함량, 어업의 유통과 이용에도 부정적 영향을 미쳐 저렴하고 영양가 있는 식품의 접근을 어렵게 만든다. 기후변화기 유발하는 자연 재난은 필수 생태계 서비스의 급격한 붕괴를 초래하고 자연생태계 파괴는 재난에 대한 건강상 취약성을 증가시킨다. 생태계 파괴로 인한 부정적 영향을 받는 사회일수록 생태적으로 잘 관리되는 지역보다 재난에 훨씬 취약하다. 자연을 활용한 기후변화 완화와 적응 전략은 생태계 자체와 건강을 위해 생태계에 의지하는 사회 취약성을 줄여 준다.

신체적, 정신적 웰빙

자연에 접근하기 쉬울수록 사람의 신체 활동량은 증가한다. 활발한 신체 활동은 면역 기능을 강화하고 비감염성 질병 위험을 줄여 신체적 웰빙 상태를 높여준다. 또한 자연은 정신 건강상의 이점을 제공하고 사회적 연결과 독립을 촉진한다.

전 세계 공중보건 분야에서 정신 건강 문제는 매우 중요한 영역이다. 자연은 정신적 스트레스 감소에 필요한 충분한 신체 활동과 사회적 연결이 가능하게 도와준다. 특히 자연을 자주 찾는 것은 빈곤층에게 항우울제의 필요성을 줄여 주는 긍정적 역할을 한다. 세계보건기구에 따르면 우울증은 성인의 5%, 60세 이상 성인의 5.7%를 포함해 인구의 약 3.8%가 영향을 받는 흔한 질병이다. 전 세계적으로 약 2억8천만 명이 우울증을 앓고 있으며 최악의 경우 자살로 이어질 수 있다. 매년 7십만 명 이상이 자살로 사망하는데 15세와 29세 사이에서 자살은 네 번째로 높은 주요 사망 원인이다.[9]

자연에서 여가 활동을 많이 보낼수록 삶의 만족도와 행복도는 증가한다. 누구나 접근할 수 있고 미학적으로 매력적이고 안전하다고 느끼는 자연 상태는 정신 건강 향상 및 신체적 건강 증진의 가능성을 더 높일 수 있다. 이때 생물다양성이 높을수록 더 큰 도움을 줄 수 있다.

2. 생태계와 연결된 건강

자연과 건강의 상호작용

2016년 세계보전총회wcc는 '건강, 웰빙, 삶의 질에 대한 자연의 기여를 인식하기 위한 부문 간 파트너십 강화'에 관한 결의안을 채택하였다.[10] 이 결의안은 세계적으로 비감염성 질병, 기후민감성 질병, 야생동물과 사람 간 질병 전파 위험 증가를 줄이는 중요한 해결책으로 자연기반해법을 인식하고, 각 회원국은 심혈관 질환, 당뇨병, 정신질환, 치매와 같은 질병을 예방·치료하고 문화적, 정신적 웰빙과 사회적 연결을 개선하기 위해 공원과 보호구역을 적절히 사용하도록 장려하는 방향으로 건강 부문 및 지역사회와 학제간 파트너십의 제휴를 적극적으로 모색할 것을 권장하였다.

인간, 동물, 환경 건강의 상호 의존성에 대한 인식이 높아지면서 국제협상에서 건강을 지키기 위한 대책으로 자연기반해법에 관한 논의가 점차 활발해지고 있다. 특히 코로나19 바이러스 대유행을 계기로 자연기반해법과 건강간의 연계 필요성이 높아졌다. 인류가 감염병 경험에서 얻은 중요한 교훈 중 하나는 자연과 인간은 상호 깊숙이 연결된 복잡한 시스템이라는 것이다. 인류가 내린 결정들이 자연생태계 파괴, 기후변화와 생물다양성위기를 지속시키는 경제, 사회적 시스템에 고착화되고 있음을 인식할 필요가 있다. 자연과 건강 문제에 통합적으로 접근하는 방식은 질병 예방,

탐지, 대응 능력을 향상하여 더 건강하고 친환경적이며 공정한 곳에 투자할 수 있도록 만든다.

자연기반해법이 감염병으로부터 건강을 지키기 위한 해법이라는 관점은 2020년 세계보건기구에서 발표한 〈코로나19 바이러스 대유행에서 건강한 회복을 위한 WHO 선언문〉에도 잘 나타난다.[11] 첫 번째 항목에서부터 건강의 원천인 자연을 보호해야 한다고 선언한다. '사람의 행위는 자연이 주는 생태계 서비스를 악화'시키며 회복을 위한 계획 즉 미래에 예상되는 감염병 위험을 줄이기 위한 계획은 질병을 감지하고 통제하는 것보다 더 상위 단계로 나아가야 하는데 '이는 자연에 대한 사람의 부정적 영향을 줄이라는 것'이라고 명시한 것이다. 이어지는 조항들도 마찬가지이다. 물, 공중위생, 의료시설 등 필수 서비스에 투자해야 하며 건강한 에너지 전환과 건강하고 지속가능한 식품 시스템을 촉진하라고 요구한다. 또한 건강하고 살기 좋은 도시를 건설하고 오염을 발생시키는 곳에 세금 투자를 중단하라고 한다.

자연 보호, 보전을 위한 행동으로 자연기반해법을 채택한 제5차 유엔환경총회(2022)의 장관급 선언문에는 인류가 원헬스와 같은 통합적 접근방식으로 자연과 건강의 상호작용을 철저히 점검하지 못하면 인류는 미래에 감염병과 여타 건강 위험에 직면할 수 있다고 명시되어 있다.[12] 세계보건기구의 〈전염병에서 빛을 끌어내는: 건강과 지속가능한 개발을 위한 새로운 전략〉(2022) 보고서에서 코로나19 바이러스는 동물, 인간, 환경 중 한 부분이 위험에 처하면 다른 부분도 위험에 처할 수 있음을 보여주는 것으로 인류는 그 어느 때보다도 건강 위협에 대응하고 지속 가능한 개발을 위해 원 헬스를 시급히 구현해야 한다고 주장한다.

원헬스

정의

세계보건기구는 원헬스를 '더 나은 공중보건 결과를 달성하기 위해 여러 부문이 함께 소통하고 협력할 수 있도록 프로그램, 정책, 입법, 연구를 설계하고 이행하는 접근법'이라고 정의한다.[13] 원헬스는 인간, 동물, 환경 건강을 서로 연결하는 다분야, 학제 간 협력을 촉진하는 개념이다. 주로 생명체의 자연공동체와 생태 단위로서 환경 기능을 가리키며 인간과 동물의 건강과 생태계의 상호작용을 말하기도한다.

자연-인간-동물을 잇는 통합적 관점

2004년 야생동물보호협회는 전 세계 건강 전문가들이 참석한 '하나의 세계, 하나의 건강One World, One Health' 회의를 개최했다. 이 회의는 감염병에서 사람의 건강을 보호하기 위한 조치와 지구의 생물학적 완전성을 보호하는 환경책임주의를 연결하는 맨해튼 원칙Manhattan Principles을 공식화했다.[14] 이후 원헬스라는 용어가 여러 국제적 약속과 정치적 선언에 포함되기 시작하였다.

2007년 고병원성 조류인플루엔자H5N1는 새로운 감염병을 해결하기 위한 통합적 접근이 시급함을 알렸다. 같은 해 인도 뉴델리에서 열린 인플루엔자 대유행에 관한 국제 각료회의에서 참가자들은 새로운 감염병을 해결하기 위한 전략으로 '하나의 세계, 하나의 건강' 원칙 아래 동물-인간-환경 사이의 접점에서 감염병 대응 전략을 개발하기로 했다. 이 회의를 계기로 세계보건기구, 세계식량기구, 세계동물건강기구는 동물-인간-환경의 연계 지점에서 기인한 공중보건 위협에 대응하기 위해 파트너십을 맺고 협력하기 시작했다.

원헬스 개념은 최근까지 주로 감염성 질병 대응과 관련되어 있었다. 인수공통 감염병, 항생제 내성균, 안전하지 않은 식품에 의한 질병과 같이 한 개인에서 다른 개인으로 전파되는 감염병이 주요 관심 대상이었다. 하지만 최근 들어 원헬스 개념은 자연 훼손과 토지 이용방식 변화로 각종 오염물질이 동물에 축적되고 결국 사람의 건강에 부정적인 영향을 미친다는 인식 하에 비감염성 질병으로도 관심 대상을 확대하고 있다.

2021년 세계보건기구, 세계자연보전연맹, 생태계기반 적응의 벗 네트워크는 생물다양성, 기후변화, 원헬스, 자연기반해법에 관한 새로운 전문가 작업반을 설치했다.[15] 생태계와 건강간 상호 이익과 상충 관계를 확인하고 사회적, 생태학적 회복력을 강화하며 원헬스 접근 방식과 자연기반해법의 활성화를 지원하기 위한 지침과 도구 개발 등을 추진하기로 위해서다. 전문가 작업반의 구체적인 활동 계획은 다음과 같다.

- 생태계 관리와 복원의 건강 이익을 극대화하는 관점에서 생물다양성, 생태계 파괴, 기후변화, 감염성 및 비감염성 질병 발생 사이의 관계 조사
- 건강의 환경적, 사회적, 경제적 결정 요인 평가
- 부문간 협력, 정책 일관성, 원헬스 접근 방식을 강화하기 위한 도구 개발
- 식품다양성, 농업, 어업, 임업의 생물다양성, 기후변화 적응 등을 통해 건강한 식품 시스템으로 전환할 수 있도록 선상과 생불다양성 주류화
- 건강에 중점을 둔 자연기반 기후변화 해법 개발 등 건강을 증진하는 환경을 실현
- 정신적, 육체적 건강을 증진하기 위한 생물다양성, 녹색 및 청색 기반시설의 기여도 조사
- 생태계 파괴, 생물다양성 손실, 건강 악화의 교차 원인으로 기후변화를 평가
- 자연기반 기후변화 적응과 완화 노력의 건강 이익을 극대화하기 위한 정책 지침 개발

2022년 세계보건기구, 세계식량기구, 세계동물건강기구, 유엔환경계획은 원헬스 행동 5개년 계획(2022~2026)을 수립했다. 이 계획은 보건 시스템을 위한 원헬스 역량, 신규 및 재출현 인수공통감염병, 열대 및 매개체 질병, 식품 안전 위험, 항균제 내성, 환경 분야에 연구의 초점을 맞추고 있다.

원헬스의 전통적 관심 대상

· 인수공통 감염병

인수공통 감염병은 야생동물 또는 가축에서 사람에게 전파된다. 감염병의 60%는 인수공통 감염병이며, 이 중 71%는 야생동물에서 유래한다. 아직 170만 개의 바이러스가 발견되지 않은 채 포유류와 조류에 숙주하고 있으며 그 중 약 절반은 사람을 감염시킬 수 있는 것으로 추정된다.[16]

21세기 초반부터 지금까지 전 세계는 사스(2003년), 에볼라(2005년, 2017년), 돼지인플루엔자(2009년), 신종플루(2009년), 지카열(2015년), 메르스(2015년), 코로나19 바이러스(2019년) 등의 인수공통 감염병을 겪고 있다. 특히 1980년대 초 시작된 에이즈와 2020년 초 전 세계로 확산된 코로나19 바이러스는 파괴적인 대유행을 불렀다. 자연 훼손, 환경 악화, 인구 밀도 증가, 세계 무역 증가, 국제 항공과 선박 이동 등으로 새로운 인수공통 질병은 미래에도 계속 출현할 위험이 있다.

· 식품 안전

세계 인구의 1/10에 해당하는 6억 명이 매년 식품안전 문제로 질병에 걸리고 42만 명이 사망한다. 5세 미만 어린이는 식품 매개 질병 부담의 40%를 차지하며 매년 12만5천 명이 사망한다.[17] 식품 유래 질병은 미생물(박테리아, 바이러스 또는 기생충), 화학적 위험으로 발생하며 병원체 다수는 인수공통 감염병에서 기원을 찾을 수 있다. 식품 속 항생제 잔류물은 항생제 내성 박테리아 전파를 유발할 수 있으며 면역병리학적 효과, 알레르기, 돌연변이 유발성, 간 독성, 생식 장애, 골수 독성, 발암성을 포함해 건강에 직접 악영향을 줄 수 있다.

식품 매개 질병의 주요 노출 경로는 가축, 그리고 야생동물과 접촉하거나 동물과 그 제품을 먹는 과정으로 식품 안전은 동물과 매우 밀접하게 연계되어 있다.

· 항생제 내성

전 세계에서 매년 70만 명이 약물 내성 병원체에 감염돼 사망한다.[18] 항생제 내성은 박테리아, 바이러스, 기생충을 포함한 병원체가 방어 기전을 발달시켜 약에 반응하지 않게 하는 것이다. 질병 치료제인 항생제에 내성이 생기면 질병이 확산되는 것은 물론 심각한 질병을 증가시킨다. 항생제 내성은 의약품, 축산업, 양식업, 농업 분야에서 항생제의 오남용과 부적절한 위생 및 소독으로 인해 미생물이 확산되는 것에서 기인한다. 세계보건기구는 항생제 내성을 인류가 직면한 글로벌 공중보건 위협 중 하나이자 원헬스의 본질적 문제로 보고 있다.

지구헬스[19]

정의

지구헬스는 자연생태계가 인류와 생명체 건강에 미치는 영향을 분석하고 해결하는 데 초점을 둔 문제해결 지향적, 초 학제적 연구 분야이자 사회 운동이다. 지구헬스는 인류의 미래를 형성하는 정치적, 경제적, 사회적 시스템과 지구의 자연 시스템에 대한 신중한 관심을 통해 전 세계적으로 도달 가능한 최고 수준의 건강, 웰빙, 형평성 달성을 목표로 한다.

인류 문명과 건강, 자연 시스템의 상태

지구헬스라는 용어가 언제, 어디서 처음 사용되었는지 확실하지 않다. 1972년 의사이자 생태학자인 프레데릭 사전트Frederick Sargent가 〈미국공중보건저널〉에 지구 생명 유지 시스템과 사람의 건강의 상호관계에 관한 폭넓은 글을 발표했다. 1974년에는 소련의 생물 철학자 게나디 차레고로츠세프Gennady Tsaregorodtsev가 생태계에 대한 인간의 생물, 심리, 사회적 필요를 더 잘 이해하고 환경 악화의 건강 후유증에 대한 증거를 수집하며 자연환경에 대한 예상치 못한 사람의 변화를 예측하기 위해 '지구 공중보건Planetary Public Health'이라는 용어를 사용했다.

공중보건과 지구 건강에 대한 관점은 1980년대 생태학·인류학 전문가뿐 아니라 환경단체에서도 큰 반향을 일으켰다. 하지만 1970년부터 2010년 사이 지구헬스 접근 방식은 종합적 사고를 지닌 일부 연구자, 임상의, 학계, 옹호자 중심이었고 건강 전문가들 사이에서 주류화된 개념이 되지는 못하였다.

2014년 리차드 호톤Richard Horton과 그의 동료 연구자들은 '대중에서부터 지구 건강까지From public to planetary health'라는 선언문을 발표하였다. 공중보건을 변화시키기 위한 이 선언문은 개인, 지역사회, 국가, 세계 및 지구의 모든 단위에서 공중보건 활동을 지원하기 위한 사회 운동을 시작할 것을 요구했다. 그들은 지구헬스 개념을 삶에 대한 태도이자 철학으로 보았다. 질병이 아닌 사람을, 불의한 사회가 아닌 형평성을 강조하며 부, 학력, 성별, 장소에 따른 건강의 차이를 최소화하고자 하였다. 하지만 선언문은 대상을 보건 전문가와 보건 종사자, 정치가, 정책 입안자, 이와 유사한 범주로 제한하였다. 수의사, 동물 건강 전문가, 생태학자, 생물학자 등의 다양한 분야의 연구자를 포함하지 않은 것이다. 결과적으로 인간, 동물, 환경 간 건강 문제를 연계하려는 원헬스 개념을 포괄하지 않는 한계를 지니고 있었다.

2015년에는 록펠러-란셋Rockefeller-Lancet 위원회가 발간한 보고서가 지구헬스에 대한 광범위한 사회적 토론을 이끌면서 의학 전문가 사이에 주요 담론의 대상이 되도록 해 주었다. 이 보고서는 지구헬스를 '인류 문명의 건강과 인류 문명이 의존하는 자연 시스템의 상태'로 정의하고 지속가능한 환경, 불평등한 건강 문제, 건강 시스템의 환경적 영향, 환경 변화에 따른 건강 시스템을 다루기 위해 의료 전문가와 의학, 생태학, 기후변화와 생물다양성 연구를 포함하는 환경과학, 경제, 에너지, 작물과 축산 연구를 포함하는 농업 과학, 해양 과학 등 여러 과학 분야 전문가 간의 광범위한 협력 필요성을 제시하였다. 지구헬스를 적극 실행하면 사람과 지구 사이 상호 연결점에 있는 건강 문제를 더 넓은 관점에서 현재와 미래, 전 세계, 개인, 가족, 지역사회의 방향을 수정하고 개선할 수 있

표 4-2. 지구헬스의 주요 관심 대상(Panorama Global, 2017)

환경 영향 분야	공중 보건 영향 분야
종의 다양성, 구성 및 분포 변화 변화하는 생물 지구 화학적 순환 식품 시스템의 변화 토지 이용 및 토지 피복 변경 기후변화 지구 오염 자연재해 도시화 물 부족	내전 및 이주 감염병 정신 건강 비감염성 질병 영양 신체 건강

다. 이를 통해 생물다양성 협약, 파리협정, 지속가능한 개발 목표 등의 글로벌 목표를 달성하고 건강과 자연과의 복잡한 문제 해결에 중요한 역할을 할 것으로 기대된다.

에코헬스

정의

에코헬스는 '건강에 대한 생태계 접근Ecosystem Approaches to Health'의 줄임말로 사회적, 생태학적 상호작용 관점에서 건강과 웰빙을 이해하고 증진하기 위한 체계적, 참여적 접근 방식이다. 환경 훼손 행위는 자연재해를 유발하고 사람의 건강은 주변 환경에 밀접히 연계되어 있다는 생각에서 시작한다. 에코헬스는 환경과 사회경제적 문제에 초점을 맞추는 경향이 있다. 에코헬스는 초기에 생물다양성 보전 분야의 질병 생태학자들 설계하였다.[20]

건강과 생태계의 상호작용 관점

에코헬스 개념은 보전의학, 질병 생태학, 생태계 서비스를 서로 다른 접근과 주제에서 연계하는 과정에서 비롯되었다. 에코헬스는 공중보건과 자연자원을 연결한다. 따라서 자연지원이 고갈되고 오염되어 사회적으로 불안정한 지구에서는 건강과 웰빙을 유지할 수 없다는 기본 원칙 속에서 환경적 지속가능성, 사회경제적 안정성, 인간과 동물 및 생태계의 건강까지 설명한다. 에코헬스의 접근법은 때로는 생물체와 생물다양성에 더 주안점을 두는 것으로 보이기도 하며 기생충, 단세포 유기체 및 바이러스도 보호되어야 한다는 생각을 보여준다.

　　에코헬스 개념은 캐나다 오타와에 있는 국제개발연구센터IDRC가 지원하는 글로벌 연구를 통해 1990년대에 등장하였다. 생태계 건강Ecosystem Health을 주제로 북미와 오스트레일리아에서 10년간 국제회의가 개최되었고 2003년에 건강에 대한 생태계 접근 즉 에코헬스 포럼이 캐나다 몬트리올에서 처음으로 개최되었다. 이후 국제개발연구센터의 지원 아래 미국, 멕시코에서 에코헬스 회의와 포럼이 계속 개최되었고 국제생태건강협회와 〈에코헬스〉 저널이 학술, 연구 활동을 강화하고 있다.

표 4-3. 원헬스, 에코헬스, 지구헬스의 접근법 비교(Lerner와 Berg., 2021)

		원헬스		에코헬스	지구헬스	
		좁은 개념	넓은 개념		좁은 개념	넓은 개념
핵심 기여 과학	사람	공중보건	공중보건, 인간의학, 분자 및 미생물학, 보건경제학, 사회과학	공중보건, 인간의학, 농촌과 도시 개발 및 계획, 사회과학, 인류학	공중보건, 인간의학	인간의학, 경제학, 에너지, 천연자원
	동물	수의학	수의학	수의학		농업과학 (작물 및 가축 생산 포함)
	생태계		환경보건 생태학	보전과 생태계 관리		생태학, 환경과학 (기후 및 생물 다양성 연구 포함), 해양과학
핵심 가치	건강	개인 건강	개인과 인구 건강	인구 건강	개인과 인구 건강	개인과 인구 건강
	대상	사람, 동물	사람, 동물, 생태계	사람, 동물, 생태계	사람	사람
	기타			생물다양성, 지속가능성 (사람, 동물, 생태계)	지속가능성 (사람)	지속가능성 (사람)

공통점과 차이점

원헬스와 지구헬스, 에코헬스의 접근방식은 인간, 동물, 생태계를 평가하는 방식에서 차이를 보인다. 지구헬스는 주로 인간의 건강에 중점을 둔 데 반해 원헬스와 에코헬스는 인간과 동물을 동등하게 다룬다. 이러한 관점에서 지구헬스 개념은 원헬스, 에코헬스 개념보다는 글로벌헬스와 같은 개념과 더 유사하다고 볼 수 있나. 글로벌헬스는 '모두를 위한 건강'을 확립하기 위한 광범위한 협력과 초국가적 접근을 기반으로 하고 있다. 이때 '모두'는 주로 사람을 지칭하는 개념이다.[21] 글로벌헬스와 지구헬스의 차이점은 후자의 접근 방식이 자연자원을 기반으로 한 지속가능성의 필요성을 더 강조한다는 것이다.

에코헬스와 원헬스는 둘 다 모든 인간, 동물 및 환경 건강 간의 상호 연결을 다룬다. 원헬스가 위험(인수공통 감염병)을 예방해 최적의 건강을 달성하는 것을 목표로 사람과 동물의 건강에 초점을 맞춘다면 에코헬스는 지속가능성을 중심으로 더 나은 생태계 건강을 통해 더 나은 인간 건강을 달성하는 것에 집중한다. 일부 과학자들은 인수공통 감염병, 질병 출현, 감염병 위협의 영역에서 에코헬스와 원헬스 접근법을 적극적으로 수렴하자고 제안하기도 한다. 원헬스 개념은 국제기구(세계동물보건기구, 유엔식량농업기구, 세계보건기구, 유엔환경계획)가 주도하여 대규모 논의되고 있지만 에코헬스는 보다 저변에서 실용적인 수준에서 논의되고 있다.

3. 건강을 위한 자연기반해법

인수공통 감염병 대응

21세기 초, 최악의 인수공통 감염병인 코로나19 바이러스는 미래에 인수공통 감염병에 어떻게 대응해야 할지에 대한 과제를 남기고 있다. 인수공통 감염병을 예방하려면 사람과 병원체의 접촉, 감염병의 발생 과정을 이해하고 위험을 낮추기 위한 제어 방법을 찾아내야 한다. 2020년 세계자원연구소를 비롯해 22개 기관이 공동으로 코로나19 바이러스 대응과 회복을 위해 자연기반해법을 어떻게 활용할 수 있는지 제시한 방안은 다른 인수공통 감염병 대응에도 유효하다.[22]

자연생태계 훼손을 중단하고 공중보건을 우선순위로 고려한다.
- 지속불가능한 형태의 자연자원 착취와 농업 및 기반시설 확장을 통제하여 산림 및 기타 중요한 서식지가 황폐해지고 손실되는 것을 중단한다.
- 산림벌채, 생태계 파괴를 조장하는 상품 소비를 줄이도록 수요관리 정책 및 규정을 마련한다.
- 지역사회의 토지 소유권, 접근, 사용 권리의 법적 승인을 확보한다.
- 법적으로 관리되는 보호지역을 설정하고 효과적인 보전 조치의 이행을 지원한다.

· 황폐한 토지를 복원하여 자연생태계의 연결성을 높이고, 지속가능한 농업 강화에 중점을 두고 생태학적 무결성과 경제적 생산성을 높인다.

· 자연생태계를 보전, 복원하고 생태계 파괴, 용도 전환의 동인을 줄이기 위한 국제 협력, 금융 정책을 강화한다.

동물성 감염병 위험을 줄이는 방향으로 가축 사육 방식을 개혁한다.

· 위생, 환경, 노동 모범 사례 등을 포함해 가축시장, 도축장 등 제한된 공간에서 발생하는 위험을 완화하기 위한 통제 대책을 시행한다.

· 생산자에서 소비자에 이르는 가축 공급망에서 개선된 수의학, 위생, 등록, 추적 규정과 표준을 강화하고 시행한다.

· 인간, 가축, 야생동물 간의 상호작용으로 인해 발생하는 질병 위험을 최소화하기 위해 자연생태계 경계 근처의 축산업자, 가축 기업과 협력한다.

· 세계적으로 육류, 유제품 소비와 생산을 전반적으로 줄이는 동시에 이것이 결핍된 사람들과 지역에 대해서는 영양, 건강 및 사회적 형평성 향상을 추구한다.

상업적으로 야생동물을 거래하는 시장에서 인수공통 감염병 발생 위험을 낮춘다.

· 인수공통 감염병 출현, 확산 가능성이 있는 경로, 위험에 관한 과학적 정보를 이용해 야생동물 섭취, 기타 용도를 위한 사냥, 도축, 운송, 취급, 마케팅을 중단하도록 엄격하게 규제하는 조치를 시행한다.

· 불법 야생동물 밀매를 조사, 제재하기 위한 수사와 법 집행 등 사법 역량을 강화한다.

· 야생동물을 사냥하고 도살, 운송, 취급하는 것이 위험하다는 것을 알리는 캠페인을 시작한다.

· 개발도상국이 소비, 기타 용도로 야생동물 상업적 거래를 중단하거나 엄격하게 규제하는 조치를 시행하도록 국제 자금 조달을 늘린다.

· 국제기구, 비정부기구, 과학전문센터와 협력하여 기존의 또는 새로운 국제협정을 통해 원헬스 접근 방식으로 인수공통 감염병 위험을 해결한다.

자연에 대한 투자를 확대한다.

· 야생동물 보호 지역의 관리 공백을 막기 위하여 야생동물 관리 직원을 지원한다.

· 보호, 보전지역을 관리하거나 인근 지역의 식량 문제를 보장하기 위해 필요한 지원을 제공한다.

· 야생동물 거래 모니터링, 야생동물 밀매 근절을 위한 지원을 유지, 강화한다.

· 자연생태계 보호지역을 보호하고 잠재적 위협을 규제하는 환경법을 유지, 강화한다.

자연친화적인 경제 회복 정책과 전략을 수립한다.

· 코로나19 대유행으로부터 경기 부양과 회복이라는 명목으로 자연 환경 규제를 완화하는 것을 자제한다.

· 빈곤으로 인해 발생하는 자연침해 위험을 줄이기 위해 소득을 지원한다. 특히 자연에 큰 영향을 미치는 부문의 경우 구제금융에 녹색 조건을 추가한다.

· 코로나19 바이러스 대유행 이후 경제 회복, 구조조정을 위한 지원 시 자연기반해법을 장려하는 활동에 보조금을 지급한다.

· 자연기반해법에 자금을 지원하는 방향으로 민간 부문 투자 및 정책 환경을 조성한다.

생태 복원

훼손된 자연생태계를 복구하면 자연과 사람 사이도 다시 연결되면서 건강과 웰빙 상태를 향상할 수 있다.

생태 복원 활동에 직접 참여한 개인은 물론 지역 거주민까지 분명한 건강상의 혜택을 얻는다. 예를 들어, 지역의 생태를 복원하면 사람들 사이에서 흔히 볼 수 있는 불안과 우울 증상이 분명히 줄어든다. 자연생태계가 복원되면 더 깨끗한 물을 공급받을 수 있고, 여러 질병 위험이 낮아진다. 하지만 이를 정량화하기 어렵다. 다만 자연기반해법 수단인 생태 복원이 건강에 미치는 잠재력 연구는 아직 불충분하다. 생태 복원과 건강 사이의 연관성을 이해하고 개념화하려는 시도는 있었지만 생태 복원과 건강 이익을 직접 연결하기에는 아직 정보가 부족하다. 특히 생태 복원에 따른 건강상의 이점이 발생하는 구체적인 과정과 메커니즘은 여전히 불분명하다. 마틴 브리드Martin F. Breed와 그의 동료들은 생태 복원과 인

간 건강 사이의 연결 고리를 풀고 연결을 강화하기 위하여 다음의
다섯 가지의 방안을 제안했다.[23]

협력과 대화

과학자, 건강 전문가, 정책 입안자의 학제 간 협력이 필요하다. 통
합된 협력 체계가 마련되면 생태 복원과 건강 사이의 잠재력을 설
명하고 실현할 수 있다. 건강과 생태 회복 목표를 함께 달성하면
최종적으로 사회경제적 이익을 함께 얻을 수 있다.

교육과 학습

생태복원 전문가와 건강 전문가는 학제 간 학습에 참여하고 기존
에 확립된 연결을 활용해야 한다. 이는 공유된 이해를 발전시키고
효과적인 파트너십을 가능하게 한다.

인과 관계 정의

학제 간 협력을 기반으로 생태 복원과 건강의 인과 관계를 증명하
는 연구를 수행한다. 이 연구는 생태계와 건강 사이를 연결하는 일
의 중요성을 명확히 하고 어떤 생태 복원 조치가 건강을 가장 효과
적으로 개선하는지 이해하는 데 필요한 경험적 증거를 제공한다.
이러한 연구는 녹색 처방Green prescriptions과 같이 건강과 환경 활동
간의 연결에 대한 기존 자료를 활용할 수 있다.

생태 복원과 건강 결과 모니터링

생태 복원과 건강의 인과관계가 명확해지면 생태 복원으로 인한 건강 혜택을 모니터링하고 평가해야 한다. 이를 위해 표준화된 생태 복원 모니터링과 평가 방법론이 필요하다.

지역사회 소유와 관리

생태 복원과 건강을 연결해 얻는 이익과 실제 생태 복원을 통해 얻게 되는 이익을 지역사회가 소유해야 한다. 정책 입안자와 재원 제공자에게 소유권이 있어야 생태 복원에 계속 참여하면서 필요한 패러다임 전환을 주도할 수 있다. 또한 공동체가 관련 지식을 이해하고 참여하도록 하여 전통적인 생태학적 지식의 중요성과 역할을 적절하게 인식하도록 유도할 필요가 있다.

가까이에 있는 자연

생태계 보호구역, 습지, 산림 등 자연보전 공간을 활발하게 이용하는 것은 다양한 물리적, 심리적, 사회적 혜택을 유지하고 건강과 웰빙 상태를 향상하는 자연기반해법 중 하나이다.

자연보호지역

오스트레일리아의 빅토리아 공원의 '건강한 공원, 건강한 사람 Health Park, Health People' 프로그램은 웰빙을 위한 사회적 연결을 촉진하고 건강한 커뮤니티를 형성하기 위해 공원이 필요하다는 것을 보여주는 좋은 사례이다.[24] 자연 치료 효과를 기반으로 한 이 프로그램은 환자를 공원과 보호구역으로 데려오기 위해 정신 건강 시설과 협력하는 것으로 발전하였다. 녹지 공간을 자주 찾을수록 신체 활동이 늘고 건강이 좋아져 분노, 슬픔, 불안한 감정을 감소시키는 효과가 있었다. 미국, 콜롬비아, 핀란드, 뉴질랜드 등의 국립공원과 보호지역에서도 이 프로그램을 채택하고 있다.

인도의 케오라데오 국립공원은 매일 오전 5시~7시에 최대 1,000명의 '모닝 워커morning walkers'가 산책할 수 있는 2km 구간을 무료로 제공하고 있다. 영국에서는 '녹색 체육관Green Gym' 계획, '건강을 위한 걷기 프로그램' 등을 통해 많은 자연보호구역을 야외활동 공간으로 장려하고 있다.[25]

도시 속 녹색 공간

도시 속 녹색 공간은 도시 거주민의 체력, 정신건강, 인지 및 면역 기능을 개선할 뿐만 아니라 사망률은 낮추고 기대수명은 증가시킨다. 도시 속 녹색 공간이 건강에 미치는 영향은 식생의 유형과 생물다양성 수준에 따라 다를 수 있으므로 공간 계획 설계 시 고려되어야 한다. 세계보건기구는 2017년 도시 속 녹색 공간의 특징과 효과, 연계 경로, 궁극적으로 기대되는 건강과 웰빙 상태에 대한 인과 모델을 제시했다. 2021년에는 도시 속 녹색 공간이 정신 건강에 미치는 영향을 분석했다. 공원과 정원(개인 정원, 식물원 등), 가로수처럼 공원이나 정원에 속하지 않는 녹지 공간, 숲과 산림, 풀밭과 초지, 나무와 식물, 생물다양성으로 유형을 나눠 살펴보았더니 모든 유형의 녹색공간이 기분과 정서적 상태, 삶의 질에 유익한 효과를 나타냈으며 스트레스에도 긍정적 영향을 미치는 것으로 나타났다. 정신 건강과 주관적 웰빙은 정원 유형에서는 중립이었지만 그 외 모든 녹색공간에서 긍정적으로 나타났다. 녹지 유형과 특성을 직접 비교했더니 정신건강 측면에서는 공원이 정원보다 유익했다. 숲은 공원보다 주관적 웰빙 측면에서 더 나은 결과가 나타났다.

도시 정책 입안자는 녹색 공간 조성 계획 수립 시 건강상 특성을 파악하고 공간을 조성하는 목적을 명확히 해야 한다. 도시 거주민의 건강 증진을 위한 사회적 투자가 확대되도록 하고 변화하는 미래의 건강 및 환경 수요에 적응할 수 있도록 장기적 안목과 기능적 조정이 가능한 유연한 방식으로 녹색 공간을 계획하고 설계해야 한다. 녹색 공간을 설계할 때는 도시 거주민과 가까운 위치에 조성하고 다양한 수요에 대비해 여러 형태로 계획해야 한다. 또한 이용하기 편안하도록 단순하게 설계하며 유지 관리를 고려해야 한다.

이미 확보된 녹색 공간은 의도한 건강상 혜택을 제공하는지 꾸준히 모니터링하고 평가해야 한다. 특정 인구 집단이 건강상 혜택을 덜 받는지, 의도하지 않은 부작용으로 부정적인 영향을 받을 수도 있는지 살펴보아야 한다. 효과적인 모니터링 및 평가는 녹색 공간 조성 사업 초기부터 고려하여 관련 예산이 반영되어야 하고 녹색 공간 이용자와 비이용자 모두에 대해 설문조사, 인터뷰 등 혼합된 다양한 방법을 사용해야 한다.

그림 4-1. 건강과 웰빙에 대한 도시 녹색 공간의 영향에 대한 인과 모델
(세계보건기구, 2017)

녹색 공간 특징			
이용가능성, 접근가능성 (위치, 거리, 크기, 양, 질, 안전 등)	미적 특징 (경관, 질, 인식 등)	편의시설, 장치 (기반시설, 서비스 등)	관리 (주기, 농약, 급수)

▼ +/-

녹색 공간 효과		
이용, 기능 · 활발한 활동, 운동 · 채소 가꾸기, 정원 가꾸기 · 휴식, 여가 · 사회적 교류	기능 설정 · 토지와 임대 가격 · 주변 환경과 주거질 변화	환경적 조절 서비스 · 생물다양성 지원 · 탄소저장 · 오염 제어 · 토양 보호 · 기온 제어 · 물 관리

▼ +/-

연계 경로		
개인 상태 · 건강한 생활 습관 · 면역 기능 · 정신 상태 · 신체 단련	물리적 환경 · 공기질, 소음 · 기후변화 적응 · 자연 미생물, 항원 다양성 · 수질 · 기온 · 교통	사회적 환경 · 생활 비용 · 안전 · 사회적 유대, 상호작용, 참여

▼ +/-

건강 상태, 웰빙			
신체 건강 · 알레르기 · 심혈관 질환 · 부상 · 사망 비율 · 비만 · 임신 결과 · 매개체 감염병	정신 건강 · 인지 기능 · 우울증 · 심리학적 웰빙 · 스트레스	사회적 웰빙 · 고립/고독 · 삶의 만족도 · 삶의 질	건강 불평등 · 사회적 건강 차이 · 지역별 건강 차이

2장 경제와 사회

글. 오일영(세계자연보전연맹 한국협력관)

자연기반해법 논의에 있어 주요 환경문제 해결에 효과적인
수단과 제도적, 재정적 필요조건 등이 주류를 이루어온
것이 사실이다. 최근에는 자연기반해법이
유발하는 경제, 사회적 효과에 대한 분석이 늘고 있다.
특히 지속가능발전 17가지 목표 중 사회·경제적 목표에
해당하는 빈곤 극복, 성평등, 일자리, 불평등 해소, 평화
등에 대한 논의가 활발해지고 있다.
팬데믹과 맞물리며 국제사회에서 주요 의제로 등장한
자연기반해법은 다양한 유형과 수단으로 환경문제 해결에
기여하며 하나의 수단으로 복합적인 혜택을 사회에 제공할
수 있다. 그래서 자연기반해법은 적용되는 지역의 사회적
특징에 따라 환경적 혜택 외에 일자리 확대와 같은 경제적
혜택, 인권과 성평등처럼 사회적으로 의미 있는 혜택을
지역주민에게 제공할 수 있다. 자연기반해법의 사회·경제적
혜택은 저개발국가일수록 효과적이다.

1. 경제

일자리

자연에 대한 인간의 의존 수준은 상당하다. 농업, 어업, 임업 및 관광업 등 건강한 자연에 의존하는 일자리 숫자가 전 세계적으로 12억 개에 달한다는 분석도 있다.[26]

    코로나19 바이러스는 일자리에 심각한 위기를 가져왔다. 전 세계 노동력의 약 50% 수준인 16억 노동자가 생활 위기를 느껴야 했으며 특히 숙박, 식품, 영업, 제조업에 고용된 여성 인력이 상대적으로 더 큰 위기에 처했다. 대부분의 국가가 이로 인한 경제 위기에 대응하기 위해 경기 부양을 위한 재정 지원을 늘렸다. 2021년 6월 기준 경제 규모가 큰 30개국은 약 17조2천억 달러를 재정 지원하기로 발표했다. 이 중 기후변화 녹색 분야 투자 비율은 28% 수준에 불과했다. 환경에 대한 긍정적인 투자 비율이 50%를 넘긴 것은 30개국 중 10개국에 불과했다. 녹색 분야 중에서는 기후변화 대응을 위한 에너지, 건물, 교통 등의 분야에 주로 재정 투자가 이루어졌다. 자연이나 생물다양성 부분에 투자하는 규모는 무시해도 될 만한 수준이었다. 녹색 분야 투자 비중이 매우 높은 유럽연합조차 기후위기 대응에 긍정적climate-positive인 투자는 자연에 긍정적nature-positive인 투자의 6배 이상 많았다. 오히려 자연에 부정적nature-negative인 투자가 기후변화에 부정적climate-negative인 투자

에 비해 9배 이상 많은 형국이다.[27]

세계자연보전연맹과 같은 국제기구가 2021년 각국의 경기부양 재정 투자 중 10% 이상을 자연기반해법을 활용하여 자연 분야에 투자하자고 주장한 것은 이 때문이다.[28] 다행히 2021년 G20 환경장관회의와 개발협력장관회의 등에서 기후변화와 같은 환경문제 대응, 지역사회의 지속가능한 발전, 여성과 청소년의 인권 개선 등을 위해서 전 세계적으로 자연기반해법 사업의 규모를 확대시키자는 결의가 이어졌다.

자연기반해법 프로젝트는 노동 집약적이고 지역사회의 인력을 많이 사용한다. 그래서 단기적으로 일자리를 빠르게 창출 할 수 있다. 중장기적으로도 무시할 수 없는 수준의 일자리를 만들고 유지할 수 있다는 점을 고려할 필요가 있다.

국제노동기구와 세계자연기금이 자연기반해법의 일자리 창출 효과를 계량 분석한 결과를 보면 사업의 종류에 따른 차이를 감안하더라도 10억 원당 수백 개의 일자리 창출 효과가 있다. 산림이나 생태계 복원, 지속가능한 산림관리, 강 유역 관리, 혼농임업, 도시 녹색 공간 조성 등의 사업은 지역 생태계 특징에 맞추어 묘목이나 씨앗을 관리하고, 나무나 식물을 심으며, 영양분이나 물을 공급하는 등 지속 관리 인력이 필요하다. 사업의 효과를 모니터링하고 사업 자체를 관리하는 인력도 있어야 한다. 공공의 이익을 추구하는 자연기반해법 사업의 특성상 사업 목적이나 재원을 둘러싼 이해관계자 간의 이해충돌을 조정하고, 농업 관행을 친환경적으로 바꾸며, 토목 개발사업 대신 자연기반해법 사업을 하도록 설득하는 데

다수의 전문인력이 필요하다.

일자리 창출 효과는 임금이 싸고 노동력이 많은 개발도상국일수록 더 커질 수 있다. 팬데믹과 같은 경기 침체기에는 취약계층을 위한 생계형 일자리를 제공하는 역할도 중요하다. 좋은 경관을 가진 지역이나 도시의 녹색 공간 등은 생태관광이나 지역 관광지가 되어 추가 수익이나 일자리를 창출하는 효과도 기대할 수 있다.

2022년 12월 제15차 생물다양성협약 당사국총회가 개최되기 직전 국제노동기구, 유엔환경계획, 세계자연보전연맹은 자연기반해법과 관련된 현재의 일자리와 미래 예측을 과학적 모델링으로 분석한 보고서 〈자연기반해법의 일자리Decent Work in Nature-based solutions〉(2022)를 발간했다. 이 보고서에 의하면 현재 전 세계에서 자연기반해법 관련 일자리는 약 7천만 개에 달한다. 아직은 중·저개발국가에 많으며 대부분의 일자리가 농업과 산림 부문에 국한되어 있다. 이들 국가의 주요 산업과 노동 인력이 농업 부분에 많고 농업 방식이 자연에 의존하는 유형이기 때문이다. 따라서 중·저개발국가의 자연기반해법 관련 일자리는 식량 안보, 자연보호, 지역사회 경제 향상, 기후변화 적응 등 다양한 목적을 달성하는 데 도움이 된다고 볼 수 있다. 반면 선진국의 자연기반해법 관련 일자리는 주로 생태계 복원, 자연자원 관리, 도시의 녹색화 등의 분야에 집중되어 있었다. 일자리의 약 40%가 공공 서비스 부문이었, 15%가 건설 부문, 그 외 농업과 민간 비즈니스 서비스, 관광 부문 등에도 분산되어 있었다. 이 보고서는 전 세계 차원에서 자연기반해법에 대한 투자를 지금보다 3배 늘리면 2030년까지 약 2천만

표 4-4. 자연기반해법 유형별 일자리 창출 효과 분석(ILO와 WWF, 2020에서 재구성)

유형	주요 업무	직업	직접 일자리 창출 규모*		파급 효과
			FTE/백만USD	FTE/ha	
조림, 산림 복원 및 관리	토지 준비, 묘목 관리, 식목, 경관 관리, 모니터링, 법집행 등	환경 기술자, 농업, 관리자 등	275~625	0.4~1.1	산림관리에 추가 일자리 확대 기대 농촌 인력에 대한 추가 수득 효과
강 유역 관리 (산림·습지 복원, 생태농업 등 활용)	토양 침식 방지, 지하수 충전, 토종 식생 회복, 이해관계자 관리	환경 기술자, 도시 계획, 건설 인력 등	166~500	1~3	
지역 산림관리 및 탄소흡수원	임산물·목재 수거, 이해관계자 관리, 법 집행, 모니터링, 생태관광	산림관리자, 환경기술자 등	200~400	0.25~0.5	임산물 가공, 생태관광, 지속가능한 벌목 등의 추가 일자리
혼농임업	농지 경작, 파종, 퇴비화, 관개, 목축업, 식재, 경관 계획, 모니터링, 지역 전통지식 전달 등	농부, 목축업자, 농학자, 환경기술자 등	500~750	0.25~0.375	농가 소득 증가 해당 지역 농업인 수요 증가
도시 녹색 공간 조성 및 관리	토지 준비, 나무 식재, 관개, 파종 관리, 경관 관리, 자전거도로/인도 건설, 생태 관광 등	정원 관리자, 경관 관리자, 원예기술자, 관리자, 관광 가이드 등	24~250	1~5	관광, 레크리에이션 등에서 도시 일자리 창출 가능

유형	주요 업무	직업	직접 일자리 창출 규모		파급 효과
			FTE/ 백만USD	FTE/ha	
외래침입종 제거 및 관리	외래침입 식물, 관목, 나무 등 제거, 생태계 모니터링, 전통 지식 전파 등	관리자, 비숙련 노동자, 환경기술자 등	분석 자료 없음	0.002~ 0.14	농촌 인력, 지역사회에 대한 추가 소득 효과
보호지역 관리 및 보전	보호지역 관리, 교육, 모니터링, 이해관계자 관리, 지역 전통지식 전파, 생태관광 등	보호지역 순찰대, 관리자, 교육자, 환경기술자, 생태관광 가이드 등	분석 자료 없음	0.004~ 0.0002	관광 분야 인력 추가 확대 가능
하수처리용 인공습지 건설	습지생태계 모니터링, 경관 계획, 습지 건설, 이해관계자 관리	건설 인력, 엔지니어, 관리 인력, 환경기술자 등		관련 없음	

* 직접 일자리 창출 규모는 국가, 지역의 임금 수준, 경제 체계마다 다를 수 있으며 이 표의 수치는 선진국보다는 개발도상국에 더 적용 가능성이 높다. FTE(Full Time Equivalent)는 노동투입에 관련된 지표로서 임의의 업무에 투입된 노동력을 전일종사 노동자 수로 측정하는 방법이다. FTE가 1이면 A라는 임무에 투입된 전일종사 노동자가 1명임을 의미한다.

개의 일자리를 더 만들 수 있을 것으로 예측했다. 주로 아시아, 아메리카 대륙에서 농업, 산림 부문의 안정적 일자리가 많이 늘어날 것으로 전망된다. 다행히 쿤밍-몬트리올 세계생물다양성체계는 개발도상국에서 자연기반해법에 대한 투자가 더 많이 이루어지도록 만드는 결정이기 때문에 전 세계 차원의 자연기반해법 일자리 증가에 기여할 것으로 판단된다.

ESG 경영

기업 경영에서 지속가능성을 달성하기 위한 핵심 요소로 환경environmental, 사회social, 지배구조governance를 꼽는다. ESG 경영은 코로나19 팬데믹 위기를 극복하는 과정에서 전 세계적인 흐름이 되면서 국내외에서 기업과 금융계의 큰 화두가 되고 있다. 미국, 중국, 한국, 유럽연합 등 각국의 탄소중립 선언, 그린뉴딜 투자 확대의 흐름과 연결되어 블랙록, 뱅가드, JP 모건 등 해외 기관투자자들이 민간기업의 ESG 적용 여부를 투자 기준으로 활용하게 된 것이다. 국내에서도 핵심 기관투자자인 국민연금이 투자 대상을 선정할 때 ESG 투자 기준을 적용할 계획이다. 다수의 은행 또한 탈석탄 선언, 녹색 투자 확대 등에 나서고 있으며 기업들도 탄소중립 또는 ESG 경영 도입을 외치고 있다.

기후관련 재무공개 협의체

환경(E) 부문의 핵심 전략은 여전히 기후변화 대응, 온실가스 감축, 탄소중립에 맞추어져 있다. 자연이나 생물다양성에 대한 전략은 매우 부족한 상황이다. 이는 국제사회의 흐름과 연관성이 있다. 금융안정위원회FSB는 온실가스 배출의 주요 원인이 되는 기업이 탈석탄, 신재생 에너지 투자 확대 등 기후변화 대응에 더 적극 나서도록 만들기 위해서 기후관련 재무공개 협의체를 설치하고 2017년 국제 시장에 적용할 가이드라인을 발표하였다. 이 가이드라인은 기후변화가 민간 시장에서 초래할 수 있는 다양한 위기와 기회를 기업과 금융기관이 어떻게 평가하고 대응해야 하는지를 거버넌스, 전략, 위기관리, 목표 설정의 4개 분야로 정리하고 이행해야 할 권고사항 11개를 담고 있다.

2017년에 만들어진 이 가이드라인은 G7, G20, 유럽연합 주요 국가와 금융안정위원회FSB, 국제증권관리위원회기구IOSCO, 표준화기구GRI 등 국제사회의 금융, 기업 활동 기준을 좌우하는 기관의 전폭적인 지지를 받으며 국제사회가 따르는 기준으로 자리매김하고 있다. 현재 120개 이상의 정부 규제기관과 95개 국가의 3,400개 이상의 기업, 공공기관이 지지하고 있다. 한국에서도 2022년 12월 현재 156개 기관이 참여하고 있다.[29]

자연관련 재무공개 협의체

다음 단계로 추진되는 것이 자연관련 ESG를 위한 국제사회의 기준을 설정하는 움직임이다. 2021년 10월 G20 재무장관 및 중앙은행장회의는 환경위기 상황에서 금융위기 관리, 기업과 금융기관의 경영활동 개선을 위한 방향성과 작업 일정을 제시하는 G20 지

그림 4-2. 기후관련 재무공개 체계도(TCFD, 2017)

(a) 기후변화 관련 위기와 기회 및 재무적 영향

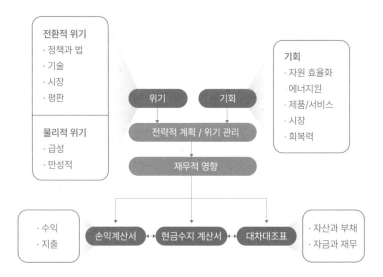

(b) 기후변화 관련 기업 및 금융기관의 4대 공개 분야

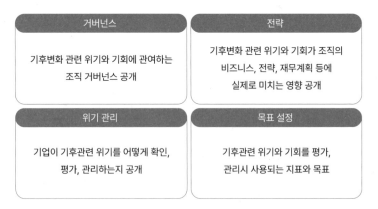

속가능금융 로드맵을 확정·발표했다.

　이 로드맵은 기후관련 재무공개 협의체 다음 단계로 자연과 생물다양성 관련 위기와 기회, 기업의 공개 등에 대한 체계를 2023년까지 만들 것을 정했다. 이를 위해 기후관련 재무공개 협의체와 유사하게 자연관련 재무공개 협의체가 2021년 만들어졌다. 40개의 멤버, 850개 이상의 기관이 참여하는 이 협의체에는 세계자연보전연맹을 포함한 18개 전문기관이 지식 허브로 참여하고 있다.[30] 자연관련 재무공개 협의체 또한 기업과 금융기관이 자연관련 위기와 기회 요인을 평가하고 이에 대응하는 거버넌스, 전략, 위기관리, 목표 설정 등 4개 분야에서 이행할 권고사항을 제시하는 가이드라인을 준비하고 있다. 2023년 하반기까지 가이드라인을 확정·발표하기 위해 2022년부터 단계별로 초안을 미리 공개하고 의견수렴 과정을 거치고 있다.

　자연관련 재무공개 협의체는 앞서 설명한 기후관련 재무공개 협의체와 유사하지만 몇 가지 차이가 존재한다. 기후관련 재무공개 협의체는 온실가스 배출량과 기후 악영향을 주요 범주로 하는 반면 자연관련 재무공개 협의체는 위기 발생 범주를 더 세분화하고 지역적 차원의 영향과 대응을 중요시한다. 즉, 기후변화에 대한 위기 요인을 기업의 온실가스 배출량을 줄이기 위해 국가나 국제사회가 규제를 강화하는 과정에서 발생하는 위기policy and legal, 필요한 기술 개발 활용 가능성 위기technology, 전기차 등 저탄소 제품 시장의 성장에 따른 위기market, 소비자가 온실가스를 과도하게 배출하는 기업을 외면하는 평판 위기reputation로 분류하는 것이다. 또한 온도 상승, 가뭄, 해수면 상승과 같이 기후 악영향이 기업 경영에 미치는 물리적 위기physical도 있다.

2022~2023년에 발표된 자연관련 재무공개 협의체 초안에서는 자연의 범주를 일차로 육상, 해양, 담수, 대기까지 4개 분야의 자연과 생물다양성으로 설정하고 이차로 생태계 서비스까지도 포함한다. 이 협의체는 기업 비즈니스가 일어나는 지역 차원의 자연, 생태계 특성, 이에 대한 영향과 대책을 더 중요하게 조사, 평가해야 한다. 기후관련 재무공개의 주요 지표인 온실가스 배출량은 전 지구적 차원에서 영향을 미치지만 자연관련 재무공개의 평가 지표는 대부분 사업장 주변 지역의 자연 환경에 연관되어 있기 때문이다. 이를 고려하여 자연관련 재무공개 협의체는 지역 차원의 접근법을 기반으로 하는 평가 방식LEAP: Locate, Evaluation, Assessment, Prepare을 제시한다. 기업이 공개하는 절차, 4대 공개 분야는 기후관련 재무공개 협의체가 이미 정립한 방식을 그대로 활용할 계획이다. 기업과 금융기관 입장에서는 기후위기와 생물다양성위기를 포괄하여 ESG 대응 체계를 만들고 대응 전략과 실적을 같이 공개하는 방향으로 준비해갈 필요가 있다.

종합하면 국제사회가 기업의 자연관련 ESG에서 요구하는 바는 기업 활동이 육상·해양·담수·대기 분야 자연 및 생물다양성 파괴에 직접 미치는 영향, 생태계 서비스 훼손에 미치는 영향, 기업의 기후변화 대응 활동이 자연과 생물다양성에 미치는 부정적 영향 등을 평가해야 하며, 이런 영향이 직간접적으로 기업 활동에 미치게 될 각종 위기를 극복하기 위해 필요한 수단을 강구해야 한다

그림 4-3. 자연관련 재무공개 체계도(TNFD, 2022)

(a) 자연관련 재무공개 협의체에서 기업 활동과 연관된 자연의 범주

(b) 자연관련 재무공개 협의체에서 위기와 기회, 기업 대응

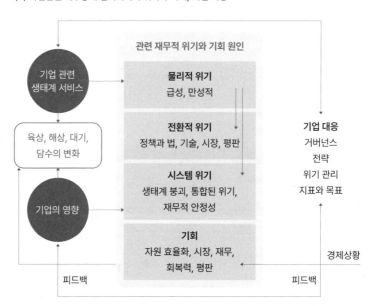

는 점이다.

이런 측면에서 자연기반해법은 자연관련 재무공개 협의체를 따르기 위해 기업이 도입해야 하는 행동 수단, 전략의 핵심이라고 할 수 있다. 금융기관에서는 자연기반해법에 대한 투자 포트폴리오를 늘리는 것이 중요해진다. 이를테면 기업이 폐수나 하수를 배출하는 지역에 인공습지를 설치하여 생태계도 보호하고 물도 처리하며 지하수도 충전히는 자연기빈해법을 도입할 수 있다. 건설이나 광물기업은 생물다양성이 중요한 지역을 사업 대상 지역에서 제외하고 사업지 주변의 훼손된 자연생태계를 복원할 수 있다. 도심에는 녹색 통로, 녹색 정원, 자연형 하천 비율을 높이는 것 등의 전략을 실행할 수 있다. 연안습지, 맹그로브숲을 복원하는 자연기반해법은 기후변화 대응과 생물다양성 보호의 융합적 접근 방식이 될 수 있다. 지역 조건, 기업 활동의 종류에 따라 다양한 유형의 자연관련 ESG 활동을 실행할 수 있다는 점이 자연기반해법이 기업 활동에 가지는 의미라고 할 수 있다.

유럽연합의 지속가능한 금융 전략

지속가능한 금융 전략은 유럽연합의 그린딜의 핵심 전략 중 하나이다. 유럽연합 또는 유럽연합 외 지역에서 기업 및 금융기관의 각종 활동과 투자가 기후변화 대응, 생물다양성 향상, 오염물질 저배출 등 친환경 활동으로 전환될 수 있도록 유도하기 위한 것이다.

이 전략의 핵심은 유럽연합 차원에서 친환경 활동을 정의하는 녹색분류체계Taxonomy를 만들고, 재정 당국이나 민간 금융기관이 발행하는 채권이 녹색분류체계에서 정한 활동에 많이 투자되게 하는 자발적 유럽 녹색채권 기준European Green Bond Standard을 만드는 것, 기업이 녹색분류체계에 부합하는 활동을 공개 하는 것 Corporate Sustainability Reporting Directive, 민간금융 기관이 투자 포트폴리오 중 녹색분류체계에 포함된 유형에 얼마나 투자하는지 공개 하는 것Sustainable Finance Disclosures Regulation 등이 있다. 전반적으로 기후관련 재무공개 협의체가 정한 가이드라인을 유럽연합에 맞도록 제도화한 것이라 할 수 있다.

녹색분류체계는 2022년 1월부터 공식 시행되고 있다. 이중 온실가스 감축, 기후변화 적응 분야에 관한 내용이 2022년 2월 최종 확정되었다.[31] 하지만 기후변화 부분만으로는 부족하다. 녹색분류체계는 담수와 해양자원 활용과 보호, 생물다양성과 생태계 보호 및 복원, 순환 경제로 전환, 환경오염 방지 및 조정 등 4개 분야를 추가로 만들어야 한다. 이 체계는 2022년에 최종 확정되어 2023년부터 적용된다. 4개 분야 녹색분류체계는 환경적 영향이 큰 농업, 광물, 에너지 산업 등 주요 경제 분야를 선택해 각 경제 분야에서 기업 활동이 물, 생물다양성, 폐기물, 화학오염물질 배출 측면에서 미치는 영향을 분석하고 이 영향을 줄이는 행동에 대한 기준을 제시한다.[32] 예를 들어 생물다양성이 높은 경관을 유지하면서 농사 지을 수 있도록 지역 자생종을 활용한 혼농임업을 실시하는 것이 녹색분류에 적용되는 유형의 사업이 될 수 있다. 또한 모든 유형의 사업은 다른 환경요인에 부정적인 영향을 주지 않아야 한다는 원칙Do No Significant Harm을 준수해야 한다. 이는 신재생에너지 사업이 생태계를 과도하게 파괴하거나 폐기물을 다량 발생시키지 않아야 한다는 것과 같은 기본적인 기준이다. 유럽연합의 녹색분류체계가 정하는 가이드라인이나 유형은 앞서 설명한 각종 자연기반해법 수단을 포함하게 될 가능성이 높다.

핵심 경영전략으로 주시

G7, G20 등의 주요 국가, 주요 국제금융기관, 유럽연합 등의 동향을 보면 향후 2~3년 이후 자연관련 ESG가 기업의 핵심 경영전략에 반영될 것이라 예상할 수 있다. 자연관련 재무공개 협의체 가이드라인이 요구하는 원칙과 유럽연합의의 녹색분류체계를 살펴보면 여러 자연기반해법 수단이 ESG 경영 차원에서 기업이 수행하고, 금융기관이 투자를 확대해야 할 핵심 영역이라는 것을 전망할 수 있다. 따라서 기업과 금융기관에서는 자연관련 재무공채 협의체 가이드라인이나 기후변화를 제외한 4대 분야 유럽연합 녹색분류체계가 정해지는 2023년에는 관련 국제 동향을 지속적으로 관찰할 필요가 있다.

2. 사회

인권

생활이 건강하지 않거나 지속가능하지 않은 빈곤계층, 취약계층이 기후변화나 환경오염의 영향이 더 크게 받는다. 자연기반해법은 환경문제에 영향을 많이 받는 계층의 삶이나 인권을 중장기적으로 향상시키는 방안도 동시에 염두에 두어야 한다.

2021년 10월 8일 유엔총회 인권위원회Human Rights Council는 깨끗하고 건강하며 지속가능한 환경과 인권과의 관계를 정리한 결의문HRC 48/13. The human right to a clean, healthy and sustainable environment을 확정했다.[33] 이 결의문은 기후변화, 지속가능하지 않은 자연자원의 관리와 활용, 대기·토양·물 오염, 화학물질과 폐기물의 부적절한 관리 등에 의해 촉발되는 생물다양성 파괴, 생태계 서비스의 감소 등이 자연환경이 파괴된 취약지역에 거주하는 원주민, 노인, 장애인, 여성과 소녀 등의 인권을 보장하지 못한다고 지적했다. 환경과 관련한 문제를 해결하려면 취약계층이 환경 관련 정보를 적절하게 취득할 수 있어야 한다. 또한 개선 방안에 대한 정부나 공공의 의사결정 과정에 효과적으로 참여하는 것이 중요하다. 이를 위해 유엔총회는 각 국가와 민간기업이 환경문제에 대한 해결책을 강구할 때 인권 문제를 반드시 고려하도록 요청하고 있다.

이런 측면에서 2020년 세계자연보전연맹이 발표한 자연기반해법에 대한 전 지구적 기준을 다시 주목할 만하다. 포용적이고 투명하며 강력한 거버넌스에 기반해야 한다는 5번째 기준(53쪽 참조)은 성별, 연령, 사회적 지위에 관계없이 상호 존중적이고 형평성에 기반하여 참여 체계를 만들고 원주민 권리에 대한 자유로운 사전통보승인FPIC 원칙을 준수해야 한다는 점을 강조하고 있다.[34] 또한 목표 달성과 이익 사이의 균형 유지를 강조한 6번째 기준(54쪽 참조)은 자연기반해법 사업으로 주로 달성하려는 것과 다른 유형의 이익 사이의 균형점을 달성해야 하며 이를 위한 보호장치를 미리 설정해야 함을 강조한다. 예를 들어, 온실가스 흡수원을 확대하기 위해 산림을 재조림할 때 생물다양성도 고려하여 식재 하고 원주민의 권리, 생활, 전통과 문화 등도 같이 고려하여 균형점을 찾아야 한다는 것이다.

원주민의 권리와 참여

전 세계 생물다양성의 약 80%가 지구 표면의 22%가량을 차지하는 원주민 지역 또는 전통indigenous territory에서 발견된다는 것은 매우 의미심장하다.[35] 원주민이나 전통 지역사회는 지역의 환경과 생물다양성을 보존하고 자연자원을 지속가능하게 관리하는 데 있어 중요한 역할을 한다. 특히 이런 지역에서는 원주민의 전통과 철학을 세대간에 계승하고 토지와 자연자원을 보호하는데 있어 여성의 역할이 지배적임을 인식할 필요가 있다.

원주민이 자연과 생물다양성을 보호하려면 해당 지역 토지에 대한 권리, 자기의사 결정권한, 전통 지식, 원주민 권리에 대한 자유로운 사전통보승인 원칙 등이 존중 받아야 한다. 이를 위해 의사 결정 거버넌스에 원주민을 포함시키고 의사결정 과정에 직접 참여하도록 하는 것이 가장 중요하다. 이런 원칙이 종합적으로 반영되어 있는 것이 2007년 9월 유엔총회에서 결정된 〈원주민 권리에 대한 유엔 선언The UN Declaration on the Rights of Indigenous Peoples〉이다. 이 선언은 각종 개발 사업에서 원주민의 교육, 건강, 언어, 고용 등에 대한 권리를 잘 보호하기 위해 원주민의 참여와 의사결정 과정에서의 권리 행사를 촉구한다. 다만 비구속적인 선언문으로 아직은 현실에서 주요 흐름으로 자리매김하지는 못하고 있다. 그럼에도 자연기반해법 실행 과정에서 원주민을 위해 고려해야 원칙의 시발점으로 중요한 의미를 가진다.

다행히도 2022년의 제27차 기후변화협약 당사국 결정문, 제15차 생물다양성협약 쿤밍-몬트리올 세계생물다양성체계 등은 기후변화 대응, 자연과 생물다양성 보호 정책을 이행하는 국가, 국제기구, 민간기업 등 각 이해관계자가 원주민과 지역사회의 지식과 인권을 존중하고 의사결정에 참여하게 할 것을 강력하게 요구하기 시작하였다. 그간에는 유엔 차원의 선언에 불과했던 가치가 국가의 행위를 제약하는 국제협약의 결정문에 명확히 반영된 것이다. 2022년 결정문은 원주민과 더불어 여성, 청소년에 대해서도 인권, 의사결정 참여, 권리 행사 등에서의 형평성Gender Equality을 유지하고 재정 지원 확대를 요구하는 내용을 핵심 사항으로 포함하였다.

최근에는 원주민의 권리를 존중하는 방식으로 기후변화에 대응하고 생물다양성을 보존하려는 움직임이 활발해지고 있다. 가장 대표적인 사례를 제26차 기후변화협약 당사국총회(2021)에서 확인할 수 있다. 영국, 미국, 독일 등 5개국 장관과 포드재단, 베조스지구펀드, 블룸버그재단 등이 참여해 원주민의 산림 토지보유권을 공동 지원하는 이니셔티브를 발족했다.[36] 〈원주민 권리에 대한 유엔 선언〉에 기반한 이 계획의 골자는 기후변화 대응 과정에서 우려되는 원주민의 권리 침해, 생물다양성 파괴 등에 대응하도록 2021년부터 2025년까지 17억 달러를 지원하겠다는 것이다. 그래서 산림관리이나 토지 이용 변화 과정에서 생물다양성과 자연을 보호하는 데 있어 그 지역에 거주하고 있는 원주민이 가장 중요한 역할을 한다는 것을 주요 논리로 내세우고 있다. 이 역할을 성공적으로 활성화하려면 원주민의 토지 보유권을 법적으로 향상할 수 있도록 토지 소유 현황을 지도화하고, 등록 절차를 법적으로 지원하며, 지역사회의 의사결정 과정에 원주민이 참여할 수 있는 체계를 만들도록 해당 국가나 지역사회와 협력하여 재정을 지원하는 프로그램이 필요하다. 이런 활동은 주로 유럽이나 북미 국가의 주도하에 이루어지고 있지만 실제 지원 활동은 아프리카나 아시아, 남아메리카의 국가에서 일어난다. 따라서 전 세계 차원의 성공적인 기후변화 대응, 자연과 생물다양성 보존을 위해 더 많은 국가와 민간 기업이 참여해야 한다.

성평등과 평화

원주민의 인권 보호와 더불어 해결해야 할 또 다른 사회 문제는 기후변화, 환경오염에 취약한 지역사회의 여성과 소녀의 삶의 질 개선 그리고 자연과 생물다양성을 보호하는 여성의 역할을 어떻게 높일 것인지에 관한 것이다. 더 중요하게는 자연기반해법을 실행하면서 지역사회에서 성차별을 줄일 수 있는 접근 방법gender-responsive을 활용해야 한다는 것이다.

환경문제를 해결하기 위해 개발도상국에 재정을 지원하는 사업에 성평등 문제를 포함하는 흐름이 더욱 강해지고 있다. 가장 큰 규모의 환경, 기후변화 관련 재정지원 사업을 실행하는 지구환경기금, 녹색기후기금은 2010년대 말부터 프로젝트 시행 시 성차별 수준을 평가하고, 성평등을 향상시킬 수 있는 활동계획을 포함하도록 하고 있다. 또한 유엔 차원의 산림탄소 흡수원 확대 프로그램인 UN-REDD도 2018년부터 각종 프로그램의 성평등 평가 시스템*을 도입했다. 세계자연보전연맹도 미국국제개발처와 협업하여 각종 환경, 기후변화 대응 프로그램이 성평등 향상 요소를 포함하도록 성평등 확산 전략을 개발, 전파하는 사업Advancing Gender in the Environment을 2014년부터 진행하고 있다.[37]

---

* UN-REDD Gender Marker Rating System: UN-REDD 실행기관인 유엔개발계획, 유엔환경계획, 유엔식량농업기구가 자체 실행하는 성평등 관련 평가 체계로 4가지 기준(계획, 이행, 모니터링·보고, 예산·전문 인력 반영 정도)에 따라 3개 레벨(GEN 0, GEN 1, GEN 2)로 평가한다.

자연과 생물다양성 보호

여성이 남성보다는 자연과 생물다양성 보호에 더 적극적이다. 독일에서 2009년부터 주기적으로 시행한 자연 인식 수준과 자연보호 의지에 대한 의식조사 결과, 여성이 남성보다 자연을 인식하는 수준이 높고, 자연보호 적극성이 강했다.[38] 여성이 지역사회의 의사결정에서 더 많이 참여할 수 있다면 자연과 생물다양성 보호, 지역사회의 친환경 문화 전통을 계승하는 데 도움이 될 것이다.

글로벌 뱀부 프로덕트Global Bamboo Products는 아프리카의 가나에서 대나무를 키우고 가공품을 생산하는 회사이다. 이 회사가 세워진 지역의 산림 훼손은 심각했다. 산림 훼손의 70%가 가정용 땔감을 구하려는 목적에서 행해졌을 만큼 경제적으로도 열악한 곳이었다. 글로벌 뱀부 프로덕트는 대나무로 숯과 연탄을 만들어 공급함으로써 산림 훼손을 방지했다. 대나무 숯은 기존 땔감에 비해 연기가 적게 발생해 실내공기 오염으로 인한 피해를 줄이는 효과도 있었다. 또한 대나무를 활용한 건축 자재와 가구 자재를 판매해 추가 수익을 확보할 수 있었다. 이 회사의 특징 중 하나는 여성 중심으로 운영되며 매년 1천여 명의 농부에게 대나무 농사와 이를 활용한 부수익 사업을 가르친다는 점이다. 이들의 성공 배경으로 여성이 토지 이용, 산림관리 등의 의사결정에 주도적으로 참여하고 가정의 생계나 지역사회, 자연환경의 건강성을 위해 지속가능한 해법을 찾아왔다는 점을 꼽을 수 있다. 국제대나무라탄협회 INBAR 지원사업으로 인도, 탄자니아 등 44개 개발도상국에서 동시에 진행되고 있는 이 프로그램은 인도에서만 여성 일자리를 15만

개나 창출했으며 탄자니아에서는 대나무 농장 100여 개를 만드는
성과가 있었다.[39]

빈곤 해소와 평화 분위기 조성

기후변화와 환경오염으로 인한 지역사회의 경제적·성적 불평등
과 인권 침해는 저개발국가일수록 피해가 더 크고 치명적이다. 피
해가 악화되면 정치적 분쟁으로 확대되기도 한다.

수단 동부, 알라드Al Rahad의 사례는 자연기반해법이 여러 사회
문제를 어떻게 해결할 수 있는지에 대한 좋은 선례를 제공한다.[40]
알라드는 기후변화의 악영향으로 강수량 감소가 가뭄 증가, 토질
악화로 이어지는 악순환이 발생하는 곳이었다. 지역의 전통 농업
인 아라비아 고무 생산량이 급감했으며 사헬 지역 전체에서 계속
되는 분쟁과 이웃 지자체와의 정치적 분쟁 등으로 일자리가 부족
해지자 대부분의 남성들은 도시로 빠져나가는 상황이었다. 결국
이 지역은 경제적 수단이 없는 여성들에 의해 유지되고 있었다. 악
순환의 고리를 끊고자 유엔개발계획, 유엔환경계획, 유엔여성기
구 등이 2016년부터 2018년까지 지원 프로그램을 실시했다. 프로
그램의 목적은 자연과 생물다양성을 친환경적으로 관리하되 여성
의 참여를 촉진해 지역 가정의 경제적 빈곤을 개선하고 정치적으
로는 평화 분위기를 만드는 것이었다. 이를 위해 지역 여성들은 아
라비아 고무를 친환경적으로 생산하는 방법, 아카시아 심는 방법,
유기질 비료 생산, 산림관리, 참깨와 수수 같은 판매용 작물 생산
등을 교육받았다. 지역사회 의사결정 거버넌스에 여성의 비율을

높이고, 지역 분쟁의 원인과 중재 방법에 대한 교육도 같이 받았다. 여성농업인협회를 만들어 농사 규모를 키우고, 농산물을 팔 수 있는 체계도 갖추었다. 덕분에 프로그램에 참여한 가정의 약 85%에서 경제적 수익이 증가했으며, 지역 분쟁 해결센터의 여성 비율은 40%까지 높아졌다. 상수원 보호, 식수 공급 펌프 개선, 토질 개선을 위한 6천 그루 나무 심기 프로젝트 등도 성공적으로 진행되었다. 이 사례는 말리-나이지리아 국경 평화 정착 프로그램과 남수단에서 이행되는 지원 프로그램에도 반영되었다.

미래 세대의 주장

자연기반해법으로 얻을 수 있는 사회·경제적 혜택에도 불구하고 기후변화와 생물다양성 파괴의 피해를 전 생애에 걸쳐 받을 수밖에 없는 미래 세대의 관점은 날카롭다. 이들은 자연기반해법의 불편한 진실을 전 세계가 알아야 하고, 이를 극복해야 진실로 의미 있는 자연기반해법이 가능하다는 점을 강조한다.

 2021년 제26차 기후변화협약 당사국총회에서는 생물다양성과 기후변화 분야의 전 세계 청년 모임 (Global Youth Biodiversity Network, Youth4Nature, YOUNGO 등)이 연합해 자연기반해법에 대한 입장문을 발표했다.[41] 많은 국가와 기업이 단일 품종으로 나무를 심으면서 탄소흡수량을 늘린다는 공약을 발표하는데, 이는 온실가스 감축을 위해 에너지 사용량을 줄이는 노력을 회피하는 수단일 뿐이며, 오히려

지역의 생물다양성을 파괴하고 원주민의 생활 터전을 파괴하는 결론을 초래할 가능성이 높다는 우려를 전달한 것이다. 자연기반해법을 사용한다면 그린 워싱 수단이 되지 않도록 기후변화와 생태계의 온전성과 기능 회복을 동시에 추구해야 한다는 것, 원주민과 자연의 권리 및 인권과 성평등을 향상시킬 수 있는 보호장치가 이행될 수 있도록 환경 관련 국제 협약에 강제적 결정문으로 반영되어야 한다는 것이 그들의 요구였다.

이런 주장은 자연기반해법 이행과정에서 발생할 수 있는 문제를 명확히 지적하고 있다. 정책결정자나 국제적 차원의 재정지원 프로그램도 서서히 이런 요구사항을 반영하고 있다. 다행히 제26차 기후변화협약 총회에서 당사국들이 합의한 글래스고 기후 결정문은 청년들의 요구를 받아들였다. 미래의 기후변화 대응은 생물다양성 훼손과의 연관성을 고려해야 한다는 것, 자연과 생태계를 보호·보전·복원하는 것은 온실가스 감축과 기후변화 적응에서 매우 중요한 역할을 한다는 점, 그리고 사회 및 환경적 보호조치를 명확히 해야 한다는 점을 결정 내용에 포함한 것이다. 이런 흐름은 2022년 제27차 기후변화협약 당사국총회 결정문, 제15차 생물다양성협약 당사국총회의 쿤밍-몬트리올 세계생물다양성체계에 더 강하게 반영되었다. 앞으로 실제 사업 이행 과정에서 제대로 준수되게 하는 것이 숙제이다.

수요 차원의 행동 변화

전 세계 인구의 지속적인 증가와 경제 성장으로 식량의 생산과 소비역시 늘어나고 있다. 특히 생산과정에서 온실가스를 많이 배출하는육류는 지난 50년간 생산량은 3배, 1인당 소비량은 2배 정도 증가했다.[42] 그런가 하면 전체 식량 생산량의 17%가 버려지고 있다.[43]

균형 잡히고 지속가능한 식단으로 전환하고 음식물 낭비를 줄이는 것은 기후변화 완화와 생물다양성 회복에 도움이 된다. 유엔식량농업기구에 따르면 지속가능한 식단은 개인의 건강과 웰빙을촉진하며 환경에 주는 부담과 영향이 낮다. 그래서 누구나 접근할수 있는, 저렴하며 안전하고 공평한 방법으로 문화적으로도 받아들여질 수 있다.[44] 지속가능한 식단은 식물성 식품과 지속가능하며 온실가스 배출이 낮은 시스템에서 생산된 동물성 식품을 기반으로 한다. 채식 기반의 식단이 확대되면 육류 생산을 위해 지속가능하지 않은 방식으로 운영하는 목초지나 사료 재배를 위한 토지수요가 줄어들 수 있다. 그만큼 농지로 전환될 위험이 있는 생태계를 보전하고 이산화탄소 흡수원으로 활용할 수도 있을 것이다.

전 세계 인구의 절반이 식물 위주의 식단으로 바꾸고 음식물쓰레기를 절반으로 줄인다면 토지 이용과 관련해 연간 1.8기가톤규모의 온실가스를 줄일 수 있다.[45] 기후변화에 관한 정부간 협의체의 〈기후변화 및 토지에 관한 특별 보고서〉(2019)는 식생활 변화에 의한 감축 잠재량을 2050년까지 최소 0.7기가톤에서 8기가톤로 추정한다. 이런 변화는 당연히 해당 지역의 자연, 생태계의 건강성을 높여주는 추가 효과를 창출한다. 다행인 것은 젊은 세대를 중심으로 채식 위주의 식문화가 확산되고 있다는 점이 다. 채식주의자가 많은 독일에서는 수십 년간 육류 소비량 감소 추세가 이어지고 있다. 1978년에 한 가구당 평균 6.7kg였던 것이 2018년은 66%가 감소한 2.3kg에 불과했다.[46]

식생활 등 수요 변화로 줄일 수 있는 온실가스의 정확한 양, 생태계 훼손을 방지할 수 있는 수준은 공급망 전반에 걸쳐 분석단계가 복잡하고 다양한 전제와 제약조건이 고려되기 때문에 여전히 더 많은 연구가 필요하다. 식생활 개선, 음식 낭비 줄이기 등 수요 차원의 행동 변화가 실제 효과가 있으려면 수요자뿐 아니라 공급망 전반에서 이해관계자의 인식과 행동 변화가 필요하다. 작물 재배 및 수확 기술, 농장 내 저장 기반시설, 수송 및 포장, 소매, 교육 등 공급망 전반에 걸쳐 새로운 기술과 혁신을 통해 식량 손실과 폐기를 감소시켜야 한다. 또한 공급망의 이해관계자에서부터 최종 소비자에 이르는 전 단계에서 수요 차원의 행동 변화가 일어나야 한다.

5

자연기반해법
확산 과제

1장 자연기반해법 확대 전략

글. 오일영(세계자연보전연맹 한국협력관)
강부영(주독일대한민국대사관 본부근무 환경관)

자연기반해법의 기술적 측면은 이미 많이 알려져 있으며
하천 복원과 같은 사례가 우리 주변에서 진행되어 왔다.
그러나 지속가능발전을 위해 자연기반해법이 사회와 경제의
주요 흐름으로 자리 잡았다고 하기에는 여전히 턱없이
부족하다. 더 이상 외면할 수 없는 생물다양성위기 역시
자연기반해법을 충분히 고려하지 못한 탓도 있다.
자연기반해법이 지금보다 확산되고 활성화되려면 효과와 비용
등에 대해 과학적 지식을 더 쌓아야 하고, 국가 및 지방정부의
각종 계획에 반영되어야 하며, 국제적 개발 협력 투자의 핵심
포트폴리오에 포함되어 재정 투자 규모가 증가해야 한다. 실제
현장에서 성공을 거두려면 여러 이해관계자가 민주적으로
참여하는 튼튼한 거버넌스와 인센티브도 필요하다. 이때 다른
지역의 성공 사례를 그대로 가져와서는 안 된다. 자연생태계는
지역에 따라 다르다는 특성을 고려해 사업 지역과 생물학적
기반에 적합한 실행계획과 과정을 적용하는 융통성이 필요하다.

1. 인식의 전환

대응의 시급성

〈세계 위기 보고서〉에는 향후 10년간 가장 관심을 가져야 할 10대 위기에 기후변화, 이상기후, 자연과 생물다양성위기, 대규모 환경오염사건 등이 항상 포함된다. 그러나 향후 2~3년의 가까운 미래에 관심을 가져야 할 위기 목록에서는 자연과 생물다양성위기가 항상 후순위에 자리한다(21쪽 참고). 자연과 생물다양성위기에 대한 일반적인 관심은 높은 반면, 시급성에 대한 인식은 낮은 것을 엿볼 수 있는 대목이다. 이런 인식의 차이가 자연기반해법이 왜 필요한지, 어떤 효과가 있는지, 얼마나 중요한 의제로 관리해야 하는지를 좌우하는 시작점이라 할 수 있다.

다음은 상품 생산과 소비 활동이 자연에 미치는 영향을 세부적

표 5-1. 자연기반해법 확대 여건 조성

주체	목적	방법
정부, 기업, 국제기구 등	투자 흐름 형성	· 핵심 이해관계자의 관심 촉구 · 국제협약의 지침 및 결정문, 국가 간 정책 등에 자연기반해법 반영
	현실 적용	· 기후변화, 생물다양성, 환경 개선, 지속가능발전 등을 위한 수단으로 적용: 법제화, 예산, 공적개발원조, 재정 투자 포트폴리오, ESG 사업 등

으로 인식하는 것이다. 예를 들어, 육류 소비가 자연에 미치는 영향은 단계마다 매우 다양하고 또한 치명적일 수 있다. 소를 키우기 위해 산림을 목초지나 농지로 만들거나 사료를 재배하는 과정은 자연과 생물다양성을 훼손한다. 이때 농약까지 사용한다면 아예 생물종의 멸종을 가져올 수 있다. 수상생태계에도 악영향을 미친다. 개발된 목초지는 빗물이 하천으로 유입되는 것을 제어하지 못해 하류의 홍수 가능성을 높이는 한편 토양의 침식을 유발해 토양의 건강성도 훼손한다. 사람을 위한 경제 활동이 자연과 생물다양성에 미치는 영향을 과학적으로 보여주고 계량화하려는 노력이 시급히, 그리고 광범위하게 이루어져야 한다.

그린 워싱 극복

때때로 자연기반해법은 그린 워싱이라고 비난받기도 한다. 기후변화 대응 측면에서 주로 그렇게 언급되곤 한다. 기업이나 국가가 에너지 사용에 의한 온실가스 감축 노력은 회피하면서 조림이나 재조림과 같은 자연기반해법을 활용해 만들어진 탄소배출권을 구입해 온실가스 배출량을 상쇄하려는 경우, 심지어 그 과정에서 나무를 단일 종으로 심어 지역생태계를 오히려 훼손하는 움직임에 대한 비난이다. 세계자연보전연맹이 정부, 산업계, 시민사회 등 다양한 분야의 전문가와 이해관계자를 대상으로 진행한 설문조사에 따르면, 조사 대상자의 80%가 탄소중립 이행을 위한 상쇄 수단으로 자연기반해법을 지지하면서도 75%는 상쇄로 인해 실제 온실가스 배출량의 감축이 지연되거나 부정적인 영향을 받을 것을 우려했다.[1] 이런 비난과 우려는 어느 정도 정당하고 의미있으며, 자연기반해법과 관련된 방법론을 보다 정교하고 지속가능하게 만드는 원동력이 되기도 한다.

그린 워싱에 대한 인식 전환, 그린 워싱의 가능성을 차단하려는 노력이 최근 국제적으로 일어나고 있다. 자발적 탄소시장의 자연기반해법 탄소배출권 인증 기준을 만드는 기관들은 생물다양성, 지속가능발전에 대한 기준을 인증 기준에 포함하기 시작하였다. 세계자연보전연맹이 제시한 자연기반해법의 단계별 검토 기준도 그린 워싱 문제를 해결하기 위한 방향성을 제시한다. 앞으로 필요한 것은 이와 같은 기준을 실제 사례에 적용해 성공 사례를 만드는 것이다. 그리고 이를 객관적으로 검증하는 절차와 체계를 만드는 것이다.

자연기반해법의 목적과 효과는 온실가스 흡수에만 있지 않다. 자연기반해법은 생태계 서비스의 역량을 최대화하고 지속하기 위해 생물다양성과 생태계에 순이익을 가져올 수 있어야 한다. 잘못된 사례로 인해 자연기반해법 전체를 그린 워싱으로 오해해 버린다면 온실가스 흡수뿐 아니라 생태계 보호, 수질 등 환경 질 개선, 자연재난 경감, 경제, 사회적 이익 등 다양한 효과를 잃어버리게 될 뿐이다.

2. 자연기반해법의 주류화

자연 복원 국가 전략 법제화

우리나라 환경부는 2017년 도시생태 복원 사업에 대한 법적 근거를 〈자연환경보진법〉에 정하였고 2021년에는 범주를 더 확대하여 자연복원사업의 정의와 대상 지역 조사, 복원계획 수립 의무화 등을 법제화하였다. 2022년 12월 채택된 쿤밍-몬트리올 세계생물다양성체계가 2030년까지 훼손된 생태계의 최소 30%가 복원되어야 한다고 결정한 것(목표2)을 보면 우리나라가 한 단계 앞서 법제화했다고 볼 수 있다.

다만 2022년 6월 유럽연합이 발표한 〈자연복원법〉 제정 움직임을 살펴보면 우리의 법적 체계는 복원 목적을 보다 확대할 필요가 있다.[2] 유럽연합의 법안이 정한 자연 복원의 목적은 자연과 생물다양성 보호를 근본으로 하면서 기후변화 대응, 하천 재난 대응, 지속가능한 농업, 도시 환경 개선, 건강 보건 등을 포괄한다. 이 법안은 유럽연합의 대규모 재정 투자 전략인 그린딜과 연계하여 법제화되고 있다는 점도 의미 있다. 우리나라도 복원 목적을 넓게 설정하고 정부와 민간기업의 재정 투자와 연계하여 접근해야 더 다양한 유형으로, 더 많은 지역에서, 더 큰 규모로 자연기반해법을 주류화할 수 있을 것이다.

온실가스 감축목표

2019년 말 기준, 최소한 66%의 국가가 기후변화 완화 또는 적응 목표를 달성하기 위한 수단으로 자연기반해법을 국가결정기여 NDC에 포함하고 있다. 다만 대부분의 나라가 구체적이고 명확한 정량 목표가 없다는 문제가 있다.[3] 이들 국가의 70% 이상이 국가 결정기여에 산림 분야 활동을 포함하고 있음에도 불구하고 20%만 정량적 목표를 수립하고 8%만 이산화탄소 흡수량을 목표에 포함하고 있다. 구체적인 목표가 없다면 차질 없는 이행과 성과를 담보하기 어렵다. 따라서 향후 국가결정기여를 개정하거나 관련 정책을 추진하는 과정에서 보다 구체적이며 측정할 수 있는 야심찬 목표를 마련하는 것이 필요하다. 나아가 중간 목표와 모니터링 및 평가방안을 추가하고 이를 구속력 있는 법 규정에 포함하는 것이 바람직하다. 실제로 독일 연방정부는 2021년 이를 법제화했다. 2030년 온실가스 감축목표가 미래 세대의 권리를 충분히 보호하지 못한다는 연방헌법재판소의 위헌 결정에 따라 〈연방기후보호법〉을 개정하면서 산림과 토지 이용 분야의 2030년, 2040년, 2045년의 최소 흡수량 목표(각 2천5백만 톤, 3천5백만 톤, 4천만 톤)를 법제화하고 관계 부처의 흡수량 목표 이행과 관련법 제도 정비를 포함한 것이다.

기후변화 적응 대책

자연기반해법은 산림, 도시, 농업, 해양 등 부문별 기후변화 탄력성을 높이는데 다양하게 기여할 수 있는데도 여전히 기후변화 적응에 대한 개별 국가의 관심은 온실가스 감축에 비해 부족한 실정이다. 따라서 공공 및 민간부문의 주요 의사결정에 기후변화 적응을 고려하는, 이른바 '기후변화 적응의 주류화'는 자연기반해법 확대 기반 마련에도 도움이 될 수 있다. 기후변화 적응을 주류화하기 위해 국가 단위를 넘어서 유엔기후변화협약 협상 메커니즘을 통해 전 지구적 적응 격차Global Adaptation Gap를 찾기 위한 논의도 계속되고 있다. 우리나라는 2011년부터 매 5년 단위 국가기후변화적응대책을 수립해왔으나 여전히 관련 대책이 없는 나라들도 있다.

분야별 정책 계획에 반영

정부 정책에서 주류화되는 방식은 국가 차원의 국토, 생물다양성, 물, 해양, 농업 등의 계획에 포함되는 것과 지방정부의 도시 계획이나 해양공간 계획에 포함되는 것을 시발점으로 한다. 이처럼 중앙 및 지방 정부의 계획에 반영되어야 자연기반해법을 현실에 적용하고 이에 필요한 정치적, 재정적 지원을 받을 수 있는 근거가 마련되는 것이다. 자연기반해법 사업을 추진할 때는 정치적 의지와 장기적 재정지원이 필수적이다. 대규모의 인적·재정적·기술적 자원이 소요되고 단기간에 성과를 확인할 수 없는 경우가 많기 때문이다. 미국이 2022년 11월 발표한 자연기반해법 국가 로드맵이나 2022년 6월 유럽연합이 제정계획을 발표한 〈자연복원법〉도 자연기반해법을 국가 정책이나 계획에 주류화하려는 움직임이다. 미국의 자연기반해법 국가 로드맵은 환경, 내무, 국토 안보, 재정, 주택 건설, 국제 지원 등 총 15개 정부 기관이 참여하여 만든 것으로 주류화가 필요한 정책 부문이 매우 넓고 다양하다는 것을 보여준다.

녹색-회색기반시설 투자 확대

자연기반해법을 적용한 녹색기반시설과 토목공학을 기반으로 한 인공구조물 중심의 회색기반시설을 융합한 녹색-회색기반시설은 배타적이지 않다. 1장에서(27쪽 참조) 예로 든 것처럼 얼마든지 융합할 수 있다. 향후 20년간 전 세계적으로 약 94조 달러에 달하는 자금이 각종 기반시설에 투자될 것으로 예측되는 상황에서 앞으로는 이 같은 하이브리드 방식의 녹색-회색기반시설을 주목할 필요가 있다.[4] 공공 부문에서 녹색-회색기반시설 개념을 다양하게 도입하면 기반시설 투자의 새로운 흐름이 만들어질 것이다. 그리고 이를 뒷받침할 설계 기준, 인프라 관련 제도, 예산에도 반영될 것이다.

3. 과학적 기반 확대

비용과 편익 정량화

경제적 비용과 편익은 투자에 관한 의사결정 과정에서 가장 먼저 고려되는 요소이다. 따라서 자연기반해법이 우선순위가 되려면 기후변화, 도시 환경오염, 홍수, 농업 등의 위험과 잠재적 피해를 경제적 비용으로 산정하는 것이 중요하다. 이를 위해 편익과 비용효과성에 대한 적절한 지표와 데이터를 모으는 것에서부터 시작할 수 있다. 정량화된 정보를 수집하고 생산하는 일은 더욱 많은 투자 결정을 이끌 뿐 아니라 정책수용자인 국민에게 자연기반해법의 직접적인 사회적·경제적 편익을 이해시키고 수용성을 높이는 일에도 사용할 수 있다. 유엔재난위험경감 사무국에 따르면, 세계적으로 재난이 발생한 후 대응과 재건에 투자한 금액이 예방 조치에 대한 투자보다 20배 이상 크다고 한다.[5] 자연기반해법을 활용한 기후변화 적응 조치에 효과적인 투자가 더 많이 이루어진다면 극한 기상이나 기후로 인한 피해는 물론, 사후 대응과 재건을 위한 대규모 투자도 줄일 수 있다.

사후평가 및 환경 영향 분석

자연기반해법의 복합적인 편익에 대한 정량적인 자료를 수집하고 평가기법을 마련하는 것은 자연기반해법의 사후평가를 위해서도 중요하다. 다만 자연기반해법은 장기간, 넓은 지역에 걸쳐 화폐화하기 어려운non-monetary 편익이 발생하는 경우가 많으므로 정량화하는 것이 쉽지는 않다. 그래서 중앙정부와 지방정부, 학계, 국제기구, 민간기업 등이 함께 충분한 자료를 축적하는 것이 필요하다. 2021년 유럽연합 환경청이 97개 사업을 분석했더니 겨우 15%만 사업 결과를 모니터링하였는데 그나마도 대부분 사업 기간에만 시행한 것으로 드러났다.[6] 자연기반해법은 대상 지역 자연생태계에 변화를 초래할 수 있는데 이러한 변화는 장시간에 걸쳐 나타날 수 있는 만큼 사업의 환경적 영향을 사업 후에도 추적 모니터링할 필요가 있다. 사후평가로 만들어진 가이드라인이나 매뉴얼을 활용하면 해당 사업을 다른 지역으로도 확대하거나 활성화transferability하는 것이 용이해진다.

4. 포괄적, 다층적 거버넌스

이해관계자 참여 보장

자연기반해법 이행 과정은 여러 부문의 이해를 조정하고 의지를 한데 모으는 잘 만들어진 거버넌스에 의해 이루어져야 한다. 거버넌스는 자연기반해법이 시행되는 공간의 규모와 내용에 따라 국제적, 중앙정부, 지방정부, 민간 차원으로 구분하여 만들 수 있다.

국가 단위를 넘어서 추진되는 사례는 대부분 국제기구를 중심으로 관련 국가가 참여하는 형태로 추진된다. 2007년, 아프리카 연맹의 주도로 시작된 사하라와 사헬 초록 장벽 이니셔티브Sahara and Sahel Initiative for Great Green Wall가 대표적이다. 계획대로 조성된다면 아프리카 서쪽 끝 세네갈부터 동부 홍해의 지부티까지 길이 약 8,000km, 총면적 1억 헥타르에 달하는 숲이 만들어지게 된다.[7] 80억 달러에 달하는 기금이 지원될 이 프로젝트는 유엔사막화방지협약 사무국을 중심으로 아프리카의 20여 개국 정부의 전담기구와 유엔식량농업기구, 유럽연합 등이 협력하여 추진하고 있다.

국가나 지방정부 차원의 거버넌스는 행정기관 단위로 구성될 것이다. 환경, 국토나 도시, 재정, 농업, 해양수산, 산림 등 관련 기관이 같이 참여해야 시너지를 발휘할 수 있다. 지방정부에서도 관련 행정 부서와 지역 주민, 시민사회, 기업이 같이 참여하는 거버넌스가 만들어져야 자연기반해법 설계와 운영평가 과정에서 이해관계자들의 수용성을 높이고 실행력을 향상할 수 있다. 이를테면 물 관련 자연기반해법은 수계 유역을 따라서 상류와 하류의 지방정부, 지역주민이 참여하는 거버넌스가 만들어져야 효과를 발휘할 수 있다. 한국의 유역물관리위원회, 수계관리위원회 등이 대표적인 사례이다.

지역맞춤형 설계와 역량 강화

자연기반해법 사업이 성공하려면 지역별로 차별화된 자연환경과 사회·경제적 조건을 토대로 설계되고 이행되어야 한다. 실제 사업의 영향을 받는 지역 내 이해관계자가 참여해야 사업에 필요한 정보를 수집할 수 있다. 또한 현장 근무자가 지역의 여건을 정확하게 이해하고 필요한 자료와 지식을 생산하고 분석할 수 있는 역량, 다양한 이해관계자와 공유할 수 있는 의사소통 역량, 새로운 비즈니스 모델을 개발할 수 있는 혁신 역량 등을 갖추도록 지원할 필요가 있다. 우리나라에서는 국가기후위기적응포털 등 온라인 플랫폼을 활용해 정보와 지식 교환을 촉진하는 방안도 고려할 수 있다. 2022년 초, 독일 정부가 발표한 기후 변화 적응프로그램도 정보를 공유하는 온라인 적응 포털을 설치하고 현장 담당자에게 정기적인 네트워크와 대면 교육을 시행하는 방안을 포함하고 있다.

5. 공공 및 민간의 투자 확대

투자를 촉진하는 제도 설계

공공 부문의 재원은 모든 지역과 분야에 걸쳐 민간 부문의 재원을 자연기반해법 관련 투자로 유도하는 역할을 한다. 취약한 지역과 분야에 대한 기후변화 적응 활동 관련 투자를 확대하기 위한 필수 자본이기도 하다. 포괄적인 규모로 자연기반해법을 도입하기 위한 투자는 공공의 재원만으로는 부족할 수 있으며 바람직하지도 않다. 따라서 각국 정부와 공공기관, 개발은행 등은 자연기반해법에 대한 민간 투자를 활성화하는 방향으로 제도를 설계하고 공공 재원을 활용하여야 한다. 가장 대표적인 방식으로 직접적인 규제, 보조금과 지원금, 세금과 부담금을 들 수 있다. 예를 들어, 택지 개발사업을 허가할 때 전체 면적 대비 불투성 지표면의 비율을 제한할 수 있다. 또는 콘크리트나 불투성 지표면 대신 지붕 녹화, 빗물 정원 등 지표 유출수를 억제할 수 있는 방식으로 개선한 소유주에게 설치 비용 일부를 보조하거나 향후 운영 과정에서 하수도 요금을 감면해줄 수 있다.

녹색 채권bond이나 융자loan도 자연기반해법 투자 활성화를 위한 재원으로 활용할 수 있다. 2023년 초, 세계은행을 비롯한 개발은행들은 투자 포트폴리오에서 기후변화 대응을 확대하기 위한 개혁 논의를 활발하게 하고 있는 바, 더 많은 지원이 가능할 것으로 예상된다. 제도 도입이 끝이 아니라 실제 지원이 필요한 취약국가와 지역에 관련 정보가 충분히 공유되어야 한다. 또한 이자율 등을 정할 때 장기적으로 사업을 지속가능하게 수행할 수 있는 수준이어야 할 것이다.

쿤밍-몬트리올 세계 생물다양성체계는 2030년까지 자연에 해로운 보조금을 매년 5천억 달러 규모로 삭감하거나 자연에 이로운 유형으로 전환하고, 자연을 위한 투자를 매년 2천억 달러 규모로 확대하자는 목표를 정하였다. 또 지구환경기금GEF에 특별 기금으로 세계생물다양성체계 기금GBF Fund를 발족하기로 했다. 이런 흐름은 국제적 차원에서 자연기반해법에 대한 투자를 늘리는 기폭제로 작용할 것이다. 이에 더해 민간기업에 적용할 자연관련 재무정보공개 협의체가 2023년에 시행되면 민간기업의 투자가 늘어날 것으로 예상된다. 기후위기와 자연의 위기 앞에 탄력적인 성장을 위한 기회의 창은 빠르게 좁아지고 있다. 무엇보다 자연기반해법은 자연생태계의 서비스에 의존하는데, 지구 평균온도 상승이 가속화되면 자연생태계의 서비스 기능 자체가 회복할 수 없는 수준으로 손실될 수 있다. 자연기반해법에 대한 투자 확대가 시급하다.

새로운 사업 모델 개발

자연기반해법이 가진 다양한 환경적, 경제적, 사회적 효과에도 불구하고 관련 사업 모델은 충분히 개발되지 않고 있다. 사업 모델은 부가가치 창출이 중요하다. 따라서 자연기반해법의 정량적 평가를 확대하고 이해관계자가 폭넓게 참여하는 효능 분석 등이 계속해서 필요하다. 또한 공공 부문의 참여를 통해 불확실성을 완화하는 방안도 고려할 수 있다.

기후변화에 대응하기 위한 자연기반해법 투자 활성화를 저해하는 걸림돌 중 하나는 불확실성이다. 기후변화에 따른 자연재난의 빈도와 크기는 점차 예측하기 어려워지는네, 사연기반해법은 효과가 드러날 때까지 비교적 오랜 시간이 걸리는 데다 자연생태계의 특성상 효과도 완벽하게 계산하기 어렵다. 그러나 최근에는 기후변화와 생태계에 대한 자료와 과학적 연구가 많이 축적됨에 따라 이를 토대로 한 보험 상품에 대한 논의가 증가하고 있다. 지수형parametric 보험은 가상의 대형 손해 현상이 발생할 수 있는 특정 사건trigger event을 정하여 사전에 보험 계약을 체결하고 실제로 그런 사건이 발생하면 합의된 금액을 지급하는 방식이다.[8] 예를 들어 일정 규모 이상의 강수량(홍수) 또는 풍속(해일) 등이 전제조건이 된다. 손해 규모를 바탕으로 보험금을 지급하던 기존의 손해보전indemnity형 보험이 시간과 절차에 있어 과도한 거래비용을 요구한 것에 비해 지수형 보험은 사건 발생 시 즉각 보험금을 지급할 수 있어서 피해를 신속하게 복구할 수 있다. 다만 피해 규모에 상응하는 보험금이 지급되려면 특정 사건의 수준에 따라 피해 규모를 적절하게 예측할 수 있는 보험 설계 역량이 전제되어야 한다.

멕시코 유카탄반도의 산호초를 대상으로 세계 최대의 재보험사인 스위스리Swiss Re와 환경단체The Nature Conservancy, 지역 정부와 사업자가 함께 설계한 메조아메리칸 산호초보험Mesoamerican Reef Insurance이 대표 사례이다. 2019년부터 시범 사업을 시작한 이 보험에는 현재 벨리즈, 온두라스, 과테말라의 일부 지역도 가입하였다. 2022년 11월, 벨리즈에서 태풍 리사가 발생하자 이로 인한 피해에 17만 달러 상당의 보험금이 지급되었다. 이러한 보험 상품은 생태계가 가진 기후변화 대응 및 환경적, 경제적, 사회적 가치를 계량화하여 보험 대상으로 설정함으로써 생태계에 대한 투자를 활성화하는 여건을 만들 뿐 아니라 피해가 발생해도 민간 재원으로 즉각적인 재투자와 복구를 할 수 있게 해준다.

네이처-포지티브(Nature-Positive)

처음 이 책을 시작할 때는 한국 사회에서 탄소중립 의제와 관련하여 자연기반해법이 논란이 되고, 국제사회의 논의 주제에 자연기반해법이 거듭 언급되기 시작하는 상황이었다. 그래서 이 책의 가장 큰 목적은 자연기반해법의 개념과 발전 과정을 명확하게 전달하고, 어떤 사회적 문제를 해결하기 위해 활용할 수 있는지를 설명하는 것이었다. 이를 위해 자연기반해법의 개념, 국제적 논의와 발전 과정을 시작으로 기후변화, 산림, 물, 도시, 농업, 해양, 건강 등 인류가 직면한 각종 환경문제에 자연기반해법은 어떻게 적용할 수 있는지를 설명하였다. 이에 더해 자연기반해법을 일자리, ESG, 성평등, 인권 등과 어떻게 연관되는지도 정리하였다. 정부 부처와 기업 관계자가 실행에 참고할 수 있는 자료로 정책과 실행을 촉구하는 시민(단체)의 목소리의 근거로 활용될 수 있기를 바라며 지금까지의 노력과 연구를 모았다.

이 책에는 2023년 초까지 전 세계적으로 축적된 정보를 최대한 담으려 노력했다. 집필 과정에서 자연기반해법을 더 강력히 추진하라는 국제적 요구가 계속 발표되었는데 이런 요구는 앞으로도 계속될 예정이다. 2022년 11월과 12월에 발표된 제27차 기후변화협약 당사국총회 결정문, 쿤밍-몬트리올 세계생물다양성체계 등이 전자에 해당되며 2023년 9월 발표될 자연관련 재무공개 협의체가 후자에 해당된다. 이 과정은 자연기반해법을 무슨 목적으로, 어떻게, 누가 활용해야 하는지를 구체화하는 과정에 해당된다.

자연기반해법에 대해 향후 보완되어야 할 사항은 넘친다. 실제 성공 사례와 이를 계량적 편익과 비용으로 분석한 자료는 매우 부족하다. 기후변화 대응은 탄소중립, 온실가스 배출량이라는 명확한 계량적 목표와 지표가 있지만 자연과 생물다양성의 경우, 지역마다 생태계가 다르고 서식하는 생물종이 다르므로 전 세계에 통용되는 소수의 목표나 지표로 만드는 것이 거의 불가능하다는 특징이 있다. 그래서 자연이나 생물학적 기반이 다른 지역에서 시행된 자연기반해법 사례를 다른 지역에서 그대로 답습하는 것이 어렵다는 문제가 있다. 따라서 실천 차원의 계획은 국가와 지방정부마다 다르게 만들어질 가능성이 높다.

기후변화 대응을 위한 온실가스 감축의 최종 목표인 탄소중립은 각국 정부와 민간기업 차원에서 모두 수용, 활용하는 단어가 되었다. 반면 자연이나 생물다양성 분야에서 보호, 복원, 지속가능 관리 활동을 종합한 최종 목표는 아직 정해지지 않았다. 자연기반해법은 수단이지 목표는 아니다. 앞으로는 탄소중립과 같이 자연에 적용할 목표 개념을 만들 필요가 있다.

2022년 10월 제주도에서 개최된 2022 제주 세계자연보전연맹 리더스 포럼IUCN Leaders Forum Jeju 2022의 핵심 주제는 '네이처-포지티브 경제와 사회 건설Building Nature-positive Societies and Economies'이었다. 네이처-포지티브는 세계자연보전연맹, 세계자연기금, 세계경제포럼 등이 확산시키고 있는 개념이다. 세계자연보전연맹에 의하면 네이처-포지티브는 현재 상태에서 측정되는 자연의 손실을 정지시키고 역전시키는 상태를 의미한다. 자연을 복원, 재창조, 자연에 대한 미래의 부정적 영향을 감축시키는 활동을 실시하여 생물 자연과 비생물 자연 모두 측정 가능하게 회복의 길로 들어서도록 하는 것이 목표이다. '탄소중립'이라는 인류 공동의 목표를 위해 '재생 에너지'를 핵심 수단으로 활용하는 것처럼 '네이처-포지티브한 사회와 경제'를 위해 '자연기반해법'을 핵심 수단으로 활용하는 접근법이 만들어질 것이라 저자들은 기대한다.

네이처-포지티브 개념과 자연기반해법 활성화에 필요한 과제를 살펴보면 앞으로 이 책을 어떻게 보완하고 발전시켜야 하는지 알 수 있다. 네이처-포지티브의 개념과 활용 방식, 자연기반해법을 위한 각국 정부와 지방정부의 계획 수립 및 적용 과정, 자연기반해법 사업의 편익과 비용, 민간기업의 자연기반해법 사용 목적과 비즈니스 측면의 효용성, 재정 확대를 위한 국제적 움직임과 이를 뒷받침할 규준 등 더 구체적인 사례를 연구하고 전달해야 한다는 무게감을 실감한다. 우리나라의 우수 사례를 소개하는 것도 의미 있는 작업이 될 것이다.

인류는 제한된 자원의 효율을 극대화하면서 발전해 왔다. 그리고 반대급부로 환경오염, 기후변화, 팬데믹을 얻었다. 발전이 역설적으로 위협이 되었다. 한계를 넘어선 발전을 기대하며 찾아낸 '자원 이용의 최적화'라는 방안도 위협을 해소하지는 못한다. 끊어지고 훼손된 생태계의 물질순환 고리를 다시 잇기에는 한계가 있다. 자연기반해법은 생태계의 물질순환 고리를 훼손하지 않으면서 인류의 발전을 도모하는 방안으로 이해할 수 있다. 그러려면 개념에 부합하는 기술이 개발되어야 하고, 정책과 거버넌스를 통해 사회적으로 수용되어야 한다. 저자들이 이 책을 함께 발간하는 이유이기도 하다.

　　우리나라 정부와 기업은 자연기반해법이라고 이름 붙이지만 않았을 뿐, 지난 2~3년간 자연기반해법에 관련된 정책이나 기업 활동을 해왔다. 산림 탄소흡수원, 블루 카본, 바이오차, 혼농임업, 자연형 하천 등의 사례는 점차 익숙한 개념이 되고 있다. 자연기반해법이라는 더 크고 실용적인 개념을 사회·경제적으로 활용할 수 있는 여건은 마련되었다. 자연기반해법은 문제 해결을 넘어 일상을 위한 것이다. 자연에서 느끼는 효능감과 자연이 주는 회복 메시지는 자연이 잘 유지될 때 얻을 수 있다. 그런 관점에서 자연기반해법의 보호, 보전, 복원, 지속가능한 이용과 관리 노력이 강조되어야 한다는 점을 거듭 전하고 싶다.

2023년 5월

저자 일동

1부. 자연의 위기, 인간의 위기

1. United Nations Environment Programme (2021). State of Finance for Nature 2021. Nairobi. Helen Briggs(2020, September), Biodiversity: Why the nature crisis matters, in five graphics, BBC. https://www.bbc.com/ news/science-environment-54357899

2. Saltré, F., Bradshaw, C. (2019, November 12), What is a 'mass extinction' and are we in one now?, THE CONSERVATION. https://theconversation.com/what-is-a-mass-extinction-and-are-we-in-one-now-122535#:~:text=A%20mass%20extinction%20is%20usually,less%20than%202.8%20million%20years

3. Calderón, F. (2017) The Restoration Revolution. World Resource Institute. https://www.wri.org/insights/restoration-revolution

4. Díaz, S., et al. (2018) Assessing nature's contributions to people, Science Vol 359, Issue 6373, 270-272.

5. International Union for Conservation of Nature (IUCN) World Conservation Congress Hawaii 2016. (2016). IUCN . https://2016congress.iucn.org/sites/

6. UNEP (2022) NATURE-BASED SOLUTIONS FOR SUPPORTING SUSTAINABLE DEVELOPMENT (ENGLISH VERSION)- RESOLUTION ADOPTED BY THE UNITED NATIONS ENVIRONMENT ASSEMBLY ON 2 MARCH 2022 [UNEP/EA.5/RES.5]. https://wedocs.unep.org/handle/20.500.11822/39864?show=full
    The Nature-Based Solutions for Climate Manifesto (2019, August 14). United Nations Environment Programme. https://www.unep.org/ nature-based-solutions-climate

7. Convention on Biological Diversity (CBD), Convention Of Parties Decision. (2022. Demcember 19). CBD/COP/DEC/15/4, Kunming-Montreal Global Biodiversity Framework.

8. Convention on Biological Diversity (CBD), Convention Of Parties Decision. (2010, October 29). UNEP/CBD/COP/DEC/X/33. Biodiversity and climate change.

9. Lavorel, S., Colloff, M.J., McIntyre, S., Doherty, M.D., Murphy, H.T., Metcalfe, D.J., Dunlop, M., Williams, R.J., Wise, R.M. and Williams, K.

(2015). Ecological mechanisms underpinning climate adaptation services. Global Change Biology 21(1), 12–31.

10. Partnership for Environment and Disaster Risk Reduction(Pedrr) (2010). Demonstrating the Role of Ecosystems-based Management for Disaster Risk Reduction. Partnership for Environment and Disaster Risk Reduction.

11. Temmerman, S., Meire, P., Bouma, T.J., Herman, P.M.J., Ysebaert, T. and de Vriend, H.J. (2013). Ecosystem-based coastal defence in the face of global change. Nature, 504, 79–83.
Murti, R. and Buyck, C. (2014). Safe Havens, International Union for the Conservation of Nature(IUCN).

12. Benedict, M.A. and McMahon, E.T. (2006). Green Infrastructure: linking landscapes and communities. Island Press.

13. European Commission (2013). Green Infrastructure (GI) — Enhancing Europe's Natural Capital. Communication from the Commission to the European Parliament, the Council, the European Economic and Social Committee and the Committee of the Regions., Brussels.

14. Garcia, S.M., Zerbi, A., Aliaume, C., Do Chi, T. and Lasserre, G. (2003). The Ecosystem Approach to Fisheries: Issues, Terminology, Principles, Institutional Foundations, Implementation and Outlook. FAO Fisheries Technical Paper. No. 443. Food and Agriculture Organization of the United Nations(FAO).

15. Society for Ecological Restoration International Science & Policy Working Group. (2004). The SER International Primer on Ecological Restoration. www.ser.org&Tuscon: Society for Econlogicay Restoration International.

16. Teal, J.M. and Weinstein, M.P. (2002). Ecological engineering, design, and construction considerations for marsh restorations in Delaware Bay, USA. Ecological Engineering 8(5), 607-618.

17. Pulgar-Vidal, M. Morales, V., Muller, M.R. and Gavin Edwards, G. (2021). Nature-Based Solutions in the Convention On Bioligical Diversity(CBD): Orienting an evolving concept toward towards achieving the CBD's objectives. World Wide Fund for Nature(WWF).

18. Sonneveld, B., Merbis, M., Arnal, M., Unver, O. and Alfarra, A. (2018). Nature-Based Solutions for agricultural water management and food security. FAO food and nutrition paper no. 12. Food and Agriculture Organization of the United Nations(FAO).

19. Secretariat of the Convention on Biological Diversity (CBD). (2019). Voluntary guidelines for the design and effective implementation of

ecosystem-based approaches to climate change adaptation and disaster risk reduction and supplementary information. Technical Series No. 93. Montreal: Author.

2부. 자연기반해법과 기후위기

1. 그린피스 서울사무소. (2020, 1월 16일) 호주산불, 기후변화가 불러온 대재앙-팩트 체크. https://www.greenpeace.org/korea/update/11560/blog-ce-australia-bushfire-fact/
2. Paris Agreement - Status of Ratification. (n.d). United Nations Climate Change. https://unfccc.int/process/the-paris-agreement/status-of-ratification
3. Roe, S., Streck, C., Obersteiner, M., Frank, S., Griscom, B., Drouet, L., et al. (2019). Contribution of the land sector to a 1.5°C world. Nature Climate Change, 9, 817-828.
4. Schlesinger W.M. and Amundson R. (2019). Managing for soil carbon sequestration: Let's get realistic. Global Change Biology 25, 386-389.
5. Roe, S., Streck, C., Obersteiner, M., Frank, S., Griscom, B., Drouet, L., et al. (2019). Contribution of the land sector to a 1.5 °C world. Nature Climate Change, 9, 817-828.
6. Rojelj J., Elzen, M., Hohne, N., Fransen, T., Fekete, H., Winkler, H., et al. (2016). Paris agreement climate proposals need a boost to keep warming well below 2°C. Nature 534, 631-639.
7. Falkner, R. (2016). The Paris Agreement and the New Logic of International Climate Politics. International Affairs 92(5), 1107-1125.
8. Intergovernmental Panel on Climate Change (IPCC). (2018). Summary for Policymakers. In: Global Warming of 1.5°C. An IPCC Special Report on the Impacts of Global Warming of 1.5°C above Pre-Industrial Levels and Related Global Greenhouse Gas Emission Pathways, in the Context of Strengthening the Global Response to the Threat of Climate Change, Sustainable Development and Efforts to Eradicate Poverty.
9. Intergovernmental Panel on Climate Change (IPCC). (2021). Summary for Policymakers. In: Climate Change 2021: The Physical Science Basis. Contribution of Working Group I to the Sixth Assessment Report of the Intergovernmental Panel on Climate Change [Masson-Delmotte, V., P. Zhai, A. Pirani, S.L. Connors, C. Péan, S. Berger, N. Caud, Y. Chen, L. Goldfarb, M.I. Gomis, M. Huang, K. Leitzell, E. Lonnoy, J.B.R. Matthews, T.K. Maycock, T. Waterfield, O. Yelekçi, R. Yu, and B. Zhou (eds.)].

Cambridge and New York: Cambridge University Press.

10. Bakhtary, H., Haupt, F. and Elbrecht, J. (2021). NDCs -A force for Nature? World Wide Fund for Nature(WWF).

11. Anderson, C.M., DeFries, R.S., Litterman, R., Matson, P.A., Nepstad, D.C., Pacala, et al. (2019). Natural climate solutions are not enough: Decarbonizing the economy must remain a critical priority. Science, 363(6430), 933-934.

12. Scheidel A. and Work C. (2018). Forest plantation and climate change discourses: New powers of green grabbing in Cambodia. Land Use Policy, 77, 9-18.

13. United Nations Environment Programmes. (2019). Global environment outlook – GEO-6: Summary for policymakers.

14. Streck, C., Dyck, M. and Trouwloon, D. (2022). The Voluntary Carbon Market Explained. Climate Focus.

15. Pineda, A. C., Chang, A and Faria, P. (2020). Foundations for Science-Based Net-Zero Target Setting in the Corporate Sector. CDP.

16. United Nations Environmental Programme (UNEP) and International Union for Conservation of Nature (IUCN). (2021). Nature-based solutions for climate change mitigation. Nairobi and Glan.

17. Budinis, S. (2022, September). Direct Air Capture. International Energy Agency(IEA). https://www.iea.org/reports/direct-air-capture

18. Global Center on Adaptation and World Resources Institute(2019), Adapt Now: A Global Call for Leadership on Climate Resilience. Rotterdam and Washington D.C.

19. European Environment Agency. (2021). Nature-based solutions in Europe: Policy, knowledge and practice for climate change adaptation and disaster risk reduction. Copenhagen, Denmark: Author.

20. COP27: Leaders Boost Sustainable Forest Management. (2022, November 14). United Nations Climate Change. https://unfccc.int/news/cop27-leaders-boost-sustainable-forest-management

21. THE GLOBAL FOREST FINANCE PLEDGE : Financing the protection, restoration, and sustainable management of forests. (2022, November 2). UN Climate Change Conference UK 2021. https://ukcop26.org/the-global-forest-finance-pledge/
Persio, S.L. (2021.11.2). Billionaire Jeff Bezos Takes Stage At COP26 To Pledge $2 Billion Towards Nature Conservation. Forbes. https://www.forbes.com/sites/sofialottopersio/2021/11/02/billionaire-jeff-bezos-takes-stage-at-cop26-to-pledge-2-billion-towards-nature-conservation/

22. ENACT Partnership on Nature-based Solutions launches on Biodiversity

Day at COP27. (2022, November 16). The Nature-based Solutions Initiative. https://www.naturebasedsolutionsinitiative.org/news/enact-partnership-nature-based-solutions-launches-biodiversity-day-cop27

23. Word Leaders Launch Forests and Climate Leaders' Partnership to Accelerate Momentum to Hal and Reverse Forest Loss and Degradation by 2030. (2022, November 7). UN Climate Change Conference UK 2021. https://ukcop26.org/world-leaders-launch-forests-and-climate-leaders-partnership-to-accelerate-momentum-to-halt-and-reverse-forest-loss-and-land-degradation-by-2030/

24. White House Council on Environmental Quality, White House Office of Science and Technology Policy, White House Domestic Climate Policy Office. (2022). Opportunities for Accelerating Nature-Based Solutions: A Roadmap for Climate Progress, Thriving Nature, Equity, and Prosperity. Report to the National Climate Task Force. Washington, D.C.

3부. 자연기반해법과 세상

1. United Nations Environment Programme and International Union for Conservation of Nature (2021). Nature-based solutions for climate change mitigation. Nairobi and Gland.

2. Sacco, A.D., Hardwick, K.A., Blakesley, D., Brancalion, P.H.S., Breman, E., Rebola, L.C., et al. (2021). Ten golden rules for reforestation to optimize carbon sequestration, biodiversity recovery and livelihood benefits. Global Change Biology 27(7), 1328-1348.

3. 장인영, 박은진, 강성룡. (2021). 기후위기 대응을 위한 자연기반해법(NbS)의 국제논의 동향과 시사점. NIE Issue Report, 9호.

4. IPCC. (2018). Summary for Policymakers. In: Global Warming of 1.5°C. An IPCC Special Report on the impacts of global warming of 1.5°C above pre-industrial levels and related global greenhouse gas emission pathways, in the context of strengthening the global response to the threat of climate change, sustainable development, and efforts to eradicate poverty. [Masson-Delmotte, V., P. Zhai, H.-O. Pörtner, D. Roberts, J. Skea, P.R. Shukla, A. Pirani, W. Moufouma-Okia, C. Péan, R. Pidcock, S. Connors, J.B.R. Matthews, Y. Chen, X. Zhou, M.I. Gomis, E. Lonnoy, T. Maycock, M. Tignor, and T. Waterfield (eds.)]. Cambridge and New York: Cambridge University Press, Cambridge.

5. Cohen-Shacham, E., Walters, G., Janzen, C., Maginnis, S., (2016). Nature-based Solutions to address global societal challenge. IUCN.

6. Jackson, W., Freeman,M., Freeman, B. and Parry-Husbands, H. (2021) Reshaping forest management in Australia to provide nature-based solutions to global challenges, Australian Forestry, 84(2),50-58.

7. 이우균, 김영환, 민경택, 박주원, 서정욱, 손요환, 우수영, 이경학, 이창배, 최솔이, 최정기. (2022). 산림탄소경영의 과학적 근거, 지을

8. 배재수. (2006.12.26). 지속가능한 산림경영의 국제 논의와 한국의 이행노력. 유엔환경계획한국협회. http://www.unep.or.kr/sub/sub05_01.php?boardid=planet&mode=view&idx=649&sk=%EC%82%B0%EB%A6%BC%EC%9D%84&sw=a&offset=15&category=

9. 민경택, 석현덕, 최준영. (2018). 산림경영의 수익성 개선을 위한 정책과제. 한국농촌경제연구원

10. 이우균, 김영환, 민경택, 박주원, 서정욱, 손요환, 우수영, 이경학, 이창배, 최솔이, 최정기. (2022). 산림탄소경영의 과학적 근거, 지을

Byun, J. G., Lee, W. K., Kim, M., Kwak, D. A., Kwak, H., Park, T., et al. (2013). Radial growth response of Pinus densiflora and Quercus spp. to topographic and climatic factors in South Korea. Journal of Plant Ecology, 6(5), 380-392.

Kim, M., Lee, W. K., Choi, G. M., Song, C., Lim, C. H., Moon, J., et al. (2017). Modeling stand-level mortality based on maximum stem number and seasonal temperature. Forest Ecology and Management, 386, 37-50.

Piao, D., Kim, M., Choi, G. M., Moon, J., Yu, H., Lee, W. K., et al. (2018). Development of an integrated DBH estimation model based on stand and climatic conditions. Forests, 9(3), 155.

Kim, M., Lee, W. K., Son, Y., Yoo, S., Choi, G. M. and Chung, D. J. (2017). Assessing the impacts of topographic and climatic factors on radial growth of major forest forming tree species of South Korea. Forest ecology and management, 404, 269-279.

Choi, S., Lee, W. K., Kwak, D. A., Lee, S., Son, Y., Lim, J. H. and Saborowski, J. (2011). Predicting forest cover changes in future climate using hydrological and thermal indices in South Korea. Climate Research, 49(3), 229-245.

11. Mekonnen, M. and Hoekstra A. (2016). Four billion people facing severe water scarcity. Science Advances, 2(2), e1500323.

United Nations. (2021). The United Nations World Water Development Report 2021: Valuing Water. Paris: UNESCO.

2030 World Resources Group (WRG). (2009). Charting our Water Future: Economic Frameworks to Inform Decision-making.

12. AQUASTAT. - FAO's Global Information System on Water and Agriculture. (n.d.). Food and Agriculture Organization of the United

Nations (FAO). www.fao.org/aquastat/en/

Organisation for Economic Co-operation and Development (OECD). (2012). OECD Environmental Outlook to 2050: The Consequences of Inaction. Key Facts and Figures. Paris: OECD Publishing.

Burek, P., Satoh, Y., Fischer, G., Kahil, M. T., Scherzer, A., Tramberend, S., Nava, L. F., Wada, Y., Eisner, S., Flörke, M., Hanasaki, N., Magnuszewski, P., Cosgrove, B. and Wiberg, D. (2016). Water Futures and Solution: Fast Track Initiative (Final Report). IIASA Working Paper. Luxemburg: International Institute for Applied Systems Analysis (IIASA).

13. Food and Agriculture Organization of the United Nations (FAO). (2017). Water for Sustainable Food and Agriculture: A Report Produced for the G20 Presidency of Germany. Rome: Author.

14. Centre for Research on the Epidemiology of Disasters (CRED). (2020). Natural Disasters 2019: Now is the Time to not give up. Brussels: Author.

15. Browder, G., Ozment, S, Rehberger Bescos, I., Gartner, T. and Lange, G-M. (2019). Integrating Green and Gray: Creating Next Generation Infrastructure. Washington, DC: World Bank and World Resources Institute.

16. OECD (2020) Nature-based solutions for adapting to water-related climate risks, OECD ENVIRONMENT POLICY PAPER NO. 21. Paris: OECD Publishing.

17. United Nations Environment Programme and UN-Water. (2018). Progress on Water-Related Ecosystems - Piloting the Monitoring Methodology and Initial Findings for SDG Indicator 6.6.1.

WWF, Grooten, M. and Almond, R.E.A. (Eds). (2018). Living Planet Report 2018: Aiming Higher.

18. Crump, J. (2017). Smoke on Water: Countering Global Threats from Peatland Loss and Degradation. Narobi and Arendal: UN Environment and GRID-Arendal.

19. Food and Agricultural Organization of the United Nations (FAO). (2013). Reviewed Strategic Framework. Thirty-eighth session. Rome, 15-22 June 2013.

20. Herrin, M. (n.d.) The Upper Tana-Nairobi Water Fund. International Water Association (IWA). https://iwa-network.org/upper-tana-nairobi-water-fund/

21. Replenishing groundwater through reforestation in Mexico. (2011). Convention on Biological Diversity (CBD). https://www.cbd.int/doc/books/2011/B-03740.pdf

22. Conservation Programs. (n.d.) U.S. Department of Agriculture. https://

www.fsa.usda.gov/programs-and-services/conservation-programs/index

23. Portland Green Street Program. (n.d.) The City of Portland, Oregon https://www.portlandoregon.gov/bes/45386

24. About the Yolo Bypass Wildlife Area. (n.d.) Yolo Basin Foundation. https://www.yolobasin.org/yolobypasswildlifearea/

25. Pavelic, P., Srisuk, K., Saraphirom, P., Nadee, S., Pholkern, K., Chusanathas, S., et al. (2012). Balancing-out floods and droughts: Opportunities to utilize floodwater harvesting and groundwater storage for agricultural development in Thailand. Journal of Hydrology, Vol. 470-471, 55-64.

26. 68% of the world population projected to live in urban areas by 2050, says UN. (2018, May 16). United Nations. https://www.un.org/development/desa/en/news/population/2018-revision-of-world-urbanization-prospects.html

27. Cities and Environment. (2023, January 13). Geneva Environment Network. https://www.genevaenvironmentnetwork.org/resources/updates/cities-and-the-environment/

28. United Nations Environment Programme (UNEP) and United Nations Human Settlements Programme (UN-Habitat) (2021). Global Environment for Cities-GEO for Cities: Towards Green and Just Cities. Nairobi: UNEP.

29. Shepley, M.,Sachs, N.,Sadatsafavi, H., Fournier, C. & Peditto, K. (2019). The Impact of Green Space on Violent Crime in Urban Environments: An Evidence Synthesis. International Journal of Environmental Research and Public Health, 16, 5119.

30. Soares, A. L., Rego, F.C., McPherson, E.G., Simpson, J.R., Peper, P.J. and Xiao, Q. (2011), Benefits and costs of street trees in Lisbon, Portugal. Urban Forestry & Urban Greening 10(2), 69-78.

31. Ruangpan, L., Vojinovic, Z., Di Sabatino, S., Leo, L., Capobianco, V., Oen, A., et al. (2020). Nature-based solutions for hydrometeorological risk reduction: a state-of-the-art review of the research area. Natural Hazards and Earth System Sciences 20(1), 243-270.

Alexandri, E. and Jones, P., (2008)., Temperature decreases in an urban canyon due to green walls and green roofs in diverse climates., Building and Environment 43(4), 480-493.

Perini, K. and Rosasco, P. (2013). Cost-benefit analysis for green façades and living wall systems, Building and Environment, 70, 110-121.

Francis, L. F. M. and Jensen, M. B. (2017). Benefits of green roofs: a systematic review of the evidence for three ecosystem services. Urban Forestry & Urban Greening, 28, 167-176.

32. Ruangpan, L., Vojinovic, Z., Di Sabatino, S., Leo, L., Capobianco, V., Oen, A, et al. (2020). Nature-based solutions for hydrometeorological risk reduction: a state-of-the-art review of the research area. Natural Hazards and Earth System Sciences 20(1), 243-270.

33. United Nations Environment Programme (UNEP) and International Union for Conservation of Nature (IUCN). (2021). Nature-based solutions for climate change mitigation. Nairobi and Gland.

34. United Nations Environment Programme (UNEP) and United Nations Development Programme (UNDP). (2021). Smart, Sustainable and Resilient cities: the Power of Nature-based Solutions, A working paper for G20.

35. Chan, L., Hillel, O., Werner, P., Holman, N., Coetzee, I., Galt, R., and Elmqvist, T. (2021). Handbook on the Singapore Index on Cities' Biodiversity (also known as the City Biodiversity Index). Montreal: Secretariat of the Convention on Biological Diversity and Singapore: National Parks Board, Singapore.
IUCN Urban Nature Indices: A Methodological Framework Draft (2022. September 14). IUCN. Urban Alliance. https://iucnurbanalliance.org/content//uploads/2023/01/IUCN-Urban-Nature-Indices_15Sep2022-2. pdf

36. Nkonya, E., von Braun, J., Mirzabaev, A., Le, Q.B., Kwon, H.Y. and Kirui, O. (2013). Economics of Land Degradation Initiative: Methods and Approach for Global and National Assessments. ZEF Discussion Papers on Development Policy, No. 183.Bonn: University of Bonn, Center for Development Research (ZEF).

37. Organisation for Economic Co-operation and Development (OECD) & Food and Agriculture Organization of the United Nations (FAO). (2018). OECD-FAO Agricultural Outlook 2018-2027. Rome and Paris: Authors.
Ritchie, H. (2019, November 11). Half of the world's habitable land is used for agriculture. Our World in Data. https://ourworldindata.org/ global-land-for-agriculture

38. Intergovernmental Panel on Climate Change (IPCC). (2019). Summary for Policymakers. In: Climate Change and Land: an IPCC special report on climate change, desertification, land degradation, sustainable land management, food security, and greenhouse gas fluxes in terrestrial ecosystems [P.R. Shukla, J. Skea, E. Calvo Buendia, V. Masson-Delmotte, H.-O. Pörtner, D. C. Roberts, P. Zhai, R. Slade, S. Connors, R. van Diemen, M. Ferrat, E. Haughey, S. Luz, S. Neogi, M. Pathak, J. Petzold, J. Portugal

Pereira, P. Vyas, E. Huntley, K. Kissick, M. Belkacemi, J. Malley, (eds.)]. In press.

39. Convention on Biological Diversity (CBD), Convention Of Parties Decision. (2022. December 19). CBD/COP/DEC/15/4. Kunming- Montreal Global Biodiversity Framework.

40. Food and Agriculture Organization of the United Nations (FAO), Bélanger, J. and Pilling, D. (eds.). (2019). The State of the World's Biodiversity for Food and Agriculture.

41. Food and Agriculture Organization (FAO). (2018). The future of food and agriculture - Alternative pathways to 2050.

42. Food Waste. (n.d.) European Commission. https://ec.europa.eu/food/safety/food_waste_en

43. Gustavsson, J., Cederberg, C., Sonesson, U., Van Otterdijk, R. and Meybeck, A. (2011). Global food losses and food waste - Extent, causes and prevention. Rome: Food and Agriculture Organization of the United Nations (FAO).

44. Organisation for Economic Cooperation and Development (OECD). (2020). Agricultural Policy Monitoring and Evaluation 2020.

45. Le, Q.B., Ephraim, N. & Mirzabaev, A. (2014). Biomass Productivity- Based Mapping of Global Land Degradation Hotspots. ZEF - Discussion Papers on Development Policy No. 193., 57. University of Bonn.

46. Keenan, R.J., Reams, G.A., Achard, F., de Freitas, J. V., Grainger, A. and Lindquist, E. (2015). Dynamics of global forest area: Results from the FAO Global Forest Resources Assessment 2015. Forest Ecology and Management, 352, 9-20.
Costanza, R., de Groot, R., Sutton, P., van der Ploeg, S., Anderson, S.J., Kubiszewski, I., et al. (2014). Changes in the global value of ecosystem services. Global Environmental Change, 26, 152-158.

47. Food and Agriculture Organization of the United Nations (FAO). (2014). Building a common vision for sustainable food and agriculture. Principles and approaches.
Oberč, B.P. and Arroyo Schnell, A. (2020). Approaches to sustainable agriculture. Exploring the pathways towards the future of farming. Brussels: IUCN EURO.

48. Silici, L. (2014). Agroecology: What it is and what it has to offer. IIED Issue Paper. London: International Institution Environment and Development (IIED).

49. Van Doorn, A, Melman, D., Westerink, J., Polman, N., Vogelzang, T., and Korevaar, H. (2016). Food-for-thought: natuurinclusieve landbouw.

Wageningen: Wageningen University & Research. DOI:10.18174/401503.

50. Food and Agriculture Organization of the United Nations (FAO). (2014). Building a common vision for sustainable food and agriculture. Principles and approaches.

51. About SHP. (2023). Soil Health Partnership. https://www.soilhealthpartnership.org/

52. Why regenerative agriculture? (n.d.). Regeneration International. https://regenerationinternational.org/why-regenerative-agriculture/

53. Barth, B. (2016, March 25). Carbon Farming: Hope for a Hot Planet. Modern Farmer. https://modernfarmer.com/2016/03/carbon-farming/

54. What is Carbon Farming (n.d.). Carbon Cycle Institute. https://www.carboncycle.org/what-is-carbon-farming/

55. Climate-Smart Agriculture. (n.d.). Food and Agriculture Organization of the United Nations (FAO). http://www.fao.org/climate-smart-agriculture

56. De Boer, I.J.M., Van Ittersum, M.K. (2018). Circularity in agricultural production. Scientific basis for the Mansholt lecture 2018. Wageningen University and Research.

57. Ecological intensification and diversification approaches to maintain biodiversity, ecosystem services and food production in a changing world. (2020). Food and Agricultural Organization of the United Nations (FAO). https://www.fao.org/agroecology/database/detail/en/c/1393126/

58. Iseman, T. and Miralles-Wilhelm, F. (2021). Nature-based solutions in agriculture - The case and pathway for adoption. Arlington, VA: FAO and The Nature Conservancy.

59. 4R Nutrient Stewardship Certification Program (2023). 4R Nutrient Stewardship Certification. https://4rcertified.org/

60. 우승한. 2021. 바이오차(Biochar)를 이용한 농림업부문 기후변화 대응 적용사례. 세계농업, 240(0), 39-54.

61. Nature's Pathways. (n.d.) Nature4Climate. https://nature4climate.org/natures-solutions/natures-pathways/

62. Iseman, T. and Miralles-Wilhelm, F. (2021). Nature-based solutions in agriculture - The case and pathway for adoption. Arlington, VA: FAO and The Nature Conservancy.

63. Our Programs. (n.d). Field to Market. https://fieldtomarket.org/our-programs/

64. Pocosin Lakes National Wildlife Refuge. (n.d). U.S. Fish & Wildlife Service. https://www.fws.gov/refuge/pocosin-lakes/about-us

65. European Commission & European Investment bank. (2020). Investing in Nature: Financing Conservation and nature-based solutions: A

practical guide for Europe. Luxembourg.

66. 윤웅희 (2022, December 21), 산림훼손 방지 위한 EU 산림전용규정, 앞으로 어떻게 시행될까? Kotra 해외시장뉴스. https://dream.kotra.or.kr/ kotranews/cms/news/actionKotraBoardDetail.do?SITE_NO=3&MENU_ ID=90&CONTENTS_NO=1&bbsGbn=244&bbsSn=244& pNttSn=199314

67. 독일연방식품농업부. (2022, Febrary). Organic Farming in Germany.

68. UN OCEAN Conference. (2022). United Nations. https://www.un.org/en/ conferences/ocean2022/

69. Seddon, N., Sengupta, S., García-Espinosa, M., Hauler, I., Herr, D. and Rizvi, A.R. (2019). Nature-based Solutions in Nationally Determined Contributions: Synthesis and recommendations for enhancing climate ambition and action by 2020. Gland and Oxford: IUCN and University of Oxford.

70. 현봉길, 차형곤, 임운혁. (2021). 외해 해조류 조성 기술을 통한 기후위기 대응 해양기반의 지구공학기술 개발. 2021년도 한국해양학회 추계학술대회, 89-89. Hamilton, S.E. and Friess, D.A. (2018). Global carbon stocks and potential emissions due to mangrove deforestation from 2000 to 2012. Nature Climate Change 8, 240-244.

71. 해양수산부 (2021.12). 해양수산분야 2050 탄소중립 로드맵. https://www.mof. go.kr/doc/ko/selectDoc.do?docSeq=44586&menuSeq=1065&bbsSeq=84

72. United Nations Environment Programme (UNEP) and International Union for Conservation of Nature (IUCN). (2021). Nature-based solutions for climate change mitigation. Nairobi and Gland.

73. Lecerf, M., Herr D., Thomas, T., Elverum, C., Delrieu, E. and Picourt, L., (2021). Coastal and marine ecosystems as Nature-based Solutions in new or updated Nationally Determined Contributions. Ocean & Climate Platform, Conservation International, IUCN, GIZ, Rare, The Nature Conservancy and WWF.

74. Menéndez, P., Losada, I.J., Torres-Ortega, S., Narayan, S., and Beck, M., W. (2020). Global Flood Protection Benefits of Mangroves. Scientific Reports,10, 4404.

75. Food and Agricultural Organization of the United Nations (FAO). (2007). The world's mangroves 1980-2005. FAO Forestry Paper 153.

76. World Wide Fund for Nature (WWF). (2021). URBAN NATUREBASED SOLUTIONS: CITIES LEADING THE WAY.

77. World Bank. (2021). A Catalogue of Nature-based Solutions for Urban Resilience.

78. Ozment, S., Ellison, G. and Jongman, B. (2019). NATURE-BASED SOLUTIONS FOR DISASTER RISK MANAGEMENT: BOOKLET. World Bank.

79. Stokes, S., Wunderink, S., Lowe, M. and Gereffi, G. (2012). Restoring Gulf Oyster Reefs. Duke University.
80. World Bank. (2021). A Catalogue of Nature-based Solutions for Urban Resilience.
81. About Marine Spatial Planning Global (MSPG). (n.d.). MSPG. https://www.mspglobal2030.org/about/
82. O'Leary, B., Fonseca, C., Cornet, C., Vries, M., Degia, A., Failler, P et al. (2022). Embracing Nature-based Solutions to promote resilient marine and coastal ecosystems. Nature-Based Solutions, 3, 10044.

4부. 자연기반해법과 삶의 질

1. World Health Organization (WHO). (2006). Constitution of the World Health Organization - Basic Documents, Forty-fifth edition, Supplement, October 2006.
2. Viviroli, D. and Weingartner, R. (2004). The hydrological significance of mountains: from regional to global scale, Hydrology and Earth System Science 8, 1017-1030.
3. Sanitation. (2022, March 21). World Health Organization (WHO). https://www.who.int/news-room/fact-sheets/detail/sanitation
4. What are the WHO Air quality guidelines. (2021, September 22). World Health Organization (WHO). https://www.who.int/news-room/feature-stories/detail/what-are-the-who-air-quality-guidelines
5. Malnutrition (n.d). World Health Organization (WHO) https://www.who.int/health-topics/malnutrition#tab=tab_1
6. Newman, D. J. and Cragg, G. M. (2020). Natural Products as Sources of New Drugs over the Nearly Four Decades from 01/1981 to 09/2019. Journal of natural products, 83(3), 770-803.
7. The Intergovernmental Science-Policy Platform on Biodiversity and Ecosystem Services (IPBES). (2019). Global assessment report on biodiversity and ecosystem services of the Intergovernmental Science-Policy Platform on Biodiversity and Ecosystem Services. Bonn: IPBES secretariat.
8. United Nations Environment Programme (UNEP). (2020). Preventing the next pandemic: zoonotic diseases and how to break the chain of transmission.
9. Depression. (2021, September 13). World Health Organization (WHO). https://www.who.int/news-room/fact-sheets/detail/depression

10. International Union for Conservation of Nature (IUCN). (2016). Strengthening cross-sector partnerships to recognise the contributions of nature to health, well-being and quality of life.

11. World Health Organization (WHO). (2020). WHO Manifesto for a healthy recovery from COVID-19.

12. UN Environment Assembly concludes with 14 resolutions to curb pollution, protect and restore nature worldwide. (2022, March 02). United Nations Environment Programme (UNEP). https://www.unep.org/news-and-stories/press-release/un-environment-assembly-concludes-14-resolutions-curb-pollution

13. One Health. (2017, September 21). World Health Organization (WHO). https://www.who.int/news-room/questions-and-answers/item/one-health

14. Wildlife Conservation Society (WCS). (2004). The Manhattan Principles on "One World, One Health." WCS. https://oneworldonehealth.wcs.org/About-Us/Mission/The-Manhattan-Principles/gclid/Cj0KCQiAz9ieBhCIARIsACB0oGI_nFyCfKrnm46weUjh6jXzy2D-kt5Orn OHmZmkOqTC0OhmuOxKOiAaAtXxEALw_wcB.aspx

15. New WHO-IUCN Expert Working Group on Biodiversity, Climate, One Health and Nature-based Solutions 2021, March 31). International Union of Conservation for Nature (IUCN). https://www.iucn.org/news/ecosystem-management/202103/new-who-iucn-expert-working-group-biodiversity-climate-one-health-and-nature-based-solutions

16. Jones, K. E., Patel, N. G., Levy, M. A., Storeygard, A., Balk, D., Gittleman, J. L. and Daszak, P. (2008). Global trends in emerging infectious diseases. Nature 451, 990-993.

    The Intergovernmental Science-Policy Platform on Biodiversity and Ecosystem Services (IPBES). (2020). Workshop Report on Biodiversity and Pandemics of the Intergovernmental Platform on Biodiversity and Ecosystem Services. Bonn.

17. Food Safety. (2022, May 19). World Health Organization (WHO). https://www.who.int/news-room/fact-sheets/detail/food-safety#:~:text=Food%20safety%2C%20nutrition%20and%20food,healthy%20life%20years%20(DALYs)

18. O'Neill, J., Review on Antimicrobial Resistance & Wellcome Trust (2016). Tackling drug-resistant infections globally: Final report and recommendations. London: Government of the United Kingdom.

19. Planetary Health. (n.d.). Planetary Health Alliance. https://www.planetaryhealthalliance.org/planetary-health

20. Roger, F., Caron, A., Morand, S., Pedrono, M., De Garine-Wichatitsky, M., Chevalier, V., et al. (2016). One Health and Eco Health: the same wine in different bottles? Infection Ecology & Epidemiology. 6, 30978.

21. Beaglehole R and Bonita R. (2010). What is global health? Global Health Action. 3, 5142.

22. Global Goal for Nature Group. (2020). COVID-19 Response and Recovery: Nature-Based Solutions for People, Planet and Prosperity.

23. Breed, M.F., Cross, A.T., Wallace, K., Bradby, K., Flies, E., Goodwin, N., et al. (2021). Ecosystem Restoration: A Public Health Intervention. Eco Health, 18, 269-271.

24. Townsend, M., Henderson-Wilson, C., Warner, E., & Weiss, L. (2015). Healthy Parks Healthy People: the state of the evidence 2015.

25. Trust for Conservation Volunteers (TCV). (2016). Green gym evaluation report 2016. London: TCV.

    Marselle, M.R., Irvine, K.N. and Warber S.L. (2014). Examining group walks in nature and multiple aspects of well-being: a large scale study. Ecopsychology, 6, 134-147. DOI:10.1089/eco.2014.0027

26. Quinney, M. (2020, April 14). The COVID-19 recovery must focus on nature. World Economic Forum. https://www.weforum.org/agenda/2020/04/covid-19-nature-deforestation-recovery/

    International Labour Organization (ILO). (2018). World Employment Social Outlook 2018: Greening with jobs.

27. International Labour Organization (ILO) and World Wide Fund for Nature (WWF) (2020). NATURE HIRES: How Nature-based Solutions can power a green jobs recovery.

    Vivid economics and Finance for Biodiveristy (2021). An assessment of COVID-19 stimulus by G20 countries and other major economies in relation to climate action and biodiversity goals.

28. Nature based recovery. (2021. April) International Union for Conservation of Nature (IUCN). https://www.iucn.org/resources/issues-brief/nature-based-recovery

29. Task Force on Climate-related Financial Disclosure (TCFD). (2021). TCFD 2021 Status Report.

30. About Taskforce on Nature-related Financial Disclosure (TNFD) (2023, January 31) TNFD. https://tnfd.global/about/#who

31. EU taxonomy for sustainable activities. (n.d). European Commissions. https://ec.europa.eu/info/business-economy-euro/banking-and-finance/sustainable-finance/eu-taxonomy-sustainableactivities_en#:~:text=On%202%20February%202022%2C%20the,covered%20

by%20the%20EU%20taxonomy.

32. European Commissions. (2022, March 30). PLATFORM ON SUSTAINABLE FINANCE: TECHNICAL WORKING GROUP PART B - Annex: Technical Screening Criteria.

33. United Nations Human Rights Council Resolution (2021, October 18) A/HRC/R48/13. The human right to a clean, healthy and sustainable environment.

34. The International Union for Conservation of Nature (IUCN). (2020). Global Standard for Nature-based Solutions. A user-friendly framework for the verification, design and scaling up of Nature-based Solution. First edition.

35. Nature-based Solutions and People: Geneva Nature-based Solutions Dialogues. (2021). Geneva Environment Network. https://www.genevaenvironmentnetwork.org/events/nature-based-solutions-and-people/

36. COP26 IPLC FOREST TENURE JOINT DONOR STATEMENT. (2021, November 2). UN Climate Change Conference UK 2021.https://ukcop26.org/cop26-iplc-forest-tenure-joint-donor-statement/

37. Gender and Environment. (2022). The International Union for Conservation of Nature (IUCN). https://genderandenvironment.org/category/origin/iucn/agent/

38. Secretariat of the Convention on Biological Diversity (2022). Best practices in Gender and Biodiversity: Pathways for multiple benefits.

39. Promoting nature-based solutions for gender equality (2019, February 15). The CGIAR Research Program on Forests, Trees and Agroforestry. https://www.foreststreesagroforestry.org/news-article/promoting-nature-based-solutions-for-gender-equality/

40. Secretariat of the Convention on Biological Diversity (2022). Best practices in Gender and Biodiversity: Pathways for multiple benefits.

41. Global Youth Statement on Nature-Based Solutions (2021). Global Youth Biodiversity Network, YOUNGO and Youth4Nature. https://www.nbsyouthposition.org/statement

42. Ritchie, H., Pablo Rosado, P. and Roser, M. (2017). "Meat and Dairy Production". Published online at OurWorldInData.org. https://ourworldindata.org/meat-production

43. Food Waste. (n.d.) European Commission. https://ec.europa.eu/food/safety/food_waste_en

44. Food and Agriculture Organization of United Nations (FAO) and World Health Organization (WHO). (2019). Sustainable healthy diets - Guiding

principles.

45. Tilman, D. and Clark, M., 2014. Global diets link environmental sustainability and human health. Nature, 515(7528), 518-522. DOI:10.1038/nature13959

46. 문기철. (2021.10.25). 대체육 소비가 늘고 있는 소세지와 햄의 나라 독일. Kotra 해외시장뉴스. https://dream.kotra.or.kr/kotranews/cms/news/actionKotraBoardDetail.do?SITE_NO=3&MENU_ID=180&CONTENTS_NO=1&bbsGbn=243&bbsSn=243&pNttSn=191478

5부. 자연기반해법 확산 과제

1. United Nations Environmental Programme (UNEP) and International Union for Conservation of Nature (IUCN). (2021). Nature-based solutions for climate change mitigation. Nairobi and Gland: UNEP and IUCN.

2. Nature Restoration Law. (n.d). European Commission. https://environment.ec.europa.eu/topics/nature-and-biodiversity/nature-restoration-law_en

3. Seddon, N., Sengupta, S., García-Espinosa, M., Hauler, I., Herr, D. & Rizvi, A.R. (2019). Nature-based Solutions in Nationally Determined Contributions: Synthesis and recommendations for enhancing climate ambition and action by 2020. Gland and Oxford: IUCN and University of Oxford.

4. Conservation International (2023) GREEN-GRAY INFRASTRUCTURE: Working with nature to protect vulnerable communities. https://www.conservation.org/projects/green-gray-infrastructure

5. United Nations International Strategy for Disaster Reduction. (2011). Global Assessment Report on Disaster Risk Reduction. Geneva: UNISDR

6. European Environment Agency (EEA). (2021). Nature-based solutions in Europe: Policy, Knowledge and practice for climate change adaptation and disaster risk reduction. Copenhagen.

7. Great Green Wall Initiative. (n.d). United Nations Convention to Combat Desertification (UNCCD). https://www.unccd.int/our-work/ggwi

8. 조한나. (2020). 관광 부문의 기후변화 적응을 위한 보험제도 마련 연구. 기후변화학회지, 11(4), 227-234. DOI:10.15531/ksccr.2020.11.4.227

국내 문헌

국립기상과학원. (2018). 한반도 100년의 기후변화.

김문일, 유소민, 김나희, 이원아, 함보영, 송철호, 이우균. (2017). 기후변화가 한국 산림에 미치는 영향과 관리 전략. 환경생물학회지 (환경생물), 35(3), 413-425.

남상욱, 이동근. (2022). 보험, 기후위기를 묻다. 보문당.

민경택, 석현덕, 최준영, (2018). 산림경영의 수익성 개선을 위한 정책과제. 한국농촌경제연구원.

박순철, 임서영, 오대균. (2020). 시장 메커니즘. 파리협정의 이해. 박영사.

배재수, 김은숙. (2019). 1910년 한반도 산림의 이해: 조선임야분포도의 수치화를 중심으로. 한국산림과학회지, 108(3), 418-428.

산림청. (2020). 2019년 기준 목재이용실태조사보고서.

산림청. (2021). 알고 보면 쓸모 있는 REDD+ 이모저모.

오진규. (2020) NDC의 의미와 역할. 파리협정의 이해. 박영사.

우승한. (2021). 바이오차(Biochar)를 이용한 농림업부문 기후변화 대응 적용사례. 세계농업, 240(0), 39-54.

유소민, 임철희, 김문일, 송철호, 김세진, 이우균. (2020). 기후변화에 따른 멸종위기 침엽수종 분포 변화 예측. 한국기후변화학회지, 11(4), 215-226.

이우균. (1999). 다목적산림자원조사기법, 한국산림측정학회지, 2(2), 45-56.

이우균, 김영환, 민경택, 박주원, 서정욱, 손요환, 우수영, 이경학, 이창배, 최솔이, 최정기. (2022). 산림탄소경영의 과학적 근거. 지을.

이우균. (2022). 임업을 비롯한 토지기반 산업을 통한 탄소중립기여경로. 2050 탄소중립달성을 위한 산림과 목재의 역할: 임업단체총연합회 세미나.

장인영, 박은진, 강성룡. (2021). 기후위기 대응을 위한 자연기반해법(NbS)의 국제논의 동향과 시사점. NIE Issue Report, 9호.

정학균, 성재훈, 김현정. (2022). 탄소중립 실현 위한 농업분야 정책과제. 한국농촌경제연구원 2022년 농정 현안 2(4), 99-131.

최고미, 김문일, 이우균, 강현우, 정동준, 고은진, 김찬회. (2014) 기후와 지형 조건을 반영한 우리나라 주요 수종의 반경 생장 반응 예측. 한국기후변화학회지, 5(2), 127-137.

조한나. (2020). 관광 부문의 기후변화 적응을 위한 보험 제도 마련 연구. 기후변화학회지, 11(4), 227-234. DOI:10.15531/ksccr.2020.11.4.227

최은호, 김래현, 조성실, 서혜윤, 곽동헌, 최형순 (2021). 기후변화 대응을 위한 O21).

기후변화 대응을 위한 산림부문의 자연기반해법 활용. 국립산림과학원 연구자료, 936호.

현봉길, 차형곤, 임운혁. (2021). 외해 해조류 조성 기술을 통한 기후위기 대응 해양기반의 지구공학기술 개발. 2021년도 한국해양학회 추계학술대회, 89-89.

환경부. (2016), 저영향개발기법 설계 가이드라인.

환경부. (2021). 생태계서비스지불제계약 가이드라인.

환경부 온실가스종합정보센터. (2022). 2022년 국가 온실가스 인벤토리(1990-2020).

국외 문헌

2030 World Resources Group (WRG). (2009). Charting our Water Future: Economic Frameworks to Inform Decision-making.

Alexandri, E. and Jones, P. (2008), Temperature decreases in an urban canyon due to green walls and green roofs in diverse climates., Building and Environment 43(4), 480-493. DOI:10.1016/j.buildenv.2006.10.055

Anderson, C. M., DeFries, R. S., Litterman, R., Matson, P. A., Nepstad, D. C., Pacala, S., Schlesinger, W.H., Shaw, M. R., Smith, P., Weber, C. and Field, C. B. (2019). Natural climate solutions are not enough: Decarbonizing the economy must remain a critical priority. Science, 363(6430), 933- 934. DOI10.1016/j.oneear.2022.06.002

Bakhtary, H., Haupt, F. and Elbrecht, J. (2021). NDCs -A force for Nature? World Wide Fund for Nature (WWF).

Beaglehole R and Bonita R. (2010). What is global health? Global Health Action, 3, 5142. DOI:10.3402/gha.v3i0.5142

Benedict, M. A. and McMahon, E. T. (2006). Green Infrastructure: linking landscapes and communities. Island Press.

Breed, M.F., Cross, A.T., Wallace, K., Bradby, K., Flies, E., Goodwin, N., Jones, M., Orlando, L., Skelly, C., Weinstein, P., and Aronson, J. (2021). Ecosystem restoration: a public health intervention. Eco Health, 18(3), 269-271. DOI:10.1007/s10393-020-01480-1

Browder, G., Ozment, S, Rehberger Bescos, I., Gartner, T. and Lange, G-M. (2019). Integrating Green and Gray: Creating Next Generation Infrastructure. Washington, DC: World Bank and World Resources Institute.

Burek, P., Satoh, Y., Fischer, G., Kahil, M.T., Scherzer, A., Tramberend, S., Nava, L.F., Wada, Y., Eisner, S., Flörke, M., Hanasaki, N., Magnuszewski, P., Cosgrove, B. and Wiberg, D. (2016). Water Futures and Solution: Fast Track Initiative (Final Report). IIASA Working Paper. Luxemburg:

International Institute for Applied Systems Analysis (IIASA).

Byun, J.G., Lee, W.K., Kim, M., Kwak, D.A., Kwak, H., Park, T., ... & Saborowski, J. (2013). Radial growth response of Pinus densiflora and Quercus spp. to topographic and climatic factors in South Korea. Journal of Plant Ecology,6(5), 380-392. DOI:10.1093/jpe/rtt001

Centre for Research on the Epidemiology of Disasters (CRED). (2020). Natural Disasters 2019: Now is the Time to not give up. Brussels: CRED.

Chan, L., Hillel, O., Werner, P., Holman, N., Coetzee, I., Galt, R., and Elmqvist, T. (2021). Handbook on the Singapore Index on Cities' Biodiversity (also known as the City Biodiversity Index). Montreal: Secretariat of the Convention on Biological Diversity and Singapore: National Parks Board, Singapore.

Choi, S., Lee, W.K., Kwak, D.A., Lee, S., Son, Y., Lim, J.H., and Saborowski, J. (2011). Predicting forest cover changes in future climate using hydrological and thermal indices in South Korea. Climate Research, 49(3), 229-245. DOI:10.3354/Cr01026

Choi, S., Lee, W.K., Kwak, H., Kim, S.R., Yoo, S., Choi, H.A., Park, S.M. and Lim, J.H. (2011). Vulnerability assessment of forest ecosystem to climate change in Korea using MC1 model (multipurpose forest management). Journal of Forest Planning, 16(Special_Issue), 149-161. DOI:10.20659/JFP.16.SPECIAL_ISSUE_149

Cohen -Shacham, E., Walters, G., Janzen, C. and Maginnis, S. (eds.) (2016). Nature-based Solutions to address global societal challenges. Gland: IUCN.

Cohen-Shacham, E., Andrade, A., Dalton, J., Dudley, N., Jones, M., Kumar, C., Maginnis, S., Maynard, S., Nelson, C., Renaud, F., Welling, R. and Walters, G. (2019). Core principles for successfully implementing and upscaling Nature-based Solutions. Environmental Science and Policy, 98, 20-29. DOI:10.1016/j.envsci.2019.04.014

Conservation International (2023) GREEN-GRAY INFRASTRUCTURE: Working with nature to protect vulnerable communities. https://www.conservation.org/projects/green-gray-infrastructure

Convention on Biological Diversity (CBD), Convention Of Parties Decision. (2010, October 29). UNEP/CBD/COP/DEC/X/33. Biodiversity and climate change.

Convention on Biological Diversity (CBD), Convention Of Parties Decision. (2022. Demcember 19). CBD/COP/DEC/15/4, Kunming-Montreal Global Biodiversity Framework.

Secretariat of the Convention on Biological Diversity (CBD). (2019).

Voluntary guidelines for the design and effective implementation of ecosystem-based approaches to climate change adaptation and disaster risk reduction and supplementary information. Technical Series No. 93. Montreal: Author.

Secretariat of the Convention on Biological Diversity (CBD). (2022). Best practices in Gender and Biodiversity: Pathways for multiple benefits. Montreal: Author.

Cooper, G. and Tremolet, S. (2019). Investing in Nature: Private finance for nature-based resilience. London: The Nature Conservancy and Environmental Finance.

Costanza, R., de Groot, R., Sutton, P., van der Ploeg, S., Anderson, S.J., Kubiszewski, I., Farber, S. and Turner, R.K. (2014) Changes in the global value of ecosystem services. Global Environmental Change, 26, 152-158. DOI:10.1016/j.gloenvcha.2014.04.002

Crump, J. (2017). Smoke on Water - Countering Global Threats from Peatland Loss and Degradation. Narobi and Arendal: UN Environment and GRID-Arendal.

De Boer, I.J.M., van Ittersum, M.K. (2018). Circularity in agricultural production. Scientific basis for the Mansholt lecture 2018. Wageningen University and Research.

Díaz, S., Pascua,l U., Stenseke, M., Martín-López, B., Watson, R.T., Molnár, Z., Hill, R., Chan, K.M.A., Baste, I.A., Brauman, K. A., Polasky, S., Church, A., Lonsdale, M., Larigauderie, A., Leadley, P.W., van Oudenhoven, A.P.E., van der Plaat, F., Schröter, M., Lavorel, S., ... Shirayama, Y. (2018). Assessing nature's contributions to people, Science Vol 359, Issue 6373, 270-272. DOI:10.1126/science.aap8826

Eggermont, H., Balian, E., Azevedo, M., Beumer, V., Brodin, T., Claudet, J., Fady, B., Grube, M., Keune, H., Lamarque, P., Reuter, K., Smith, M., Ham, C., Weisser, W. & Roux, X. (2015). Nature-based Solutions: New Influence for Environmental Management and Research in Europe. GAIA, 24. 243 - 248. DOI:10.14512/gaia.24.4.9

European Commission (2013). Green Infrastructure (GI) - Enhancing Europe's Natural Capital. Communication from the Commission to the European Parliament, the Council, the European Economic and Social Committee and the Committee of the Regions.

European Commission. (2016). Horizon2020 Work Programme 2016-2017; 12. Climate Action, Environment, Resource Efficiency and Raw Materials.

European Commissions. (2022). PLATFORM ON SUSTAINABLE FINANCE:

TECHNICAL WORKING GROUP PART B - Annex: Technical Screening Criteria.

European Commission, Wild, T. (2020). Nature-based solutions improving water quality & waterbody conditions: analysis of EU-funded projects.

European Commission & European Investment bank. (2020) Investing in Nature: Financing Conservation and nature-based solutions: A practical guide for Europe. Luxembourg: Author.

European Environment Agency. (2021). Nature-based solutions in Europe: Policy, knowledge and practice for climate change adaptation and disaster risk reduction. Copenhagen, Denmark: Author.

European Observatory on Health Systems and Policies & McKee, M. (2021). Drawing light from the pandemic: a new strategy for health and sustainable development. Copenhagen: World Health Organization. Regional Office for Europe.

Falkner, R. (2016). The Paris Agreement and the New Logic of International Climate Politics. International Affairs 92(5), 1107-1125. DOI:10.1111/1468-2346.12708

Food and Agriculture Organization of the United Nations (FAO). (1998). Evaluating the potential contribution of organic agriculture to sustainability goals. FAO's technical contribution to IFOAM's Scientific Conference Mar del Plata, Argentina, 16-19 November 1998.

Food and Agricultural Organization of the United Nations (FAO). (2007). The world's mangroves 1980-2005. FAO Forestry Paper 153.

Food and Agricultural Organization of the United Nations (FAO). (2013). Reviewed Strategic Framework. Thirty-eighth session. Rome, 15-22 June 2013.

Food and Agriculture Organization of the United Nations (FAO). (2014). Building a common vision for sustainable food and agriculture. Principles and approaches.

Food and Agriculture Organization of the United Nations (FAO). (2017). Water for Sustainable Food and Agriculture: A Report Produced for the G20 Presidency of Germany.

Food and Agriculture Organization (FAO). (2018). The future of food and agriculture - Alternative pathways to 2050.

Food and Agriculture Organization of the United Nations (FAO), Bélanger, J. and Pilling, D. (eds.). (2019). The State of the World's Biodiversity for Food and Agriculture.

Food and Agriculture Organization of United Nations (FAO) and World Health Organization (WHO). (2019). Sustainable healthy diets - Guiding principles.

Francis, L.F.M. and Jensen, M.B. (2017). Benefits of green roofs: a systematic review of the evidence for three ecosystem services. Urban Forestry & Urban Greening 28, 167-176. DOI:10.1016/j.ufug.2017.10.015

Garcia, S.M., Zerbi, A., Aliaume, C., Do Chi, T. and Lasserre, G. (2003). The Ecosystem Approach to Fisheries: Issues, Terminology, Principles, Institutional Foundations, Implementation and Outlook. FAO Fisheries Technical Paper. No. 443. Rome: Food and Agriculture Organization of United Nations (FAO).

Gattuso, JP., Magnan, A.K., Bopp, L., Cheung, W.W.L., Duarte, C.M., Hinkel, J., Mcleod, E., Micheli, F., Oschlies, A., Williamson, P., Billé, R., Chalastani, V.I., Gates, R.D., Irisson, J-O, Middelburg, J.J., Pörtner, H-O. and Rau, G.H. (2018). Ocean Solutions to Address Climate Change and Its Effects on Marine Ecosystems. Frontier in Marine Science, 5:337. DOI:10.3389/fmars.2018.00337

German Agency for International Cooperation (GIZ), EURAC and United Nations University-Institute for Environment and Human Security (UNU-EHS). (2018). Climate Risk Assessment for Ecosystem-based Adaptation - A guidebook for planners and practitioners. Bonn: GIZ.

German Federal Ministry of Food and Agriculture. (2022, February). Organic Farming in Germany.

Girardin, C.A.J., Jenkins, S., Seddon, N., Allen, M., Lewis, S.L., Wheeler, C.E., Griscom BW. and Malhi Y. (2021). Nature based solutions can help cool the planet — if we act now. Nature, 593, 191-194. DOI:10.1038/d41586-021-01241-2

Global Center on Adaptation (GCA) and World Resources Institute (WRI). (2019), Adapt Now: A Global Call for Leadership on Climate Resilience. Rotterdam and Washington D.C.: Authors.

Global Goal for Nature Group. (2020). COVID-19 Response and Recovery: Nature-Based Solutions for People, Planet and Prosperity.

Green-Gray Community of Practice. (2020). Practical Guide to Implementing Green-Gray Infrastructure.

Griscom, B.W., Adams, J., Ellis, P.W., Houghton, R.A., Lomax, G., Miteva, D.A., Schlesinger, WH., Shoch, D., Siikamäki, JV., Smith, P., Woodbury, P., Zganjar, C., Blackman, A., Campari, J., Conant, RT., Delgado, C., Elias, P., Gopalakrishna, T., Hamsik, MR., ... and Fargione, J. (2017). Natural climate solutions. Proceedings of the National Academy of Sciences of the United States of America, 114(44), 11645-11650. DOI:10.1073/pnas.1710465114

Gunalay, Y., and Kula, E. (2012). Optimum cutting agefor timber resourceswith carbon sequestration. Resources Policy, 37(1), 90-92. DOI:10.1016/j.resourpol.2011.12.001

Gustavsson, J., Cederberg, C., Sonesson, U., Van Otterdijk, R. and Meybeck, A. (2011). Global food losses and food waste - Extent, causes and prevention. Rome: Food and Agriculture Organization of United Nations (FAO)

Hamilton, S.E. and Friess, D.A. (2018). Global carbon stocks and potential emissions due to mangrove deforestation from 2000 to 2012. Nature Climate Change 8, 240-244. DOI:10.1038/s41558-018-0090-4

Havens, K.E. and Paerl, H.W. (2015). Climate change at a crossroad for control of harmful algal blooms. Environmental Science and Technology, 49(21), 12605-12606. DOI:10.1021/acs.est.5b03990

Hong, M., Song, C., Kim, M., Kim, J., Lee, S. G., Lim, C. H., Cho, K., Son, Y.& Lee, W. K. (2022). Application of integrated Korean forest growth dynamics model to meet NDC target by considering forest management scenarios and budget. Carbon Balance and Management, 17(1), 1-18. DOI:10.1186/s13021-022-00208-8

Horton, R., Beaglehole, R., Bonita, R., Raeburn, J., McKee, M, and Wall S. (2014). From public to planetary health: a manifesto. The Lancet, 383(847). DOI:/10.1016/S0140-6736(14)60409-8

Intergovernmental Panel on Climate Change (IPCC). (2018). Summary for Policymakers. In: Global Warming of 1.5°C. An IPCC Special Report on the impacts of global warming of 1.5°C above pre-industrial levels and related global greenhouse gas emission pathways, in the context of strengthening the global response to the threat of climate change, sustainable development, and efforts to eradicate poverty. [Masson-Delmotte, V., P. Zhai, H.-O. Pörtner, D. Roberts, J. Skea, P.R. Shukla, A. Pirani, W. Moufouma-Okia, C. Péan, R. Pidcock, S. Connors, J.B.R. Matthews, Y. Chen, X. Zhou, M.I. Gomis, E. Lonnoy, T. Maycock, M. Tignor, and T. Waterfield (eds.)]. Cambridge and New York: Cambridge University Press, Cambridge.

Intergovernmental Panel on Climate Change (IPCC). (2019). Summary for Policymakers. In: Climate Change and Land: an IPCC special report on climate change, desertification, land degradation, sustainable land management, food security, and greenhouse gas fluxes in terrestrial ecosystems [P.R. Shukla, J. Skea, E. Calvo Buendia, V. Masson-Delmotte, H.-O. Pörtner, D. C. Roberts, P. Zhai, R. Slade, S. Connors, R. van Diemen, M. Ferrat, E. Haughey, S. Luz, S. Neogi, M. Pathak, J. Petzold, J. Portugal

Pereira, P. Vyas, E. Huntley, K. Kissick, M. Belkacemi, J. Malley, (eds.)].

Intergovernmental Panel on Climate Change (IPCC). (2021). Summary for Policymakers. In: Climate Change 2021: The Physical Science Basis. Contribution of Working Group I to the Sixth Assessment Report of the Intergovernmental Panel on Climate Change [Masson-Delmotte, V., P. Zhai, A. Pirani, S.L. Connors, C. Péan, S. Berger, N. Caud, Y. Chen, L. Goldfarb, M.I. Gomis, M. Huang, K. Leitzell, E. Lonnoy, J.B.R. Matthews, T.K. Maycock, T. Waterfield, O. Yelekçi, R. Yu, and B. Zhou (eds.)]. Cambridge and New York: Cambridge University Press.

Intergovernmental Panel on Climate Change (IPCC). (2022). Summary for Policymakers In: Climate Change 2022: Impacts, Adaptation, and Vulnerability. Contribution of Working Group II to the Sixth Assessment Report of the Intergovernmental Panel on Climate Change. [H.-O. Pörtner, D.C. Roberts, E.S. Poloczanska, K. Mintenbeck, M. Tignor, A. Alegría, M. Craig, S. Langsdorf, S. Löschke, V. Möller, A. Okem (eds.)]. Cambridge and New York: Cambridge University Press.

Intergovernmental Science-Policy Platform on Biodiversity and Ecosystem Services (IPBES). (2019). Global assessment report on biodiversity and ecosystem services of the Intergovernmental Science-Policy Platform on Biodiversity and Ecosystem Services. Bonn: IPBES Secretariat.

Intergovernmental Science-Policy Platform on Biodiversity and Ecosystem Services (IPBES). (2020). Workshop Report on Biodiversity and Pandemics of the Intergovernmental Platform on Biodiversity and Ecosystem Services. Bonn: IPBES Secretariat.

International Food Policy Research Institute (IFPRI) and VEOLIA. 2015. The murky future of global water quality: New global study projects rapid deterioration in water quality. Washington, D.C. and Chicago, IL: IFPRI and Veolia Water North America.

International Labour Organization (ILO). (2018). World Employment Social Outlook 2018: Greening with jobs.

International Labour Organization (ILO) and World Wide Fund for Nature (WWF). (2020). NATURE HIRES: How Nature-based Solutions can power a green jobs recovery.

International Labour Organization (ILO), United Nations Environment Programmes (UNEP) and International Union for Conservation of Nature (IUCN). Decent Work in Nature-based Solutions 2022. Geneva: ILO.

International Union for Conservation of Nature (IUCN). (2016). Strengthening cross-sector partnerships to recognize the contributions of nature to health, well-being and quality of life.

International Union for Conservation of Nature (IUCN). (2020). Global Standard for Nature-based Solutions. A user-friendly framework for the verification, design and scaling up of NbS. First edition.

International Union for Conservation of Nature (IUCN). (2022). Towards an IUCN nature-positive approach: a working paper.

Iseman, T. and Miralles-Wilhelm, F. (2021). Nature-based solutions in agriculture - The case and pathway for adoption. Arlington, VA: FAO and The Nature Conservancy.

Jackson, W., Freeman, M., Freeman, B. and Parry-Husbands, H. (2021) Reshaping forest management in Australia to provide nature-based solutions to global challenges, Australian Forestry, 84(2). DOI:10.1080/0 0049158.2021.1894383

Jones, K. E., Patel, N. G., Levy, M. A., Storeygard, A., Balk, D., Gittleman, J. L. and Daszak, P. (2008). Global trends in emerging infectious diseases. Nature, 451, 990-993.

Keenan, R.J., Reams, G.A., Achard, F., de Freitas, J. V., Grainger, A. and Lindquist, E. (2015) Dynamics of global forest area: Results from the FAO Global Forest Resources Assessment 2015. Forest Ecology and Management, 352, .9-20.

Keenleyside, C. and Tucker, G. (2010) Farmland Abandonment in the EU: an Assessment of Trends and Prospects. London: World Wide Fund for Nature (WWF) and Institute for European Environmental Policy (IEEP).

Kim, M., Kraxner, F., Forsell, N., Song, C., and Lee, W. K. (2021). Enhancing the provisioning of ecosystem services in South Korea under climate change: The benefits and pitfalls of current forest management strategies. Regional Environmental Change, 21(1), .1-10. DOI:10.1007/ s10113-020-01728-0

Kim, M., Lee, W. K., Choi, G. M., Song, C., Lim, C. H., Moon, J., ... & Forsell, N. (2017). Modeling stand-level mortality based on maximum stem number and seasonal temperature. Forest Ecology and Management, 386, 37-50. DOI:10.1016/j.foreco.2016.12.001

Kim, M., Lee, W., Kurz, W., Kwak, D., Morken, S., Smyth, C., and Ryu, D. (2017). Estimating carbon dynamics in forest carbon pools under IPCC standards in South Korea using CBM-CFS3. iForest-Biogeosciences and Forestry, 10, 83-92.

Kim, M., Lee, W. K., Son, Y., Yoo, S., Choi, G. M., and Chung, D. J. (2017). Assessing the impacts of topographic and climatic factors on radial growth of major forest forming tree species of South Korea. Forest ecology and management, 404, 269-279. DOI:10.1016/j.foreco.2017.08.048

Larbodière, L., Davies, J., Schmidt, R., Magero, C., Vidal, Arroyo Schnell, A., Bucher, P., Maginnis, S., Cox, N., Hasinger, O., Abhilash, P.C., Conner, N., Westerberg, V., and Costa, L. (2020). Common ground: restoring land health for sustainable agriculture. Gland: IUCN.

Lavorel, S., Colloff, M.J., McIntyre, S., Doherty, M.D., Murphy, H.T., Metcalfe, D.J., Dunlop, M., Williams, R.J., Wise, R.M. and Williams, K. (2015). Ecological mechanisms underpinning climate adaptation services. Global Change Biology, 21(1), 12-31. DOI:10.1111/gcb.12689

Lazarus, R. J. (2009). Super Wicked Problems and Climate Change: Restraining the Present to Liberate Future. Cornell Law Review, 94, 1153-1234.

Le, Q.B., Ephraim, N. & Mirzabaev, A. (2014). Biomass Productivity-Based Mapping of Global Land Degradation Hotspots. ZEF - Discussion Papers on Development Policy No. 193., 57. University of Bonn.

Lecerf, M., Herr D., Thomas, T., Elverum, C., Delrieu, E. and Picourt, L. (2021), Coastal and marine ecosystems as Nature-based Solutions in new or updated Nationally Determined Contributions. Ocean & Climate Platform, Conservation International, IUCN, GIZ, Rare, The Nature Conservancy and WWF.

Lerner, H. and Berg, C. (2017). A comparison of three holistic approaches to health: One health, eco health, and planetary health, Frontiers in Veterinary Science, 4. DOI:10.3389/fvets.2017.00163

Levin, K., Cashore, B., Bernstein, S., and Auld, G. (2012). Overcoming the tragedy of super wicked problems: constraining our future selves to ameliorate global climate change. Policy Science, 45, 123-152. DOI:10.1007/s11077-012-9151-0

Luyssaert, S., Schulze, E., Börner, A., Knohl, A., Hessenmöller, D., Law, B.E., Ciais, P.and Grace, J. (2008). Old-growth forests as global carbon sinks. Nature,455213-215.

Mansourian, S. and Vallauri, D. (2014). Restoring forest landscapes: Important lessons learnt. Environmental Management. 53, 241-251. DOI:10.1007/s00267-013-0213-7

Mansourian, S., Vallauri, D. and Dudley, N. (eds.) (in cooperation with WWF International). (2005). Forest Restoration in Landscapes: Beyond Planting Trees. New York: Springer.

Marselle, M.R., Irvine, K.N. and Warber S.L. (2014). Examining group walks in nature and multiple aspects of well-being: a large scale study. Ecopsychology, 6, 134-147. DOI:10.1089/eco.2014.0027

Marselle, M.R., Hartig, T., Cox, D., de Bell,S., Knapp.S, Lindley.S, Triguero-Mas, M.,Böhning-Gaese, K., Braubach, M., Cook,P.A., de Vries, S., Heintz-Buschart, A., Hofmann, M., Irvine, K.N., Kabisch, N., Kolek, F., Kraemer, R., Markevych, I., Martens, D., Müller, R., Nieuwenhuijsen, M., Potts, J.M., Stadler, J., Walton, S., Warber S.L., and Bonn, A. (2021). Pathways linking biodiversity to human health: A conceptual framework. Environment international, 150, 106420. DOI:10.1016/j.envint.2021.106420

Maxwell, S., Cazalis V., Dudley, N., Hoffmann, M., Rodrigues, A., Stolton, S., Visconti, P., Woodley, S., Kingston, N., Lewis, E., Maron, M., Strassburg, B., Wenger, A., Jonas, H., Venter, O. and Watson, J. (2020). Area-based conservation in the twenty-first century. Nature, 586, 217-227. DOI:10.1038/s41586-020-2773-z

Mekonnen, M. and Hoekstra A. (2016) Four billion people facing severe water scarcity. Science Advances, Vol. 2, No. 2, e1500323. DOI:10.1126/sciadv.1500323

Menéndez, P., Losada, I.J., Torres-Ortega, S., Narayan, S., and Beck, M., W. (2020). Global Flood Protection Benefits of Mangroves. Scientific Reports,10, 4404. DOI:10.1038/s41598-020-61136-6

Millennium Ecosystem Assessment. (2005). Ecosystems and Human Well-being: Synthesis. Washington, DC: Island Press.

Murti, R. and Buyck, C. (2014). Safe Havens. Gland: International Union for the Conservation of Nature (IUCN).

Nature-Based Solutions Facilitation Team. (2019). Compendium of Contributions Nature-Based Solutions - Climate Action Summit 2019. New York: UN Secretariat. Newman, D. J., and Cragg, G. M. (2020). Natural Products as Sources of New Drugs over the Nearly Four Decades from 01/1981 to 09/2019. Journal of natural products, 83(3), 770-803. DOI:10.1021/acs.jnatprod.9b01285

Nature Restoration Law. (n.d). European Commission. https://environment. ec.europa.eu/topics/nature-and-biodiversity/naturerestoration-law_en

Nkonya, E., von Braun, J., Mirzabaev, A., Le, Q.B., Kwon, H.Y. and Kirui, O. (2013). Economics of Land Degradation Initiative: Methods and Approach for Global and National Assessments. ZEF Discussion Papers on Development Policy, No. 183, Bonn: University of Bonn, Center for Development Research (ZEF).

Oberč, B.P. and Arroyo Schnell, A. (2020). Approaches to sustainable agriculture. Exploring the pathways towards the future of farming. Brussels: IUCN EURO.

O'Leary, B., Fonseca, C., Cornet, C., Vries, M., Degia, A., Failler, P., Furlan, E.,

Garrabou, J., Gil, A., Hawkins, J., Krause-Jensen, D., Roux, X., Peck, M.A., Pérez, G., Queiros, A., Różyński, G., Sánchez-Arcilla, A., Simide, R., Sousa Pinto, I. and Roberts, C. (2022). Embracing Nature-based Solutions to promote resilient marine and coastal ecosystems. Nature- Based Solutions. 3. DOI:10.1016/j.nbsj.2022.100044

O'Neill, J., Review on Antimicrobial Resistance & Welcome Trust (2016). Tackling drug-resistant infections globally: Final report and recommendations. London: Government of the United Kingdom.

Organisation for Economic Co-operation and Development (lic). (2012). OECD Environmental Outlook to 2050: The Consequences of Inaction. Key Facts and Figures.

Organisation for Economic Co-operation and Development (OECD). (2020). Nature-based solutions for adapting to water-related climate risks, OECD ENVIRONMENT POLICY PAPER NO. 21

Organisation for Economic Cooperation and Development (OECD). (2020). Agricultural Policy Monitoring and Evaluation 2020.

Organisation for Economic Co-operation and Development (OECD). & Food and Agriculture Organization of the United Nations (FAO). (2018). OECD-FAO Agricultural Outlook 2018-2027.

Ozment, S., Ellison, G. and Jongman, B. (2019). Nature-based Solutions for Disaster Risk Management: Booklet. Washington D.C.: World Bank.

Panorama Global. (2017). Panorama Perspectives: Conversations on Planetary - Planetary Health 101 - Information and Resources. New York, NY: Rockefeller Foundation.

Panorama Global (2017). Panorama Perspectives: Conversations on Planetary Health. https://assets-global.website-files.com/62448c65f2 a3dc7ae94193bd/62448c65f2a3dc01ce4195a8_Planetary-Health-101-Information-and-Resources.pdf

Partnership for Environment and Disaster Risk Reduction (PEDRR) (2010). Demonstrating the Role of Ecosystems-based Management for Disaster Risk Reduction. Partnership for Environment and Disaster Risk Reduction.

Pavelic, P., Srisuk, K., Saraphirom, P., Nadee, S., Pholkern, K., Chusanathas, S., Munyou, S., Tangsutthinon, T., Intarasut, T. and Smakhtin, V. (2012). s-out floods and droughts: Opportunities to utilize floodwater harvesting and groundwater storage for agricultural development in Thailand. Journal of Hydrology, Vol. 470-471, 55-64. DOI:10.1016/j.jhydrol.2012.08.007

Perini, K. and Rosasco, P. (2013). Cost-benefit analysis for green façades and living wall systems. Building and Environment 70, 110-121. DOI:10.1016/

j.buildenv.2013.08.012

Piao, D., Kim, M., Choi, G-M., Moon, J., Yu, H., Lee, W.K., Wang, S.W., Jeon, S.W., Son, Y., Son, Y-M. and Cui, G. (2018). Development of an Integrated DBH Estimation Model Based on Stand and Climatic Conditions. Forests, 9(3):155. DOI:10.3390/f9030155

Pineda, A. C., Chang, A & Faria, P. (2020). Foundations for Science-Based Net-Zero Target Setting in the Corporate Sector. CDP.

Pregitzer, K. S., and Euskirchen, E. S. (2004). Carbon cycling and storage in world forests: biome patterns related to forest age. Global change biology, 10(12), .2052-2077. DOI:10.1111/j.1365-2486.2004.00866.x

Pulgar-Vidal, M. Morales, V., Muller, M.R., & Gavin Edwards, G. (2021). Nature-Based Solutions in the Convention On Biological Diversity (CBD): Orienting an evolving concept toward towards achieving the CBD's objectives, World Wide Fund for Nature (WWF).

Rajamani, L. and Bodansky, D. (2019). The Paris Rulebook: Balancing International Prescriptiveness with National Discretion. International and Comparative Law Quarterly 68(04), .1-18. DOI:10.1017/S0020589319000320

Ritchie, H., Pablo Rosado, P. and Roser, M. (2017). "Meat and Dairy Production". Published online at OurWorldInData.org. https://ourworldindata.org/meat-production

Robinson, J., and M. F. Breed. (2019). Green prescriptions and their co-benefits: integrative strategies for public and environmental health. Challenges, 10(9). DOI:10.3390/challe10010009

Roe, S., Streck, C., Obersteiner, M., Frank, S., Griscom, B., Drouet, L., Fricko, O., Gusti, M., Harris, N., Hasegawa, T., Hausfather, Z., Havlík, P., House, J., Nabuurs, G-J., Popp, A., Sanz Sánchez, M. J., Sanderman, J., Smith, P., Sacco, A.D. Hardwick, K.A. Blakesley, D., Brancalion, P.H.S. Breman, E., Rebola, L.C., Chomba, S., Dixon, K., Elliott, S. Ruyonga, G., Shaw, K., Smith, P., Smith, R.J. and Antonelli, A. (2021) Ten golden rules for reforestation to optimize carbon sequestration, biodiversity recovery and livelihood benefits. Global Change Biology 27(7), .1328-1348.

Roger, F., Caron, A., Morand, S., Pedrono, M., De Garine-Wichatitsky, M., Chevalier, V., Tran, A., Gaidet, N., Figuié, M., Visscher, M., and Binot, A. (2016). One Health and EcoHealth: the same wine in different bottles? Infection Ecology & Epidemiology. 6, 30978. DOI:10.3402/iee.v6.30978

Rojelj J., Elzen, M., Hohne, N., Fransen, T., Fekete, H., Winkler, H., Schaeffer, R., Sha, F., Riahi, K. and Meinshausen, M. (2016). Paris agreement climate proposals need a boost to keep warming well below 2°C. Nature, 534,

.631-639. DOI:10.1038/nature18307

Ruangpan, L., Vojinovic, Z., Di Sabatino, S., Leo, L., Capobianco, V., Oen, A., McClain, M. and lopez-gunn, E. (2020). Nature-based solutions for hydrometeorological risk reduction: a state-of-the-art review of the research area. Natural Hazards and Earth System Sciences 20(1), 243-270. DOI:10.5194/nhess-20-243-2020.

Sandel M. J. (2010). Justice: What's the Right Thing to Do? London: Penguin Books.

Sanders, M. E., Westerink, J., Migchels, G., Korevaar, H., Geerts, R. H. E. M., Bloem, J., van Alebeek, F. A. N., Schotman, A. G. M., Melman, T. C. P., Plomp, M., Muskens, G. J. D. M., & van Och, R. A. F. (2015). Op weg naar een natuurinclusieve duurzame landbouw. Alterra, Wageningen-UR. https://edepot.wur.nl/360471

Sargent F. (1972). Man-environment--problems for public health. American journal of public health, 62(5), 628-633. DOI:10.1111/gcb.14478

Scheidel A. and Work C. (2018). Forest plantation and climate change discourses: New powers of green grabbing in Cambodia. Land Use Policy, 77, pp.9-18. DOI:10.1016/j.landusepol.2018.04.057

Schlesinger W.M. and Amundson R. (2019). Managing for soil carbon sequestration: Let's get realistic. Global Change Biology, 25,386-389. DOI:10.1111/gcb.14478

Seddon, N., Chausson, A., Berry, P., Girardin, C., Smith A. and Turner B. (2020). Understanding the value and limits of nature-based solutions to climate change and other global challenges. Philosophical Transactions of the Royal Society B, 375(1794), 1-12. DOI:10.1098/rstb.2019.0120

Seddon, N., Daniels, E., Davis, R., Chausson, A., Harris, R., Hou-Jones, X., Huq, S., Kapos, V., Mace, G.M., Rizvi, H.R., Roe, D., Turner, B. and. Wicander, S. (2020). Global recognition of the importance of nature-based solutions to the impacts of climate change. Global Sustainability, 3, E15. DOI:10.1017/sus.2020.8

Seddon, N., Sengupta, S., García-Espinosa, M., Hauler, I., Herr, D. and Rizvi, A.R. (2019). Nature-based Solutions in Nationally Determined Contributions: Synthesis and recommendations for enhancing climate ambition and action by 2020. Gland and Oxford: IUCN and University of Oxford.

Seymour, F. and Langer, P. (2021). Consideration of Nature-Based Solutions as Offsets in Corporate Climate Change Mitigation Strategies. World Resources Institute (WRI).

Sgrigna, G., Baldacchini, C., Dreveck, S., Cheng, Z. and Calfapietra, C.

(2020). Relationships between air particulate matter capture efficiency and leaf traits in twelve tree species from an Italian urban-industrial environment, Science of The Total Environment, Volume 718, 137310. DOI:10.1016/j.scitotenv.2020.137310

Shell and BCG. (2022). An Outlook on the Voluntary Carbon Market.

Shepley, M.,Sachs, N.,Sadatsafavi, H.,Fournier, C. & Peditto, K. (2019). The Impact of Green Space on Violent Crime in Urban Environments: An Evidence Synthesis. International Journal of Environmental Research and Public Health, 16, 5119. DOI:10.3390/ijerph16245119.

Silici, L. (2014). Agroecology: What it is and what it has to offer. IIED Issue Paper. London: International Institution Environment and Development (IIED).

Society for Ecological Restoration International Science & Policy Working Group. (2004). The SER International Primer on Ecological Restoration. www.ser.org & Tuscon: Society for Econlogicay Restoration International. International Union for Conservation of Nature (IUCN), Congress Resolution. (2016, September) WCC-2016-Res-069-EN, Defining Nature-based Solutions.

Soares, A. L., Rego, F.C., McPherson, E.G., Simpson, J.R., Peper, P.J. and Xiao, Q. (2011). Benefits and costs ofef street trees in Lisbon, Portugal. Urban Forestry & Urban Greening,10(2), 69-78. DOI:10.1016/j.ufug.2010.12.001

Society for Ecological Restoration International Science & Policy Working Group. (2004). The SER International Primer on Ecological Restoration. www.ser.org&Tuscon: Society for Econlogicay Restoration International.

Somarakis, G (ed.), Stagakis, S (ed.), Chrysoulakis , N (ed.), Mesimäki, M & Lehvävirta, S. (2019). Think Nature Nature-Based Solutions Handbook. European Union. DOI:10.26225/jerv-w202

Sonneveld, B., Merbis, M., Arnal, M., Unver, O. and Alfarra, A. (2018). Nature-Based Solutions for agricultural water management and food security. FAO food and nutrition paper no. 12. Rome: Food and Agriculture Organization of the United Nations (FAO).

Stehfest, E., and Lawrence, D. (2019). Contribution of the land sector to a 1.5°C world. Nature Climate Change, 9, 817-828. DOI:10.1038/s41558-019-0591-9

Stephenson, N. L., Das, A. J., Condit, R., Russo, S. E., Baker, P. J., Beckman, N. G., ... & Zavala, M. A. (2014). Rate of tree carbon accumulation increases continuously with tree size. Nature, 507(7490), .90-93. DOI:10.1038/nature12914

Stokes, S Wunderink S., Lowe, M. and Gereffi, G. (2012). Restoring Gulf Oyster Reefs. Durham: Duke University.

Streck, C., Dyck, M. and Trouwloon, D. (2022). The Voluntary carbon Market Explained. Climate Focus.

Task Force on Climate-related Financial Disclosure (TCFD). (2017). Final Report: Recommendations of the Task Force on Climate-related Financial Disclosures.

Task Force on Climate-related Financial Disclosure (TCFD). (2021). TCFD 2021 Status Report.

Task Force on Nature-related Financial Disclosure (TNFD). (2022) The TNFD Nature-related Risk & Opportunity Management and Disclosure Framework: Beta v0.1.

Teal, J.M. and Weinstein, M.P. (2002). Ecological engineering, design, and construction considerations for marsh restorations in Delaware Bay, USA. Ecological Engineering, 8(5), 607-618. DOI:10.1016/S0925-8574(02)00023-X

Temmerman, S., Meire, P., Bouma, T.J., Herman, P.M.J., Ysebaert, T. and de Vriend, H.J. (2013). Ecosystem-based coastal defence in the face of global change. Nature, 504. 79-83. DOI:10.1038/nature12859

The Nature Conservancy (TNC). (2019). Strategies for Operationalizing Nature-based Solutions in the Private Sector.

Tilman, D. and Clark, M., 2014. Global diets link environmental sustainability and human health. Nature, 515(7528), 518-522. DOI:10.1038/nature13959

Townsend, M., Henderson-Wilson, C., Warner, E., & Weiss, L. (2015). Healthy Parks Healthy People: the state of the evidence 2015.

Trust for Conservation Volunteers (TCV). (2016). Green gym evaluation report 2016. London: TCV.

Tsaregorodtsev, G.I. (1974) Dialectics of Interaction of Economic and Humanistic Approaches, Soviet Studies in Philosophy, 13:2-3, 100-106. DOI:10.2753/RSP1061-1967130203100

Tye, S. Pool, J. and Lomeli, L.G. (2022). The Potential for Nature-Based Solutions Initiatives to Incorporate and Scale Climate Adaptation. Washington D.C.: World Resources Institute.

United Nations. (2021). The United Nations World Water Development Report 2021: Valuing Water. Paris: UNESCO.

United Nations World Water Assessment Programme (WWAP) and UN-Water. (2018). The United Nations World Water Development Report 2018: Nature-Based Solutions for Water. Paris, UNESCO.

United Nations Climate Change (UNFCCC) Convention Of Parties Decision. (2014, January 31). 1/CP.19 Further advancing the Durban Platform.

United Nations Climate Change (UNFCCC) Convention Of Parties Decision.

(2022, March 8). 1/CMA.3 Glasgow Climate Pact.

United Nations Climate Change (UNFCCC) Convention Of Parties Decision. (2022, November 20). -/CP.27, Sharm el-Sheikh Implementation Plan(Advance unedited version).

United Nations Educational, Scientific and Cultural Organization (UNESCO). (2018). The United Nations world water development report 2018: nature-based solutions for water.

United Nations Environment Programme and UN-Water. (2018). Progress on Water-Related Ecosystems - Piloting the Monitoring Methodology and Initial Findings for SDG Indicator 6.6.1.

United Nations Environment Programmes (UNEP). (2019). Global environment outlook - GEO-6: Summary for policymakers.

United Nations Environment Programme (UNEP). (2020). Preventing the next pandemic: zoonotic diseases and how to break the chain of transmission.

United Nations Environment Programme (UNEP) (2021). State of Finance for Nature 2021.

United Nations Environmental Programme (UNEP) and International Union for Conservation of Nature (IUCN). (2021). Nature-based solutions for climate change mitigation. Nairobi and Gland: UNEP and IUCN.

United Nations Environment Programme (UNEP) and United Nations Development Programme (UNDP). (2021). Smart, Sustainable and Resilient cities: the Power of Nature-based Solutions, A working paper for G20.

United Nations Environment Programme (UNEP) and United Nations Human Settlements Programme (UN-Habitat) (2021). Global Environment for Cities-GEO for Cities: Towards Green and Just Cities. Nairobi: UNEP.

United Nations Environment Programme (UNEP), Environmental Assembly Resolution. (2022, March 7). UNEP/EA.5/Res.5 Nature-based solutions for supporting sustainable development.

United Nations, General Assembly Resolution. (2007, September 13). A/RES/61/295, Declaration on the Rights of Indigenous Peoples.

United Nations Human Rights Council Resolution (2021, October 18) A/HRC/R48/13. The human right to a clean, healthy and sustainable environment.

United Nations International Strategy for Disaster Reduction. (2011). Global Assessment Report on Disaster Risk Reduction. Geneva: UNISDR.

Van Doorn, A, Melman, D., Westerink, J., Polman, N., Vogelzang, T., and

Korevaar, H. (2016). Food-for-thought: natuurinclusieve landbouw . Wageningen: Wageningen University & Research. DOI:10.18174/401503 .

Vivid economics and Finance for Biodiversity (2021) Greenness of Stimulus Index: An assessment of COVID-19 stimulus by G20 countries and other major economies in relation to climate action and biodiversity goals.

Viviroli, D. and Weingartner, R. (2004). The hydrological significance of mountains: from regional to global scale, Hydrology and Earth System Science 8(6), 1017-1030. DOI:10.5194/hess-8-1017-2004

White House Council on Environmental Quality, White House Office of Science and Technology Policy and White House Domestic Climate Policy Office. (2022). Opportunities for Accelerating Nature-Based Solutions: A Roadmap for Climate Progress, Thriving Nature, Equity, and Prosperity. Report to the National Climate Task Force.

Whitmee, S., Haines, A., Beyrer, C., Boltz, F., Capon, A.G., de Souza Dias, B.F., Ezeh, A., Frumkin, H., Gong, P., Head, P., Horton, R., Mace, G.M., Marten, R., Myers, S.S., Nishtar, S., Osofsky, S.A., Pattanayak, S.K., Pongsiri, M.J., Romanelli, C., Soucat, A., Vega, J., and Yach, D. (2015). Safeguarding human health in the Anthropocene epoch: Report of the Rockefeller Foundation-Lancet Commission on planetary. Health. The Lancet, 386(10007),.19732028. DOI:10.1016/S0140-6736(15)60901-1

World Bank. (2021). A Catalogue of Nature-based Solutions for Urban Resilience.

World Economic Forum. (2023). The Global Risks Report 2023, 18th Edition.

World Health Organization. (2006). Constitution of the World Health Organization - Basic Documents, Forty-fifth edition, Supplement, October 2006.

World Health Organization (WHO). (2020). WHO Manifesto for a healthy recovery from COVID-19.

World Health Organization. Regional Office for Europe. (2017). Urban green spaces: a brief for action.

World Health Organization. Regional Office for Europe. (2021). Green and blue spaces and mental health: new evidence and perspectives for action.

World Wide Fund for Nature (WWF), Grooten, M. and Almond, R.E.A.(Eds). (2018). Living Planet Report 2018: Aiming Higher.

World Wide Fund for Nature (WWF). (2021). URBAN NATUREBASED SOLUTIONS : CITIES LEADING THE WAY.

Zhou, T., Shi, P., Jia, G., Dai, Y., Zhao, X., Shangguan, W., Du, L., Wu, H.and Luo, Y. (2015). Age-dependent forest carbon sink: Estimation via inverse modeling. Journal of Geophysical Research: Biogeosciences, 120(12), 2473-2492. DOI: /10.1002/2015JG002943

Zinsstag J. (2012). Convergence of Eco health and One Health. Eco Health. 9, 371-373. DOI: 10.1007/s10393-013-0812-z

온라인

기획재정부. (2017. 11.) 시사경제용어사전(네이버 지식백과): FTE. https://terms. naver.com/entry.naver?docId=300434&cid=43665&category Id=43665)

그린피스 서울사무소. (2020) 호주산불, 기후변화가 불러온 대재앙-팩트 체크. 그린피스. https://www.greenpeace.org/korea/update/11560/blog-ce-australia-bushfire-fact/

문기철. (2021.10.25). 대체육 소비가 늘고 있는 소세지와 햄의 나라 독일. Kotra 해외시장뉴스. https://dream.kotra.or.kr/kotranews/cms/news/ actionKotraBoardDetail.do?SITE_NO=3&MENU_ID=180&CONTENTS_ NO=1&bbsGbn=243&bbsSn=243&pNttSn=191478

배재수. (2006.12.26). 지속가능한 산림경영의 국제 논의와 한국의 이행노력. 유엔환경계획한국협회. http://www.unep.or.kr/sub/sub05_01.php?boardid =planet&mode=view&idx=649&sk=%EC%82%B0%EB%A6%BC%EC%EC% 9D%84&sw=a&offset=15&category=

윤웅희 (2022, December 21), 산림훼손 방지 위한 EU 산림전용규정, 앞으로 어떻게 시행될까? Kotra 해외시장뉴스. https://dream.kotra.or.kr/kotranews/ cms/news/actionKotraBoardDetail.do?SITE_NO=3&MENU_ ID=90&CO NTENTS_NO=1&bbsGbn=244&bbsSn=244&pNttSn=199314

해양수산부 (2021.12). 해양수산분야 2050 탄소중립 로드맵. https://www.mof. go.kr/doc/ko/selectDoc.do?docSeq=44586&menuSeq=1065&bbsS eq=84

2019 Climate Action Summit. (n.d.). United Nations. https://www.un.org/ en/climatechange/2019-climate-action-summit 68% of the world population projected to live in urban areas by 2050, says UN. (2018, May 16). United Nations.

4R Nutrient Stewardship Certification Program (2023). 4R Nutrient Stewardship Certification. https://4rcertified.org/

About Marine Spatial Planning Global(MSPG). (n.d.). MSPG. https://www. mspglobal2030.org/about/

About SHP. (2023). Soil Health Partnership. https://www. soilhealthpartnership.org/

About Taskforce on Nature-related Financial Disclosure (TNFD) (2023, January 31) TNFD. https://tnfd.global/about/#who

About the UN Decade. (2021). United Nations Decade on Ecosystem Restoration 2021-2030. https://www.decadeonrestoration.org/about-un-decade

About the Yolo Bypass Wildlife Area. (n.d.) Yolo Basin Foundation. https://www.yolobasin.org/yolobypasswildlifearea/

Aqueduct. (n.d.). World Resources Institute (WRI) www.wri.org/aqueduct.

AQUASTAT.-FAO's Global Information System on Water and Agriculture. (n.d.). Food and Agriculture Organization of the United Nations (FAO). www.fao.org/aquastat/en/

Backgrounder: Nature-based solutions or the ecosystem approach? (2021, May) International Institution Environment and Development (IIED). https://pubs.iied.org/sites/default/files/pdfs/2021-05/20201iied.pdf

Barth, B. (2016, March 25). Carbon Farming: Hope for a Hot Planet. Modern Farmer. https://modernfarmer.com/2016/03/carbon-farming

Biochar is 'carbon gold' for Belize's cacao farmers (2014, April 5). Ecologist. https://theecologist.org/2014/apr/05/biochar-carbon-gold-belizes-cacao-farmers

Briggs, H. (2020, September), Biodiversity: Why the nature crisis matters, in five graphics, BBC. https://www.bbc.com/news/science-environment-54357899

Budinis, S. (2022, September). Direct Air Capture. International Energy Agency (IEA). https://www.iea.org/reports/direct-air-capture

Calderón, F.h (2017, April 21) The Restoration Revolution. World Resources Institute (WRI). https://www.wri.org/insights/restoration-revolution.

Cities and Environment. (2023, January 13). Geneva Environment Network. https://www.genevaenvironmentnetwork.org/resources/ updates/cities-and-the-environment/

Climate smart agriculture. (n.d.). Food and Agricultural Organization of the United Nations (FAO). http://www.fao.org/climate-smart-agriculture

Climate smart agriculture practices. (n.d.). Food and Agricultural Organization of the United Nations (FAO). http://www.fao.org/climate-smart-agriculture/knowledge/practices/en/.

Commission puts forward new strategy to make the EU's financial system more sustainable and proposes new European Green Bond Standard. (2021, July 6). European Commission. https://ec.europa.eu/ commission/presscorner/detail/en/ip_21_3405

Comune di Bologna (2018). Guidelines on the adoption of sustainable urban drainage techniques for a more resilient city to climate change. Commune di Bologna. https://www.comune.bologna.it/myportal/C_

A944/api/content/download?id=6328303072e6b400994c57c0

Conservation Programs. (n.d.) U.S. Department of Agriculture. https://www.fsa.usda.gov/programs-and-services/conservation-programs/index

COP26 IPLC FOREST TENURE JOINT DONOR STATEMENT. (2021, November 2). UN Climate Change Conference UK 2021. https:// ukcop26.org/cop26-iplc-forest-tenure-joint-donor-statement/

COP27: Leaders Boost Sustainable Forest Management. (2022, November 14). United Nations Climate Change. https://unfccc.int/news/cop27-leaders-boost-sustainable-forest-management

Decent Work Through Nature-based Solution for an Inclusive Socio-Economic Recovery | Geneva Nature-based Solutions Dialogues. (2021, August). Geneva Environment Network. https://www.genevaenvironmentnetwork.org/events/nature-based-solutions-for-socio-economic-growth-geneva-nature-based-solutions-dialogues/

Depression. (2021, September 13). World Health Organization (WHO). https://www.who.int/news-room/fact-sheets/detail/depression

ENACT Partnership on Nature-based Solutions launches on Biodiversity Day at COP27. (2022, November 16). The Nature-based Solutions Initiative. https://www.naturebasedsolutionsinitiative.org/news/enact-partnership-nature-based-solutions-launches-biodiversity-day-cop27

EU Adaptation Strategy. (2021). European Commission. https://climate-adapt.eea.europa.eu/en/eu-adaptation-policy/strategy/index_html

EU taxonomy for sustainable activities. (n.d). European Commissions. https://ec.europa.eu/info/business-economy-euro/banking-and-finance/sustainable-finance/eu-taxonomy-sustainableactivities_en#:~:text=On%202%20February%202022%2C%20the,covered%20by%20the%20EU%20taxonomy.

Family Farming Knowledge Platform. (n.d.). Food and Agriculture Organization of United Nations (FAO). http://www.fao.org/family-farming/background/en/

Food Safety. (2022, May 19). World Health Organization (WHO). https://www.who.int/news-room/fact-sheets/detail/food-safety#:~:text=Food%20safety%2C%20nutrition%20and%20food,healthy%20life%20years%20(DALYs)

Food Waste. (n.d.) European Commission. https://ec.europa.eu/food/ safety/food_waste_en

G20 Sustainable Finance Roadmap. (2021, October 7). G20. https:// g20sfwg.org/wp-content/uploads/2021/10/G20-Sustainable-Finance- Roadmap.pdf

Gender and Environment. (2022). International Union of Conservation for Nature (IUCN). https://genderandenvironment.org/category/ origin/ iucn/agent/

Gender Equality. (n.d.). UN-REDD programme. https://www.un-redd.org/ work-areas/gender-equality

Glasgow Climate Pact. (2021, November 13). United Nations Climate Change. https://unfccc.int/documents/310475

Global Assessment Report on Biodiversity and Ecosystem Services (n.d.) Intergovernmental Science-Policy Platform on Biodiversity and Ecosystem Services (IPBES). https://ipbes.net/global-assessment

Global Youth Statement on Nature-Based Solutions (2021). NbS Youth Position. https://www.nbsyouthposition.org/statement

Great Green Wall Initative. (n.d). United Nations Convention to Combat Desertification (UNCCD). https://www.unccd.int/our-work/ggwi

Hausfather, Z. (2018. May 21). "Analysis: How 'nature climate solutions' can reduce the need for BECCS." Carbon Brief. https://www.carbonbrief. org/analysis-how-natural-climate-solutions-can-reduce-the-need-for-beccs/

Herrin, M. (n.d.) The Upper Tana-Nairobi Water Fund. International Water Association (IWA). https://iwa-network.org/upper-tana-nairobi-water-fund/

International Union for Conservation of Nature (IUCN) (2022) What are Nature Based Solution (NbS)? Inforgraphic https://www.iucn.org/sites/ default/files/2022-06/nature-based-solutions_ infographic_english.pdf

International Union for Conservation of Nature (IUCN) (2016). World Conservation Congress Hawaii 2016. IUCN. https://2016congress.iucn. org/sites/default/files/iucn_congress_2016_ outcomes_brochure_final_0. pdf

IPCC FACTSHEET: Timeline - highlights of IPCC history (2021. June). Intergovernmental Panel on Climate Change (IPCC). https://www. ipcc. ch/site/assets/uploads/2021/07/AR6_FS_timeline.pdf

IUCN Urban Nature Indices: A Methodological Framework Draft (2022. September 14). IUCN Urban Alliance. https://iucnurbanalliance.org/ content//uploads/2023/01/IUCN-Urban-Nature-Indices_15Sep2022-2. pdf

Launching Agriculture Innovation Mission for Climate (2022, November 2). U.S. Department of Agriculture. https://www.usda.gov/media/ press-releases/2 021/11/02/launching-agriculture-innovation-mission-climate

Malnutrition (n.d). World Health Organization (WHO) https://www.who.int/ health-topics/malnutrition#tab=tab_1

Nature Based Solutions for Climate (n.d.) United Nations Environmental Programme (UNEP). https://www.unep.org/nature-based-solutions-climate

Nature-based Solutions and People: Geneva Nature-based Solutions Dialogues. (2021). Geneva Environment Network. https://www.genevaenvironmentnetwork.org/events/nature-based-solutions-and-people/

Nature based recovery. (2021. April) International Union for Conservation of Nature (IUCN). https://www.iucn.org/resources/issues-brief/nature-based-recovery

https://environment.ec.europa.eu/topics/nature-and-biodiversity/nature-restoration-law_en

Nature's contributions to people. (n.d.). Intergovernmental Science-Policy Platform on Biodiversity and Ecosystem Services (IPBES). https:// ipbes.net/glossary/natures-contributions-people

New WHO-IUCN Expert Working Group on Biodiversity, Climate, One Health and Nature-based Solutions 2021, March 31). International Union of Conservation for Nature (IUCN). https://www.iucn.org/news/ecosystem-management/202103/new-who-iucn-expert-working-group-biodiversity-climate-one-health-and-nature-based-solutions

One Health. (2017, September 21). World Health Organization (WHO). https://www.who.int/news-room/questions-and-answers/item/one-health

Paris Agreement - Status of Ratification. (n.d). United Nations Climate Change. https://unfccc.int/process/the-paris-agreement/status-of-ratification

Persio, S.L. (2021. November 2). Billionaire Jeff Bezos Takes Stage At COP26 To Pledge $2 Billion Towards Nature Conservation. Forbes. https://www.forbes.com/sites/sofialottopersio/2021/11/02/billionaire-jeff-bezos-takes-stage-at-cop26-to-pledge-2-billion-towards-nature-conservation/

Pocosin Lakes National Wildlife Refuge. (n.d). U.S. Fish & Wildlife Service. https://www.fws.gov/refuge/pocosin-lakes/about-us

Planetary Health. (n.d.). Planetary Health Alliance. https://www.planetaryhealthalliance.org/planetary-health

Portland Green Street Program. (n.d.) The City of Portland, Oregon. https://www.portlandoregon.gov/bes/45386

Promoting nature-based solutions for gender equality. (2019, February 15). The CGIAR Research Program on Forests, Trees and Agroforestry. https://www.foreststreesagroforestry.org/news-article/promoting-nature-based-solutions-for-gender-equality/

Quinney, M. (2020, April 14). The COVID-19 recovery must focus on nature. World Economic Forum. https://www.weforum.org/agenda/2020/04/covid-19-nature-deforestation-recovery/

Regenerative Agriculture. (2020). Danone. https://www.danone.com/impact/planet/regenerative-agriculture.html

Ritchie, H. (2019, November 11). Half of the world's habitable land is used for agriculture. Our World in Data. .https://ourworldindata.org/global-land-for-agriculture

Saltré, F. and Bradshaw, C. (2019, November 12), What is a 'mass extinction' and are we in one now?. THE CONSERVATION. https://theconversation.com/what-is-a-mass-extinction-and-are-we-in-one-now-122535#:~:text=A%20mass%20extinction%20is%20usually,less%20than%202.8%20million%20years

Sanitation. (21 March 2022). World Health Organization (WHO). https://www.who.int/news-room/fact-sheets/detail/sanitation

Sofortprogramm Klimaanpassung. (2022, March 24). Federal Ministry for Environment, Nature Conservation and Nuclear Safety. https://www.bmuv.de/download/sofortprogramm-klimaanpassung THE GLOBAL FOREST FINANCE PLEDGE: Financing the protection, restoration, and sustainable management of forests. (2022, November 2). UN Climate Change Conference UK 2021.

The Manhattan Principles on "One World, One Health.". (2004). Wildlife Conservation Society(WCS). https://oneworldonehealth.wcs.org/About-Us/Mission/The-Manhattan-Principles/gclid/Cj0KCQiAz9ieBhCIARIsACB0oGI_nFyCfKrnm46weUjh6jXzy2D-kt5Orn OHmZmkOqTC0OhmuOxKOiAaAtXxEALw_wcB.aspx

The Nature-Based Solutions for Climate Manifesto (2019, August 14). United Nations Environment Programme(UNEP). https://www.unep.org/nature-based-solutions-climate

The New Delhi Declaration: Investing in Land and Unlocking Opportunities (2019, September 13). United Nations Convention to Combat Desertification (UNCCD). https://www.unccd.int/news-stories/press-releases/new-delhi-declaration-investing-land-and-unlocking-opportunities

UN Environment Assembly concludes with 14 resolutions to curb pollution, protect and restore nature worldwide. (2022, March 02). United Nations Environment Programme (UNEP). https://www.unep.org/news-and-stories/press-release/un-environment-assembly-concludes-14-resolutions-curb-pollution

UN OCEAN Conference. (2022). United Nations. https://www.un.org/en/
conferences/ocean2022/

What are the WHO Air quality guidelines. (22 September 2021). World Health
Organization (WHO). https://www.who.int/news-room/feature-stories/
detail/what-are-the-who-air-quality-guidelines

What is Carbon Farming (n.d.). Carbon Cycle Institute. https://www.
carboncycle.org/what-is-carbon-farming/

What is the Sendai Framework for Disaster Risk Reduction. (n.d.). United
Nations Office for Disaster Risk Reduction (UNDDR). https://www.undrr.
org/implementing-sendai-framework/what-sendai-framework

Why regenerative agriculture?. (n.d.). Regeneration International. https://
regenerationinternational.org/why-regenerative-agriculture/

Word Leaders Launch Forests and Climate Leaders' Partnership to
Accelerate Momentum to Hal and Reverse Forest Loss and Degradation
by 2030. (2022, November 7). UN Climate Change Conference UK 2021.
https://ukcop26.org/world-leaders-launch-forests-and-climate-leaders-
partnership-to-accelerate-momentum-to-halt-and-reverse-forest-loss-
and-land-degradation-by-2030

저자들

이우균　고려대학교 환경생태공학과 교수

산림에서 기후변화까지 깊이 탐구하는 산림과학자이자 기후변화학자.
고려대학교에서 임학을 전공, 동 대학원에서 석사 학위를 받았으며 1993년
독일 괴팅겐대학교에서 임학 박사 학위를 받았다. 1996년부터 고려대학교
교수로 재직 중이며, 현재는 한국연구재단 중점연구소로 지정된 고려대학교
부설 오정리질리언스 연구원장이자 한국과학기술한림원 정회원으로 활동하
고 있다. 산림을 토지 기반의 임업으로 관리할 수 있는 과학적인 연구를 계속
하고 있다.
이 책에서 산림과 임업 부분의 자연기반해법에 대해 썼다. 《산림생장학》, 《도
시숲 이론과 실제》, 《기후변화 교과서》, 《대한민국 탄소중립 2050》, 《Mid-
Latitude Region Network Prospectus 2020》《산림탄소경영의 과학적 근
거》 등 10여 편의 국내외 단행본 출간에 참여하였다. 또한 산림, 환경, 기후변
화, GIS/RS분야에서 300여 편의 국내외 논문을 발표하였다.

황석태　고려대학교 환경생태공학과 특임 교수

환경행정 실무 경험을 가진 환경정책 전공자.
연세대학교를 거쳐 서울대학교 행정대학원에서 석사 학위를 받았으며,
2008년 미국 인디애나 대학교에서 환경정책학으로 박사 학위를 받았다.
1991년부터 환경부에서 근무하며 주로 기후, 대기, 물 분야의 정책을 담당했
다. 2020년 생활환경정책실장을 끝으로 29년 1개월의 공무원 생활을 마치
고 지금은 고려대학교에서 기후 관련 국제협약과 환경정책을 연구하고 있다.
이 책에서 기후변화협약 및 파리협정의 주요 내용과 탄소시장에 대해 썼다.

오일영　세계자연보전연맹 한국협력관

기후변화, 자연과 생물다양성 분야의 국제 정책을 깊이 분석하는 환경행정가.
서울대학교에서 자원공학을 전공, 동 대학원에서 석사 학위를 받았다. 영국
서레이대학교 지속가능성·환경센터에서 수학하였으며, 2020년 충남대학교
국가정책대학원에서 박사 과정을 수료하였다. 1999년부터 환경부에서 환경
영향평가, 녹색성장, 배출권 거래제, 기후변화 전략, 그린뉴딜 등의 환경 정
책을 주도적으로 이행하였다. 주독일 대한민국대사관 본 분관에서 기후변화,
생물다양성 분야 환경 외교관으로 3년간 근무하였으며, 지금은 세계자연보
전연맹의 고위 한국협력관으로 활동하고 있다.
이 책의 기획자이자 대표 저자로서 기후위기와 자연위기를 동시에 해결할 수
있는 핵심수단인 자연기반해법을 소개하고자 하였다. 자연기반해법에 대한
국제적 관심과 움직임이 우리나라에서도 확산되어 환경·경제·사회를 관통하
는 핵심 의제 역할을 할 수 있기를 기대한다.

류필무　환경부 생활환경과장(전 세계보건기구 유럽환경보건센터 파견)

환경문제 해결을 위해 행동하는 대한민국 환경부 공무원.
서강대학교에서 화학공학을 전공하고, 서울대학교 일반대학원에서 화학생
물공학 석사, 미국 켄터키대학교 대학원에서 행정학 석사 학위를 받았다.
2006년 환경부에서 환경정책 업무를 시작하여 녹색성장위원회, 국무총리실
에서 기후변화대응 종합기본계획 수립, 〈녹색성장기본법〉 제정 등 기후변화
와 녹색성장 업무를 담당하였다. 〈환경보건법〉 개정, 환경보건 종합계획 수정
계획을 수립하고, 독일 본에 위치한 세계보건기구 유럽환경보건센터에서 환
경질이 미치는 건강 문제를 연구하였다. 또한 화학사고 대응 체계 마련, 〈화
학물질관리법〉 개정, 〈화학제품관리법〉 제정 등 화학물질과 생활화학제품 관
리 분야에서 주도적 역할을 수행하였다.
이 책에서는 자연기반해법이 국민의 건강을 보호하는 핵심 환경 정책이 되기
를 기대하면서 건강의 측면에서 자연기반해법을 기술하였다.

강부영   주독일대한민국대사관 본 분관 환경관

지구와 인류의 미래를 고민하며 기후위기에 대응하는 현실 대안 마련에 분주한 대한민국 공무원.

연세대학교에서 정치외교학을 전공하고, 서울대학교 행정대학원과 미국 서던캘리포니아 대학교 공공정책대학원에서 석사 학위를 취득하였다. 2009년부터 환경부에서 국가 온실가스 감축목표 수립, 도시 침수 예방, 친환경 자동차 보급, 유엔기후변화협약 대응 등 기후변화 완화와 적응 전반의 다양한 경험을 쌓아왔다. 지금은 기후변화협약 사무국과 사막화방지협약 사무국이 있는 독일의 본에서 근무하며 '기후위기-생태계위기-환경오염위기'로 이어지는 삼중 위기triple crisis에 대한 국제사회의 통합적 대응을 가까이에서 관찰하고 있다. 세 가지 연쇄적인 위기 해결의 핵심 연결고리인 자연기반해법을 국내에 소개하는 것에 기여하고자 이 책의 저술에 참여하였다.

위기에서 살아남는 현명한 방법

자연기반해법

1판 2쇄 2023년 12월 22일

지은이	이우균	편집	이명제
	황석태	디자인	김민정
	오일영		
	류필무	펴낸이	이명제
	강부영	펴낸곳	지을

출판등록 제2021-000101호
전화번호 070-7954-3323
홈페이지 www.jieul.co.kr
이메일 jieul.books@gmail.com

ISBN 979-11-976433-4-7 (03300)

슬기로운 지식을 담은 책 **로운known**
로운은 지을의 지식책 브랜드입니다.

이 책은 재생 펄프를 함유한 종이로 만들었습니다.
표지에 비닐 코팅을 하지 않았으므로 종이류로 분리배출할 수 있습니다.
표지: 매그 233g, 면지: 매그칼라 모스 록 116g, 내지: 친환경미색지 95g

이 책은 고려대학교 부설 오정리질리언스연구원(OJERI)의 도서출판 활동의
일환으로 제작되었습니다.